物と経験のあいだ

カルロ・スカルパの建築空間から

木内俊彦

みすず書房

物と経験のあいだ

カルロ・スカルパの建築空間から

目次

第2章　建築空間の仕組み

第Ⅱ部　空間論の広がり

第3章　先行理論との関連

凡例

一、引用文のなかで〔　〕を付したものは、筆者が原文を補ったものである。〔……〕は中略を示す。

一、参考文献にも注目してほしいという趣旨から、文献情報などを脚注に記す。同じ文献をくり返し示す便宜のため、章ごとに［文献１‐01］、［文献１‐02］のように連番を付し、後の章で同じ文献を示す場合には適宜［文献１‐01（再掲）］のように記す。なお、巻末に文献リストとしてもまとめている。

はじめに

空間とは何か

この本では、カルロ・スカルパ（1906−78）というイタリアの建築家の作品を主な題材として、空間について考える。

空間とは、誰もが知っているあたりまえのもののようでありながら、言葉で説明しようとすると難しい。それは、数学や物理学で教えられる三次元（または多次元）の広がりのことか？　壁や地面などを除いた人が動ける部分のことか？　あるいは、コンピュータゲームやインターネットのように、重さのない情報が動くところか？

誰もが知っているつもりでありながら、実はその解釈はさまざまであり、ひとつに定義できないのが空間かもしれない。本書では、そのよくわからない「空間」を、建築の立場から考える。

一般的に言えば、建築で考えられる空間とは、建物に囲まれた広がりか、建物のまわりの広がりのことだろう。つまり、物と物のあいだにあるものである。それに対してこの本では、空間とは、物と物のあいだではなく、物と経験のあいだにあるものだと主張する。

「物と経験のあいだ」などと言われても何のことかわからない、というのが普通の反応だろう。私自身も最初からそのように考えていたわけではない。気になる建物を見たり、定番の理論書を読んだり、建築家の話を聞いたり、設計に関わったりするうち、徐々にそのように考えはじめ、これは整理する価値のあることではないか、と思うようになった。

この本は、主に私の建築学の論文と、「建築空間論」という講義が元になっているので[1]、主な読者としては、建築を学ぶ学生や、空間について考えるデザイナーを想定している。しかし本音を言えば、建築や空間に興味をもつすべての人に読んでほしいと思っている。

この本の内容は、直接的には建築のデザインと空間に関することであるが、その問題を突き詰めると、人間の判断、権力志向、世界観といった、建築にとどまらない人間の普遍的な問題に行き着く。つまりそれは、誰もが関わる問題、あるいは、誰もが巻き込まれている問題である。そのような普遍的な空間の問題に対して、この本では、少なくとも建築からはこのようなものだと考えられる、という仮説を提示したいと思っている。

そんな広範囲に及ぶような仮説を一介の建築研究者が提示するなど、非常に大それたことだと思う。しかし、そのような無謀をどうしてもしておきたい個人的な事情がある。

本書の元になった論文に取り組んでいたときに私は、建築家の槇文彦、磯崎新、原広司の三氏を大学に招くシンポジウムの企画に携わった[2]。そのシンポジウムのキーワードのひとつが「空間」であった。そして、後日におこなったシンポジウムを振り返るインタビューにおいて、槇文彦から次のように言われた。

大学というところは、政治学の人、社会学の人、哲学の人、数学の人、都市あるいは建築の人など、い

1　この本ができた経緯と背景については、あとがきを参照されたい。

2　シンポジウム「これからの建築理論　槇文彦×磯崎新×原広司」東京大学建築学専攻Advanced Design Studies（T—ADS）主催、二〇一三年一二月一日。

ろいろな視点から空間を考える人がいるわけだから、意見を戦わせるのに大変良い場、他にない場所ですよ。[3]

ちょうど建築の空間について考えていたときにこのような企画に関わり、そして激励のメッセージを（勝手に）受け取った私は、意見を戦わせる場をすぐに作ることはできなくても、そのような場に提供できる意見を用意することは自分の責務だと考えた。そうでなければ、せっかく与えられた機会とメッセージが宙に浮いたままになってしまう。

この本は、いろいろな視点から空間を考える人に、何らかの手がかりを提供することを意図したひとつの意見であり、建築からの問題提起のつもりである。

以下では、本文に入る前に、この本で扱う「建築」、「空間」、「カルロ・スカルパ」などについて簡単に説明した上で、なぜいま空間を問題にしたいのかを述べる。

建築とは何か

私たちは、物に囲まれて生活している。建築とは、ごく単純に言えば、私たちのまわりにある物の配置を、普段よりも大きな規模で調整することである。

私たちのまわりにある物は、壁や天井のような建築が専門に扱う物だけではない。たとえば家の中には、机や棚のような家具もあれば、食器、服、本、ノートパソコンのように、普段から頻繁に動かされる物もある。外を見ても、樹木、車、あるいは道など、建築が直接扱うわけではない物が無数にあるけ

3 ［文献0-01］東京大学建築学専攻 Advanced Design Studies（T—ADS）編『T_ADS TEXTS 01 これからの建築理論』東京大学出版会、二〇一四年、七二頁。

れど、そういうさまざまな物を含めて配置を考えるという意味で、建築は物の配置を考える専門分野であると言える。

なぜ建築では建物以外の物の配置まで考えるのか？　それは、基本的に建築が、ある場所における人々の動き方、あるいは過ごし方を具現化するためになされるからである。だから建築家は、すべてが思い通りになるわけではないとしても（ほとんど思い通りにならないとしても）、その場所で人に影響を与えるであろうさまざまな物に思いを巡らせ、その配置について考える。

言いかえると、建築では、物を配置することによって、そこで人がどのような経験をするかを考える。もちろん、建築では経験だけを考えるわけではない。雨風を防ぐことや地震で壊れないこと、あるいは、部屋に所定の物や人数が入れることなど、安全性や機能性を考えることも重要である。しかし、それらはむしろ建築の必要条件であり、それらを満たせば十分だとは言えない。別の言い方をすると、そのような安全性や機能性を満たすだけでは、建築のデザインは決まらない。だから建築では、どのように物を配置すると、どんな経験ができるのかを考える。

しかし、これはよく考えると難しい問題である。なぜなら、経験とは人それぞれで違うものだからである。とは言っても、そこに何かしらの共通性や法則性を言うことができなければ、建築は、安全性と機能性、それに省エネや低コストといった経済性も合わせて、必要条件でしか語ることができなくなってしまう。すると、それ以外の建築の価値や魅力は、「わかる人にはわかるセンスの問題」か、「好みの問題」ということになってしまう。

このような建築のデザインの問題、あるいは人が建築をどう感じるかという問題に対して、必要条件以上のことを語ろうとするものとして、伝統的に「建築論」と言われるものがある。建築論は、古代の

4　古代ローマ時代の建築論として、ウィトルウィウスの『建築十書』（紀元前1世紀後半）に書かれたものが有名。『建築十書』は15世紀初頭に再発見され、その後の建築論の発展に多大な影響を及ぼした。左の文献などを参照。
［文献0-02］井上充夫『建築美論の歩み』鹿島出版会、一九九一年。

ギリシャやローマにおいてすでにあったと言われるが、基本的にはルネサンス（15世紀）のイタリアにおいて始まり、[4] 19世紀までは主にヨーロッパで発展したのち、近代建築の広まりとともに世界中に広まった。現代の建築家が皆それに詳しいわけではないとしても、建築の魅力について語るとき、実は暗黙の了解になっているのがこの建築論である。そのなかでもとくに、19世紀末から20世紀初頭にドイツを中心に現れた空間論（建築空間論）は、その後各地で独自に発展し、それを意識するかしないかにかかわらず、現代の建築にも大きな影響を及ぼしている。

空間の仕組み

この本では、建築で言われるこの「空間」が、私たちが日常的に関わっている「物」と「経験」のあいだにあり、その両者を結びつけているということを、代表的な建築空間論を紹介することと、具体的な建築物を例示することによって論じる。言いかえると、建築において「空間」がどのようなものとして位置づけられ、どのようにデザインされてきたかを、「物」と「経験」の関係に着目して整理することを試みる。

ここで空間が「物と経験のあいだにある」というのは、「物と経験のあいだに実体として存在する」ということではなく、「物と経験を結びつける仕組みとしてある」、あるいは「結びつける仕組みとしてデザインされてきた」ということを意図している。この「仕組み」をイメージしてもらうために、簡単な説明図である図1を見てほしい。

まず一番上のAは、「建築には、「物」と「空間」と「経験」がある」という大雑把な常識を示している。「空間」が何かということは曖昧だとしても、建築にこの三つが関わっているという

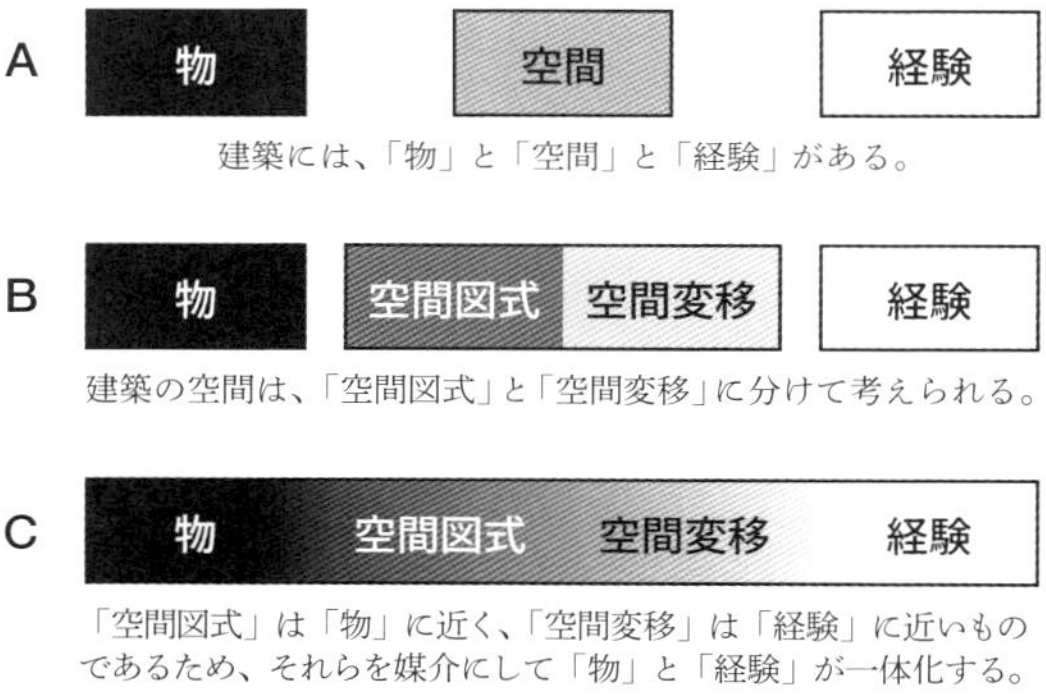

A
物
空間
経験
建築には、「物」と「空間」と「経験」がある。
B
物
空間図式
空間変移
経験
建築の空間は、「空間図式」と「空間変移」に分けて考えられる。
C
物
空間図式
空間変移
経験
「空間図式」は「物」に近く、「空間変移」は「経験」に近いものであるため、それらを媒介にして「物」と「経験」が一体化する。

〔図1〕建築において「空間」が「物」と「経験」を結びつける仕組みのイメージ

ことは、とりあえず認めてほしい。その下のBは、Aにあった「空間」が二つの部分に分かれて、「建築の空間は、「空間図式」と「空間変移」に分けて考えられる」ということを示している。この空間の分極化が、この本で言う「仕組み」にあたるもので、のちに詳しく説明する。一番下のCは、空間にこのような仕組みがあるとどうなるかを表したもので、「「空間図式」は「物」に近く、「空間変移」は「経験」に近いものであるため、それらを媒介にして「物」と「経験」が一体化する」というイメージを示している。

この本では、このような「空間の仕組み」によって「物と経験の一体化」がデザインできる、ということについて論じていくが、そもそも「物と経験が一体化すると何がいいのか?」という疑問があるだろう。その疑問に即座に答えることは難しいが、私は、人が建築や場所に感じる魅力（おもしろさ、気持ち良さなど）の多くに、この「仕組み」が関わっていると考えている。

もう少し詳しく述べると、ここで「物と経験が一体化する」というのは、「物が変化する時間が経験として感じられる」とも言える。少し想像してみてほしいのだが、あなたがどこかの場所を「おもしろい」とか「気持ち良い」と感じるとき——例えば遊園地に行ったときや、公園や森を散歩しているとき、あるいは映画やゲームの世界でもよいのだが——単にそこにある物を見ているというより、そこで感じられる何らかの変化を「おもしろい」とか「気持ち良い」と感じているのではないだろうか。それは、アトラクションが動くことによる変化であったり、風や光が動くことによる変化かもしれない。そのように「物が動く」こと以外にも、「人が見て、自ら動く」ことを利用して変化を感じさせる仕組みが存在し、それが建築で「空間」と呼ばれるものと関係していることを本書では説明する。

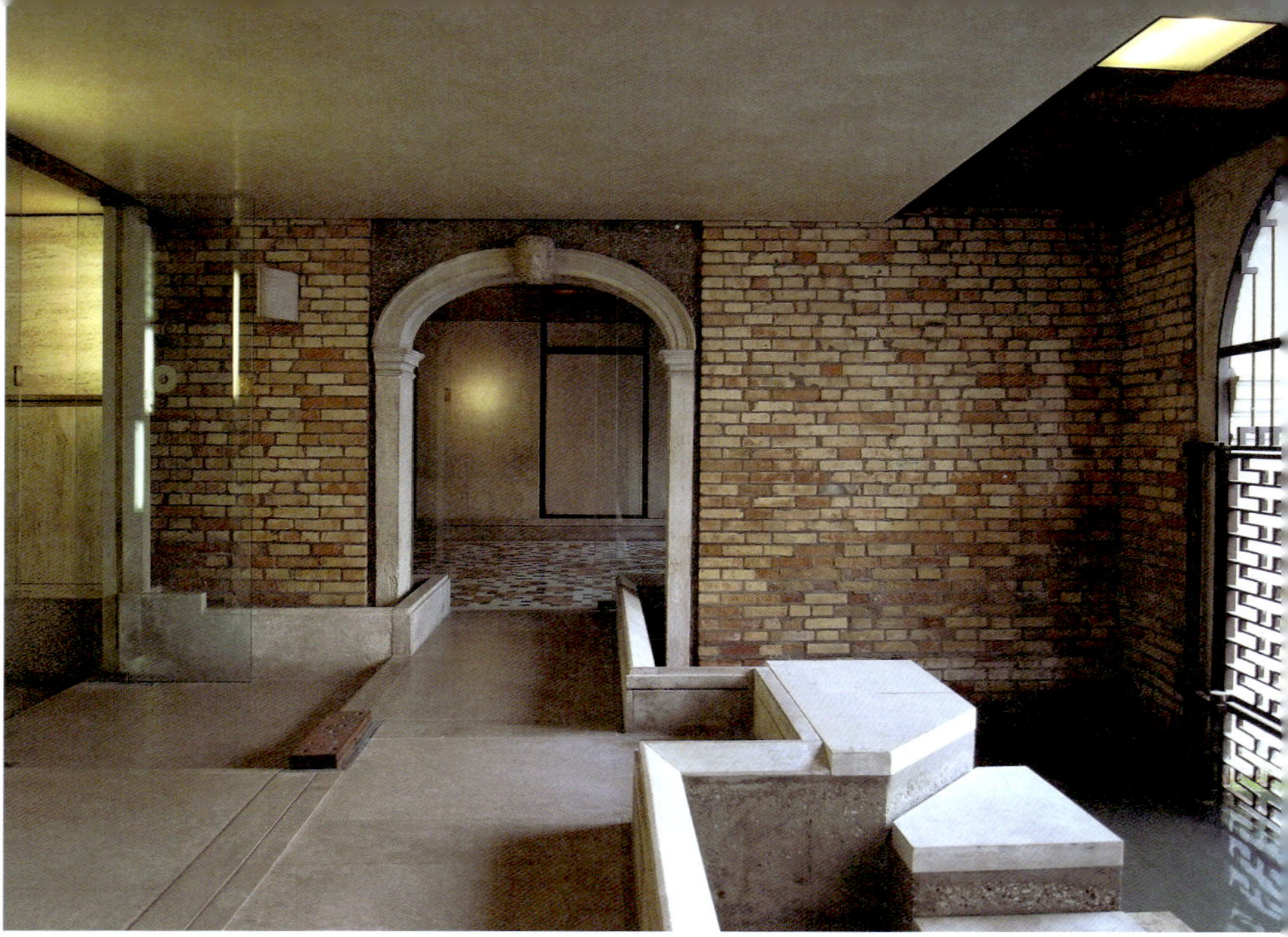

カルロ・スカルパの建築作品　［前ページ］ヴェロット邸（ヴェネツィア、1944－46）
［上］クエリーニ・スタンパリア財団（ヴェネツィア、1961－63）
［下］カステルヴェッキオ美術館（ヴェローナ、1957－64、68－69、74－75）

［上］ヴェネツィア・ビエンナーレ 彫刻庭園（ヴェネツィア、1951–52）
［下］ブリオン家墓地（サン・ヴィート・ダルティヴォレ、1969–78）
［次ページ］オットレンギ邸（バルドリーノ、1974–78）

なぜ、カルロ・スカルパの建築作品に注目するのか

この本では、いま述べたような建築の「空間の仕組み」を、主にカルロ・スカルパという20世紀イタリアの建築家の作品を例にして論じる。

カルロ・スカルパは、ヴェネツィアを拠点に活躍した20世紀を代表する建築家の一人で、その作品にはリノベーションを主体とした展示施設が多い。ヴェネツィアの出身ということもあり、伝統的な素材の使用、凝った細部のデザイン、個性的と言える独特の形態などで知られ、故国イタリアだけでなく、日本を含めて世界中で研究がなされているとともに、多くの作品集が出版されている。

実を言えば、私はもともと「建築空間の仕組みを説明する」ためにカルロ・スカルパの建築を見たのではなく、カルロ・スカルパの建築の魅力について考えているうちに、そこに「建築空間の仕組みが表れている」と気がついたという経緯がある。もっと正確に言うと、「建築空間に、仕組みと言えるものが存在する」ということを、カルロ・スカルパの建築を見ることによって確信した。

空間は、もちろんあらゆる建築に存在する。とくに空間デザインの傑作、あるいは名作と言われるような建築作品であれば、本書で述べる「仕組み」を個々にあてはめて説明することはできる。しかし、そもそも「仕組みが存在する」と主張できるほど、その原理を体系的に説明できるような建築家の作品は、他にないとは言わないが、相当にまれである。空間について説明する前に、そのデザインがいかに特別であるかを納得してもらうのは無理があるが、簡単に言えば、カルロ・スカルパの建築作品では、空間が徹底して原理的にデザインされている。とくに代表作と言われるものでは、その場の思いつきのような表現は存在せず、徹底的に空間が吟味されていると感じられる。そのため、建築における空間の原理を理解しやすい。

なぜ、いま空間を問題にしたいのか

先に述べたように、「空間」という言葉は、建築で用いられるようになった歴史的経緯がある一方で、それ自体が極めて一般的な言葉でもあるため、いまでは、誰でも自由に何となく使うことができる。この自由さが建築空間論の発展に寄与している面もあると思うが、一方で、多くの人が乱用するようになると、もはやそれは便利な「まじない」のようであり、何を言っているのかわからないという指摘もある[5]。

現在の建築界では、そのような「空間」という言葉のインフレのような状況がある一方で、もはやそんな「曖昧」で「古い」言葉を用いることを避け、建築の物自体（形や素材の由来や効果など）や社会性（経済効果、環境負荷の低減、コミュニティへの貢献など）で建築を語ろうとする傾向が強くなっている。

さらに、一般の人たちの建築の捉え方を考えてみても、「建築が経験に関わっている」というような意識は、最近では希薄になっているのではないだろうか。建築は、安全性・機能性・経済性という必要条件を満たしていればよく、経験については、それぞれに専用のコンテンツ（たとえば映像やゲームなど）があれば十分だという考え方が一般的ではないだろうか。

もちろん建築の問題は空間だけではないので、それ以外の観点から論じられることも重要である。しかし、だからといって、空間は「よくわからない」とか「好みの問題だ」と片付けられてしまうと、これまでの議論によって開かれた建築の可能性も一緒にわからなくなってしまうのではないか、という危機感がある。

私は、そのような時代に生きている一関係者として、もし本当に空間がわからなくなったときの危険性について考えられることを、二つ挙げておきたい。

5　建築における「空間」という言葉の使用について、たとえば次のような言説がある。「ほとんどとは言わないまでも、20世紀の多くの建築家、批評家、それに理論家たちが無批判に〈建築〉の本質としての〈空間〉という考え方を採用し、〈空間〉としての〈建築〉という定義、さらにはその定義の展開が、そこでは最重要の課題とされました。［……］少なくとも、この〈空間〉という語のインフレーションにわれわれはふと立ち止まってみなくてはなりません」ジェフリー・キプニス「四つのPredicaments（危機／範疇）」内野儀訳、『Anywhere 空間の諸問題』磯崎新／浅田彰編集、NTT出版、一九九四年、一三九頁。「殊に、建築家の世界が、深く考えている者も考えていない者も、まじないのように唱え続け、その奥義を守ってきた「空間」」松村［文献1-03（後掲）］一〇三頁。

ひとつは、もともと建築空間論は、伝統と現代、建築と都市など、異なる領域にまたがった経験について考えるという側面があったことに関係する。先ほど「経験については専用のコンテンツがあれば十分だという考え方が一般的ではないか」と述べたが、そのようなコンテンツ(映像、ゲーム、テーマパークなど)の経験は、基本的に、外部と切り離された内側の世界に没入することによって成り立つものである。たしかに、厳しい現実、あるいは退屈な現実から切り離される経験も大切であるが、その内側の世界が大きくなり過ぎると(その内側だけで十分だと思ってしまうと)、外側の世界はさらにつまらないと感じてしまうかもしれない。

空間について考えれば内と外の分断を解消できる、とまでは言えないが、少なくとも空間論は、外側の領域を含めておもしろくしようという意図を持ったものであるので、横断的な経験の魅力を考える役に立つのではないかと思う。

もうひとつの危険性として、もし建築の空間が一般には理解されなくなったとしても、その知見は知らないうちに蓄積され、利用されていくという可能性が考えられる。なぜそれが危険なのかと言うと、空間論は、人の経験を問題にするものであるので、「おもしろい」とか「気持ち良い」といった人が動きやすくなる方向だけでなく、人を「強引に動かす」あるいは「動けなくする」というような方向にも用いることができるからである。現実的に考えれば、人々をある領域に囲い込みたい企業や政府があったとすると、個人がそのような仕組みについて知らない方が運用には都合がよいと言えるだろう。

ここでもまた、空間論を学ぶことによって管理されない自由を確保できる、などと夢物語を言うつもりはないが、少なくとも空間の仕組みを知っていれば、あるいは感じることができれば、一人一人が選択の余地を持つことができるのではないか、と期待する。

少し大げさな言い方になってしまったが、単純に言えば、この本を通じて建築の空間について知ることによって、身のまわりの建物や場所についてもっと納得できるようになったり、あるいは、もっと自由に発想することができるようになってもらえたら、と思っている。

この本の構成と、読み進めてもらう際の注意点

この本は、建築の空間論を示す第I部（第1章、第2章）と、その理論を裏づけるとともに、広がりを感じてもらうための第II部（第3章、第4章）の二部構成となっている。

第1章の「建築空間とは何か」は、建築の空間について考える意義を、建築を専門としない人にも理解してもらうための概要で、主に、歴史の大きな流れと、そこからつながっている現代の問題について述べる。

建築空間は定義が難しい（あるいはできない）とも言われるものであるが、まずは仮にでも定義することによって、歴史上の傑作と言われる西洋建築がどのように理解できるかを示す。その上でこの第1章では、空間デザインのテーマになるものについても考えたい。「テーマ」というのも少し大げさな言葉であるが、今度は伝統的な日本建築を例に挙げながら、現代までつながる空間的なテーマ、あるいは課題について考えたい。

第2章の「建築空間の仕組み」では、第1章で説明した空間が、具体的にどのような建築物の仕組みによって成り立っているかを論じる。この本では、空間は物と物のあいだではなく、物と経験のあいだにあると考える、と先ほど述べたが、それを示すための「空間図式」と「空間変移」という考え方について説明したあと、その具体例を、カルロ・スカルパの建築と、主にヴェネツィア（スカルパの故郷）の

街や伝統建築から示す。

この第2章は、この本の理論的な核になる部分であるが、とくに前半部分は抽象的でわかりにくいと感じるかもしれない。その場合は、まず前半はざっと読み流して、後半の具体例（写真付き解説）を見ながらイメージをしてほしい。

以上の第I部（第1章、第2章）が、本書の中心となる理論を説明する部分であるが、これだけでは、一人一人がすでに持っている「空間」のイメージと結びつきにくいかもしれない。そこで、後半の第II部（第3章、第4章）では、理論の裏づけとなるような情報をさらに示すことで、本書の「空間の仕組み」に納得感を持ってもらうとともに、その可能性を感じてほしいと考えている。

第3章「先行理論との関連」では、第2章で示した「空間の仕組み」をまとめるにあたって筆者がとくに参照した先行理論を紹介し、本書との関連を論じる。紹介する理論は、19世紀末にヨーロッパで空間が論じられ始めた初期のものから、20世紀後半の日本の建築家によるものまであるが、基本的に、どれも建築のデザイン分野では課題図書となるような有名なものである。

この章は、建築の専門でない方には読みにくいかもしれないが、理論どうしの歴史的関係や、理論とデザインのつながりを知ることで、建築における空間という問題の奥深さを感じてもらえることを期待している。なお、章の中間のコラムでは、ル・コルビュジエの建築作品の魅力を空間論の観点から論じている。ル・コルビュジエがデザインした建物は、スカルパのものとは印象が大きく異なると思うが、その経験には同じ「空間の仕組み」が見られることを感じてほしい。

最後の第4章「カルロ・スカルパの建築の経験」では、筆者が訪れたスカルパの建築作品のなかから、空間の仕組みと実際の経験を想像しやすいと思われる二作品について、その特徴を述べる。前の第2章では「空間の仕組み」の例としてさまざまなスカルパ作品を断片的に示しているが、この第4章では、特定の作品を経験したときに捉えられる多層的な空間を想像してほしいと思っている。

以上のように、この本は、建築の抽象性（理論）と具体性（実際の経験）、歴史と現代、専門性と一般性といった異なる側面を行ったり来たりするため、人によって読みやすいところと読みにくいところがあると思う。筆者としては、空間の仕組みと魅力を理解してもらうためのセットのつもりであるのだが、もし途中で頭に入りにくいところがあった場合には、そこは読み飛ばして先へ進んでもらえたらと思う。第1章から順に読んでもらうことを想定してはいるが、各章はかなり独立しているため、後の章を読んでから前の章に戻ってもらっても構わない。ひとつの章のなかでも、後半を先に見た方が理解しやすいこともあるかもしれない。

もうひとつ注意したいこととして、第2章から第4章で図版（写真と分析図）を多用して説明するところでは、文章と図版を照らし合わせながら実際の空間を想像する必要があるため、私の経験上、脳に相当の負荷がかかる。説明はなるべく端的にわかりやすくすることを心掛けているが、イメージすることに疲れた場合には、まずは説明だけ読む、あるいは写真だけを見る、といったような工夫をしてほしい。このような負荷は、本で建築の経験を説明しようとする制約上やむを得ないことであるが、一方で本には、講義や動画と違い、好きなときに好きなペースで、好きな順番で読むことができるというメリットがある。ぜひ、自由なスタイルで読み進めてもらえたらと思う。

第Ｉ部　建築の空間論

第１章　建築空間とは何か

なぜ建築の空間に着目するのか？

そもそも、なぜ建築のデザインについて考えるのか

建築は、住宅、店舗、公共施設など、人々が生活する環境の一部を成すものであるので、好きか嫌いかにかかわらず、多くの人にとって身近な存在である。だから、そのデザイン[1]についてメディアで取り上げられることが多いだけでなく、専門分野においてもさまざまな観点から論じられる。たとえば、建築デザインは形に着目して論じられる。直線的な形、曲面を用いた形、シンプルでわかりやすい形、複雑で捉えにくい形、大きくて迫力のある形、小さくて親しみやすい形など、建築にはさまざまな形がある。

また、建築デザインを材料や構造に注目して論じることもある。現代の建築を支える主な構造材料は鉄とコンクリートであるが、材料によってふさわしい形は変わるため、材料とデザインには密接な関係がある。伝統建築でも、西洋では石やレンガを積み上げる組積造が主流であったのに対し、日本では木を構造材料として用いてきたため、やはりその違いがデザインの違いに現れている。

構造ではない材料について考えれば、デザインの幅はさらに大きくなる。室内の目に見えるところや手に触れるところに、木、紙、布、漆喰、ガラスなど、どんな材料を用いるかによって建築の雰囲気は大きく変わるため、材料とデザインを切り離して考えることはできない。

さらに、建築デザインは記憶という観点から論じられることもある。とくに街のシンボルとなるよう

1　「デザイン」という言葉の意味は広いが、一般にそれは二つの極を持っていると思われる。ひとつは、作られたものの「見た目」であり、もうひとつは、見た目にとどまらない「設計」あるいは「計画」の意味である。たとえば前者の意味であれば「デザイン（見た目）は良いが使いにくい」という言い方がありえるが、後者の意味では「使いにくいものはデザイン（設計）が悪い」となる。つまり「デザイン」は、着眼点によって意味が変わる言葉であり、建築分野においても曖昧に用いられていることが多い。

本書では「デザイン」を原則として後者の意味、すなわち、見た目にとどまらない設計や計画の意味で位置づけるが、とはいえ、本書の焦点は建築の見た目（見えるもの）から捉えられる空間であるので、話の重心が見た目の方に寄りがちであることも確かである。

とくに建築では「デザイン」を「意匠」と言い換えるなどして、その意味を厳密に語ろうとすることもある

な公共性の高い建物の場合、そのデザインは住民の記憶や地域の伝統を考慮すべきだと考えられるだろう。

あるいはまた、「デザイン」という言葉を「設計」という意味で用いると、それは見た目の印象を整えることだけでなく、機能性や耐久性など、建物の基本性能にも関わる。さらに現代では、環境負荷の軽減や、地域コミュニティの活性化など、社会的な課題もデザインの問題として注目され、論じられることが多い。

以上のように、一言で建築のデザインと言っても、形、材料、記憶、機能性、社会性など、着眼点は数多くある。ここで挙げた例は比較的わかりやすいものであるが、普段意識しない文化的背景なども考慮すると、その論点はさらに拡大する。

しかし、そもそもなぜ、人はこのように建築のデザインについて考える、あるいは論じるのだろうか。さまざまな理由が考えられるが、そのひとつは、人があるデザインに触れて何かを感じたとき（「良い」とか「良くない」とか、違和感があるとか）、その理由を理解したいからではないだろうか。理解することによって、別のものに応用したいとか、改良版を考えたいというような実利的な動機もあるだろうが、もっと単純に、「自分が感じているものを知りたい」という好奇心や探究心が人間にはある。たとえば、建築家の原広司は、ある講演で次のように語っており、私は大変納得した。

> 設計するというのは、ある意味ではスポーツ的なところがあって、それに何かのめり込んでいく。そのときに一方で、ある論理的な思考をして、自分がどういうことをやっているのかということを確認するということが、非常に大事ではないか。［……］一体何をやって生きているのかということを、ある程度

が（＊1）、この二極性は、それでも避けることのできない人間の根本的認識だと思われる。つまり「見えるもの（見た目）」と「見えないもの（中身や背景）」は完全に切り分けて考えることはできず（仮にはできるが）、デザインについて考えることは、そのあいだを行き来することにならざるを得ない。本書でも、その意味は文脈や読み方によって揺れ動くため、適宜判断をされたい。

＊1　たとえば次の文献では、建築の意匠論の基本的な問題群として「意図」「表現」「設計」ということが挙げられており、やはり意匠の意味は一義的ではない。
［文献1-01］岸田省吾『建築意匠論』丸善出版、二〇一二年、二頁。

論理的に確かめることに、私は興味を持っている。[2]

このように、人がおこなう（つくる）ものであり、感じるものであり、考えるものでもある建築のデザインについて、本書では「空間」に着目して論じる。

なぜ空間に着目するのか

建築のデザインを論じるのに、なぜ空間に着目するのか？　それは「空間こそが建築デザインの本質だ」と主張したいからではない。先に述べたように、建築のデザインにはさまざまな切り口があり、空間もそのひとつである。ただ空間は、形や素材のように直接見たり触れたりできるものでなく、機能性や社会性のように課題が明瞭でもないため、その意義がわかりにくい。そのため、重要性が理解されにくいことに加えて、いい加減に語られる、あるいは過度に専門的に論じられる傾向があり、ますますわかりにくくなるという問題がある。そこでこの本では、建築デザインにおける空間の働きについて、ひとつの見方を提示し、考える手がかりを提供したいと思っている。

建築の空間について言われていること

本題に入る前に、「空間の話は、簡単なようでわかりにくい」ということを実感してもらうために、専門家の発言を少し紹介したいと思う。たとえば、日本の建築家による空間に関する発言に、次のようなものがある。

2　原広司　東京大学建築学専攻特別講義、二〇〇七年五月一七日。

> 僕の場合、はっきりしているのは空間の問題です。〔……〕人間が最初にあり、その関わり合いとしての空間がいろいろなレベルで重要な問題になっているということです。建築も都市もシェアしているのは具体的な空間です。それから政治、たとえばクリミアの問題も空間の話だと思います。[3]（槇文彦）

> 僕はもともと空間というのは、いわゆる人間学の領域というのを考えていて、人間が感覚として感知したものが空間、建築空間であるという定義でずっとやってきました。つまり、身体がある限りで空間はあると。だから、みんなちがう空間を持っている、生きているというか。[4]（磯崎新）

> 空間に関する認識に対して、建築家の出番がなくなっていいのか。〔……〕こと空間に建築が関与しようとするならば、情報の問題とかもあるけれども、都市の問題も含めて空間のことには言及するぞと。建築家が、あるいは大学が、建築には何か言うぞと。世界の成り立ちというか、空間に関して言うぞと。そういうことがなければならない。[5]（原広司）

これらの発言は、どれも「建築にとって空間は重要だ」という趣旨で述べられているが、どうもそれぞれに考えられている「空間」は微妙に異なり、しかも簡単なものではなさそうだということがわかると思う。

一方、同じく建築家や建築学者による空間についての言及に、次のようなものもある。

> 普通の人は、建築に言葉の世界があるということを知りません。建築が言葉とか知性の世界と実は深く

3 〔文献0-01（再掲）〕東京大学建築学専攻Advanced Design Studies（T_ADS）編『T_ADS TEXTS 01 これからの建築理論』東京大学出版会、二〇一四年、七一頁。

4 T_ADS〔文献0-01〕四二頁。

5 T_ADS〔文献0-01〕三六—三七頁。

つながっているということは、普通の人には何かよくわからない領域でしょう。〔……〕たとえば「空間」と言っても、普通の人には難しくてわからないですよね。[6]（藤森照信）

空間は抽象概念ですから、マルクス主義やイスラム原理主義などと共通の危険な面を持っているんですよ。空間と言えば何でも勝負できる。一方で、空間というのは、いま私とあなたが一緒に座っているこの空間というように、身体的で具体的な面を持っていますよね。空間は、その両面を持っている。[7]（香山《こうやま》壽夫）

殊に、建築家の世界が、深く考えている者も考えていない者も、まじないのように唱え続け、その奥義を守ってきた「空間」[8]。（松村秀一）

これら三つの発言には、建築における空間という言葉の使われ方に対して、やや批判が込められている。空間自体が否定されているわけではないが、わかりにくい面があるということが指摘されている。とくに最後の引用では、建築家が用いる「空間」は「奥義」だと言われているが、これはつまり、建築家は「空間」という言葉を「まじない」のようによく用いるにもかかわらず、その意味は、まるで一般の人々から隠されているかのようだ、という皮肉である。

このように、建築における空間という言葉は、よく用いられるにもかかわらずよくわからないという批判は、日本に限ったものではない。イギリスの建築史家であるエイドリアン・フォーティーは、やはり建築家による「空間は重要だ」という趣旨の発言を引用した後、次のように述べている。

6 〔文献1-02〕東京大学建築学専攻Advanced Design Studies（T—ADS）編『T_ADS TEXTS 02 もがく建築家、理論を考える』東京大学出版会、二〇一七年、一二七—一二九頁。

7 T—ADS〔文献1-02〕一〇五頁。

8 〔文献1-03〕松村秀一『ひらかれる建築——「民主化」の作法』ちくま新書、二〇一六年、一〇三頁。

われわれは、最も純粋でこれ以上削ぎ落とすことのできない建築の構成要素――すなわち建築にとって唯一の属性を、「空間」に見いだすことができる。〔……〕しかし、もしもその考えが疑う余地なく共感でき、また確かであるように思えるとしても、「空間」が何を意味するかということについての合意がほとんどないとわかったら、われわれの自信は消え去ってしまうだろう。[9]

また、前にも引用した建築家の原広司は、別のところで次のように述べている。

建築を設計したり、建築について論評する場合、空間という言葉が頻繁に現れる。この場合、空間という言葉は、おおむね建物がつくりだす全体的な状況を指し示している。したがって、空間とは何かを説明することは極めて困難である。古来多くの人々が、空間とは何かを問うてきた。しかし、今日に至るまで、空間の定義は定まっていない。この状態は、空間に関する学の遅れを示すのではなく、普遍的には定義できないという性質が、空間の本質的性質であると考えられる。[10]

この二つの発言を読むと、とくに建築を専門としない人は、かなり驚くのではないだろうか。建築では「空間」という言葉が頻繁に用いられているにもかかわらず、それが「何を意味するかということについての合意がほとんどない」どころか、その「定義は定まっていない」ことが「空間の本質的性質」とまで言われている。このように、私たちの身のまわりにあたりまえに存在しているように思われる空間は、建築において重要なものだと認識されながら、それが何を意味するのかよくわからないまま、用

9 〔文献1-04〕エイドリアン・フォーティー『言葉と建築――語彙体系としてのモダニズム』坂牛卓・邉見浩久監訳、鹿島出版会、二〇〇六年、三九〇頁。

10 〔文献1-05〕原広司「空間の把握と計画」『新建築学体系23 建築計画』新建築学大系編集委員会編、彰国社、一九八二年、二七三頁。

いられ続けている。

建築史における「空間」の微妙な位置づけ

建築を空間に着目して論じる「建築空間論」は、歴史的には19世紀後半のヨーロッパで始まったもので、20世紀の初頭からとくに盛んに論じられ、やがて、ほぼ時を同じくして現れた近代建築のひとつの理論的支柱となって世界中に広まった。日本でよく用いられるようになるのは戦後のことである。[11]つまり、建築を「空間」から捉える考え方は、古代以来の建築の歴史に比べればかなり最近のものであるが、一方で、言葉としては新鮮さを感じさせるものではない。建築で使われるようになった当初は、新しい概念として専門的に用いられていたが、いまではあたりまえのように誰でも使うことができる。それは、「空間」が細かい意味を気にしなくても何となく理解できてしまう、日常性を持った言葉であるからだろう。

このような現代における「空間」の微妙な位置づけに対して、私が恐れていることが二つある。ひとつは、建築の空間概念は、あまり長くない歴史のなかで、十分に検討されないまま「よくわからないけれど、あたりまえの古い概念」として省みられなくなるのではないか、ということである。もうひとつの心配は、現代社会における支配的な空間概念と言える「均質空間」が、これもよく省みられないまま、「あたりまえの空間」として認識が固定されてしまうのではないか、ということである。

11 ［文献1-06］藤岡洋保・佐藤由美「建築雑誌に示された日本の建築界への「空間」という概念の導入と定着」『日本建築学会計画系論文報告集』第447号、一九九三年五月。

均質空間の「幻想」

「均質空間」とは、モダニズム建築の中心的建築家の一人であったミース・ファン・デル・ローエ（1886–1969）が、それまでの伝統建築と異なる近代建築の特徴として示した「ユニヴァーサル・スペース」に由来する言葉であるが、現代的な捉え方としては、「世界中どこでも同じ、自由に操作できる空間のイメージ」と言うことができるだろう。それは、構造、空調、エレベーターなどの技術の発達によって実現したオフィスビルがもっとも典型であるが、外部の環境から切り離すことで場所ごとの特性を消し、どんな用途にも柔軟に対応できる三次元直交座標系のような空間イメージである。

このような均質空間のイメージは、建物の内部にとどまらず、技術の発達とともに、都市あるいは現代社会のイメージとして世界中に広まったと言うことができる。それは、世界中のどの都市にも同じような建物が建ち、交通の発達によって移動が容易になり、伝統的な地域コミュニティが崩れていくなど、近代以降に場所ごとの特性が薄れていったことと連動している。

このような空間の均質化は、とくに一九七〇年代以降には批判の対象となり、「空間」ではなく「場所」を重視する論調が多く現れた。[12] それは、同時期のポストモダニズム建築の流行にも影響を与えたが、[13] そのような議論が始まってからすでに半世紀が経とうとする現在、人々の空間に対するイメージはどう変わっただろうか。「それぞれの場所の特性を生かそう」という論調が現代でも継続していることは間違いないが、それはむしろ、近年の情報技術とグローバル経済の発達にともない、場所ごとの特性が失われていく流れが止まらないことの裏返しであり、「世界中どこも同じ空間」という均質空間のイメージは、さらに強化されているように思われる。

ニュースを見ると、個々の都市を特徴付けるような「普通ではない建物」が世界中に数多く建てられ

12　たとえば以下などを参照。
［文献1-07］　エドワード・レルフ『場所の現象学　没場所性を越えて』高野岳彦ほか訳、ちくま学芸文庫、一九九九年（原題 Place and Placelessness, 1976）。
［文献1-08］　イーフー・トゥアン『空間の経験——身体から都市へ』山本浩訳、ちくま学芸文庫、一九九三年（原題 Space and Place, 1977）。
［文献1-09］　クリスチャン・ノルベルグ＝シュルツ『ゲニウス・ロキ——建築の現象学をめざして』加藤邦男・田崎祐生訳、住まいの図書館出版局、一九九四年（原著一九七九年）。
［文献1-10］　鈴木博之「地霊（ゲニウス・ロキ）とは」『建築雑誌』一三四七号、一九九三年、一八—二一頁。
［文献1-11］　土居義岳『言葉と建築——建築批評の史的地平と諸概念』建築技術、一九九七年、二五二頁。
　文献07から09は一九七〇年代の場所論、文献10はそれらを踏まえた九〇年代の日本の論考、文献11には、さらにそれも踏まえた総括的な論考がある。二〇世紀後半に「空間論から場所論へ」という大きな流れがあったことは間違いないが、これらの論考では、「空間」を否定的に捉えるというより、空間と場所の概念を

ている。しかしそれらは、「お金があるならどこにでも建てられる」ように思われる。つまり、どんなに独特の建物が建とうとも、それが建っている世界は均質空間に覆われている。このようなイメージを、原広司は「ガラスの箱のなかのロンシャン」と言って批判した。[14]「ガラスの箱」とは均質空間の比喩で、「ロンシャン」というのは、近代建築の代表的建築家であるル・コルビュジエ（1887–1965）が設計した、独特な形態を持った礼拝堂（295ページ写真⓮）のことである。原は次のように述べている。

> ガラスの箱は、デーモンのように思える。この均質系は、いかなる混成系をもってしても、それを外から覆ってしまうかもしれないからである。ニュートンの絶対空間のように、ガラスの箱は幻想なのである。しかし、その幻想は、今日も世界の主要都市で次々と立てられている。[15]

この均質空間の「幻想」を崩すというのは大それた目標であるが、そこに小さなヒビを入れるような一石を投じたい、というのが本書のねらいのひとつである。また実際、現代の建築空間論は、その多くが均質空間の打破を最終的な目標にしていると考えられ、そのいくつかを第3章で紹介する。

建築空間の定義（仮）

先に述べたように、建築における空間は「定義できない」とも言われているものであるが、ここで私が考える定義を示したいと思う。定義と言っても、「このように考えてみると、さまざまに言われてい

整理しようとしていることに注意したい。なお、第3章では、文献09の著者であるノルベルグ＝シュルツの空間論を紹介する。

13　ポストモダニズムは、本来的には、モダニズムの単一性・普遍性志向に対して、多様性・固有性を主張する運動である。機能性を前面に打ち出すあまり環境から浮き立つことの多かったモダニズム建築に対し、環境（場所）になじむことを求め、歴史的な連続性（引用）や、利用者の連想しやすさ（装飾性）などを重視したが、やがてそのようなデザインが一人歩きする傾向も生まれた。理論的には以下などを参照。
［文献1-12］ロバート・ヴェンチューリ『建築の多様性と対立性』伊藤公文訳、鹿島出版会、一九八二年（原著一九六六年）。

［文献1-13］チャールズ・ジェンクス『a+u 一九七八年一〇月臨時増刊　ポスト・モダニズムの建築言語』竹山実訳、エー・アンド・ユー、一九七八年（原著初版一九七七年）。

14、15　［文献1-14］原広司『空間〈機能から様相へ〉』岩波現代文庫、二〇〇七年、二一頁。

ることの整合性が取れるのではないか」という仮説である。少し抽象的な話になるが、まずこれを提示した上で、その意味や具体例を後から説明したいと思う。

建築空間とは？

建築空間とは、まず大づかみに考えると、

建築物があることによって現れる、
人が動くことができる範囲　……①

と言って、そう間違いだとは思われないだろう。たとえば、屋根があれば、その下に人が動く範囲として空間が現れる。壁があれば、その内側には、人が入り、動くことができる空間ができる。二階、三階と床が重なれば、人が動くことができる空間が積層する。

しかし、この①をすぐに補足しなければならないこととして、建築物があることによって現れる範囲を動くものは、人だけではない。風や光が動くこと、動物が動くこと、場合によってはロボットのような機械が動くことも考えられる。そこでまず、①を次のように訂正する。

建築物があることによって現れる、
何かが動くことができる範囲　……②

これをさらに細かく考えると、「何かが動くことができる範囲」と言っても、「それを判断するのは誰か？」という問題がある。つまり、「そこに空間があると判断するのは誰か？」という問題である。極端な例を挙げると、砂場を一匹のアリが移動しているとき、「アリ自身が動くことができると判断する範囲」と「アリが動くことができると人が判断する範囲」は同じではない。「均質空間」の考え方では、空間をアリが捉えようが、人が捉えようが、砂場の形と大きさを数値として取り出してしまえば同じだということになる。つまりそれは、「空間とはそれを捉える者に関わらない普遍的なものだ」という考え方であるが、私はそのようには考えない。あるいは、そのような均質空間も、実はこれから示そうとしている「空間」の一部に過ぎないと考えている。

いま述べた「空間を判断するのは誰か？」という要素を考慮して②を書き直すと、建築空間とは、

建築物があることによって、
何かが動くことができると、
誰かが判断する範囲　……③

と言うことができる。もう少し図式的に整理すると、

A（建築物）があることによって、
B（ふるまい者）が動きうると、
C（解釈者）が判断する範囲　……④

というのが、汎用性のある建築空間の定義になる。これは言いかえると、建築空間とは、A（建築物）、B（ふるまい者）、C（解釈者）の三者関係だということである。[16]

ここで、空間に関わる「者（主体的存在）」として「ふるまい者（B）」と「解釈者（C）」という二種類を設定していることに違和感を持つ人がいるかもしれないが、この二種類の必要性を理解してもらうことは、これ以降の本章の目的とも言える重要なポイントになる。

違和感の理由のひとつは、「「ある空間でふるまう者（動くもの）（B）」と「ある空間があると解釈（判断）する者（C）」は同じではないのか？」と思うからかもしれない。たしかに、ある人（たとえばあなた）がある場所で「自分はどう動くか」あるいは「どう動けるか」を判断するとき、「ふるまい者（B）」と「解釈者（C）」は同一（あなた自身）である。しかしよく注意してみると、人は、ふるまい者（B）として自身だけを捉えているわけではない。なぜなら、ある場所を動くもの（B）が自身だけとは限らないからである。

この問題については以降で引き続き考えていくので、ここでは、「私たちが捉えている「空間」には、「ふるまい者（B）」と「解釈者（C）」という二種類の主体的存在が常に関わっている」、「「ふるまい者（B）」と「解釈者（C）」は、一致していることもあれば、異なっていることもある」ということをひとまず押さえて、先に進んでもらえたらと思う。

建築空間を三者関係で考える（1）　日常的な空間の場合

建築空間を、A（建築物）、B（ふるまい者）、C（解釈者）の三者関係で考えると何が良いのか？　なぜそのように考えるのか？　その第一の理由は、このような関係としての空間が、私たちが普段捉えてい

16　ここで③のBを「ふるまい者」と呼んでいるのは、建築家の塚本由晴と貝島桃代が主宰するアトリエ・ワンが中心となって提唱している「ふるまい学（Behaviorology）」を考慮している。「ふるまい学」については、以下文献などを参照。
［文献1-15］アトリエ・ワン『アトリエ・ワン　コモナリティーズ——ふるまいの生産』LIXIL出版、二〇一四年。
本書における「ふるまい学」の位置付けについては、あとがきを参照されたい。

る空間に近いと思うことである。

たとえば、あなたはいま、ある室内のカフェに一人で入ったとする。朝早い時間で他の客はあまりいないので、席を自由に選べるとしたら、どのように選ぶだろうか。あなたは、そこで小一時間ほど、コーヒーを飲みながらゆっくり物事を考えたいと思っている。

この場合、解釈者（C）は、あなた自身である。それに対して、建築の要素（A）としては、部屋の広さ（幅、奥行、高さ）や形（壁や天井の形など）、席の数、椅子やテーブルの形や素材（複数種ある場合）、それらの配置、ドアや窓の位置、照明やエアコンの配置、などが考えられる。このような建築の要素（A）を条件に、あなたは何を判断して席を選択するだろうか？　室内が十分広ければ、もしかしたらあまり細かいことを気にせず、適当に座ってしまうかもしれない。一方で、あまり広くない部屋だったら、そこを動きうる他の「ふるまい者（B）」の影響が大きくなると予想されるので、少し慎重に席を選ぶかもしれない。ここで、その「ふるまい者（B）」とは何か？

たとえば、あなたが椅子やテーブルの形や素材を気にしているときは、想定している「ふるまい者（B）」はあなた自身だろう。その椅子に座ったとき、自分の身体をどのように動かすことができるか、くつろげそうか、などが問題となっている。ゆっくり本を読みたいなら、座面の低いソファーに座って足を組みたいと思うかもしれない。あるいは、パソコンで文章を打つつもりなら、ソファーと低いテーブルの組み合わせではタイピングがしにくいと判断するかもしれない。

一方、席の配置を気にするとき、想定している「ふるまい者（B）」は、おそらく自分自身ではなく、他の客や店員のことが多いだろう。もちろん「そこまで行きにくい」というように自分の動きを気にすることもありえるが、それ以上に、他の客の位置や動き、店員の動きなど、自分以外の人を「ふるまい者（B）」として想定し、それらが動きうる範囲としての空間と、自分の空間との関係が気になるのではないか。なお、ここで「動きうる範囲」には、物理的に手が届く範囲や身体が通過する範囲だけでなく、視線や意識が動く範囲（見られる範囲や聞こえる範囲など）も含まれるだろう。

それから、窓の位置が気になるとしたら、その向こうに見えるもの、外を歩く人や、風で揺れる木々などが「ふるまい者（B）」として想定されているかもしれない。その上で、そのような外の空間をカフェの中から感じたいか感じたくないかによって、窓の近くに座るか遠くに座るかの判断が分かれる。あるいは、窓から差し込む光を「ふるまい者（B）」として捉え、それが動きうる空間を気にすることもあるだろう。同様に、照明による光のふるまいや、エアコンから出る風のふるまいを考慮して席を選ぶ可能性もある。あるいは、音や匂いなどの動きを判断材料にすることもあるかもしれない。

カフェで席を選ぶだけのことを長々と書いたが、このように「何がどのように動きうるか」＝「どのような空間があるか」の判断を、人はほとんどの場合、一瞬でおこなっているだろう。むしろ上に書いたような判断は、そのほんの一部に過ぎない。人にはそのような判断能力がある。

このように私は、建築空間とは、形の決まった箱のようなものではなく、建築物があることによって「そこを何が動きうるか」を判断する人間の能力であると考えている。これを図式的に示したのが、「A（建築物）があることによって、B（ふるまい者）が動きうると、C（解釈者）が判断する範囲」という建築空間の定義である。

建築空間を三者関係で考える（2）　特別な建築空間の場合——西洋建築の空間

しかし、カフェで席を選ぶときのような日常的な空間と、建築において「空間デザイン」と評価されるような特別な空間は、別ものではないのか？「建築物（A）、ふるまい者（B）、解釈者（C）の三者関係」のような考え方が、特別な「空間デザイン」にも関係するのか？

建築の内部空間がデザインされるようになった最初期の傑作として名高い、古代ローマのパンテオン（紀元2世紀、次々ページ写真）を見てみよう。パンテオンの内部は、円形平面の上部に半球形のドームが載っており、強い幾何学形状が特徴である。壁で囲まれた床面の直径と、床からドームの頂部までの高さは共に約43メートル、つまり直径約43メートルの球がちょうど内部に収まる大きさとなっている。

このような巨大な建物は、当時のローマが非常に高度な建築技術を持っていたことを物語っているが、歴史的には、たとえばエジプトのピラミッド（紀元前27〜19世紀頃）やギリシャ神殿（紀元前6世紀頃〜）など、巨大な建造物をつくる技術はそれ以前から存在している。ここで注目したいのは、そのような建築技術ではなく、この内部空間を生み出した意識についてである。

もちろん、建築の内部空間もこれ以前から存在する。ギリシャ神殿にも内部空間はあったし、住宅にももちろんあった。しかし、それらの内部空間は、パンテオンと比較すると、必要性や作りやすさから生まれたと言いたくなるほど、パンテオンの内部空間は明らかに違う次元にある。その違いを「巨大」とか「幾何学的」といった形に関する言葉で説明することもできるが、それだけでは、このあと千年以上にわたって続く西洋建築の内部空間の発展を理解することは難しい。

——ローマのパンテオンの内部空間

パンテオンの内部空間が「巨大」で「幾何学的」だということは、その図面を見ても理解できる。つまり、そのような建築物の形（A）は、実際にそこを訪れていない解釈者（C）にも判断できる。しかし、それは実際にそこを訪れて捉える空間と同じものではない。なぜなら、そのように外から判断される空間には、通常、ふるまい者（B）が想定されないからである。あるいは想定されたとしても、そこに解釈者（C＝あなた）自身が含まれていない。

実際にパンテオンを訪れた場合を想像してみよう。まず第一に、その空間を動くと判断されるふるまい者（B）は、解釈者（あなた）自身（C）である。大きな円形の平面は、特定の方向性（たとえば祭壇へ向かう方向性など）を示す力が弱く、自由に動き回ることができるように感じられる。それは、円形の平面が広場のように十分大きいこととも関係している。しかし、上を見上げると、中央が高くなったドームの存在感は非常に大きく、その最上部に天窓（直径約9メートル）が開いていることも作用して、平面の中央付近に引き寄せられるような求心性も感じられる。

実際、ドーム天井の印象はとても強く、訪れた人（解釈者C）は、自分の頭上に大きな空間があることを否が応でも認識する。では、その頭上の空間を動くふるまい者（B）は？　と考えると、解釈者（C）自身を想定することは難しい。なぜなら、人が実際にそこを動く（浮遊する）ことはできないからである。

もし天窓から光が差し込んでいれば、この上部の空間は光が動く空間と感じられるかもしれない。実際、ドーム面を光が動く様子はとても印象深い。あるいは、もっと合理的に考えれば、そこは風（空気）や音（振動）が動く空間だと言うこともできるだろう。

しかし、そのように合理的に判断するよりむしろ、「ここを何が動くのかはよくわからない」という印象を、実際には抱くのではないだろうか。空間を認識するということは、「そこを何が動くのか？（ふるまい者（B）は何か？）」という問いが（ぼんやりとでも）現れることだと言えるが、ここではその答えが

左ページ
パンテオンの内観写真と図面

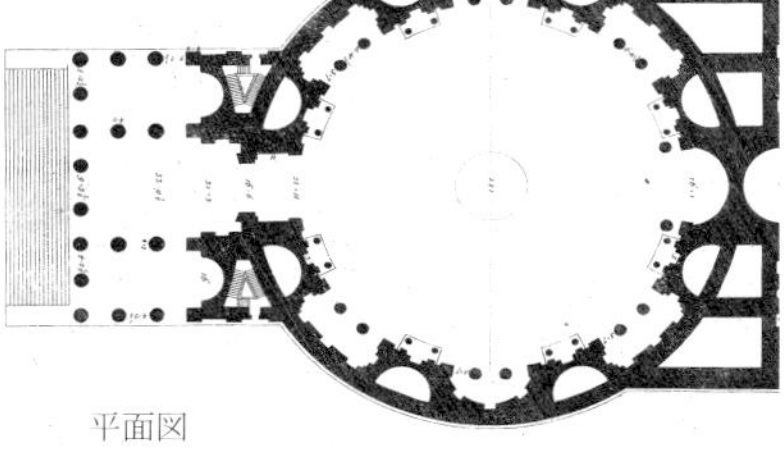

平面図

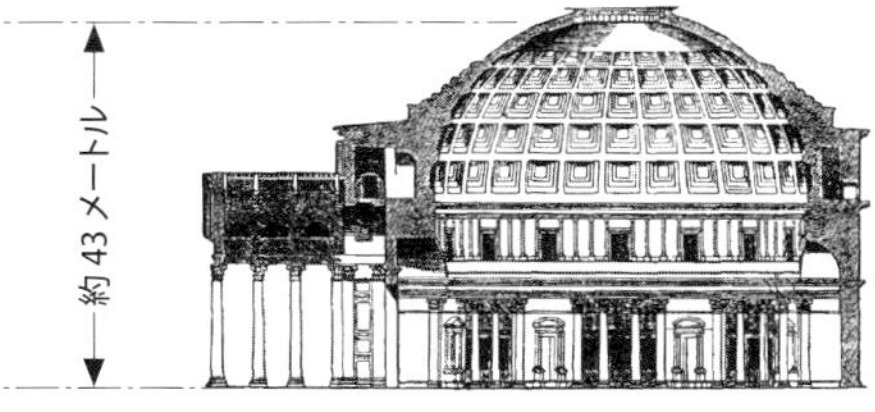

断面図

明確には得られず、問いが宙吊りになる。別の言い方をすると、そこを動きうる何か（ふるまい者B）を待ち受けるような心理状態になる。そして、この「それが何かはわからないが、待ち受けている」ような空間が、この場所で感じられる「神秘性」に結びついている。

もちろん、空間を捉えることは必ず神秘性を感じることだというわけではない。たとえば、同じように巨大なドーム空間であっても、野球場であれば「ボールが動くための空間」と容易に判断できるので、ボールが飛んでくることを想像してワクワクすることはあっても、神秘性は感じないだろう。しかし、そのように巨大さの理由が明白ではないパンテオンにおいては、強い幾何学形（A）の印象も作用して、「この広がりを動くもの（B）は何か？」という問いが見る者（C）のなかに浮かび上がり、「神秘性」の感覚を目覚めさせる。パンテオン以降、西洋建築の内部空間が追究されていくのは主にキリスト教会堂建築においてであるが、それは、この古代ローマの空間で見出された「神秘性」の感覚と無関係ではないと思われる。

——空間の共存

もう少しパンテオンの空間について考えたい。先ほど述べたように、実際にここを訪れた場合には、解釈者（C）は、自分自身もふるまい者（B）として捉える。つまり、「自分自身」と「神秘的なもの」という、少なくとも二種類のふるまい者（B）を捉える。本書ではこれを、「異なる空間が共存している」と考える。

パンテオンでは、単純に言えば、人が歩き回る床付近を見ているときは、そこでのふるまい者（B）は「解釈者自身」あるいは解釈者を含めた「人間」であるが、上を見上げてドーム天井を意識すると、

左ページ
パンテオン内部を見上げた様子（上）
と床付近の様子（下）

何か「神秘的なもの」に切り替わっている。この二つの解釈=空間が、約43メートルの球体が収まる囲いのなかで共存している。「共存」ということを特別に意識しなくても、そこにいる人は、異なる空間をいつのまにか切り替えて捉えている。この「異なる空間をいつのまにか捉えている」ということが、空間を図面などで理解するのではなく、実際の経験で捉えるときの最大の特徴である。

——空間の共存を感じさせる建築の要素

「パンテオンの内部で、下を見ているときと上を見ているときでは空間が異なっている」という言い方には納得できない人もいるかもしれない。その切り替えの根拠になるものはあるのか？

もう一度パンテオンの内部の写真を見てもらうと（次ページ）、床から天井に向かって壁を上っていく途中に、壁面を水平に区切っている横長の部材があることがわかると思う。この水平部材はエンタブラチュアと言われるもので、古代ギリシャ神殿にも見られる、柱の上部を水平につなぐ梁に相当するものである。通常、柱のすぐ上から順に、アーキトレーヴ、フリーズ、コーニスという三層構成になっており、パンテオンのそれも同様で、それを柱が支えるという構成も同じであることがわかる。

このパンテオンのエンタブラチュアは、紛れもなく古代ギリシャ建築の要素が取り入れられたものであるが、違いとして、ギリシャ神殿では建築の外部（外周）に用いられていたものを、内部に用いている。また、柱とエンタブラチュアは、元々は建物を支える構造要素であるが、パンテオンは最大で6メートルにもなる分厚いコンクリートの壁で支えられており、この柱とエンタブラチュアが構造上必要不可欠というわけではない。つまり、パンテオンのエンタブラチュアは、構造要素というより、建築の内部空間にデザイン要素として適用されたものである。では、その効果は何であろうか？　私が言いたいこと

左ページ
［上］古代ギリシャのパルテノン神殿。水平な梁（エンタブラチュア）を、複数の円柱が支えている。
［下］パンテオンの入口から中を見たところ。床から立ち上がる円柱の上に、ギリシャ神殿と同様の水平部材（エンタブラチュア）がある。

は、このエンタブラチュアの下が「人間が動くと捉えられる空間」であり、その上が「何か神秘的なものが動くと捉えられる空間」と感じられるのではないか、ということである。

「そんなことでいいのか？」と思う人もいるだろう。先に述べたように、本書では、空間は解釈者（C）次第で異なるものになると考えている。とは言え、空間は人々が互いに議論できないほど違うものではない。なぜなら、空間の理解には、人間が自らの周辺環境を把握する能力がベースにあり、人間の身体構造に共通性がある以上、空間理解にも共通性があると考えられるからである。では、その共通性をどうしたら議論できるかというと、「何を条件にその空間が捉えられると言えるか」、つまり、その空間を解釈させると考えられる建築物の要素（A）を指摘することによってでしかない。

　このような考えから、私は、パンテオンの室内の壁面に見られるエンタブラチュアは、「その下」と「その上」を異なる空間として解釈させる建築要素（A）であると考えるが、それは、誰もがそのように捉えると保証するものではない。ただし少し補足をすると、この「下」と「上」の空間の違いは、図面を見て感じられるものではなく（理解はできるが）、実際に現地を訪れたときに感じられるものであることには注意したい。なぜなら、実際に現地でそれを捉えるときは、単に「下」と「上」という客観的な位置関係で理解されるのではなく、「自分が動くこちら側」と「自分が行くことのできないむこう側」という、解釈者自身にとっての意味の違いとして現れるからである。

――「囲いモチーフ」と「支えモチーフ」

　エンタブラチュアが空間を指し示す可能性について、少し異なる観点から考えてみたい。エンタブラチュアとそれを支える円柱の組み合わせは「オーダー」と呼ばれるもので、西洋建築史において、古典

17　オーダーは、エンタブラチュア（水平梁）と円柱の構成法で、主要なものとして、ドリス式、イオニア式、コリント式の三種があり、それぞれ各部の比例や、ふさわしい用途が論じられている。古代ギリシャ建築から用いられていたものがローマ建築に継承され、16世紀（ルネサンス期）になると古典建築の美の枢要として体系化された。
　左は、17世紀にフランスのクロード・ペローが描いたオーダーの図。左から、トスカナ式、ドリス式、イオニア式、コリント式、コンポジット式。

建築の最重要デザイン要素とされているものである。[17]

このオーダーは、なぜそれほどまでに重要視されたのか？　言いかえると、なぜそれほどまで後世の人々の想像力をかきたてたのか？　その議論は本書の範囲を超えるものであるが、ひとつの要因として、柱と梁（エンタブラチュア）の組み合わせは建築を支える基本形であり、建築の力強さを表現しているということがある。

19世紀の哲学者ショーペンハウアーは、「建築の唯一にして不変のテーマは、支持と荷重である」[18]と述べている。また、建築家の香山壽夫は、建築をつくる根源的なモチーフ（動機）として、領域を「囲う」ことと物体を「支える」ことがあると指摘し、この二つのモチーフ――「囲いモチーフ」と「支えモチーフ」――が対立しながら統合されることで建築の表象は成り立つと述べている。[19] この香山の考え方に従えば、オーダーとは、まさに「支えモチーフ」の表現そのものであり、建築の根源的モチーフのひとつが形式化されたものである。

ここでもう一度、前のパンテオンを見てもらうと、エンタブラチュアとその下の円柱は、いま述べた「支えモチーフ」の表現であるのに対し、エンタブラチュアより上のドームは、それとは対照的に「囲いモチーフ」の表現であることがわかる。「囲いモチーフ」の表現とは、「領域が囲われている」ということを意識させる表現で、具体的には、覆いとなる天井、包み込む壁や膜などによって示される。パンテオンのようなドーム型の天井は、典型的な「囲いモチーフ」の表現である。

パンテオンの場合、床面が円形で、壁も湾曲しているので、全体として領域を包み込む「囲いモチーフ」の傾向が強い。しかし、そのなかに、円柱とエンタブラチュアが明確に「支える」ことを表現しているということが注目に値する。前にも述べたように、建物の構造としては柱とエンタブラチュアを用

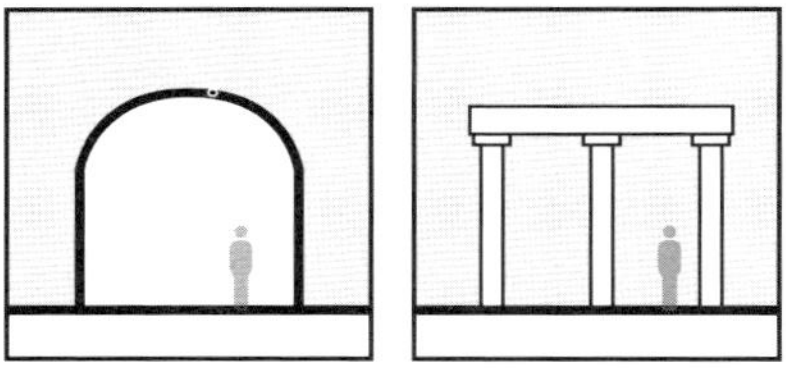

「囲いモチーフ」（左）と「支えモチーフ」（右）
（アイコンの作図は木内）

18　［文献0-02（再掲）］井上充夫『建築美論の歩み』鹿島出版会、一九九一年、一二二頁。

19　［文献1-16］香山壽夫『建築意匠講義　増補新装版』東京大学出版会、二〇二四年、一五八頁。香山は「モティフ」と表記しているが、本書では、より一般的にイメージしやすいと思われる「モチーフ」を用いる。

いる必要はなく、たとえば天井から床までを洞窟のように一体化して「囲っている」ということをもっと強調するデザインもありえる。しかし、古代ローマではそのようにはされず、人間に近いところには「支える」表現が用いられ、下部と上部に異なる「モチーフ」が表現された。

――教会堂建築における「支えモチーフ」

いま「古代ローマでは」と言ったのは、同じように巨大な内部空間であっても、必ずしも「支えモチーフ」が強調されるとは限らないからである。たとえばパンテオンからおよそ千年後に建設された、ゴシック様式を代表するシャルトル大聖堂（13世紀前半、次ページ上写真）の内部空間を見てみよう。

キリスト教会堂で、入口から奥に向かって細長い長方形の平面を持つ形式は「バシリカ式」と呼ばれる。「バシリカ」とは、元は古代ローマで裁判や商取引がおこなわれていた大広間で、柱廊で囲まれた細長い長方形平面を持っていた。この形式が教会堂に用いられるようになると、入口が一つの短辺（通常は西面）に設定され、入口から奥（内陣）へと向かう強い方向性を持つようになる。ローマのサンタ・マリア・マッジョーレ大聖堂（5世紀前半、次ページ下写真）は、その初期の形式を残すものと言われているが、中央の身廊と左右の側廊の間にある柱列を見ると、円柱の上に水平なエンタブラチュアが載っており、パンテオンと同様、古代ギリシャ由来の「支えモチーフ」の表現となっていることがわかる。

このローマの初期キリスト教会堂と、中世のシャルトル大聖堂を見比べると、バシリカ式ということは共通しているものの、多くの違いがある。まず第一に、天井が非常に高くなっている。それから、シャルトル大聖堂の柱列を見ると、サンタ・マリア・マッジョーレ大聖堂に見られた「円柱とエンタブラチュア」という古代ギリシャ以来の組み合わせがなくなっている（53ページ写真も参照）。

［上］シャルトル大聖堂（13世紀前半）
［下］サンタ・マリア・マッジョーレ大聖堂（5世紀前半）

なお、柱頭を、水平なエンタブラチュアの代わりにアーチでつなぐ形式はアーケードと呼ばれるもので、エンタブラチュア（水平梁）に必要な大きな部材に比べて小さな材料を組み合わせてつくれるという合理性があり、古代ローマですでに用いられている。しかし、古代ローマでは、そのアーケードも「柱が上にある物を支えている」という「支えモチーフ」の表現になっていた（下写真）。

シャルトル大聖堂のようなゴシック様式の教会堂が、古代ローマの教会堂と大きく異なるのは、天井を高く引き上げるとともに、壁面を細い線条要素で覆い、床面から天井面までを連続的な面として一体化したことである。床から立ち上がる柱は、実際には非常に太いものでありながら、細い柱が束になった表現になっており、その細い柱の上端から壁面やアーチの輪郭にそって細い線が伸びている。壁面を上っていくシャフトと言われる線は、交差ヴォールト（トンネル型の天井が直角に交差した形）の天井のリブに連続し、壁と天井を一体化している。一方、柱の上端から脇のアーチの方へ伸びていく細い線は、アーチの繰形（縁取り）を形成しているが、これによって壁の厚みが見えにくくなり、柱は壁の荷重を支えているというより、壁と一体化して空間を覆う要素の一部となっている。つまり、古代ローマ建築では、「支える物」と「支えられる物」を区別することで「支えモチーフ」が表現されていたのに対し、中世のゴシック建築では、「支える物」と「支えられる物」の区別が曖昧となって一体化することにより、「囲いモチーフ」の傾向が強まっている。

――ゴシック建築の空間

このようなゴシックの「一体的な空間」も、実際にそこに行かなくても、俯瞰的に（図解的に）理解することは可能である。しかし、それはやはり、現地で捉えられる空間とは違う。パンテオンと同様に、

［右］古代ローマ時代のアーケードの例　サンタポリナーレ・イン・クラッセ聖堂（ラヴェンナ、549）

アーチの上部にエンタブラチュアのような水平帯があり、柱とアーチ（アーケード）によって上部が「支えられている」ことが表されている。

ここを訪れた人は、床付近を見ているときは「そこを動きうるふるまい者（B）」として「自身を含む人間」を捉えるのに対し、頭上の巨大な空間を動きうるふるまい者（B）としては「人間」を想定することはできず、何らかの「神秘性」を感じ取る。つまり、異なる空間の共存を捉えている。

そのような異なる空間の境界を示しうるものとして、パンテオンでは「支えモチーフ」の一部であるエンタブラチュア（水平梁）があったのに対し、シャルトル大聖堂ではそれがなくなっている。そのため、

［左］シャルトル大聖堂

一体的な「囲いモチーフ」で強調された巨大な「神秘的」空間は、人間が動く空間に覆いかぶさって、それを飲み込む形となっている。

「ゴシックの空間が一体的だと言うならば、それはすべて「神秘的」空間であり、床付近に人間が動くための空間があると考える必要はないのではないか」と思うかもしれない。しかし、どう考えてもここを訪れた人は、自分自身（人間）が動く空間も捉え、実際に歩き出すだろう。それは、「バシリカ」という形式が、入口から内陣へ向かう強い方向性（軸性）を持って人を誘引するからである。このように「人間が進むべき空間（方向性）」を示しながら、その空間に「人間ではないものが動きうる空間」が覆いかぶさるという共存の仕方が、たとえば「人間を誘いながら人間を拒否する、不気味な冷たさ」[20]とか、「その空間は見る者に〔……〕アンバランスで感動しやすく、非合理的な衝動の魂の状態、すなわち戦いの状態を作り出す」[21]と言われるような、ゴシック特有の印象を生み出していると考えられる。

このような印象は、単に天井が高いだけで生じているわけではない。事実、シャルトル大聖堂の天井の高さは約36メートルで、パンテオンの約43メートルよりも低い。もちろん、建物の幅が狭いために高く感じるということはあるが、それ以上に、下部に「支えモチーフ」（A）があるかないかの違いによって、解釈者（C）自身を含む人間（B）が動きうる空間の印象が変わるということを理解してほしい。建築空間とは、物（A）によって示されるものであるが、その形と大きさだけが問題なのではない。

――囲いモチーフと支えモチーフの「闘争と一致」の建築史

前述したように、「囲いモチーフ」と「支えモチーフ」という建築をつくる根源的動機について述べた香山は、これら二つの「闘争と一致」（支配権争い）が建築のデザインであり、その歴史でもあると指

20 〔文献1-17〕高階秀爾『芸術空間の系譜』鹿島出版会、一九六七年、九一頁。

21 〔文献1-18〕ブルーノ・ゼーヴィ『空間としての建築（上）』栗田勇訳、鹿島出版会、一九七七年、一四四頁。

摘している[22]。現代を含めたすべての建築をそれで説明できるかは検討の余地があるとしても、西洋の様式建築（近代主義以前の建築）の空間デザインは、「モチーフ」の関係に着目することでかなり見通しが良くなる。そこで以下では、すでに示した古代ローマ（パンテオン）とゴシック様式（シャルトル大聖堂）に続く歴史的な流れとして、ルネサンス様式（15〜16世紀頃）とバロック様式（17〜18世紀頃）の空間について、「モチーフ」に注目しながら簡単に触れたいと思う。

この本は、カルロ・スカルパによる現代建築を題材とした空間デザインの話であるはずなのに、まだ西洋建築史の話が続くのかと思う人もいるかもしれないが、建築の空間デザインの大きな部分が西洋の歴史建築において開拓されたことも事実であり、その大枠を理解することで現代の空間も見えやすくなるので、もう少しお付き合い願いたい。

22 香山［文献1-16］一七八―一九八頁。

――ルネサンスとバロックの空間

ゴシック様式のシャルトル大聖堂（51、53ページ写真）では、古代ローマ建築にあった「支えモチーフ」が見られなくなる一方、巨大な壁面が細かい線条要素で覆われて天井面と一体化し、「囲いモチーフ」が強く現れていると述べた。このような「囲いモチーフ」優勢の流れに対して、再び「支えモチーフ」が復興をみせたのが、イタリアで興ったルネサンス建築のひとつの特徴である。

次ページの写真は、ルネサンス建築の創始者と言われるフィリッポ・ブルネレスキ（1377-1446）が設計したサン・ロレンツォ聖堂（1461）の内部である。前に見たシャルトル大聖堂から二〇〇年あまりが経った時期の建築であるが、円柱とアーチ、さらにその上部のエンタブラチュアに似た水平帯によって「支える」というモチーフがはっきり示されており、ルネサンスの「復興」という意味にふさわしく、

古代ローマ建築がよみがえったかのような趣がある。天井もゴシック様式のように上に向かって大きく引き上げられることはなく、形も平らなため、「囲いモチーフ」はあまり強く感じられない。この天井付近の空間は、やはり「人間が動く空間」とは言えないが、かと言って、パンテオンやシャルトル大聖堂のように「神秘的なものが動きうる空間」と言うよりは、下の「人間が動く空間」を照らす「光が入ってくる空間」と言った方が自然なように思われる。

設計者のブルネレスキは、フィレンツェのサンタ・マリア・デル・フィオーレ大聖堂のドーム（1436）を合理的な構造と施工方法によって完成させたことで有名な建築家である。また、サン・ロレンツォ聖堂は、正方形や円といった純粋な幾何学形態を組み合わせることで全体が構成されており、理性的で均整の取れたプロポーションが特徴と言われる。

このような理性的、合理的な構成は、ブルネレスキに限らずルネサンス建築の特徴と言われるものであるが、そのような構成から捉えられる空間は、それ以前のゴシックと比べると、「神秘的なもの」が動くところというより「人間」が動くところ、つまり「ふるまい者（B）」として「人間」が優勢に感じられる。その要因として、「支えモチーフ」の復活と「囲いモチーフ」の抑制が関係しているというのがいま述べたことであるが、この傾向もいつまでも続いたわけではない。

次ページの写真は、サン・ロレンツォ聖堂の完成からさらに約二〇〇年後につくられた、バロック様式のサン・カルロ・アッレ・クワトロ・フォンターネ聖堂（ボッロミーニ設計、教会部1641。以下、サン・カルロ聖堂と略す）である。楕円などの曲線が多用された複雑な形をしており、ルネサンスのサン・ロレンツォ聖堂と雰囲気が大きく異なることがわかると思う。

このサン・カルロ聖堂についてまず指摘したいのは、古代ローマに見られた「支えモチーフ」である

右ページ
サン・ロレンツォ聖堂
（ブルネレスキ、1461）

［左］ブルネレスキがドームの設計をおこなった、フィレンツェのサンタ・マリア・デル・フィオーレ大聖堂

サン・カルロ・アッレ・クワトロ・フォンターネ聖堂
（ボッロミーニ、1641［教会部］）

円柱とその上を水平につなぐエンタブラチュアが、しっかりと表現されているということである。これは、バロック様式が、古代ローマの形式を復活させたルネサンス（古典主義）を引き継いだものであることを示している。一方で違いとしては、ルネサンスのサン・ロレンツォ聖堂では中央の天井が平らで「囲いモチーフ」が強く表れていなかったのに対し、バロックのサン・カルロ聖堂では、中央部にドーム天井があることに加え、正面と左右の祭壇部（大きな絵が掲げられているところ）の壁が外側に膨らむように湾曲し、その上の天井も半ドーム形になっていることなどから、「囲われている」という印象を感じさせる「囲いモチーフ」が強く表現されていると言うことができる。

いま「ルネサンスのサン・ロレンツォ聖堂では「囲いモチーフ」が強く表れていなかった」と述べたが、それは「まったくない」ということではない。たとえば柱の外側の側廊部分を見ると、柱で囲まれた正方形平面のひとつひとつが小さなドーム天井で覆われており、それぞれが「囲いモチーフ」を示していると言える。このようにルネサンス建築では、独立した表現を与えられた小さな空間が並列的に集まって全体を構成する傾向があり、美術史学者のパウル・フランクル（1878–1962）は、これを「空間の付加（Raumaddition）」と呼んだ。これに対してサン・カルロ聖堂のようなバロック建築では、壁際の天井が扁平な半ドーム形になっていたように、個々の部分は完結した形（正方形や円など）ではなく、より大きなものの断片のように扱われる傾向があり、フランクルはこれを「空間の分割（Raumdivision）」と呼んでいる。[23]

――バロック建築における空間の相互貫入と膨張

ここで、フランクルが「空間の分割」と呼んだバロック建築の特徴が、サン・カルロ聖堂ではどのよ

23 ［文献1-19］パウル・フランクル『建築史の基礎概念――ルネサンスから新古典主義まで』香山壽夫監訳、鹿島出版会、二〇〇五年（原著一九一四年）。

24 少し細かく言うと、断片ドームのあいだに挟まれた面（卵形の縁取りがはまっているところ）はペンデンティブとなっており、その面（計四面）を合わせると大きなドーム形を捉えることができる。ペンデンティブとは、正方形平面の上にドームを載せるとき、その正方形に外接する球の断片を接続部（コーナー）に用いたもので、イスタンブル（旧コンスタンティノープル）のアヤソフィア（537）が有名。サン・カルロ聖堂は、ドームは楕円形で、平面は正方形ではないが、ドームを上下に重ねる伝統手法が用いられている。

うに捉えられるかを、もう少し考えたい。

先ほど述べたように、サン・カルロ聖堂の祭壇上部の天井はドームの断片のように「分割」されているが、それらと中央の楕円形ドームは、「一体的」に全体を覆っているとも感じられる。それはなぜだろうか？ ひとつには、壁際の断片的なドームから中央のドームに向かって高さが上がっていくため、両者が組み合わさった大きなドームのように感じられるということが挙げられる。[24] もうひとつには、円柱の上に載っているエンタブラチュア（水平梁）の幅（高さ）が大きくて存在感が強いため、その上にある天井群がまとまって見える、ということが言える（❶）。

しかし一方で、このエンタブラチュアは部屋の形状に合わせて波打っており、祭壇部分では壁の凹みに合わせて奥に引っ込んでいる（外側に膨らんでいる）。そのため、その引っ込んでいる部分に注目すると、エンタブラチュアはその上下を分けているというより、むしろ結びつけ、独立した祭壇空間（三か所）を形作っているとも感じられる（❷）。エンタブラチュアを支える円柱の間隔が祭壇部で広がっていることや、エンタブラチュアのすぐ上に見える山型の断片がギリシャ神殿のペディメント（屋根側面の三角形部分）のように見えることも、この祭壇空間の一体性を強調している。

つまり、祭壇上部の天井は、ドームの断片のように「分割」されているが、それによって、さらに上の楕円ドームとのグループにも見えるし（❶）、下の祭壇とのグループにも見える（❷）という二重性が生まれている。重要なことは、この二重性は、単に物の見え方の問題ではなく、それぞれのグループが異なる空間を示すため、「同じ場所に異なる空間が共存している」と捉えられることである。

❶ 幅の広いエンタブラチュアの上部の天井群が、一体的に全体を覆っていると捉えられる。

❷ エンタブラチュアは壁の凹部にそって湾曲し、上の半ドームと一体的に祭壇空間を形作っている。

実際の経験に即した言い方をすると、この教会に入った人は、まっすぐに祭壇部を見ると「人が近づくことを促す空間（❷）」を捉えるが、上を向くと、エンタブラチュアで区切られた上部に「人間ではない何かが動きうる空間（❶）」を捉えることができる。古代ローマのパンテオンでは、この2つの空間の境界としてエンタブラチュアを想定することができたが、サン・カルロ聖堂では、エンタブラチュアが波打っているため、各祭壇の空間がその上まで侵入してしまい、「人間が動く空間（こちら）」と「人間ではないものが動く空間（むこう）」が相互貫入する。[25]

この相互貫入の印象をさらに強める要因として、中央の楕円形ドーム下端の縁取りが、まるでもう一つのエンタブラチュアのようにはっきりと示されていることがある。つまり、通常は「エンタブラチュアまで（❸右）」と感じられる「人間のための空間」が、祭壇空間の侵入と相まって、この「楕円の縁取りまで（❸左）」引き上げられるようにも感じられる。

もちろん、このような解釈に「正解」は存在しない。ここで言いたいことは、人が「空間を捉えようとする」＝「何がそこを動きうるかを判断しようとする」と、その解釈が揺れ動くように物がデザインされているため、空間も揺れ動くということである。楕円ドームを見上げると（左ページ写真）、その頂部にはまた別の楕円形の穴があり、さらに「むこう（上方）」を動く「ふるまい者（B）」の気配も暗示されている。

サン・カルロ聖堂の複雑な様相については、さまざまな観点から読解がなされており、ここで私が述

❸ 境界を、エンタブラチュアと捉えるか（右）、楕円ドームの縁と捉えるか（左）によって、「こちら」の範囲が変わる。左のように「こちら」を大きく捉えたときは、前ページ❶の「むこう」と空間を取り合っている。

25　正確に言えば、パンテオンにおいてもエンタブラチュアとドーム天井のあいだに中間帯があり、そこにアプス（内陣）上部の半ドームが入り込んでいる構成があった（47ページ写真参照）。しかしパンテオンで

べたことはそのほんの一部に過ぎない。

ここでとくに私が言いたいことは、古代ローマ建築由来の「支えモチーフ」と「囲いモチーフ」の組み合わせが発展したことによって、このような複雑な様相が生まれているということである。極めて単純化して言えば、ルネサンスは、古代ローマの「支えモチーフ」と「囲いモチーフ」の組み合わせを復活させ、それらを整った比例で配列することによって、いわば「人間のための空間」を確保した。それに対してバロックは、二つのモチーフを引き継ぎながら、境界を操作（断片化や多重化）することによって、とくに教会建築においては、「支えモチーフ」が示す「人間が動きうる空間」と、「囲いモチーフ」による「人間ではないものが動きうる空間」が、ゴシックとはまた違う形で混ざり合うようになり（ゴシックでは混ざり合うというより「人間の空間」は押し潰されていた）、結果的に「人間ではないもの（神秘的なもの）が動きうる空間」が再び膨張するようになった。

ここで「人間ではないものが動きうる空間」という言い方が多用されていることに不信感を抱いている人もいるかもしれない。「建築を見て、そんなことを考えたことも感じたこともない」という人もいるだろう。実際私も、この場所に行けば文字通りそのように感じられる、というつもりで述べているわけではない。

このサン・カルロ聖堂に初めて入った場合、おそらくは「見たことのない変な形だな」とか、「これをつくるのは大変そうだな」のように、そこにある物と形に興味を引かれるだろう。この建物はそれほど大きなものではないので、一通り眺めるだけなら、ほんの数分で終わるはずである。つまり、そ

は、そこはあくまで上部と下部の中間帯と捉えられる（明確に区切られている）のに対し、サン・カルロ聖堂では、上部とも下部とも捉えられるようにデザインされている（曖昧にされている）という違いがある。ボッロミーニは、古典の形式を踏襲しながら、それが異なる印象を生み出すように読み替えている。

サン・カルロ聖堂、天井見上げ

れがどんな形と寸法で構成されているかは、わりとすぐに理解できる。

しかし、それを理解してもなお、何か引き込まれるような印象があったとしたら、「ここで自分は何を感じているのだろう？」という問いのようなものが生まれているのではないだろうか。それは、物の形、寸法、配置、素材などを理解したとしても、なお現れてくる違和感のようなものである。

私は、そのような違和感、あるいは問いが生まれてくる要因として、「自分（人間）ではないものが動きうる空間」を感知している可能性がある、と言いたい。そのような「空間」は、「神秘的なものが動く空間」のように特別に認識されなくても、人の感覚を刺激する。ボッロミーニが設計したこの建築は、それが好きか嫌いかは別として、そのような空間デザインのひとつの到達点である。

建築空間を三者関係で考える（3）　まとめ

ここまでの話を踏まえて、建築空間を、A（建築物）、B（ふるまい者）、C（解釈者）の三者関係で定義することのメリットを、ひとまずまとめておきたいと思う。それは、以下の四つのことが理解できるのではないか、ということである。

1　空間は人間の能力である

2　空間は固定されたものではなく、変化するものである

3　人間は、具体的な空間と抽象的な空間を行き来している

4　空間は拡張可能性を持っている

1 空間は人間の能力である

カフェで席を選ぶとき、家具や開口部などの要素（A）を見て、「何（B）がどのように動きうるか」と人（C）が判断することは、その人間の能力であると述べた。また、古代ローマのパンテオンのような歴史的建築において、そこを訪れた人が空間を捉えるということは、「何（B）がこの広がりを動くのか」という問いが浮かび上がることであり、それに対する明瞭な答えがない場合には、ある種の神秘性を感じるのではないか、と述べた。

このように「そこを動きうる者（B）」を「判断する能力」あるいは「問う能力」が人間にはある。パンテオン以降の西洋の内部空間では、「解釈者自身を含む人間」と「神秘的なもの」という（少なくとも）二種類のふるまい者（B）が動きうる空間の関係性がデザインのひとつの焦点となっていた。そして、その関係性の変化が建築様式の変化（古代ローマ〜ゴシック〜ルネサンス〜バロック）にも反映していると考えられることを簡単に説明した。また、そのように人間が建築から空間を捉える背景に、建築の根源的モチーフと言われる「支えモチーフ」と「囲いモチーフ」があるということも述べた。

これらを踏まえて、「日常的な建築空間」と「特別な建築空間」の違いをあえて言うとすれば、「日常的な建築空間」とは、ふるまい者（B）を判断しやすい空間であるのに対し、「特別な建築空間」は、ふるまい者（B）を判断しにくくする何らかの仕組みがあるため、解釈者（C）の「問う能力」が刺激される空間である、とひとまず言っておきたいと思う。もちろん、この違いは相対的なもので、「日常的な建築空間」にふるまい者（B）のわからない空間が現れて違和感を感じることもあるし、「特別な建築空間」のふるまい者（B）がわからな過ぎれば意味のわからない空間となる。

ところで、そもそもなぜ人間には、ふるまい者（B）を問う能力があるのだろうか？　生物学的に想像すると、動物が生きるために周辺環境（たとえば森や草原）に潜む敵や獲物、あるいは仲間などをすばやく感知する能力が重要であることは間違いないだろう。そのように「身のまわりを動くものを捉える」生命の基本能力としての「生態空間」が、文化としての「建築空間」に反映していたとしても、特別に不思議なことではないと思われる。

2　空間は固定されたものではなく、変化するものである

建築空間を三者関係として考えることのメリットの二つ目は、空間とは固定されたものではなく、変化するものだと認識できることである。

建築空間を、建築物（A）、ふるまい者（B）、解釈者（C）の関係として考えるということは、A、B、Cのどれかが変わると、同じ場所であっても空間は異なるものになるということである。カフェで席を選ぶ場面であれば、ふるまい者（B）として、自分の身体、他の客、あるいは光や音など、何を捉えるかによって空間は変わる。西洋の歴史的な内部空間においても、「人間」と「人間ではない神秘的なもの」という異なるふるまい者（B）が想定されることによって、異質な空間が共存していると捉えられる。バロックの頃には、そのような異質な空間の境界が揺れ動く仕組み（デザイン）が現れていることも説明した。このような空間の変化は、基本的に、解釈者（C）が動くことにともなって視点と視野が変わること、あるいは、注意する物（A）が変わることに連動して生じる。

3　人間は、具体的な空間と抽象的な空間を行き来している

これまで、図面などから理解される空間と、実際に現地で経験される空間は同じものではない、と何

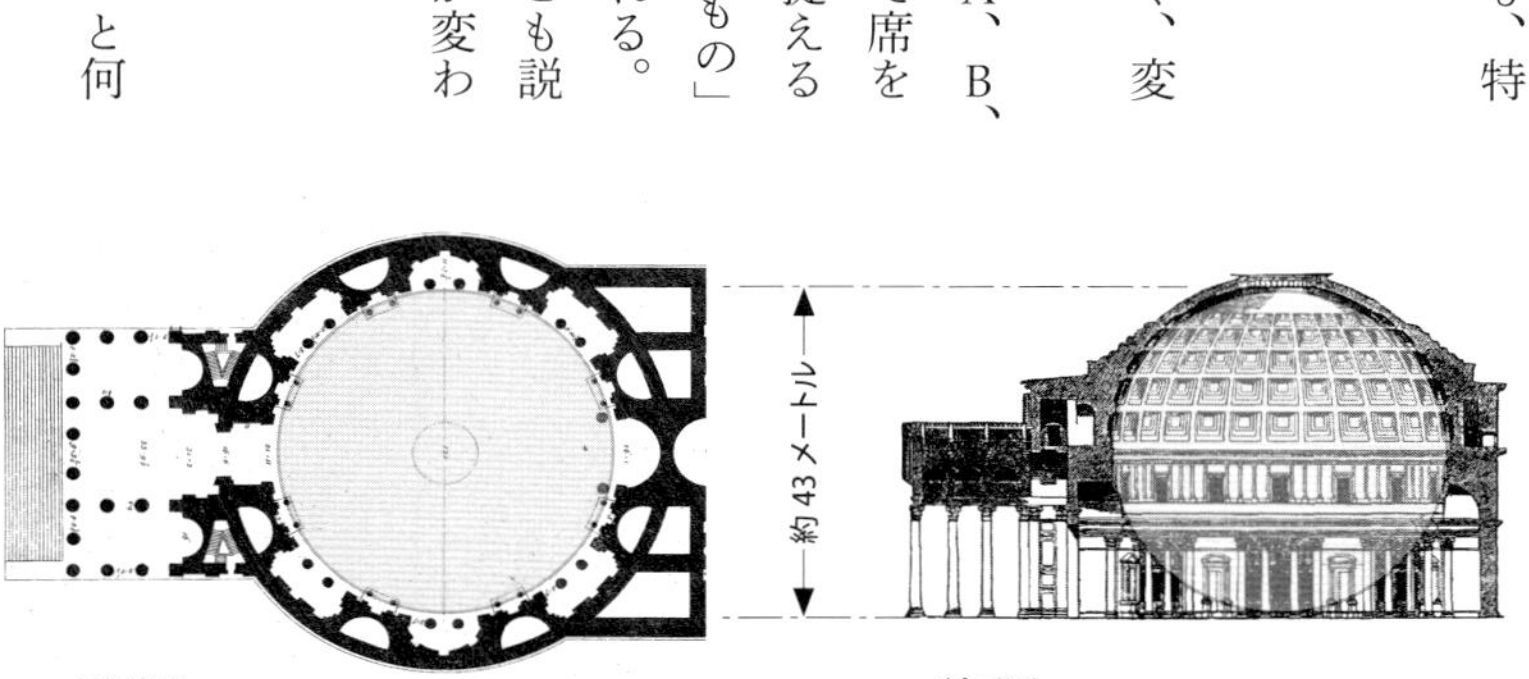

パンテオンの図面から捉えられる、直径約43メートルの球が内部に収まる「形としての空間」。

度か述べた。しかし一方で、図面からも、それを見ている解釈者（C）が、何か（ふるまい者B）の動きうる範囲を捉えられる（読める）ことは確かである（後の「4　空間は拡張可能性を持っている」の項でもう少し原理的に述べる）。

たとえば、パンテオンの平面図と断面図を見ると、「直径約43メートルの円形平面に、最上部高さ約43メートルのドーム天井で覆われた空間」、あるいは「直径約43メートルの球がちょうど内部に収まる空間」が捉えられる。このように、図面では一般に、床・壁・天井といった囲い（境界面）による「形としての空間（立体形が組み合わさった空間）」が捉えられやすい。[26] またそのような空間は、前にも述べたように、解釈者（C）が実際の場所にいるわけではなく、外から、いわば「神」の視点から捉えた「俯瞰的空間」と言うことができる。[27] このような俯瞰的に捉えられる「形としての空間」は、実際に経験される空間に比べると、抽象的な空間であると言える。

建築空間に関する論考のなかには、そのような抽象的な空間は建築空間ではない、とする論調もある。ここで言う抽象的な空間には、図面から捉えられる「形としての空間（俯瞰的空間）」だけでなく、たとえば数式で表されるようなより抽象性の高い空間や、前に述べた均質空間（どこでも同じ空間）も含まれる。そのような抽象的空間を建築空間から除外しようというのは、建築空間は実際に経験される具体的な空間に限られるとする考え方で、そのような建築空間は、「数学的空間」に対して「生きられた空間」のように言われることもある。[28]

このように建築空間を限定しようとする論調は、基本的に、近代以降に均質空間（どこでも同じ空間）が支配的になっていくことを憂い、それとは異なる空間があることを主張するものと理解できる。このような論調に対して私は、「異なる空間がある」という趣旨には完全に賛同するものの、「抽象的な空間

26　ここでいう図面とは、主に平面図、断面図、平行投影図（アイソメトリック図など）である。

27　ここで「俯瞰的」というのはひとつの比喩であるが、とくに近代以降、建築において平行投影図（アイソメトリック図など）が多用される状況を考えると、「俯瞰的空間」は単なる比喩以上のリアリティを持つようになっているのではないかと考えられる。

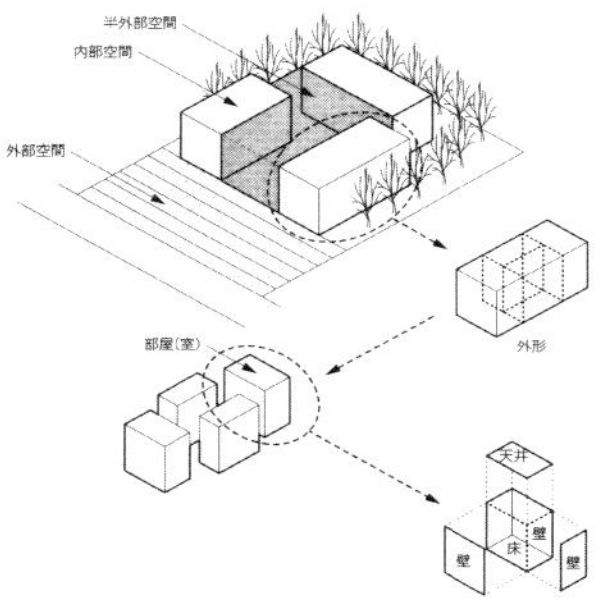

平行投影図（アイソメトリック図）の例（坂本、塚本ほか［文献5－03後掲］一四頁）

は建築とは関係がない」とまで言ってしまうと行き過ぎだと思っている。なぜなら、すでに抽象的な概念が高度に発達し、私たちはそれらを含めたさまざまな空間を日常的に行き来しており、建築だけを具体的な空間に限定するというのはむしろ不自然というか、不可能だと思うからである。

ここでのポイントは、「具体的空間と抽象的空間のどちらが本当の建築空間か？」ではなく、「具体的空間と抽象的空間を行き来している私たちの経験を、建築空間を通してどう理解できるか？　あるいは調整できるか？」ということだと私は考える。このような課題設定が妥当だとすると、建築空間をA（建築物）、B（ふるまい者）、C（解釈者）の関係として捉えるということにメリットがあるのではないか、というのがここで言いたいことである。三者関係で捉えるということは、三種類のパラメーター（変数）を想定するということであるが、具体的空間と抽象的空間は、実はこれらのパラメーターを媒介にして関連づけられている（行き来されている）のではないだろうか？

以下では、この抽象的空間を位置づけるために、「形としての空間（俯瞰的空間）」、「均質空間」、「機能的空間」について少し考察したい。

3―1　俯瞰的空間と均質空間の近似性

すでに述べたように、図面などから理解される「形としての空間」は、外部の視点から捉えられた俯瞰的空間であり、たいていの場合、ふるまい者（B）が考慮されていない。あるいは、特定のふるまい者（B）がモデル的に想定されている（次項で説明する「機能的空間」）。

一方、「均質空間」とは、原理的には「どこでも同じ空間」であるので、「建築物（A）にも、ふるまい者（B）にも、解釈者（C）にも影響されない空間」と言うことができるが、現実には、そのような

28（前ページ）たとえば左の［文献1-20］では、建築論・芸術論においては「「具体的・感覚的・現実的建築空間」だけが問題となっている」と言われ、ボルノウ［文献1-21］やアインシュタイン［文献2-01（後掲）］の空間概念を援用しつつ、そのような建築空間は、「連続的な無限の」「数学的」「器としての空間」ではなく、「常に「位階的に積み重ねられた」「生きられた」「成層の質としての空間」に属している」と述べられている。

［文献1-20］上松佑二『建築空間論――その美学的考察〈新装版〉』早稲田大学出版部、一九九七年、一〇―一一頁。

［文献1-21］オットー・フリードリッヒ・ボルノウ『人間と空間』大塚惠一ほか訳、せりか書房、一九七八年（原著一九六三年）。

空間を考えることはできても、建築空間として認識することはない（建築物が存在する時点ですでに「どこでも同じ」とは言えない）。すると、建築で考えられる「均質空間」は、「ある建築物（A）があることによって、どんなふるまい者（B）、解釈者（C）にとっても同じ空間」ということになるが、これでもまだ無理があると思われる。というのは、「どんな解釈者（C）にとっても同じ」ということもやはり現実にはありえず、それは「どんな解釈者にとっても同じだと、ある解釈者（C）が判断する空間」に過ぎないと思うからである。つまり、現実に現れる均質空間は、建築物（A）と解釈者（C）の条件をなくすことはできず、結局「どんなふるまい者（B）でも同じ空間」、すなわち「ふるまい者（B）が考慮されない空間」ということになる。

何を言いたいかというと、「ふるまい者（B）が考慮されない空間」という点で、均質空間と、その前にのべた「形としての空間（俯瞰的空間）」は、かなり近似しているということである。もし均質空間に問題があると考えるならば、「形としての空間（俯瞰的空間）」もそれに近いものだということに注意する必要がある。

3―2　機能的空間から均質空間へのすり替わり

次に、「機能的空間」と呼ばれるものについて考えたい。「機能的」という言葉は通常、ある目的を果たす機能を備えているということや、無駄がないという意味で用いられる。「機能的空間」と言われるときも、そのような意味で使われることが多いが、一方で「機能的な均質空間」のように、ときに否定的な意味合いで使われることもある。[29] それはなぜだろうか？

「機能的空間」は、文字通りに考えれば、ある「ふるまい者（B）」が想定されていて、それが効率よ

29　例えば、原広司［文献1-14］は、出版社のウェブサイトでは、「現代世界を支配してきた機能的な均質空間の支配に抗して、著者は新しい「場」の理論を構想する」と紹介されている。https://www.iwanami.co.jp/book/b255821.html

く動くことができるという意味を含んでいる。たとえば、病院、工場、あるいは住宅のキッチンなどを考えるとイメージしやすいだろう。

一方で、たとえば「機能的なオフィス空間」のような言い方がされることがよくある。文字通りに解釈すれば、そのオフィスの「ふるまい者（B）」が想定されていて、それが効率的に動ける空間ということになるだろう。しかし、前にも述べたように、オフィスというのは、どんな用途にも対応できるということが一つの要件としてイメージされており、均質化が最も進んでいるところである。実際、「機能的なオフィス空間」と言われるときには、「さまざまな用途にフレキシブルに使える空間」、すなわち、ふるまい者（B）を特定しない均質空間がイメージされていることが多いと思われる。

ここで指摘したいことは、「機能的空間」と言ったとき、その「ふるまい者（B）」は誰かと考えると、「ある特定のふるまい者」を想定していたはずが、いつのまにか「どんなふるまい者でも構わない」にすり替わっていることがあるのではないか、ということである。私は、現実にそのような変化が起こることが悪いと言いたいわけではない。さらに言えば、均質空間が悪いと言いたいのでもない。ただ、空間のイメージを無自覚にすり替えている可能性があるとしたら、注意が必要だと考える。

別の言い方をすると、「機能的空間」が「どんなふるまい者でも構わない空間」にいつのまにかすり替わってしまうほど、均質空間の合理的イメージは強力だということである。「機能的な均質空間」という言い方にそれは現れている。

3-3 均質空間から機械空間へ

なぜ、このような抽象的な話にこだわるのか？ やはり私も、「現代社会における均質空間の膨張を

左ページ図
俯瞰的視点から見た建築図の例（アイソメトリック図、木内作図）
ヴェネツィア・ビエンナーレ 彫刻庭園（カルロ・スカルパ設計、1952）
第4章で、具体的な経験について説明する。

食い止める術はあるのか？」という危機感を、どうしても抱いてしまうからである。もう少し、この抽象的空間と具体的空間の関係についての話を続けさせてほしい。

先ほど、均質空間は原理的には「建築物（A）にも、ふるまい者（B）にも、解釈者（C）にも影響されない空間」であるが、現実では「ふるまい者（B）が考慮されない空間」として現れるだろう、と述べた。その理由のひとつとして、解釈者（C）がいない空間は現実にはあり得ないと述べたが、言いかえると、「解釈者（C）を特定しない普遍的空間」を考えたとしても、実はそれは「超越的な視点から誰かが解釈している空間」だということである。

このような「超越的な視点」は、前にも述べたように、「形としての空間」を捉える「俯瞰的視点」と近似している。「俯瞰的視点」は、たとえば、ある建築で捉えられる空間を予想したいとき（案内図など）や、建築家が建物の特徴を素早く示したいときなどに用いられる。つまり、「俯瞰的」あるいは「超越的」とは言っても、その視点に立っている解釈者（C）は、あたりまえのことであるが、人間である。しかし現代においては、この前提が崩れつつある。

リアム・ヤングという建築研究者は、二〇一九年に編集を務めた『アーキテクチュラル・デザイン』誌の「マシン・ランドスケープ」という特集号[30]において、「人間中心」の時代の後に来る「機械中心」の世界について語っている。それは、デジタル情報技術の進歩にともなって、スマートフォンや監視カメラなどの機械のセンサーが空間を把握し、自動走行車やドローン、ロボットなどの機械が空間を自律的に動くようになると、世界はやがて、機械が解釈し、機械が動くためのものになっていく、というものである。

このような事態は、それが完成するのが未来だとしても、すでに現在進行中であることは誰もが感じ

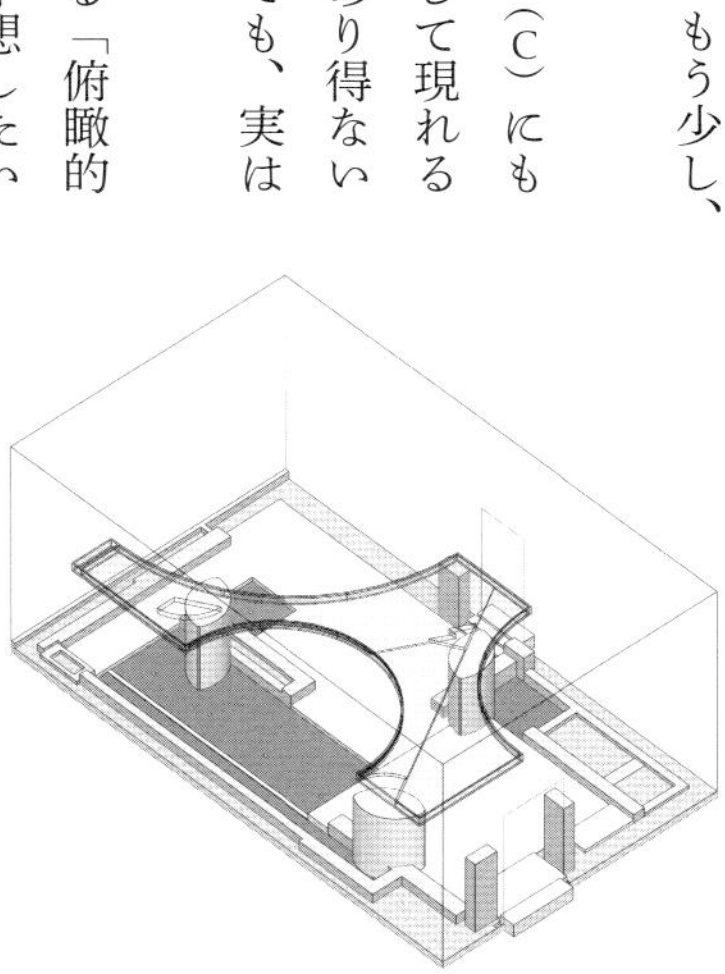

30［文献1-22］Liam Young (ed.), Machine Landscapes: Architectures of the Post-Anthropocene, 2019. 左の記事に関連する記載がある。［文献1-23］岡田弘太郎編「Welcome to Machine Landscapes 人間なしの建築」『WIRED』日本版VOL.33 (2019)、一一一—一二三頁。

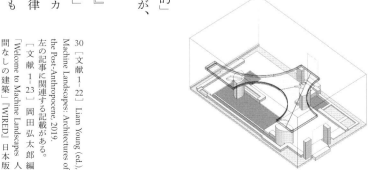

ていることだろう。デジタル機械は特定の建築物（A）やふるまい者（B）を前提に動くわけではなく、すべてを等価の情報として処理するのだとしたら、それらが捉える空間は、「建築物（A）やふるまい者（B）に関係なく、機械（C）が判断している範囲」ということになり、均質空間の理想にかなり近づく。事実、その空間はすべて0か1のデジタル信号で処理されていることを考えれば、究極の抽象的空間と言えるだろう。

このような技術の進歩と結びついた抽象的空間の広がりは、学術的な概念ではなく、経済と結びついた現実であるので、簡単に止まることはないだろう。ここで問いたいのは、その技術の進歩自体ではなく、そのような世界で人間はどうするのか？　ということである。機械が判断し、機械が動きやすいようにデザインされた世界では、人間が空間を解釈しなくなるわけではないだろうが、おそらく、人間は機械が解釈した空間を再解釈する存在となるだろう。その意味を本書で十分に論じることはできないが、「空間は人間の能力である」と考える立場からすれば危機感がある。人間が生み出した「均質空間」は、もしかすると、この「機械のための空間」の準備段階だったのではないかとすら思われる。

このような事態に対しても、三者関係で空間を把握する方法は、ある程度の有効性があるのではないかと考える。どんな環境であっても、A（建築物）、B（ふるまい者）、C（解釈者）について問うことによって、空間を自ら判断し、変化（持続）の一部と位置付けることができると思うからである。

「機械空間」（機械が認識する空間）は、人間が構想した均質空間から生まれたものに違いないが、一方で「人間の空間」（人間が認識する空間）は、前にも述べたように、動物が生きるために周辺環境を把握する「生態空間」から生まれてきたものである。具体的な「生態空間」と抽象的な「機械空間」をつないでいることこそ「人間の空間」の特徴であり、私はそれらを分断するのではなく、行き来する経験を構想することに空間デザインの可能性、面白さがあると考えている。

――4　空間は拡張可能性を持っている

建築空間を三者関係として考えることのメリットの四つ目として、「空間は拡張可能性を持っている」と考えられることを挙げる。前項では「機械空間」によって人の空間能力が奪われる危機感について述べたが、それとは逆に、人の空間能力が向上する可能性も考えられるということである。

何度も述べているように、本書では建築空間の定義として、

A（建築物）があることによって、
B（ふるまい者）が動きうると、
C（解釈者）が判断する範囲　……④

のように、A、B、Cの三者関係と考えることが有効ではないか、と提案している。

ここで述べたいことは、このような空間は、建築のなかに収まるものではないということである。むしろ、建築の中から外へ、街へ、自然へ、と人が移動するのに合わせて変化し、新たに発見されていくのが本来の空間である。つまり空間は、建築において認識と研究が相当に進んだことは間違いないが、当然、建築以前よりあるものであり、建築の外にもあるものである。

そこで、前の④のA（建築物）をA（条件）と書きかえて次の⑤のようにすると、より一般的な空間の定義になるのではないだろうか。

A（条件）があることによって、
B（ふるまい者）が動きうると、
C（解釈者）が判断する範囲　　……⑤

A（条件）というのは、建築も含めた何らかの条件で、たとえば木が一本立っていること、川が流れていること、山が向かい合っていること、人が集まっていること、本が集まっていることなど、さまざまな条件から、人（解釈者C）は、何（ふるまい者B）がどのように動きうるかを問い、判断する。

このように建築という限定を外して考えると、この条件Aは物理的な「物」でなくてもよいのではないか、ということが思い浮かぶ。事実私たちは、映像や画面を見ても、そこを「何かが動く」と感じる。あるいは、音を聞いたり、匂いを嗅いだときも、そこを「何かが動く」気配を感じる。

空間を安易に拡張することは混乱を招くが、私たちがいま空間と呼ぶものは、たいてい「そこを「何かが動きうる」と誰かが判断している範囲」だと思われる。それは、私たちが身体で感じるものに限らず、宇宙に星や電磁波が動いている空間、サイバー空間のように情報やアバターが動く空間、数学のように数と概念が動く空間であっても共通性があると思われる。

このように考えると、これからの「空間デザイン」は個々の分野のなかで空間をデザインすることよりも、異なる分野の横断を構想することに可能性があるかもしれない。たとえばインターネットを利用したリモートワークなどでそのような試みがおこなわれているかもしれないが、そのように複雑化する空間は、技術によってサポートされるものではあっても、最終的な判断をおこなうもの（C）は人間であってほしい、つまり、人間の能力を拡張するものであってほしいと現段階では思っている。

空間デザインのテーマ

建築空間の仮定義から考えられる空間デザインのテーマ

空間の可能性について述べようとすると、つい話が広がりがちである（それが建築空間論が批判されやすい理由でもある）が、この本の目的は、あくまで建築空間の理解の仕方についての提案である。この第1章では、その提案の一部として建築空間の三者関係による仮定義を示したが、第2章では、そのような空間が、どのような建築の条件（A）によって現れるのかを見ていく。

少し専門的な話になる第2章の前に、以下では、建築空間の仮定義から考えられる「空間デザインのテーマ」を述べたいと思う。「テーマ」という言い方は少し大げさであるが、「建築空間がここで述べたようなものだとすると、このようなことを考慮するべきではないか」というひとつの提案である。

「空間は人間の能力である」と述べたところで、「日常的な建築空間」は「そこを何がどう動くのかを判断しやすい空間」であるのに対し、「特別な建築空間」は「そこを何が動きうるかを問う人間の能力が刺激される空間」だとひとまず述べた（65ページ）。この「特別な建築空間」の例として西洋における内部空間の発展をざっと眺めたが、そこでは、「人間が行くことのできない空間」に対して「何がそこを動きうるか」と問う人間の能力が刺激されることによって、その空間と「人間が動く空間」との関係性が一五〇〇年以上にわたって探求されたと考えられることについて述べた。

このように「異なる空間の関係性」が長い年月をかけて探求された結果、西洋の歴史建築には「特別な建築空間」が継続的に現れたと言うことができる。そして、この「異なる空間の関係性」の探求は、西洋建築に限ったものではなく、普遍的な「空間デザインのテーマ」と言えるものではないか、というのがここで考えたいことである。

ここで「特別な建築空間」という言葉は、「日常的な建築空間」の対概念として用いているが、必ずしも「非日常の空間」という意味ではなく、日常の空間であっても何か違和感のようなものが捉えられ、それが魅力と感じられる空間をイメージしている。そのような「特別な建築空間」では、「解釈者自身（または解釈者を含むグループ）が動く空間」と、「解釈者とは異なる何かが動きうる空間」の共存が捉えられ、その距離感を感じさせることが空間デザインのテーマになる、というのがここで私が主張したいことである。ここで「距離感」というのは、単に「離れている」という意味ではなく、「距離を感知している」という感覚である。

別の言い方をすると、「特別」と感じられる空間では、自分が動くことができる空間を捉えながら、自分とは別の何かが動く気配を感じ、それとの距離感を味わうことができる。その距離感は、時刻や季節などの変化、あるいは解釈者自身が動くことに応じて、変化するだろう。

このような空間の共存と距離感の意識は、前にも述べたように、かつて人間の祖先が森や草原に住んでいたとき、自らのまわりを動く敵、獲物、あるいは仲間などを察知した能力に由来すると考えられる。そのような周辺環境に対する緊張感を、調整可能な心地良さに変えたのが、文化としての建築空間だと考えることもできる。

機能的空間や均質空間と、混成空間の違い

異なる空間の共存を感じ、その距離感の変化を味わえるようにすることが空間デザインのテーマである、というのがここで述べたいことであるが、もちろん空間は定義すら難しいものであるので、それだけがテーマだと主張するわけではない。しかし、ここでこのテーマを強調したい理由は、それは「機能的空間」や「均質空間」のデザインとは違うものだということを確認したいからである。近代建築の発展期には、「機能的空間」と「均質空間」が空間デザインのテーマであった時代があった。もしかすると、現代でもそう考えられていることが多いようにも思われる。

先に述べたように「機能的空間」は、本来は、あるふるまい者（B）が効率よく動けることが目標となる空間である。たとえば「スタッフが効率よく動ける空間」、「空気が効率よく動ける空間」などは機能的空間として考えられる。一方「均質空間」は、ふるまい者（B）が何でも構わない空間である。

このように、ふるまい者（B）を特定する「機能的空間」と、ふるまい者（B）を特定しない「均質空間」は違うものであるにもかかわらず、空間をひとつ（一種類）に限定しようとする点で共通しており、容易にすり替わる可能性があることを前に述べた。これに対して、これまで西洋建築を例に説明したような、異質な空間の共存を感じることができる空間を「混成空間」と呼ぶと、この「混成空間」の表現こそが空間デザインのテーマであると言えるのではないか、というのが本書の主張である。

ただし、何度もくり返すが、機能的空間と均質空間に意味がない、ということではない。結論的に言えば、それらは混成空間の一部であることによって意味を成す。これは空間デザインをどの範囲で考えるかというスケールの問題でもあるが、最終的に私たちの経験を問題にするなら、それはある範囲に限定されるものではないので、機能的空間と均質空間も含んだ混成空間がデザインのテーマになる、とい

うのがここで言いたいことである。

日本建築の空間

ここから「混成空間の表現が空間デザインのテーマである」ということを考えるために、今度は歴史的な日本建築を見ていきたいと思う。日本の伝統建築でも空間デザインのテーマは混成空間の表現だったと考えられるが、その要素と手法は西洋建築で見たものとは異なる。

ところで、建築を空間という観点から論じることが始まったのは、19世紀末から20世紀初頭のヨーロッパにおいてである。なかでも、ルネサンスとバロックの建築空間の違いを「空間の付加」と「空間の分割」と位置付けたパウル・フランクル（1878–1962）、その師で、ルネサンスとバロックという様式の比較研究を切り拓いたハインリヒ・ヴェルフリン（1864–1945）、そして、やはりそのヴェルフリンに師事したジークフリート・ギーディオン（1888–1968）らの理論が基本的なものとして有名であるが、[31] このような西洋における議論を踏まえて日本建築の空間を論じたものに、井上充夫（1918–2002）の『日本建築の空間』（1969）がある。[32]

井上はこの本のなかで、「日本の建築空間の発展史上、もっとも大きなできごとのひとつ」として、「複合内部空間の成立」ということを挙げている。[33] ここで複合内部空間と言われているのは、「性質のちがう二つ以上の内部空間の結合した内部空間」のことで、私がここで述べている「混成空間」と似た概念、あるいは、その一部と考えられるものである。

井上は、この複合内部空間が成立した要因として、フランクルが提示した「空間の付加」（ルネサンスの原理）と「空間の分割」（バロックの原理）を、日本建築にもあてはまる一般原理として指摘している。

31　ハインリヒ・ヴェルフリンと、ジークフリート・ギーディオンの理論については、第3章で紹介する。

32　［文献1‐24］井上充夫『日本建築の空間』鹿島出版会、一九六九年。

33　井上［文献1‐24］一七五頁。

以下では、この井上の説をベースにして、歴史的な日本建築の空間について考える。

「空間の付加」による複合的空間

日本建築における「空間の付加」による複合的空間の現れとして、もともと別の建物であった寺院の正堂（仏のための建物）と礼堂（人が礼拝する建物）が一体化してひとつの建物となり、内陣と外陣になったことが挙げられる。歴史を順にたどると、日本に仏教が伝来した頃には、金堂または正堂は仏の専有空間として建てられ（6〜7世紀頃、次々ページ❶）、その後、その建物の前の庭が、人が礼拝するための空間として整備された（奈良時代以降、次々ページ❷）。次の段階として、人が礼拝する礼堂が正堂の前に建てられるようになり（平安時代後期以降）、この礼堂が正堂と一体化する（平安時代末期以降、次々ページ❸）。

この流れは、一見すると、単に空間が機能的に整えられていく過程、つまり、ふるまい者（B）としての人間を効率よく動けるようにする過程のようにも思われる。もちろん、そのような機能的理由が変化の要因であったことは間違いないであろうが、それと共に空間デザインのテーマも浮かび上がってきたということに、ここでは注目したい。つまり、「人間」と「仏」という異なるふるまい者（B）が動きうる異なる空間を、ひとつの建物のなかでどう関係づけるかが課題となった。

このような問題は、均質空間（ふるまい者（B）が何でも構わない空間）に慣れている現代人にとっては大した問題ではないようにも思われるが、それまでひとつの建物をひとつの主体（仏）のために建てていた当時には重大な問題であったと想像できる。またこの問題は、西洋において内部空間のデザインが発展した教会堂建築における課題と共通性があることにも注目したい。それは、「人間が動く空間」と「人間ではないもの（神秘的なもの）が動きうる空間」の関係、距離感という課題である。

このような課題に対して日本では、ひとつの建物であっても「もともと別の建物であった」と感じさせる表現が現れる（次々ページ❹）。そのような表現が意識的になされたと言えるのは、正堂と礼堂（神社の場合は本殿と拝殿）が後からひとつになった建物だけでなく、始めから一体に建てられた建物でも、あたかも別々の建物であったかのようなデザインがなされているからである。

永保寺開山堂（1352。次々ページ❺）は、礼堂にあたる昭堂（外陣）と開山を祀る祀堂（内陣）を相の間でつないだ構成で、祀堂の方がやや古いと考えられている（ともに南北朝期）。昭堂に入って見上げると（❺写真）、天井は相の間と区切られているが、下を見ると床は奥の祀堂の壁際まで連続しており、相の間と一体になっている。つまり、手前の「人間が動くための空間」と奥の「仏のための空間」の境界が二重になっており、区切りがどこか、相の間は「人間が動く空間」と捉えていいのか、判断が揺らぐデザインとなっている。このような効果は、相の間と昭堂（外陣）の境界にあるはずの柱がないことの影響も大きい[34]。

このように境界が揺らぐ仕組みは、バロック様式のサン・カルロ・アッレ・クワトロ・フォンターネ聖堂（58、59ページ）で見たものと類似していると言うことができる。西洋では「神秘的なものが動きうる空間」が上にあるのに対し、日本では奥にあるという違いはあるが、どちらも「異質な空間」との距離感を捉えようとする人間の能力を刺激するデザインという点で共通している。

このように、ひとつの建物のなかに異なるふるまい者（B）の空間を共存させ、なおかつ、その境界を多層にすることによって距離感を意識させるデザインは、神社建築にも見られる。神社の建築様式のひとつである権現造は、やはり本殿と拝殿のあいだを「石の間」でつないでひとつの建物としたもので、永保寺開山堂と同様に「人間が動く空間」と「神が動きうる空間」の距離感を意識させる（次々ページ❻）。

34　［文献1-25］　青木淳・後藤治・田中禎彦・西和夫・西沢大良監修『新建築二〇〇五年十一月臨時増刊　日本の建築空間』新建築社、二〇〇五年、八四－八七頁。

❶ **法隆寺金堂（7世紀後半）**
建物が仏の専有空間として建てられた例

回廊で囲まれた中庭は、建物が中央付近に建ち、人が入ることは想定されていなかったと言われる。［下］古代の法隆寺の伽藍配置。中庭の右が金堂、左が五重塔。

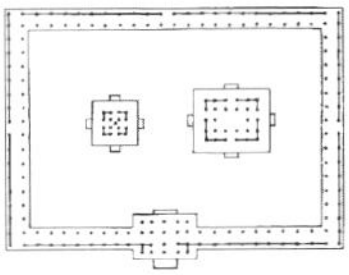

❷ **東大寺大仏殿（758年創建、1709年再建）**
仏の専有建物の前に、人のための広場（中庭）が整備された例

［下］東大寺金堂（大仏殿）復元配置図

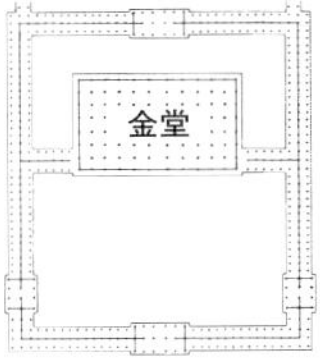

❸ **東大寺法華堂（正堂：8世紀前半、礼堂：鎌倉時代初期再建）**
仏のための建物（正堂）と人のための建物（礼堂）が一体化した例

［下］東大寺法華堂平面図

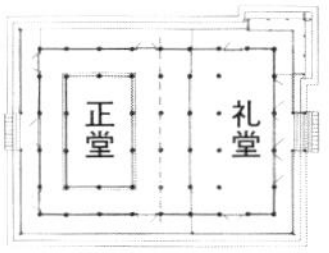

❹ **長寿寺本堂（鎌倉時代初期）**

正堂（内陣）の前に礼堂（外陣）が付加され、より大きな屋根をかけて一体化された建物例。内陣と外陣の小屋組がそれぞれ独立しており、建物が付加されたものであることが表されている。

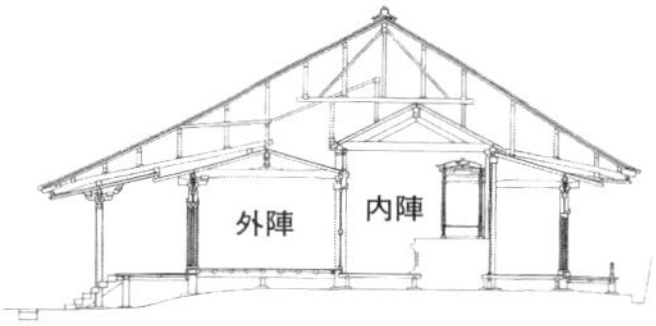

❺ **永保寺開山堂（1352）**

内陣に外陣が付加され、相の間で連結されている例。天井を見たときと床を見たときで境界の位置が異なるため、奥の内陣との距離感が揺らぎ、人間の「問う」能力が刺激される。

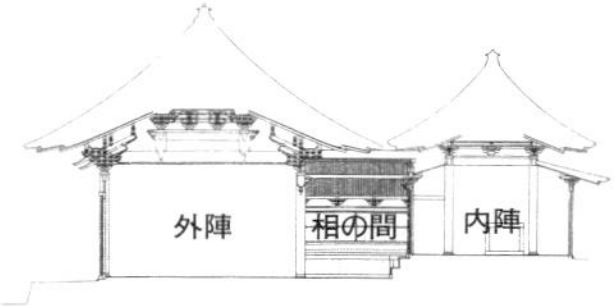

❻ **大崎八幡宮本殿（1607）**

建物が付加された形が、建築形式として固定された例（権現造の社殿）。複雑な屋根形状からも、複合性を志向する意識が読み取れる。

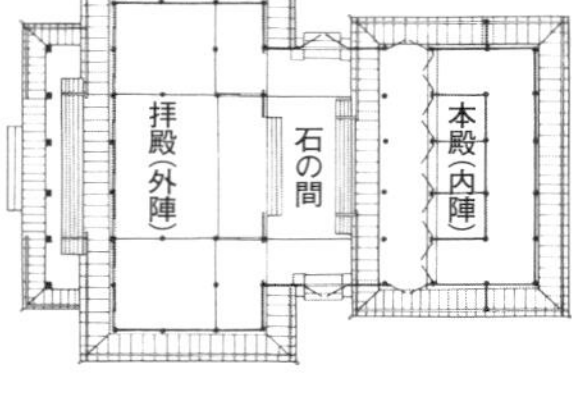

このような複合的なデザインは、日本建築特有の複雑な屋根の構成にも表れており、日本人がいかに混成空間の表現に関心を持っていたかがわかる。

「空間の分割」による複合的空間

複合内部空間のもうひとつの原理といわれる「空間の分割」については、住宅建築の歴史に見ることができる。

平安時代の上流貴族の住宅として知られる寝殿造では、その中心建物である寝殿（主殿）は、寺院の正堂と同じように、もとは建物全体が主人の専有空間であったが、時代が下るにつれて変化が起こる。その変化とは、公式行事と日常生活の両方に用いられていた一室空間が分割され、日常生活用の空間が寝殿のなかに確保されるようになったことである。寝殿造は、一般に寝殿の南側の庭（南庭）も公的な場であったため、建物内部も南側が公的な行事に用いられる空間（ハレの空間）となり、北側が私的な生活が営まれる空間（ケの空間）として仕切られるという分割が起こった。これと並行して、寝殿造では正門が東西のどちらかにあったため、正門に近い東側または西側が表向きのハレの空間、その反対側が私的なケの空間となるような、東西の分割も徐々に起こったと言われる。

このような「空間の分割」は、「空間の付加」で正堂と礼堂が一体化したことと同様に、使いやすさを考慮した機能的理由による変化と言うことができる。しかし、やはりそれにともなって、空間デザインのテーマが徐々に現れてくることに注目したい。[35] それは、この寝殿造で始まった変化を引き継ぎ、室町時代から桃山時代にかけて成立した書院造において明確になる。

書院造住宅の基本形を示していると言われる園城寺光浄院客殿（1601）は、平面図（次々ページ）を

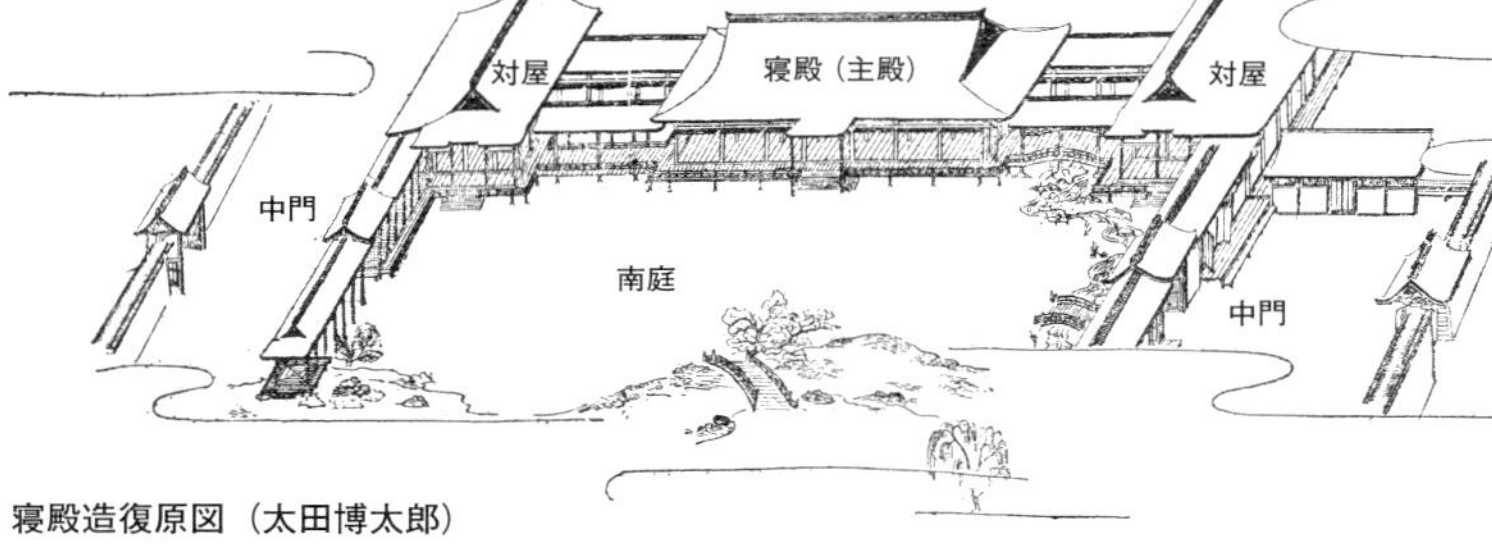

寝殿造復原図（太田博太郎）

見ると、中央付近に十字形に交差する間仕切りの建具があり、南北と東西がともに分割されて田の字状になっている。[36] 広い縁側（広縁）のある図面左側が南で、寝殿造に起こった変化と同じように、間仕切りの南と北で公的空間と私的空間（ハレとケ）に分けられている。一方、図面の下側が東で入口があるが、東西方向（図面では下と上）の分割は、入口から遠い部屋ほど位が高いという格式の差異になっている。つまり、この建物は、「ハレとケ」と「格式の上と下（奥と表）」という二種類の複合が交差して重なり合うという、より複雑な構成になっている。

　このような構成がひとつの基本形として完成されるまで、平安時代後期に寝殿の分割が始まってから四〇〇年の時間がかかったと言われる。そのような長い時間をかけて追究された空間デザインのテーマは何か？　というのがここで考えたいことであり、それはやはり、「解釈者（C）自身が動く空間」と「異なるふるまい者（B）が動く空間」の距離感を感じさせる混成空間だ、というのが本書の主張である。

――書院造に見られる「奥」のデザイン

　書院造は、寝殿造の主殿（寝殿）が分割されるようになった変化を引き継いで成立したと述べたが、その変化についてもう少し考えたい。

　寝殿造の主殿は、もともとは主人が居所とする一室空間であった。それは屋敷の建物群のなかでもっとも価値が高く、「中心」として「まわり」に距離感を示すものであったと言うことができる。[37] その主殿を分割するということは、主人の専有空間を「主人が動く空間」と「主人ではない者が動く空間」の混成空間につくり変え、距離感を感じさせる仕掛けを室内に整えることを意味する。[38]

　この距離感を感じさせる仕掛けは、間仕切り建具（襖など）による分割だけではない。書院造では、

35（前ページ）　書院造は、室町時代から桃山時代にかけて成立した上級武士の住宅様式で、接客や儀礼用に特化しているという特徴がある。床の間（押板）、棚、書院といった座敷飾りが形式として整えられ、現代の和室にまで引き継がれている。

36　園城寺光浄院客殿の平面は、江戸時代に幕府の大棟梁であった平内家の秘伝書である『匠明』に描かれた「昔主殿之図」と酷似しており、桃山時代の標準的な武家住宅の形式を示すものと考えられている。

園城寺光浄院客殿

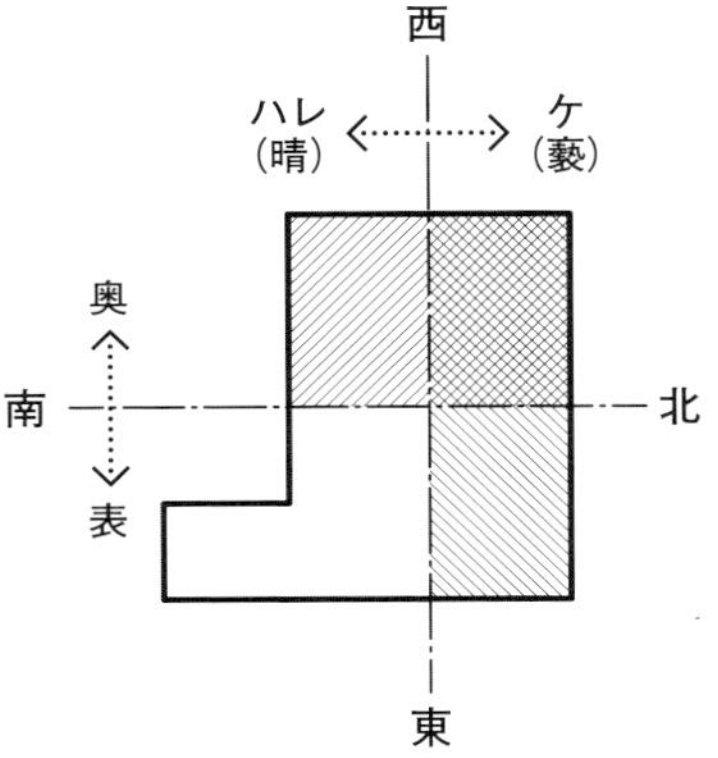

書院造の基本構成図
井上充夫『日本建築の空間』より、一部修正。

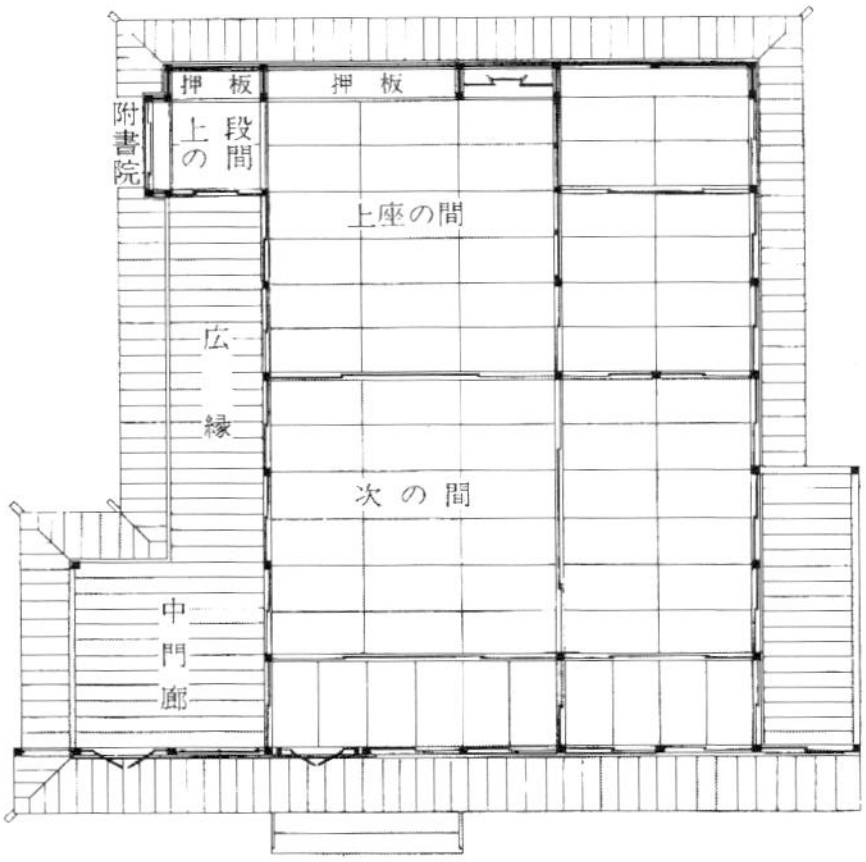

光浄院客殿　平面図

37　現在の遺構で「寝殿」の中心性を想像できるものとして、京都御所の主殿である紫宸殿（右写真）が参考になる。

38　寝殿造で間仕切り建具が固定される以前には、屏風、衝立、几帳などの屏障具によって距離感の調整がなされていた。

かつての寝殿造では「中心」にあった価値の高い場所を「奥」に移し、その「奥」を意識させる仕掛けと規則によって距離感をつくり出している。

前ページの光浄院客殿の平面図をもう一度見てほしいのだが、左側（南側）のハレの空間の室名を見ると、上の部屋が「上座の間」、下の部屋は「次の間」となっている。このような続き間に大勢の客が招かれた場合、誰が「上座の間」に入り、誰が「次の間」にいるのかは、身分や立場によって決められただろう。すると、「次の間」にいる者にとって「上座の間」は、「自分ではないものが動きうる空間」として、距離感を感じるものとなる。

さらに、その「上座の間」の「奥」には、「上段の間」という小さな部屋が縁側の方に突き出て設けられている。ここは「上座の間」よりさらに限られた者（基本的に主君）しか入ることができず、「上座の間」にいる者にも「奥」を意識させる仕掛けと言えるが、床が一段上がっているものの、襖などで仕切られてはいない。しかし、次ページの写真のように、この「上段の間」は入口が塞がれていないにもかかわらず、「次の間」や「上座の間」からはほとんど中を見ることができない。つまり、入口を構成する木のフレーム（柱、框、鴨居）が見えるだけで、その見えない「むこう」に「自分ではない何か（身分の高い者）が動きうる範囲」を意識させる仕掛けとなっている。

このように、フレーム（枠）によってもその「奥」に「空間」を感じさせることができると考えると、「上座の間」の正面に見えている床の間（押板、大きな絵が描かれているところ）や、その右手の棚がある壁の凹部（床脇）も、柱、框、鴨居あるいは落掛など、木のフレームの「むこう」に「人間ではないものが動きうる範囲」が表されており、この頃に定着した空間デザインだと言うことができる。

このような和室の装飾を見慣れている現代の感覚では、こんなわずかな壁の凹みを空間デザインと呼

光浄院客殿　次の間から上座の間の方向を見る。床の間（押板）の左手に上段の間の入口が見える。

光浄院客殿　上座の間

べるのか、と疑問に思うかもしれない。しかし、この床の間（押板）や棚は、元々貴重な掛け軸や花器などの存在感を示すためのものであること、室町時代初期頃から三〇〇年近い時間をかけて「奥」（権威）を表示する装置として様式化されたこと、さらには、その装置が現代まで受け継がれていることなどを考え合わせると、この小さな「空間」が、本来の機能や権威付けという意味を越えて、空間デザインのひとつの焦点となっていたことは間違いない。そのようになった理由は、この床の間に代表される小さな「むこうの空間」が、解釈者が主人であっても客であっても、「解釈者自身とは別の何かが動きうる空間」として距離感を感じさせるものであるから、というのが私の考えである。

このように、「見えるもの」と「見えないもの」を組み合わせて「奥」に空間と価値を感じさせる書院造の手法は、やはりその代表例と言われる二条城二の丸御殿（17世紀初頭）にも顕著に現れている（次ページ）。二条城は、江戸時代に将軍が上洛した際の宿泊所であるが、その遺構である二の丸御殿は、遠侍、式台、大広間、黒書院、白書院といった複数の建物が、表から奥に向かって雁行形に配置されている。そのなかで接客形式である書院造を持つ建物には、大広間、黒書院、白書院があり、そのいずれもが、床の間（押板）・棚・書院という座敷飾りを備えた上段の間から、二の間（下段の間）、三の間、四の間という続き間形式になっている。つまり、それぞれの建物が「奥」に価値を感じさせる装置であると同時に、それが三つ奥に向かって並ぶことにより（それぞれに入れる者を規定することにより）、価値の高いものがさらに「奥」にあることを強く示唆している。

この三つの書院の役割は、大広間が公式の対面所、黒書院は徳川家に近い大名や高位の公家などとの対面所、白書院は将軍の居間と寝室であったという。つまり、奥に行くほど規模は小さくなり、親密な空間であった。このように、表からは見えない小さなものに「奥」の価値を付与する空間デザインは、

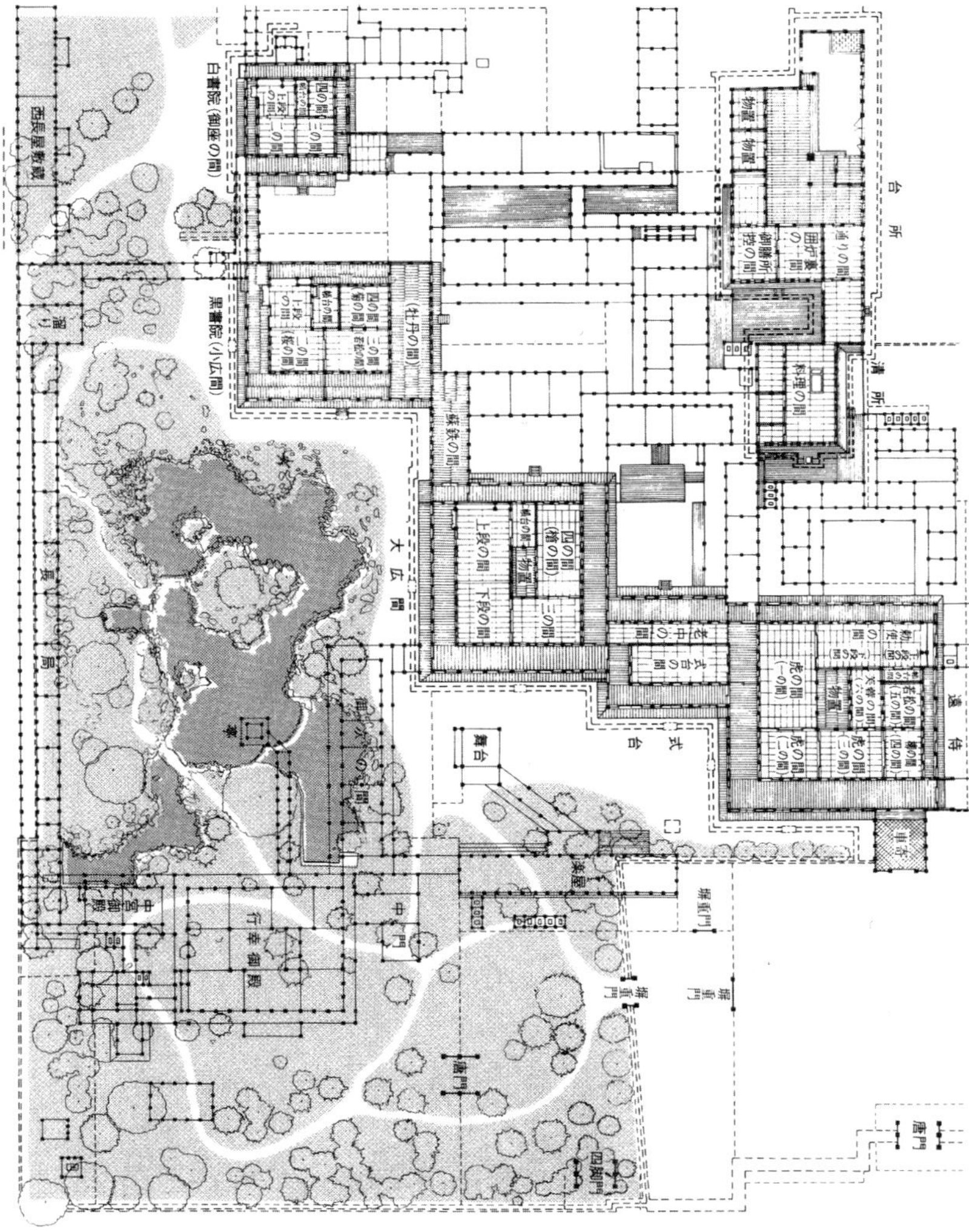

［上］二条城二の丸御殿　配置平面図

［左］二条城二の丸御殿
右から唐門、遠侍、大広間の屋根が見えている。

大きな主殿を中心に置いていた寝殿造とは決定的な違いがあり、単に間仕切りが仮設から常設になったという以上の大きな概念的変化を示している。

先ほど、光浄院客殿の床の間（押板）に着目したが、書院造のほかに床の間がある建築として、茶室を挙げることができる。茶室は、正式な接客空間である書院造の成立を背景に、それとは異なる性質の接客空間として生まれたものである。茶の湯を大成させるとともに、四畳半より小さい草庵茶室を世に生み出した千利休（1522-91）の作と伝えられる待庵は、わずか二畳の部屋の隅に、光浄院客殿に見られた押板（床の間）よりも奥行の深い床の間があり、そこに畳が敷かれている。このような茶室の床の間は、座敷の上段が縮小したものと言われ、当初は主客がそこに上がることも想定されていたとされる。[39]しかしその後、人が上がる機能は失われても、床の間がそのままの形式で残ったのは、やはり、それが訪れた人に「自分ではない何かが動きうる空間」を感じさせ、それと「自分が動きうる空間」の距離感を捉えさせる、つまり混成空間を表すものであったからだと考える。

草庵茶室は、座敷よりスケールが小さく、人工的な装飾もなくしていったことにより、空間の混成（異質なものとの距離感）がより切迫して感じられる場であると言える。そのような場を主人と客が共有することは、互いの距離感を相対化することにもつながっただろう。このような混成空間によってもたらされる緊張感と心地良さが、近世初頭の不安な時代に茶室の爆発的流行が起こったひとつの理由ではないだろうか。

39　［文献1-26］太田博太郎『床の間——日本住宅の象徴』岩波新書、一九七八年、一二八—一三五頁。

待庵（千利休、16世紀末頃）

空間デザインとしての借景

日本的な建築表現としてもうひとつ、「借景」について考えたい。借景とは、屋根の庇や縁などの構成の仕方によって風景を呼びこみ、座敷に座ったままでこれを楽しもうとする手法と言われ、近世に現れたとされる。[40] しかし、日本の建築は昔から木造の軸組構法[41]であったので、とくに上流階級の住宅は、寝殿造の頃から開放性が高く、また庭も整備されていたはずである。つまり、古くから内部と外部は近い構成であったにもかかわらず、借景という意識が近世まで現れなかったとしたら、それはなぜだろうか。それは、借景が単に「外部の自然を楽しむ」という意識ではなく、「外部を内部に取り込む」という複合的空間の意識だからではないか、というのがここで考えたいことである。つまり、書院造の成立のころから複合的空間の意識が高まり、「奥」を表示する手法がさまざまに開発されるなかで、借景の意識も生まれたのではないだろうか。

そのような想像のもと、もう一度、光浄院客殿を見ると（次々ページ）、南側には広縁があり、庭との関係が非常に密接だということがわかる。現代の感覚からすると、この建築と自然が接するところが最も印象深いとも言いたくなるが、いま注目したいのは、この庭と、先ほど見た格式空間との関係である。

書院造のポイントは、そこを訪れた者に格式の上位としての「むこう」、すなわち「奥」を意識させる仕掛けだと述べた。ここで注目したいのは、次の間、上座の間、上段の間と奥へ続いて行った先に、壁から突き出した書院（低い机状の台）があり、さらにそのむこうに庭が見えているということである。つまり、奥へ奥へと誘導した最も奥に現れるのがこの庭であり、それは「むこう」への連鎖の終極点として、自分が動く「こちら」との距離感をどこまでも意識させる空間デザインの一部になっている。

そもそも借景の原理は何かと考えると、単に建物の中から外の景色が見えることではなく、庇や縁に

借景の例　円通寺

40 〔文献1-27〕神代雄一郎『間（ま）・日本建築の意匠』鹿島出版会、一九九九年、一一二頁。

41 軸組とは、柱や梁などの線材（細長い材）によって構成された建物の骨組みのことで、これによって建物を支える構法を軸組構法という。レンガ造のように壁（面）で支える構法と対比的で、大きな開口を設けやすいという特徴がある。同じ木造でも、木材を水平に積み上げる校倉造やログハウスは軸組構法ではない。

よって景色の一部がフレーミングされることである。フレーミングによって、その外側にあるもの、とくに地面の連続が隠されると、その景色までの距離を判断する手がかりがなくなるため、景色が手前のフレームとくっついた絵のようにも見え、逆説的に距離感が意識される。

書院造が成立するなかで、フレームによって「奥」を感じさせる手法はすでに認識されており、フレームで景色を切り取る借景も、同様の手法として意識されるようになったのではないだろうか。

ここで言いたいことは、そのような歴史的経緯よりも、「混成空間の表現」という空間デザインのテーマは、建物という枠を超えて広がりうるということである。日本建築の大きな特徴と言われる内と外の連続性や、建物と庭の一体性なども、このような空間デザインを背景に発展したと考えられる。

並列的空間から重層的空間へ

空間デザインのテーマという観点で日本の伝統建築について見てきたが、その説明に用いた「空間の付加（Raumaddition）」と「空間の分割（Raumdivision）」について、少し補足をしたい。

「空間の付加」と「空間の分割」は、先に述べたように、ハインリッヒ・ヴェルフリンのルネサンスとバロックの比較研究を引き継ぐ形で、[42]その門弟であるパウル・フランクルが提起したものである。[43]フランクルは、ルネサンスの建築空間の特徴を「空間の付加」、バロックのそれを「空間の分割」と呼んだが、『日本建築の空間』を書いた井上充夫は、この二つは世界の建築史に広く見られる基本方式だと考え、これを用いて日本建築の内部空間の発展を説明した。

それらの要点はこれまでに述べた通りで、空間概念の発展を説明する優れた考え方だと私も思っているが、少し気になるのが、「付加（addition）」と「分割（division）」という呼び名である。井上は、「付加

42　本書の第3章で取り上げる。

43　フランクル［文献1-19］。

光浄院客殿
［上］庭に面した広縁
［下］上段の間と、そのむこうに見える庭

とは〔……〕、一つの内部空間に他の内部空間をつけ加えることであり、分割とは一つの内部空間を、より小さい幾つかの内部空間に分けることである」[44]と述べているが、重要なのは歴史的背景としての「付加」と「分割」であって、個々の建物が「付加」と「分割」のどちらによってつくられたかではない。少しくどく言うと、「「付加する」という意識でつくられたように見える」か、「「分割する」という意識でつくられたように見える」かが問題になっているのである。

この「付加」と「分割」という言葉が少し混乱を招くと思う理由は、そのように「見える」という判断とは別に、実際に建物が付加あるいは分割という操作によってつくられる（あるいは設計される）からである。つまり「部屋を付加したけれど「分割」に見える」とか、「全体から分割したけれど「付加」に見える」ということがありえるため、言葉として「いい加減」な感じがしてしまう。極端に言えば、「空間を分割したけれどバロック建築のようにならないぞ」というような無意味な誤解が生じうる。

このような混乱が起こるのは、空間の現象、つまり「どのように感じられるか」を説明するのに、「付加」と「分割」という空間を操作する言葉を用いているためである。そこで私は、「空間の付加」と「空間の分割」と言う代わりに、たとえば「並列的空間」と「重層的空間」のように、現象を説明する言葉を用いてはどうかと思っている。

事実、西洋でルネサンスからバロックにかけて起こった変化とは、複数の空間を結びつけるときに、「独立した空間が比率良く並んでいると感じられる」デザインから、「空間が断片化して重なり合っている（相互貫入している）ように感じられる」デザインへの変化であった。このように空間を「並ぶもの」と捉えるか「重なるもの」と捉えるかは、空間が人間の解釈である以上、大きな違いがある。

これはフランクルの本でも述べられている違いであるので、ここで私が述べていることは単に言葉使

44　井上［文献1－24］一四七頁。

いの問題である。しかし、このように「重層的空間」と言うことによって、たとえば書院造において「奥」を感じさせる手法が建物の外にまで広がっていくことも、一貫した理解ができると思われる。

ここで少ししつこく言葉にこだわるのは、私は、この「空間の分割」つまり「重層的空間」の意識の誕生こそが、建築の空間デザインの大きな転機だと考えているからである。ここでは歴史にさらに踏み込むことはしないが、そのような転機が、西洋ではミケランジェロ（1475-1564）やパラディオ（1508-80）が活躍したマニエリスム期[45]、日本では書院造が成立した室町時代から桃山時代に起こったと考えられ、それらがともに16世紀前後という近い時期であることは興味深い。

空間デザインと権力

ここまでに例として挙げた建築は、西洋建築も日本建築も、建築空間史上の傑作と言えるものだが、どれも何らかの権威を示すものであったことが気になっている人もいるかもしれない。パンテオンはローマ帝国の威信を示すものであるし、教会建築は神と教会の権威を人に感じさせるものである。書院造も、支配階級が身分の違いを明確に示す装置として完成された面が強い。このようなことを踏まえると、空間デザインとは、権威を示して人を思い通りに動かすこと、つまり権力の維持を目的としたものではないか、という疑念が生じるかもしれない。このことをどう考えればよいだろうか。

私は、空間デザインと権力の関係について、二つの観点から考えるべきだと思っている。ひとつは、空間デザインが権力を背景に発展したことは間違いないとしても、その原理や本来のテーマを理解する

45 マニエリスムは、主に16世紀のイタリアを中心に見られる美術様式で、ルネサンスからバロックへの過渡期と言われる。建築では、盛期ルネサンスのモチーフを引き継ぎながら、上で述べた「並列的空間」から「重層的空間」へ移行する萌芽（原理）がすでに現れている。ヴェルフリンやフランクルが理論を発表した20世紀初頭にはまだマニエリスムという時代区分は定着しておらず、その特徴はバロックのものとされている。

ことによって、別の目的に応用することができるという考え方である。建築の空間デザインは、数千年の時間と莫大なコストをかけておこなわれた壮大な実験だったと言えるものであり、現代では、その成果を理解して利用すればいいと考える。

もうひとつの観点は、この空間デザインと権力の関係は過去に限ったものではなく、現代にもありえると考えるべきだ、というものである。空間デザインの原理やテーマを知ることは、空間デザインを利用する「現代の権力」を感知し、対処するための一助になるのではないかと思っている。

目に見える権力：様式化した空間デザイン

空間デザインに関する「現代の権力」には、大きく二種類があると考える。ひとつは目に見える権力であり、もうひとつは目に見えない権力である。

目に見える権力とは、様式化した空間デザインである。たとえば現代において書院造を設計しようとしたら、床の間と棚と書院をどう組み合わせるかなど、すでに決められた様式に従うことがある程度求められるだろう。逆説的なことであるが、ある様式が成立する途上においては、そのデザインが人を動かす効力は追求されてもデザインの自由度は高いのに対し、後世の人間がそれを様式とみなすと、それは権威として固定され、デザインの自由度は失われる。

このようなことは、デザインをする立場だけでなく、それを経験する立場についても言えることである。つまり、様式化した空間には「このようにふるまうべきだ」という権力が生まれ、それを行使する側にも、受け取る側にも作用する。

この様式化の力は、もちろん西洋にも存在し、やはり様式が現れてくる途上よりも、後の時代に強ま

46　美術の理論と実践を教える最初のアカデミーと言われるローマのアカデミア・ディ・サン・ルカは一五九三年創設。それをモデルとしたフランスの王立絵画・彫刻アカデミーは一六四八年、そして王立建築アカデミーが一六七一年に設立された。当時、絶対王政全盛期のフランスで

るものである。たとえば、これまで見たように、西洋の歴史建築の空間は17世紀のバロックの頃までにすでに大きな発展を遂げていたが、そのようなデザインを権威的な立場から評価するアカデミーの力が強まるのは、17世紀後半から19世紀のことである。[46]

歴史的には、そのように権威化した建築の様式論を批判するように、心理学や美術史学を背景とした「空間」の議論が始まった、と言うことができる。[47] 当時の建築空間論は、「様式」よりも根本的な建築の原理として「空間」を示そうとしたものであり、その流れがその後、歴史様式そのものを否定するモダニズム建築へとつながっていく。

モダニズム建築の当初の意図のひとつが権威を示す様式の無効化だったとすれば、モダニズム建築が打ち出した「機能的空間」と「均質空間」とは、「様式化した混成空間」、言わば「複数のふるまい者（B）の関係を固定しようとする空間」を打ち破るための概念だった、と考えることもできる。

目に見えない権力：効率化した空間デザイン

建築空間の発展史において、そのデザインのテーマは「混成空間」の表現であったが、それは様式化して権威を示すものとなり、近代建築とともに現れてきた「機能的空間」と「均質空間」の概念によって打ち破られることが目指されるようになった。この流れは近代化の進行とともに世界中に広まり、それからおよそ一世紀が経過したのが現代である。

20世紀以降の建築デザイン界では、様式の権威を破壊する「機能性（目的を明確にした効率性）」と「均質性（どこでも使える汎用性）」を根拠とするデザインが強力な影響力を持ったことは間違いないが、実際には、それ一色だったというわけではない。モダニズム建築のひとつの源流とみなされるバウハウスに

は、芸術教育を集権的な権威の傘下に置くとともに、その規範は古代とルネサンスとされた。つまり、とくに建築では、当時発展していたバロックの風潮に対する古典の再興が目指されたのであった。その他、イギリスの王立アカデミーは一七六八年、ドイツのベルリン建築アカデミー（バウアカデミー）は一七九九年設立。次の文献などを参照。

［文献1-28］Harry Francis Mallgrave『近代建築理論全史1673-1968』加藤耕一監訳、丸善出版、二〇一六年。

47　建築空間論の歴史、とくにその始まりについては、以下などを参照。Mallgrave［文献1-28］「Chapter 5 ドイツ理論の興隆」一九七－二四八頁、「Chapter 6 19世紀半ばの様式論争」二四九－三〇五頁、「Chapter 9 補説：20世紀ドイツ・モダニズムの概念的基礎」四二七－四四八頁。
［文献1-29］コルネリス・ファン・デ・フェン『建築の空間』佐々木宏訳、丸善株式会社、一九八一年。

［文献1-20（再掲）］上松佑二『建築空間論　その美学的考察〔新装版〕』早稲田大学出版部、一九九七年。

［文献1-30］平尾和洋・末包伸吾編著『テキスト建築意匠』学芸出版社、二〇〇六年、「第10章　空間について」一四四－一六三頁。

おいても、機能的でも均質でもない空間の可能性を広げようとする講義がおこなわれていたし[48]、機能的建築を推進した始祖の一人と考えられるル・コルビュジエにしても、それだけを表現しようとしていたわけではない[49]。また第二次世界大戦後、とくに一九七〇年代以降には、機能性と均質性に基づいた空間デザインの弊害、あるいは退屈さが批判されるようになり、その流れがポストモダニズムと言われるデザインのムーブメントにもなった[50]。

このように、アンチ均質空間の論調が次々と現れ、事実そのような志向をもったデザインが多く生み出されているにもかかわらず、前にも述べたように、現在もなお「世界中どこでも同じような空間が作られている」というイメージと、その源泉である均質空間概念は、ますます強力になっているように感じられる。その理由は、言うまでもなく、もはや誰かの意図や意志でそうなっているわけではなく、グローバルに展開する資本と機械（技術）がそれを求めているからである。均質空間はすでに、世界中のあるゆるものを（どんな変わったものでも）資本と機械が効率よく管理する（位置づけ、価値づける）ための「機械空間」と化している。そこには「人や物を効率よく動かす」ための「目に見えない権力」が働いている。

人を動かす空間から、人が動きやすくなる空間へ

このように「機械空間」として効率化された世界が、世の中に望まれているのか、望まれていないのか、私にはわからない。私自身は「目に見えない権力」に動かされるばかりの状況は望ましくないと考えるが、そのように人を動かす、あるいは人の経験を占有しようとする技術がますます普及する現状を見ていると、「権力」に動かされることは、むしろ人々が望んでいることかもしれないとも思う。

48　一九二三年から一九二八年にバウハウスの教授だったモホリ＝ナジ（1895-1946）が、その予備過程での作業を要約した『ザ・ニューヴィジョン』には「空間は、感覚経験の現実である。それは、他のものと同じように、一つの人間的経験なのだ。〔…〕空間経験は、才能ある建築家の特権ではなく、万人の生物学的機能である」と述べられている。［文献1-31］L・モホリ＝ナギ『ザ ニュー ヴィジョン ある芸術家の要約』大森忠行訳、ダヴィッド社、一九六七年、一二四頁。

49　第3章のコラムでは、筆者が実際にル・コルビュジエの作品を訪れた際に感じた空間の魅力について述べる。

50　35ページ脚注14参照。

無責任かもしれないが、このような状況は、もはや建築デザインがどうこう言える問題ではない。「機能性（効率性）」と「均質性（汎用性）」ということを前面に打ち出し、それによって新たな生活空間をイメージできるようにしたのが建築デザインだったとしても、そのイメージはすっかり人々に受容され、建築家の手を離れている。むしろ、人間の手を離れていると言った方がいいかもしれない。

すでに何度か述べているが、私は、機能的空間や均質空間を悪だと思っているわけではない。それらは、様式という権威を打ち壊す武器でもあった。ただ、それが管理空間として全面化するのはまずい。権威を打ち壊すはずの存在が権威になってしまうというのは、歴史上よくある話だろう。

このような認識のもと、私は、「機能的空間と均質空間は、混成空間の一部として意味を成す」ということを再確認することが重要だと思っている。

この本では、空間をA（条件）、B（ふるまい者）、C（解釈者）の三者関係で考えることを提案した。この三者関係で考えると、機能的空間とは、「ある特定のふるまい者（B）を想定（限定）して、それが効率良く動ける空間」と考えられる。しかし、現実には複数のふるまい者（B）が存在しているのだから、機能的空間は、仮想のモデルであるか、一時的な空間であるか、他のふるまい者（B）が入って来ないように限定された空間ということになる。いずれにしても、それは現実の混成空間の一部である。一方、均質空間を三者関係で考えると、理想的には「建築物（A）にも、ふるまい者（B）にも、解釈者（C）にも影響されない空間」であるが、現実では建築物などの条件（A）と解釈者（C）は消えないので、「どんなふるまい者（B）でも構わない空間」ということになるだろうと前に述べた。しかし、実際に「どんなふるまい者（B）でも構わない」と言えるのは、その空間を俯瞰的に「神の視点（あるいは機械の視点）」から捉えている場合であり、もし解釈者（C）自身（あなた自身）がそのふるまい者（B）のなかに含まれている場合、つまりあなた自身が生きている現実においては、「どんなふるまい者（B）でも構わない」などと悠長なことを言ってはいられない。そして、私たち人間は、目覚めているかぎり自分が動きうる空間を探索しているのだから、均質空間もやはり、一時的、あるいは部分的な空間ということになる。

このように、建築空間を、単に寸法を持った形としてではなく、三者関係として考えると、機能的空間と均質空間が混成空間の一部であることは明らかである。つまり、空間デザインが私たち人間の経験を豊かにするためにおこなわれるのであれば（解釈者（C）として人間を想定するならば）、そのテーマは混成空間の表現だということになる。

しかし、まだ「権力」の問題が残っている。かつて「混成空間の表現」は「権力の表現」であったし、今日もそうならないという保証はない。

混成空間なら「目に見える権力」となる可能性があり、均質空間なら「目に見えない権力」が強化される。「もう、こんな自家撞着したような空間の話はどうでもいい」と思う人もいると思うが、そのように投げ出してしまうと「権力」にますます取り込まれてしまうかもしれない。

このややこしい問題に対して、私がいま明確な答えを持っているわけではない。「このように空間をデザインしよう」と強調するわけでもない。私としてはこの本で、私自身が体験した空間や、これまで読んだ言説をもとに、現時点における空間デザインの達成と考えられるものをある程度まとめておくことによって、人間の空間が「権力」にも「機械」にものみ込まれず、さらに発展していく可能性に開いておきたいと思っている。

私が傑作と感じた建築空間、あるいは、傑作と言われるものを見て共感した空間は、そこで「このようにふるまえ」でもなく、「どのようにふるまってもいい」でもなく、「あなたのふるまい方次第である」と言われているような、緊張と自由の入り混じった感覚を覚えるという共通性があった。この感覚が何によるものかを具体的に示すことがこの本の目的であり、一言で言うならそれは、混成空間でありながら固定されない、変化する空間である。

あるところでは、自分と異なるふるまい者（B）が動きうる空間を感じるが、その距離感は固定されない。いつのまにか変わる。自分が動くと変わる。そのような変化する空間は、権力のはたらく空間が「人を動かす空間」であるのに対し、「人が動きやすくなる空間」と言えると考えている。

第2章以降では、この「人が動きやすくなる空間」としての混成空間も建築の発展のなかで追究されてきたということを具体的に示し、そこで達成された仕組みを整理することを目的としている。

カルロ・スカルパについて

この後の章では、「人が動きやすくなる混成空間」のデザインの例として、カルロ・スカルパ（1906–78）という20世紀イタリアの建築家の作品を取り上げる。

カルロ・スカルパは、ヴェネツィアを拠点に活躍した20世紀を代表する建築家の一人で、その作品にはリノベーションを主体とした展示施設が多い。ヴェネツィアの出身ということもあり、伝統的な素材の使用、凝った細部のデザイン、個性的と言える独特の形態などで知られており、故国イタリアだけでなく、日本を含めて世界中で研究がなされ、作品集も数多く出版されている。

しかし、なぜ空間デザインの説明にカルロ・スカルパの作品を用いるのか？　カルロ・スカルパの建築作品で経験される空間に魅力があるということに異論を挟まれることはないと思うが、空間デザインの傑作は、スカルパの作品でなくても数多く存在する。しかし私は、空間デザインの原理、あるいは仕組みと言えるようなものを理解するには、スカルパの作品を見るのが良いと考えている。その理由を一言で言うと、カルロ・スカルパの建築作品では、空間が徹底して原理的にデザインされていると考えられるからである。とくに代表作と言われるものでは、その場の思いつきのような表現は存在せず、時間をかけて徹底的に空間が吟味されていると感じられる。そのため、建築における空間の仕組みを理解しやすい。

カルロ・スカルパの作品は多くの研究がなされていると述べたが、その内容は、もちろん空間に関するものだけではない。リノベーションの手法、展示の手法、凝ったディテール、独特の形態の背景、スカルパ自身の来歴など、その切り口も数多くある。そのように彼の作品に見られる物、形、手法、背景なども、もちろん魅力的であるのだが、本書ではあくまで空間とその仕組みを理解することに主眼をおく。本書によってスカルパについて興味を持った方は、ぜひ他の研究書や作品集を参照してほしい。[51]

具体的な作品と手法については次章以降で説明するが、ここで、なぜカルロ・スカルパはそれほど原理的に空間をデザインできたのかということを、その時代と場所という点から少し考えたいと思う。

すでに述べたように、建築空間論は19世紀末から20世紀初頭のヨーロッパを中心に理論化された後、当時まさに起こりつつあったモダニズム建築、つまり、それまでの歴史的な様式建築を否定した近代建築の理論として広まったという経緯がある。モダニズム建築の第一世代——ヴァルター・グロピウス

51　巻末の文献リスト（2）も参照のこと。

（1883–1969）、ル・コルビュジエ（1887–1965）、ミース・ファン・デル・ローエ（1886–1969）など――は、様式を排除した「新しい空間」をいわば革命的に世に打ち出した。それに対して、カルロ・スカルパが属する第二世代――スカルパの他には、アルヴァ・アアルト（1898–1976）、ルイス・カーン（1901–74）などの世代――は、第一世代の成果を目の当たりにしながらも、モダニズム以前の歴史的建築からデザインを学んだ世代でもあるため、近代主義と伝統の両方から空間の可能性を思考した世代であると言うことができる。

　また、建築空間論が19世紀末から広まったもうひとつの理由として、それが都市を論じることができる理論であったということも重要である。言いかえると、建築の経験と都市の経験が並列に議論されるようになったため、それらに共通する「空間」が浮かび上がってきたという側面がある。[52] 翻って、カルロ・スカルパの建築は、ヴェネツィアという唯一無二の都市環境から大きな影響を受けており、建築と都市を横断することのできる「空間」の可能性が、注意深く追究されたと考えられる。

　このように、伝統と近代、それから建築と都市、そのような異なる領域にまたがって思考することを促された時代背景や地域特性があったことに加え、とくにスカルパの場合、建築とオブジェクト（展示物など）、新しい物と既存の物（リノベーション）、人工物と自然物（植物や水など）といった、さまざまな異なる領域を横断するデザインを手掛けており、それらを統合する要素として、まさに「空間」がふさわしいものであったと言うことができる。むしろ、そのように異質な諸領域を関係付けられるデザイン要素は、「空間」以外になかったのである。

　このように、モダニズムの第二世代という時代性、そして、ヴェネツィアという特異な都市環境がスカルパ作品の背景にはあり、これらとスカルパ自身の才能が反応したことによって、20世紀時点におけ

52　都市の空間を論じた早い例として、ウィーンの建築家で都市計画家でもあったカミロ・ジッテによる左の文献が有名。
［文献1-32］　カミロ・ジッテ『広場の造形』大石敏雄訳、鹿島出版会、一九八三年（原著初版一八八九年）。
　その他、第3章で参照するシュマルゾーの空間論でも建築が都市空間を形づくることに言及されている（シュマルゾー［文献3-03（後掲）］三六三頁）が、建築的な空間概念を都市に大々的に適用した初期の例としては、A・E・ブリンクマンの『広場と記念碑（原題 Platz und Monument）』が一九〇八年に出されている（ファン・デ・フェン［文献1-29］一二二–一四一頁）。

る空間デザインの到達点と言えるものが形となった、と私は考えている。

第2章　建築空間の仕組み

この第2章では、第1章で説明した建築空間が、具体的にどのような仕組みによって成り立っているのかについて、建築家カルロ・スカルパの作品を主な題材にして論じる。以下ではまず、私自身の経験から整理した「建築空間の仕組み」を図式的に示し、解説する。「建築空間の仕組み」というのもまた大げさな言い方であるが、あくまで私の限られた経験に基づいて提示するものであるので、理解するというよりは、納得できるかどうかを考えてほしいと思っている。

ここで言う「建築空間の仕組み」とは、一言で言えば、「建築物（A）があることによって、ふるまい者（B）が動きうると、解釈者（C）が判断する範囲」であるとした建築空間が、どのような建築物の条件（A）によって成り立っているのかを示すものである。

スカルパ作品の複雑で独特な「物」から「空間の仕組み」を理解することは、実際には簡単ではない。そこでここでは、まず「仕組み」を図式として頭に入れてもらった後に具体的な作品で確認する、という順番にしている。しかし一方で、ここで示す「建築空間の仕組み」は、建築の見方としては特殊なものだとも言えるので、まず余計な説明なしにカルロ・スカルパの作品を見たいという方は、作品集やウェブサイトなどで確認してもらえたらと思う[1]。

1　巻末の文献リスト（2）を参照。以下のウェブサイトで、筆者が撮影したスカルパ作品の写真のほか、本書を補足する情報を掲載する。
https://dsdsa.net/o-and-e/

三つの空間図式――放射空間・包囲空間・開口空間

建築で経験される空間に関して、以下の三つの「空間図式」を仮定する。

〈放射空間〉「オブジェクト（ひとつのまとまりと捉えられる物体）」の「まわり」と捉えられる空間

〈包囲空間〉「サーフェス（床面・壁面・天井面など）」の「なか」と捉えられる空間

〈開口空間〉「エッジ（オブジェクトやサーフェスの縁、窓のフレームなど）」の「むこう」と捉えられる空間

ここでの空間図式とは、人間（解釈者C）が物（A）を見て空間（ふるまい者Bが動きうる範囲）を判断するときに、その原型となっているパターンのようなもので、環境を把握するための基本能力と考えられるものである。

この「三つの空間図式」の意味を端的に言うと、「人間が建築物（A）を見て捉える空間は、その物の「まわり」か「なか」か「むこう」のいずれかである」ということである。もちろん、より細かく考

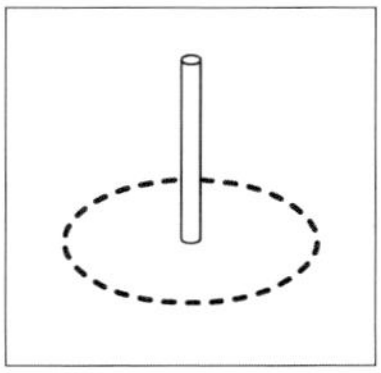

〈放射空間〉
「まわり」

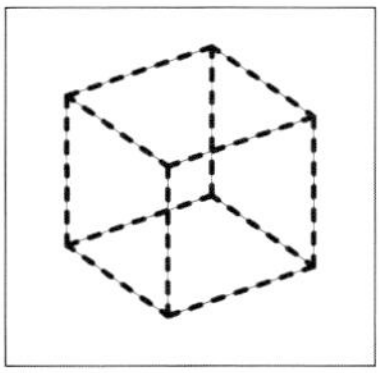

〈包囲空間〉
「なか」

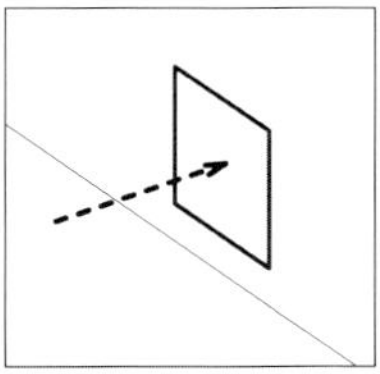

〈開口空間〉
「むこう」

えれば、物の「まわり」と言っても「上」と「下」では意味が異なるし、「下」の空間が「まわり」なのか「なか」なのか曖昧な場合もある。また、たとえば〈包囲空間〉と言っても、四方八方を囲われているのか、屋根があるだけで四方は開いているのか、囲いが平面か曲面かなどによって、さまざまに強弱を変えることができる。〈放射空間〉、〈開口空間〉も同様である。

このように、現実ではもっと詳細に、あるいはもっと曖昧に捉えられることを前提とした上で、私たち人間が物（A）に即して捉える空間は、基本的にこの三つのいずれかに該当すると考える。

ここで、物の「まわり」と「なか」、つまり「外」と「内」が異なるタイプの空間だということは認められたとしても、なぜそれらと「むこう」が同列になるのか？　と疑問に思う人がいると思う。「むこう」は、「外」か「内」のどちらかではないのか？

たとえばアインシュタインは、『空間の概念』という本の序文で、歴史的にみた空間概念として「物質的対象の世界の位置的性質としての空間」と「すべての物質的対象の入れ物としての空間」[2]の二つを挙げている。これは「場としての空間」と「容器としての空間」と言われることもあり[3]、ここで仮定した空間図式の〈放射空間（まわり）〉と〈包囲空間（なか）〉に相当すると考えられる。しかし、アインシュタインは〈開口空間（むこう）〉に対応する概念は示していない。

この「人間が捉える空間の原型を二つと考えるか、三つと考えるか」という問題は、実は、物理学などで客観的に捉える空間と、建築などにおいて主観的に捉える空間の違いを端的に示していると思う。客観的、あるいは超越的な立場から空間を考える場合には、物の「まわり（あたり）」と、物が含まれる「なか」の概念があれば、あらゆる空間を把握（記述）できるように思われる。しかし、人間の経験を問

2　［文献2-01］マックス・ヤンマー『空間の概念』高橋毅・大槻義彦訳、講談社、一九八〇年（原著初版一九五四年、第2版一九六九年）、六-七頁。

3　［文献1-05（再掲）］原広司「空間の把握と計画」『新建築学体系23 建築計画』彰国社、一九八二年、三〇二頁。

題にする場合には、それだけでは足りない。なぜなら、私たちが経験において捉える空間には、物の「まわり」とも「なか」とも言えない空間がある。たとえば前章で述べた借景がそうである。

借景とは、なんらかのエッジあるいはフレーム（縁、庇、枠、垣など）によって切り取られた景色であり、そこを「何かが動きうる範囲＝空間」と捉えられることは間違いない。しかしそれは、何かの「まわり」でも「なか」でもない。むしろ、そのような「何か」の情報がフレームの陰に隠れて見えないことによって、単純にその「むこう」として捉えられる空間である。

「そうは言っても、それは、その景色を見ている人がいる建物の「まわり」の空間ではないか」と思うかもしれない。確かにその通りであるのだが、よく考えると、建物の「まわり」とは言っても、建物の中からは、その「まわり」を示す建物の外側は見えていない。つまり、建物の「まわり」と捉えている空間は、実際にそのときに知覚している「物」に即しているわけではなく、そのような位置関係を知識あるいは常識として知っていることからもたらされている認識である。だから、もし建物の「まわり」の景色だと思っていたものが窓の形をしたモニターの映像だったとしたら、建物の「まわり」という認識は間違いで、知覚していたのはモニターの「むこう」だったということになる（モニターの「むこう」という言い方は建築空間としては比喩であるが、「そこを何かが動きうると判断される範囲」という定義で考えれば、それも空間である）。

このように「知覚している空間と、認識している空間は違うかもしれない」という事態は、普段意識することではないので実感がわかないかもしれない。しかし実際、なぜ借景がひとつの魅力として成り立つのかと考えると、その景色が建物の「まわり（外）」にあるものだと認識しているにもかかわらず、そこまでの距離を判断する情報（地面の連続性など）が隠れているため、その景色がフレームのすぐ「む

借景の原理が見られる例　高桐院

こう」にあるかのように知覚されるからではないだろうか。距離を判断する情報が見えないからと言って、本当にフレームのすぐ「むこう」にそれがあると信じているわけではない。つまり、実際には離れているとわかっているのに、すぐ近くにあるようにも感じられる。その二重性、距離感の揺れ動きが、借景の魅力だろう。そのような二重性が生じるのは、人間がフレームを手がかりにその「むこう」を感知するからであり、借景は、そのような人間の能力を利用している。

このように、フレームやエッジによってその「むこう」を感知する仕組みがあると考えると、実は借景のような特別なものでなくても、私たちは普段から多くの「むこう」を捉えていることに気がつく。自分の部屋のようなよく知っている場所であればほとんど意識しないであろうが、たとえば極端な例として、夜の森に懐中電灯を持って迷い込んだ場面を想像すると、まわり中に何かが動きうる「むこう」(木々の「むこう」や、光の届かない「むこう」)が捉えられるだろう。別の言い方をすると、もしそのような状況で何かの「なか(内)」や「まわり(外)」のように明確に認識できる空間しか捉えられないとしたら、それは生命にとって危機である。つまり、はっきり認識できなくても「何かが動きうる範囲=空間」として「むこう」を捉えることは、人間を含めた動物の基本能力だと考えられる。

もう一度確認すると、物理学などで想定する俯瞰的視点(全体を見渡す超越的な視点)においては、〈開口空間(むこう)〉は必要ではない。なぜなら、俯瞰的視点では全てが見えている(座標に位置付けられている)ことが前提となるからである。それに対して、人間(動物)の経験的視点は、常にある特定の位置から限られた情報を得るものであるので、見えない部分、よくわからない部分も「むこう」として捉えておく、つまり予期しておく必要がある。機械の発達(デジタル化やネットワーク化)は、そのような「見えない部分」をなくす方向を目指しているかもしれないが、人間がある視点から世界を認識する存在である以上、すなわち身体を持っている以上、「むこう」がなくなることはない。

この〈開口空間（むこう）〉は、前の第1章で述べた「自分とは異なるふるまい者（B）が動きうる空間」のひとつの典型である。それは、建築の歴史のなかで追究されてきた空間デザインのひとつの焦点であり、書院造で格式を示す「奥」（上段の間や床の間）や、西洋建築のエンタブラチュア（水平梁）が暗示する「むこう」（上方）の空間は、この空間図式を利用していると言うことができる。

穴と群――空間変移を引き起こす二つの仕組み

三つの空間図式、〈放射空間（まわり）〉、〈包囲空間（なか）〉、〈開口空間（むこう）〉は、日常において意識することはあまりないかもしれないが、建築の歴史においては古くからその表現が追求されてきたものである。〈放射空間〉を象徴的に表すものとしては、たとえばピラミッドや寺院の塔などがわかりやすい。〈包囲空間〉は、第1章でも取り上げたように、まさにその決定的現れと言えるローマのパンテオンをはじめ、ゴシック様式の教会堂建築などにその強烈な表現を見ることができる。〈開口空間〉は、日本で書院造の成立とともに発達した「奥」の表現が典型的であるが、西洋のバロック建築にも「むこう」が多重に示される表現があるように、日本に限ったものではない。

このような歴史上の空間デザインは、すでに述べたように、時の権力（支配層や宗教）が権威を示す、いわば「人を動かす」ことを目的として発展したという面がある。これに対して、同じ原理によって「人

3つの「空間図式」のそれぞれを示す建築例

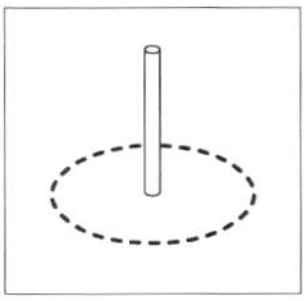

〈放射空間〉
「まわり」

カフラー王のピラミッド（紀元前26世紀頃）

法隆寺五重塔（7世紀頃）

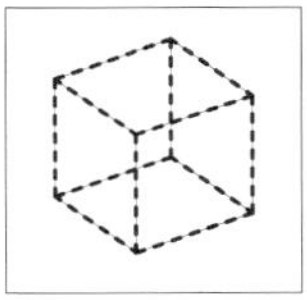

〈包囲空間〉
「なか」

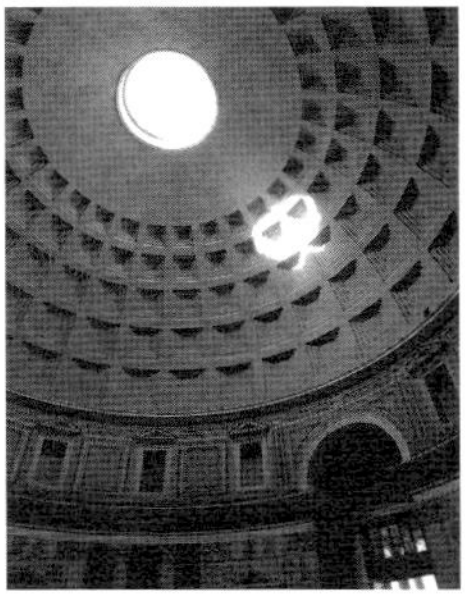

パンテオン（2世紀前半）

シャルトル大聖堂（13世紀前半）

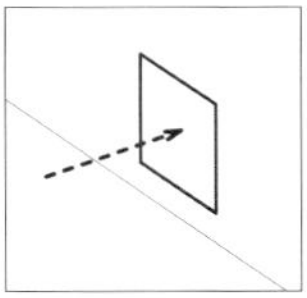

〈開口空間〉
「むこう」

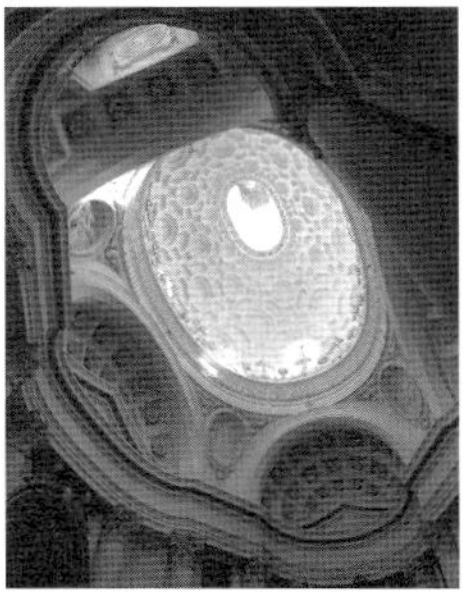

サン・カルロ・アッレ・クワトロ・フォンターネ聖堂（17世紀前半）

園城寺光浄院客殿（17世紀初頭）

が動きやすくなる」デザインも可能であることを示すのがここでの目標であり、それは、前章でも述べたように（101ページ）、「変化する空間」のデザインだと考えている。

ここで示したい「変化する空間」の仕組みは、一言で言えば、いま述べた「三つの空間図式」を用いて変化を感じさせる仕組みである。三つの空間図式は、端的に言えば、物の見え方によって捉えられる空間が変わる原理である。これを利用すると、同じ物によって示される空間、あるいは同じ場所に捉えられる空間が、〈放射空間〉〈包囲空間〉〈開口空間〉のあいだで変移するデザインが可能となる。とくに、その変移が何か機械的な仕掛けによって起こる（押し付けられる）のではなく、解釈者自身の移動や見方の変化によって起こる、すなわち解釈者自身が発見する場合、それは「動きやすい」と感じられるのではないか、というのが私の考えである。

この「空間図式の変化」という意味で、ここで「空間変移」という言葉を使いたいと思う。単に「空間の変化」と言った場合、別の場所を認識したことによる変化や、同じ場所であっても、照明や映像の効果による変化、あるいは物を移動するなど、物理的な変更による変化もあるので、そのような変化と区別するために用いる。ただし実際の経験では、物理的変更などによる変化と混ざり合い、純粋に分けられないことが多い。なお、「変移」という言葉には、「季節が移り変わる」というように、「気がつくといつのまにか変わっている」という意味合いを込めている。

この「空間変移」のデザインも、さまざまな建築家の作品に指摘できるが、とくにカルロ・スカルパの作品には「切りがない」と言いたくなるほど用いられている。私は、カルロ・スカルパの作品を訪れ、のちに「空間変移」と呼ぶことになる現象を体感しながら、それらをどう整理できるかと考えあぐねた。その結果として、現時点では、大きく二つのタイプに分けられると考えている。この空間変移の二つのタイプを、ここでは《穴》と《群》と呼ぶ。

《穴》の空間変移

《穴》とは、解釈者の移動によって、主に〈開口空間（むこう）〉が〈包囲空間（なか）〉に変移することが浮かび上がるタイプである。端的な例としては、洞窟の入口を見てから奥に入っていくときに感じられるような変化を想像してほしい。

建築の場合、何らかのフレーミングによって捉えられる「むこう（開口空間）」に近づいていったり、実際にそこに入り込んだときに変化を感じるパターンがある。反対に、移動したことによって解釈者が以前にいた〈包囲空間（なか）〉が〈開口空間（むこう）〉に変わったことが浮かび上がることもある。

単純に言えば、それは入口を通って部屋に入るようなことで、普段あたりまえに起こっていることである。そのあたりまえに何らかの仕掛けをすることで変移を浮かび上がらせるのが《穴》のデザインである。カルロ・スカルパの作品では、後で説明するように、「移動した後に変移が浮かび上がるタイプ」と「移動中に変移が浮かび上がるタイプ」を指摘することができる。

《穴》は、主にいま述べた〈開口空間（むこう）〉と〈包囲空間（なか）〉のあいだの変移であるが、「むこう」を示すフレームが額縁のように強調されている場合など、フレームがオブジェクトとして〈放射空間（ま

オブジェクトのようなフレームの例
カ・フォスカリ大学文学哲学部エントランス改修
カルロ・スカルパ設計（1976–78）

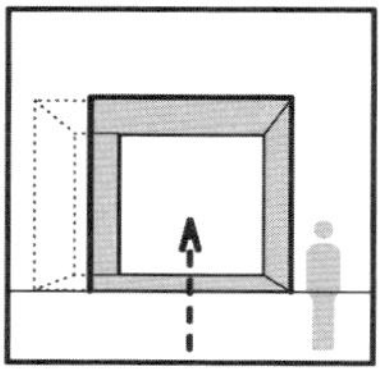

《穴》のイメージ図

わり）〉を示すこともある。つまり原理的には、《穴》は〈放射空間（まわり）〉〈包囲空間（なか）〉〈開口空間（むこう）〉の三つの空間図式のあいだの変移を浮かび上がらせる。

「空間変移が浮かび上がる」とはどういう意味か

ここで、いま用いている「空間変移が浮かび上がる」という言い方について少し補足をしたい。この「浮かび上がる」というのは「どこに浮かび上がるのか？」というと、解釈者（C）の意識に浮かび上がるものである。空間が解釈能力だと考える以上、その変移も解釈である。すると、この変移は必ず浮かび上がるのかというと、そうとは限らないということになる。つまり、個人差がある。

先ほども述べたように、たとえば〈開口空間（むこう）〉から〈包囲空間（なか）〉への変移は、普段あたりまえに起こっていることであり、そのほとんどは意識されない。それが意識されるような仕掛け（あとで詳しく述べる）がデザインされていると言っても、実際のところ、それに気づくことはかなり難しい。はっきり言えば、ほとんど気づかないかもしれない。

「意識に浮かび上がるはずの空間変移に、ほとんど気づくことができないなら、それは意味があるのか？」　このような疑問が当然あると思う。結論的に言えば、空間変移に気づかないとしても、そのデザインには意味がある、と私は考えている。

正直に言うと、私自身もスカルパの作品を見始めたとき、空間の変化がデザインされているとは気づいていなかった。では、そのときに何を感じていたのかというと、「何かを感じているのだけれど、それが何かわからない」、「はっきりと物が見えているのに、何か別のものを見ているような気がする」というような不思議な感覚であった。その感覚が何によってもたらされているのかを考えるうち、空間図式とその変移という仕組みが見えてきた。

さらに言えば、スカルパ作品を詳細に見ていくと、「こんなデザインには誰も気づかない！」と言いたくなるような仕掛けが次々と現れる。私は、おそらくスカルパ自身が、空間のデザインに気づかせることより、むしろ気づかせないことを意図していただろうと考えている。そのようなデザインの意味とは一体何だろうか？

第1章で私は、「日常的な建築空間」と「特別な建築空間」の違いをあえて言うとすれば、「特別な建築空間」には何らかの仕組み（デザインなど）があることによって、解釈者が「ここは何がどのように動きうるか？」と問う力が刺激される、と述べた（65ページ）。近代以前の権力のための空間デザインでは、そのような人間の「空間を問う能力」を利用して、そこに現れる非対称関係を権威（上下関係）として固定することがひとつの目的であった。それに対して、カルロ・スカルパの作品に見られる空間デザインでは、同じように人間の「空間を問う能力」を刺激しながら、そこで捉えられる関係が固定されないように周到な配慮がなされている。それは、均質空間によって非対称関係を無効にしようとするのとは違い、「ここ」と「むこう」のような非対称関係を、ほとんど気づかないような微弱な強度で無数に仕込むことによって、解釈者が動くと、ただ「何かが変わった」と感じ続けるようなデザインである。そのようなデザインは、何かを押しつけられるのではなく、何かに気づく必要もなく、感覚がわずかに鋭くなったような、「人が動きやすくなる混成空間」の表現だと私は考える。

したがってこの本では、「空間変移が浮かび上がる」と書かれていても、実際の経験でそれに気づくとは限らず、むしろ気づかなくても構わないものだと考えてほしい。それは、気づかなくても何かが違うと感じられればよい仕組みである。さらに言えば、何かを感じるかどうかも経験してみなければわからないことであるが、少なくとも物の配置からそのような仕組みがあると言えること、そして、それらが「人を動かす空間」ではなく「人が動きやすくなる空間」を示唆していると考えられることを理解してもらえればと思う。

《群》による空間変移

次に、空間変移を引き起こすもうひとつのタイプである《群》について説明する。《群》も《穴》と同じく、〈放射空間（まわり）〉〈包囲空間（なか）〉〈開口空間（むこう）〉の三つの空間図式のあいだの変移を浮かび上がらせる仕組み、概念である。

《群》は文字通り、何らかの共通因子によって、バラバラの物がグループとしても捉えられる仕組みである。すると、第一の特徴として、バラバラの「物」として認識することと「グループ」として認識することのあいだで変移が起こる。

建築において一番わかりやすい《群》の例は、柱が囲みをつくるように立っている場合だろう。柱の《群》からは、個々の柱から〈放射空間（まわり）〉を感じることもできるし、全体をひとつのまとまりとした〈放射空間〉も捉えられる。また、それらに囲まれた〈包囲空間（なか）〉を読み取ることもできれば、ゲートのように、その「むこう」に〈開口空間〉を感じることもある（左ページ図）。

柱を並べた列柱は、ストーンサークルやギリシャ神殿など、古来より世界中で用いられているものであるが、その理由のひとつには、それが空間変移を引き起こす典型的な《群》であることが関係していると考えられる。[4]

建築に見られる《群》の共通因子には、形以外の主なものとして色と素材を挙げることができるが、

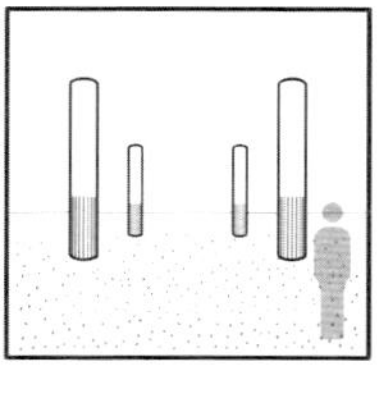

《群》のイメージ図

4　香山壽夫は、列柱を「最初の建築」と述べて重要視している。香山［文献1-16］一六三頁。

スカルパ作品ではそれらに加えて、素材の肌理やツヤ、物の高さ（位置）、工法表現など、多様な因子による異なる《群》が重なり合い、非常に複雑な空間変移が浮かび上がる。そのように、同じ場所や同じ物に複数のグループ（レイヤー）が重なり合うことは《群》のもうひとつの重要な特徴である。これにより、複数種のグループを認識していくあいだの変移（時間）が捉えられる。

このように《群》は、単体とグループの間の変移と、異なるグループのあいだの変移という二種類の変移が複合するため、現象として複雑になる。さらに、近くに見える物同士の《群》だけでなく、遠くにある物が記憶によって結びつく《群》も考えられるため、広範囲にわたって（建築の敷地を超えて）多種多様な変移を生じさせることができる。

ここで《群》による空間変移に関してひとつ注意したいのは、《群》は必ずしも空間を示すものではない、ということである。《群》は、〈放射空間〉〈包囲空間〉〈開口空間〉のいずれをも解釈させうるが、それ自体は空間以前の認識だと思われる。たとえば、赤の《群》が見えたとしても、それだけではどんな空間が捉えられるかはわからない。しかし、たとえ空間がわからないとしても、《群》にはそれまで捉えていた固定的な空間をかく乱する効果があり、空間変移が促されると言うことができる。空間以前の認識である《群》をいかに空間に結びつけられるかが、デザインのひとつのポイントだと言うこともできる。

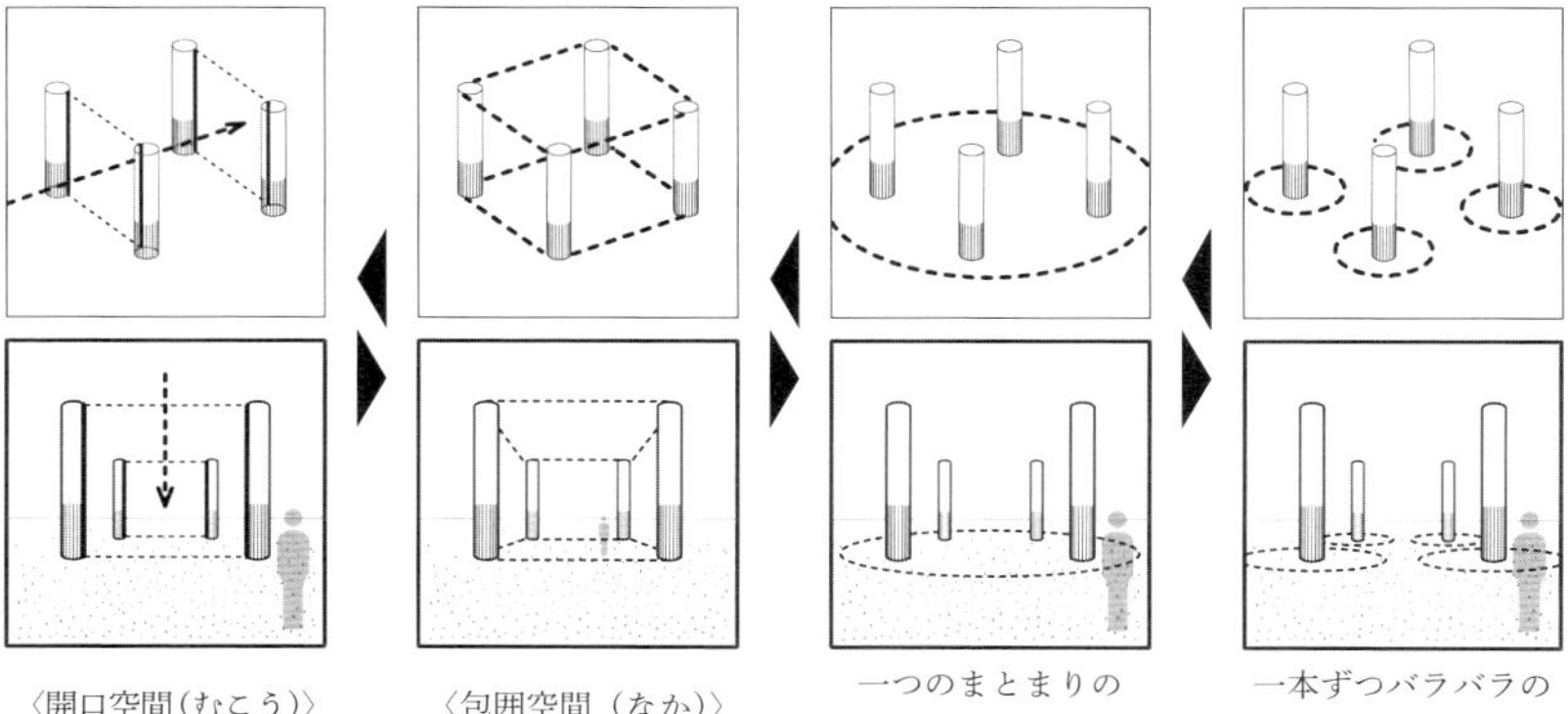

《群》による空間変移のイメージ図

建築空間概念のまとめ――定義・デザインのテーマ・仕組み

この後、主にカルロ・スカルパの建築作品を題材に、いま述べた《穴》と《群》のデザインについて具体的に説明していくが、ここまでのところで、この本で示したい建築に関する空間概念――定義、デザインのテーマ、仕組み――について一通り述べたので、ここで一度まとめておく。

◆建築空間の定義（仮）

A（建築物）があることによって、
B（ふるまい者）が動きうると、
C（解釈者）が判断する範囲

建築空間を、このようなA、B、Cの三者関係と捉えることで、特別にデザインされた建築空間だけでなく、日常的な建築空間についても理解することができる。また、建築空間に潜む権力に注意を払うことができると同時に、新たな空間の構想につながることも期待できる。

◆空間デザインのテーマ

建築空間を、建築物（A）、ふるまい者（B）、解釈者（C）の三者関係と定義すると、そのデザインのテーマを以下のように想定することができる。

建築の空間デザインのテーマは、解釈者（C）が、「自身が動きうる空間」と「自身とは別のふるまい者（B）が動きうる空間」の共存、すなわち距離感を感じ取れることである。

ここで、「複数の異なる空間（B）が共存する空間」を「混成空間」と呼ぶと[5]、この空間デザインのテーマは、「混成空間を表現すること」と言うこともできる。

人間を含む動物が生きる世界は、「自身が動きうる空間」と「自身とは別のふるまい者（敵・獲物・仲間など）が動きうる空間」が共存する混成空間であり、その距離感（異なる空間の気配）を感じられることは重要な能力である。その能力が文化にも反映していると考えられることが、「混成空間の表現」が空間デザインのテーマであると考えることの根拠でもある。

近代以前の建築では、この混成空間に生まれる非対称関係（上と下、表と奥など）を固定すること、すなわち権威を示すことに力が注がれたが、それによって空間デザインが大きく発展したことは否定できない。近代において、この混成空間に刻まれた権力構造を破壊するために現れたのが「機能的空間（特定のふるまい者（B）の動きを考慮する空間）」と「均質空間（どんなふるまい者（B）でも構わない空間）」の概

5　厳密には、混成空間をどう定義するかも難しい。現時点で私が考えることを少し補足したい。
　ふるまい者（B）が「物」である（と捉えられる）場合には、それが多数あっても、共存する空間は均質空間で構わないだろう。それに対して、ふるまい者（B）が「空間（動きうる範囲）」である（と捉えられる）場合、それが複数ある範囲は混成空間になると考える。つまり混成空間とは「複数の空間が動きうる空間」である。とくに、そのなかに解釈者（C）自身が動きうる空間が含まれる（巻き込まれる）とき、混成空間は明瞭に意識されるので、その表現が空間デザインのテーマになるべきだと考えている。

念だったとも言えるが、それらもほどなく新たな勢力（国家、資本家、企業、学校など）が人々を効率よく管理するための道具となった。さらに現代では、均質空間の概念がさらにエスカレートし、ふるまい者（B）も解釈者（C）も人間ではなく機械となった空間、つまり、機械（プログラムやデータを含む）が効率よく動くための「機械空間」が主流になりつつある。

建築空間史の大きな流れをこのように捉えたとすると、これに対して、混成空間の新たな可能性を探ること、言いかえると、自由と緊張が入り混じったワクワクする空間、生命力が高まってイキイキとするような空間を構想することが、現代建築の課題であるとこの本では主張する。それは、技術を用いて機能性（効率性）や均質性（汎用性）を高めることではなく、かと言って、機能的空間や均質空間をなくして昔に戻ろうということでもなく、機能的空間や均質空間もその一部に取り込んだ混成空間を構想することだと考える。

◆建築空間の仕組み（1）　空間図式

建築空間について、建築物の条件（A）に着目して、以下の三つの空間図式を仮定する。

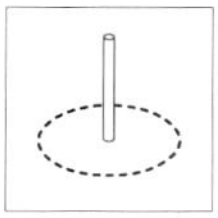

〈放射空間〉

「オブジェクト（ひとつのまとまりと捉えられる物体）」の「まわり」と捉えられる空間

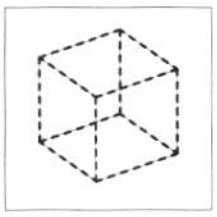

〈包囲空間〉

「サーフェス（床面・壁面・天井面など）」の「なか」と捉えられる空間

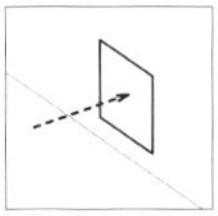

〈開口空間〉

「エッジ（オブジェクトやサーフェスの縁、窓のフレームなど）」の「むこう」と捉えられる空間

ここでの空間図式とは、人間（解釈者C）が物（A）を見て空間（ふるまい者Bが動きうる範囲）を判断するとき、その原型になっていると考えられるパターンのようなものである。

俯瞰的視点（超越的に全体を把握する視点）から建築空間を理解しようとするときには、三つ目の〈開口空間（むこう）〉の図式は必要とされない。〈開口空間〉とは、身体という限定された視点から世界を捉える人間（動物）が、見えない部分や未知の部分もあらかじめ捉えておく能力、予期する能力、あるいは保留にしておく能力をベースにしていると考えられる。それは、混成空間において「自分とは別のふるまい者（B）が動きうる空間」としてよく現れるものであり、建築の歴史において、デザインのひとつの焦点となってきたものである。

◆建築空間の仕組み（2）空間変移

先の三つの空間図式を仮定すると、同じ物によって示される空間、あるいは同じ場所に捉えられる空間が、〈放射空間（まわり）〉〈包囲空間（なか）〉〈開口空間（むこう）〉のあいだで変化する事態を想定できる。一般に空間の変化はさまざまに考えられるので、とくにこの空間図式の変化を「空間変移」と呼ぶ。空間変移を引き起こす仕組みとして、以下の二つのタイプが考えられる。

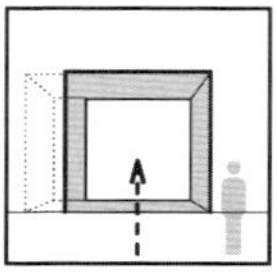

《穴》

基本的には、あらかじめ〈開口空間（むこう）〉として捉えられていたところが、解釈者の移動などにともなって〈包囲空間（なか）〉に変移したことが浮かび上がる仕組み。逆に〈包囲空間（なか）〉が〈開口空間（むこう）〉に変わったことが浮かび上がる場合や、〈開口空間〉のフレームが強調されて〈放射空間（まわり）〉が示される場合もある。

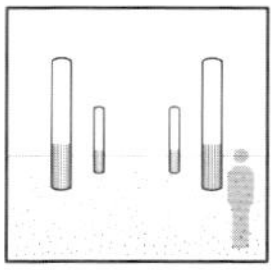

《群》

何らかの共通因子（色、素材、形、配置関係など）によって、同じ物が個別にもグループにも捉えられる仕組み。これをきっかけとして〈放射空間（まわり）〉〈包囲空間（なか）〉〈開口空間（むこう）〉の間の変移が浮かび上がることがある。同じ物や同じ場所に異なる因子による複数のグループ（レイヤー）を重ねることもでき、その認識の変化が空間変移を誘導することもある。

あとで示すカルロ・スカルパの建築作品では、この《穴》と《群》の仕組みが、非常に多様に用いられている。この《穴》と《群》に関して、ひとつ私が重要だと思うことを先に述べると、スカルパ作品では、「《穴》が《群》を成す」あるいは「《群》が《穴》をつくる」というように、《穴》と《群》が一体化したデザインが数多く見られ、空間変移がさらに複雑になる。

この《穴》と《群》が一体化する空間変移のデザインは、私たち人間が「空間」という仕組みを用いてバラバラの「物」から持続的な「経験」を捉えていることのひとつの根拠ではないか、と私は考えている。これについては、この第2章の最後でもう一度考える。

空間概念とは一般的なものか？　特別なものか？

ここまでの話で、「その仕組みとしての空間は、どこでも成り立つ一般的な話なのか？　それとも、カルロ・スカルパなどによる空間デザインの傑作についての話なのか？」という疑問を持たれている方もいるかもしれない。結論から言うと、ここで述べている空間概念は、一般的な原理であると同時に、傑作の原理でもある、と私は考えている。つまり、傑作とは、私たちの経験の一般的な原理を理解して、うまく使っているものだと考えられる。「原理を理解して」と言っても、おそらく言葉ではなく身体感覚として理解されていることが多く、また、「うまく使っている」と言っても、数多くの試行錯誤の結果として現れたものであるので、それはまったく簡単なことではない。

別の言い方をすると、傑作とは、作家の身体感覚を媒介に、世界の普遍的原理を見せてくれているものだと考えられる。しかし、見せてくれているからと言って、いつでもそれを理解できるとは限らないし、理解されないうちに忘れられてしまうこともあるかもしれない。本書の意義は、そのように私が理解した論理を、興味のある人が参照できるように記しておくことだと思っている。

カルロ・スカルパの建築作品に見られる空間変移のデザインパターン

ここからは、空間変移を引き起こす仕組みである《穴》と《群》のデザインパターンについて、カルロ・スカルパの作品を例に説明する。ここで示すデザインパターンは、私がスカルパの作品のうち31作品を訪問し、それぞれに独自性の強いデザインをどう統一的に理解できるかと考えた末に整理したものである。分類には議論の余地があるかもしれないし、さらに別のパターンが追加できる可能性もあるが、まずは、空間変移を引き起こすデザインというものが存在し、ある程度体系的に整理ができるということを感じてほしい。

カルロ・スカルパは、ヴェネツィアで生まれ、ヴェネツィアを中心にイタリアで活躍した建築家である。私はスカルパの作品を集中的に見て回るために、彼がかつて教えたヴェネツィア建築大学に一時的に在籍し、その機会を利用してヴェネツィアの街を歩き回った。そのとき私は、スカルパの建築作品に見られる空間変移のデザインは、彼のなかでひとつのパターンシステムに練り上げられたことは間違いないとしても、そのひとつひとつの要素には、ヴェネツィアに集中的に見られる空間変移が背景にあると考えるようになった。そこで以下の説明では、スカルパ作品とともに、とくにヴェネツィアの街の例をあわせて示すことにより、パターンを理解する助けとしたい。

ヴェネツィアの例としては、長い年月をかけて出来上がった街の様子を中心に、古典主義やゴシック様式の建物なども取り上げるが、もしかすると、そのような伝統的な例は近代以降のデザインと違って意図や手法が不明確だと思われるかもしれない。つまり、「誰かがそのように意図した」わけではなく、単に「そうなってしまった」だけだと言いたくなるものが多いかもしれない。これは難しい問題だが、私としては、ここに挙げるような伝統的デザインには、長い年月をかけて積み重ねられたことによって、人間の欲望が形として現れている側面があると考えている。一方で、近代以降のデザインは、このような伝統例から原理や手法を読み取り、整理して応用しているものだと考えられる。

デザインパターンは、なるべく単純で理解しやすいことを重視しているが、現実においては複数のパターンが重なって複雑化し、どれに当てはまるかを明確に言うことが難しい場合が多い。また、本書のように抽象的な文章と図から具体的な経験を想像することは、脳にとって負荷が大きく、相当の疲労感がともなう。そこで、以下の説明に疲れてうんざりした場合には、まずは細かいことはあまり気にせず、「こういう《穴》(または《群》)もあり得るな」という程度に、ざっくりと枠組みを捉えてもらいたい。くり返すが、実際の経験では、このような面倒なことを考える必要はない。単に「何かが違う」と感じられればよいものである。しかし、その背景にはある仕組みが存在し、それが建築デザインに応用されていると知っておくことは損にはならないと思う。

《穴》のデザインパターン 一覧

H1 フレーミング横断
── 移動後に変移が浮かび上がる《穴》

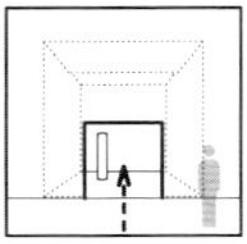

H1-a
遮蔽フレーミング

フレーミング（枠取り）によって隠れていた情報が、移動後に見えるようになることによって、〈開口空間〉から〈包囲空間〉への変移が浮かび上がるパターン。

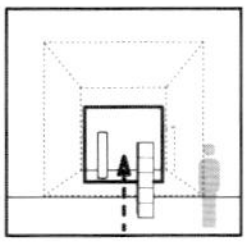

H1-b
迂回フレーミング

「むこう」に見えていたが直接入れなかった場所に、迂回してたどり着くことによって、〈開口空間〉から〈包囲空間〉への変移が浮かび上がるパターン。同時に、前にいた場所が〈包囲空間〉から〈開口空間〉に変移したこともわかる。

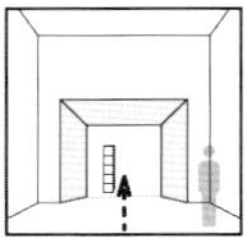

H1-c
非対称フレーミング

フレーム（枠）の表と裏の印象が異なることによって違和感が生じ、観察者が前にいた場所が〈包囲空間〉から〈開口空間〉に変移していることが浮かび上がるパターン。

H2 立体フレーミング
── 移動中に変移する《穴》

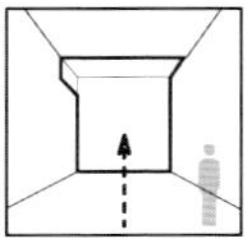

H2-a
多面フレーミング

開口部のフレームが複数の壁や天井など多面にまたがっているパターン。遠方からはフレームの三次元性が二次元に潰れて見えるため、その「むこう」の〈開口空間〉が際立つが、近づくにつれてフレーム自体による「包囲空間」が浮かび上がる。

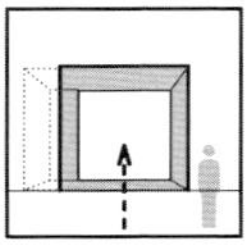

H2-b
ニッチフレーミング

組積造の厚い壁に開けられた窓のように、厚みを持ったフレームがその「むこう」に〈開口空間〉を示しながら、近づくと、そのフレームの内側にある〈包囲空間〉も浮かび上がるパターン。

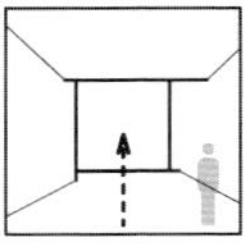

H2-c
複合フレーミング

三次元的に離れた複数のエッジが、特定の方向から見られると複合してフレーミングを形成するパターン。そのフレーミングは近づくと分解してしまうため、それが示していた〈開口空間〉はいつのまにか消え、エッジのあいだの〈包囲空間〉や、まわりの〈放射空間〉が浮かび上がる。

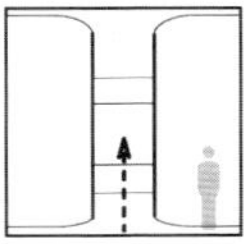

H2-d
ソフトエッジ
フレーミング

湾曲した壁面や円柱などのエッジ（輪郭線）をフレーミングに利用するパターン。そのエッジは観察者の移動によって動くため、その「むこう〈開口空間〉」は捉えられても固定できず、いつのまにか壁や柱が示す〈包囲空間〉や〈放射空間〉に変移しやすい。

HとGの略号は、HはHole（穴）、GはGroup（群）を表す。

《群》のデザインパターン 一覧

G1　オブジェクトの《群》

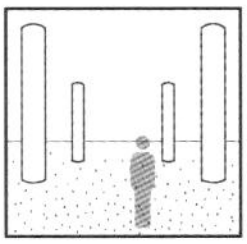

G1-a
類似オブジェクトの離散

列柱のように、類似したオブジェクトが離れて配置されていることによって、単体の「まわり」の〈放射空間〉と、グループが示す「まわり」「なか」「むこう」のあいだで、変移を捉えられるパターン。

G1-b
対比オブジェクトの近接

共通性を捉えにくい対比的なオブジェクトであっても、近接して配置されることによってグループ（仲間）として捉えられ、オブジェクト単体とグループのあいだで空間変移が浮かび上がるパターン。

G2　フレーミングの《群》

G2-a
並列フレーミング

フレーミングが上下や左右に並ぶと、複数の「むこう」＝〈開口空間〉を捉えることができるが、それら複数の「むこう」に対して「同じ場所か、異なる場所か？」と問う能力が発揮されることで空間が変移するパターン。

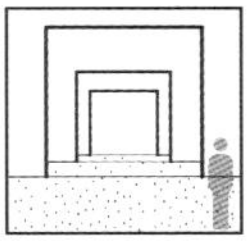

G2-b
直列フレーミング

フレーミングが前後（奥行方向）に並ぶパターン。複数の「むこう」＝〈開口空間〉と、複数の「なか」＝〈包囲空間〉が重なり合うため、とくに観察者の移動にともなって、空間変移を連続的に浮かび上がらせることができる。

G3　オブジェクトとフレーミングの《群》

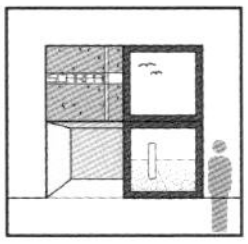

G3-a
オブジェクト・フレーミング並置

オブジェクトとフレーミングに形や大きさなどの共通性を持たせ、上下や左右に並べたパターン。オブジェクトが示す〈放射空間〉の影響で、とくにフレーミングの「むこう〈開口空間〉」と「まわり〈放射空間〉」の間の変移が促される。

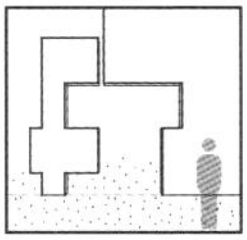

G3-b
ジグザグフレーミング

オブジェクト（物）とフレーミング（開口部）の境界をジグザグにすることで、両者は別のものでありながらグループ（あるいはセット）としても捉えられ、〈開口〉〈放射〉〈包囲〉の間の空間変移が浮かび上がるパターン。

G4　属性の《群》

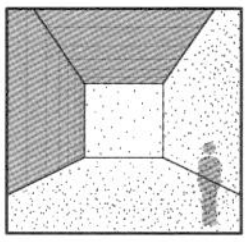

G4-a
類似属性の離散

色や素材などの物の属性が、オブジェクト、サーフェス（床面、壁面、天井面など）、フレーミングといった空間を示す単位要素を逸脱して広がるパターン。常識的な空間把握を揺さぶり、解釈者の問いを引き起こす効果がある。

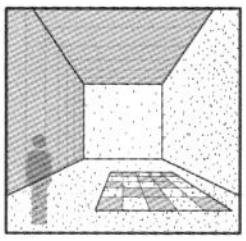

G4-b
対比属性の近接

前の［類似属性の離散（G4-a）］として広がる属性（色や素材など）が別のところで集まり、オブジェクトやサーフェスを形成して空間を捉えさせるパターン。とくに元々環境にあった属性を用いると、建築物の範囲を超えて連続する変移が浮かび上がる。

筆者が訪れたカルロ・スカルパの作品一覧

・筆者が訪れたスカルパの作品 —— 住宅 7 つを含む 31 作品 —— の一覧を以下に示す。
（訪問時期：2007 年 3 月、2010 年 10 月〜 2011 年 2 月）
・作品名の前の sw（Scarpa's works の意）を付けた通し番号は、後のデザインパターンの説明でも用いる（ただし、この一覧の作品をすべて説明で用いているわけではない）。
・英語の作品名と年代は、sw01 〜30 は *Carlo Scarpa. Architecture Atlas* (Marsilio Editori, 2006)、sw31 は *Carlo Scarpa an Architectural Guide* (Sergio Los, Arsenale Editrice, 1995) による。
・筆者が管理する次のウェブサイトで、この他の写真などを掲載する予定であるので、参照されたい。
https://dsdsa.net/o-and-e/

sw01

カ・フォスカリ大学講義室
Ca' Foscari University - Restoration and Mario Baratto Room
（ヴェネツィア、1935−37, 1955−56）

建物全体を対象とした1930年代の改修において、大運河に面した大ホールに、中央の特別席と学生用の階段席が設けられた。1950年代に大ホールを講義室に改修するにあたって、階段席が解体され、その木材を再利用した前室が設けられた（写真は前室から講義室方向を見ている）。火災で一度消失したが、スカルパの設計に基づいて再建されている。

sw02

ベロット邸
Bellotto House
（ヴェネツィア、1944−46）

ヴェネツィア本島にある四階建ての歴史的建物の改修。三階と四階がひとつの住戸としてデザインされたが、1960年代に分割され、現在は各階にひとつずつの住戸がある（2011年1月時点）。写真は元はリビングエリアだった三階住戸のホールで、正面のベランダのむこうに古い三連アーチ開口が見える。左右の壁面のデザインが対称になっており、両側にある窓と扉（引き戸）が向かい合っている。

sw03

アカデミア美術館
Accademia Gallery
（ヴェネツィア、1945−59）

第二次世界大戦中から相談が始まっていた計画で、戦後、戦争による被害と老朽化に対応するため、全面的な改修が行われた。スカルパは、以前より展示のデザインに携わっていたが、常設の美術館に取り組む最初の機会となった。年代とテーマに合わせた展示順序が求められ、それにふさわしい展示方法——展示台、パネル、ドアや窓、壁の素材や色、装飾など——が個別的かつ統一的にデザインされた。

sw04

ヴェネツィア・ビエンナーレ 彫刻庭園
Sculpture Garden
（ヴェネツィア、1951－52）

ヴェネツィア・ビエンナーレの中心施設であるセントラル・パビリオン（旧イタリア館、1894年建設）の一部の屋根を撤去してつくられた中庭。来館者が休憩するための場所で、池や植栽枡といった自然を取り込む要素が方々に設けられている。二方向にある出入口のあいだを特徴的な形の屋根がつないでいる。第4章で詳しく見る。

sw05

ヴェネツィア・ビエンナーレ
チケット売り場とエントランスゲート
Ticket Office and Entrance of the 26th Biennale
（ヴェネツィア、1951－52）

1952年開催の第26回ヴェネツィア・ビエンナーレ国際美術展のためにつくられたチケット売り場とエントランスゲート。下部のコンクリート部分を残して一度解体されたが、オリジナルの設計に基づいて再建された。写真の後方に見える赤い「箱」は2010年来訪時のチケット売場とエントランスゲートで、デザインの違いが著しい。

sw06

コッレール美術館
Museo Correr - Historic Sections and Picture Gallery
（ヴェネツィア、1952－53, 1957－60）

サン・マルコ広場を囲む建物のひとつである新行政館にある、ヴェネツィアの美術と歴史を展示する博物館の改修。より合理的な配置をおこなうことを目的に、全体的な再編成がなされた。木、石、金属といった多様な素材を用いたユニークな土台によって展示物の関係性がデザインされるとともに、観覧者の移動とともに部屋や場所同士のつながりが見出されるような工夫がなされている。

sw07

ロマネッリ邸
Romanelli House
（ウーディネ、1952－55）

ヴェネツィア建築大学でスカルパの教え子であったアンジェロ・マジエリ（1921-52）が設計を担当していたが、交通事故で亡くなり、スカルパが完成させた。非対称形の平面配置、屋根やパーゴラの張り出しによる水平線の強調、二層分の高さを持つ柱などの表現には、F. L.ライトからの影響が見られる。

sw08

パラッツォ・アバテリス（パレルモ州立美術館）
Palazzo Abatellis
（パレルモ、1953-54）

15世紀末に建てられ、第二次世界大戦中の爆撃で深刻な被害を受けた邸宅を美術館にリノベーションした。中庭（写真）では、舗装のほか、とくに壁と開口部の整理（数の削減、開口面と建具面の分離、壁の塗り込めなど）がなされ、歴史が浮き立ってくるような印象を与える。内部では、作品ごとにふさわしい展示、部屋ごとの特徴づけ、全体のシークエンスと、多層にわたった濃密なデザインがなされている。

sw09

ベネズエラ館
Venezuelan Pavilion
（ヴェネツィア、1953-56）

ヴェネツィア・ビエンナーレの会場である公園内の、スイス館とロシア館の間に建てられた。コの字型の平面をもつ大小二つの直方体の展示室が、ずれて向かい合い、その間を通る天井の低い小径が外部まで連続している。窓は天井まで連続し、公園の木々と空が、展示物と並列に見える。個々の場所が独立していながら連続でもあるという空間変移が、シンプルな形態構成によって実現されている。

sw10

女性ヴェネト・パルチザンの記念碑
Base for the Sculpture of The Female Veneto Partisan by Leoncillo Leonardi
（ヴェネツィア、1955）

第二次世界大戦末期にファシストに抵抗した女性パルチザンを記念し、解放から10年後の1955年にビエンナーレと同じカステッロの公園内に建てられた。スカルパがデザインした台座は、高さ約140cmの二枚のコンクリート壁がわずかに隙間をあけて立ち、上部を金属の接合部がつないでいる。1961年にネオ・ファシストの攻撃により像は破壊され、現在は台座のみが残されている。

sw11

カノーヴァ美術館 石膏像ギャラリー
The Canova Plaster Cast Gallery
（ポッサーニョ、1955-57）

彫刻家アントニオ・カノーヴァの生誕二〇〇年を記念しておこなわれたギャラリーの拡張計画。19世紀前半に建てられた新古典主義の旧館（写真右手）が手狭となり、それに沿って増築棟を建てるとともに、他の既存建物も利用した一体的なギャラリーがつくられた。内部で捉えられる空間は、一体的でありながら、天井や床の段差、特徴的な開口部などによって、観覧者の移動とともに絶え間なく変移する。第4章で詳しく見る。

sw12

ヴェリッティ邸
Veritti House
（ウーディネ、1955–61）

敷地は市街地でもなく自然豊かでもない住宅地にあり、引き込み道路のある旗竿形状をしている。敷地奥の長方形部分（27m×50m）に、北側に寄せた円形平面をベースに構成されており、北の隣地側は半円筒形の壁で閉じられているのに対し、南側は同一の円に縁取られた池に面して大きなガラス張りのボリュームが張り出している。三角形のプレハブ・コンクリートを積み重ねた柱には凹凸の模様があり、F.L.ライトからの影響が感じられる。

sw13

オリヴェッティ・ショールーム
Olivetti Shop
（ヴェネツィア、1957–58）

サン・マルコ広場に面する旧行政館の1階にある。天井高さが約4mで通常の二層分の床をつくることはできなかったため、天井高の低いバルコニーのような中二階が設けられた。中二階から降りてくるアウリジーナ大理石の階段は、同じ素材の側壁やベンチのような台が隣接し、見方によって空間図式が変移しやすい。外部では側面がソットポルテゴ（トンネル状通路）に面しており、石でつくられたオリヴェッティのロゴや隠し扉が見られる。

sw14

カステルヴェッキオ美術館
Museo di Castelvecchio
（ヴェローナ、1957–64, 1968–69, 1973–75）

古代ローマの遺構の上に築かれた中世の城、ナポレオン占領時代の要塞、20世紀初頭の博物館への改修、そして第二次世界大戦時の爆撃と、多層にわたる歴史の上に計画された美術館。写真の本館（ガレリア）の尖頭ゴシック窓は1924年の改修時に付けられたものである。スカルパは、新たに加えたものを含めて、要素を丁寧に分離（並置）することによって、多層性を明確にしつつ、経験における連続性を感じさせることに成功している。

sw15

クエリーニ・スタンパリア財団
Fondazione Querini Stampalia
（ヴェネツィア、1961–63）

16世紀に建てられた建物を公的利用に変更するための改修。運河に面した一階は、高潮による定期的な浸水のため、まったく使用されていなかった。スカルパは、水が建物に入らないようにするのではなく、入るエリアを限定し、容易に排水できる仕組みを考案することで、水（外的要素）と共存する仕組み自体をデザインとして意味づけた。中央のホールと連続性をもった庭のデザインも秀逸。

sw16

ガヴィーナ・ショールーム
Gavina Shop
(ボローニャ、1961-63)

ボローニャ中心部にある建物の一階部分の改修。荷重を支えていた壁を撤去するために柱を設け、一体的空間とした。正面のコンクリート板には三種類の開口があるが、円をモチーフとした左右の窓はガラスがコンクリートと同一面にあるため室内の景色が張り付いたように見えるのに対し、直線で構成された中央の出入口には奥行がある。五本ある柱は仕上げ材がすべて異なっており、内一本には穴が貫通して荷重を支えていない事実が暗示されている。

sw17

スカットゥリン邸兼事務所
Scatturin House and Studio
(ヴェネツィア、1962-63)

ヴェネツィア本島に18世紀に建てられた建物の最上階のリノベーション。住宅(写真)と事務所を分けながら繋げるために、ユニークな二重扉による境界が二か所に設けられている。ツヤのある床や壁は、小さな窓から差し込む光を効果的に反射させる。住宅の白い壁に対して、茶褐色の床や天井が印象的だが、その端部は壁面まで届いておらず(隙間があり)、それらが示す空間は、人の位置や視線に応じて揺れ動く。

sw18

ガッロ邸兼事務所
Gallo House and Studio
(ヴィチェンツァ、1962-65)

スカルパの弁護士であったエットーレ・ガッロが購入した古い邸宅の改修。三階建てで、下二層が事務所、三階が住宅として設計された。住宅(写真)は、絵画コレクションのために設けられたホールを中心に三列構成となっているが、個室以外のほとんどの部屋には扉がなく、連続的に行き来することができる。現在は図書館となっており、三階は展示や会合などのイベントに用いられている。

sw19

バルボニ邸
Balboni House
(ヴェネツィア、1964-74)

入口は庭園に、奥はヴェネツィアの大運河に面する住宅の改修。奥に長い建物であるが、エントランスを入った途端に大運河に面した開口までが見通せるとともに、光沢のある大理石の床、クリーム色のスタッコ(漆喰)の壁と天井が、光を効果的に送ってくる。床には赤と白の二種類の石、壁にも黒っぽい金属や木のエッジなどが混在しており、連続性と差異が共存するなかを進むことで、空間は刻々と変移する。

sw20

ヴェネツィア建築大学 エントランス
Entrance to the Istituto Universitario di Architettura di Venezia

（ヴェネツィア、1976-78）

スカルパが教えていたヴェネツィア建築大学のエントランスで、スカルパの死後、図面に基づいてセルジオ・ロスが完成させた。トレンティーニ修道院の修復中に発見されたイストリア石（古典主義のファサードに用いられる白い石）の開口を用いることを求められたが、スカルパはそれを横に倒して置いたことで、本来「むこう」の空間を示すはずの開口から、むしろそれ以外の空間が浮かび上がるようになっている。

sw21

女性パルチザンの記念碑
Base for the Sculpture of The Female Partisan by Augusto Murer

（ヴェネツィア、1968）

1961年に前の女性パルチザン像（sw10）が破壊された後、ヴェネツィア市議会は新たな像のコンペをおこなった。選ばれた像は、横たわる女性像であったため、スカルパは、それを上から眺めることができるよう、水上に設置することを提案した。女性像の台は満潮時にも水没しないように浮き台とし、その周囲に高さの異なる正方形の段が配置されている。現在、浮き台の仕組みは変更されている。

sw22

マジエリ記念館（ヴェネツィア建築大学の学生会館）
Masieri Memorial

（ヴェネツィア、1968-78）

スカルパと共にF.L.ライトに敬意を抱いていたマジエリ（sw07参照）は、1951年に新居の設計をライトに依頼したが、翌年に事故で亡くなる。両親はライトに学生会館の設計を依頼するも、1954年に作られた案はヴェネツィアの建築委員会に却下される。1968年から設計を引き受けたスカルパは、床厚を抑えるために鉄骨造とし、伝統的なファサードを吊り下げる案を提案した。スカルパの死後、建物はエンジニアと建築家のフランカ・セミが完成させた。

sw23

ブリオン家墓地
Brion Monumental Complex

（サン・ヴィート・ダルティヴォレ、1969-78）

イタリアの家電ブランドであるブリオンベガの創業者を記念してつくられた墓地。夫妻の墓、親族の墓、公共のチャペル、水上のパビリオンなどから成る。内側に傾いた壁で囲い、地表面を75cm程上げたことで、外に威圧感を与えずに、外からの視線を遮りながら内から外（遠方）を眺めることができる。地表の四分の三程が芝生、残りの多くは水で覆われている。共同墓地に開いた出入口から、いつでも誰でも入ることができる。

sw24

ヴィッラ・イル・パラツェット増築
Additions to the Villa Il Palazzetto
(モンセリーチェ、1971-78)

18世紀に建てられた別荘の主に外部空間の整備。古いものと新しいもの、作られたものと自然のものといった異なる要素が合わさり、一体的かつ流動的な空間を生み出している。正門と裏門、暖炉のある東家、母家の前に広がる傾斜のある広場、納屋のガレージ付き住居への改修、庭を分ける壁と二階へ直接上がれる階段など。一部はスカルパの死後に彼のデザインをもとに完成され、息子であるトビア・スカルパも関わった。

sw25

ルイジ・マルツォーリ武器博物館
Luigi Marzoli Weapons Museum at the Castle
(ブレシア、1971-78)

中世の城をアンティークの武器や甲冑のコレクションの博物館に改修するプロジェクト。工事中に古代ローマ時代の遺跡が発見され、異なる年代の建造物が共存する複雑なレイヤーを見せることが設計のひとつの焦点となっている。建物は四つのフロアからなるが、ローマ神殿跡が見える吹抜け空間を囲うようにさまざまな展示室が配置され、順路のなかで、同じ空間を異なる視点から何度も見ることができる。

sw26

ヴェローナ市民銀行
Banca Popolare di Verona
(ヴェローナ、1973-78)

既存の旧館(写真の左端)に隣接する銀行の建物。正面は、石積みの基壇、漆喰塗の中層部、ガラスの屋階とコーニス(軒)と、古典的三層構成であるが、その境界線は右に行くにつれて曖昧になる(とくに上部のガラス面が広がる)。中層部に丸と四角の開口があるが、そのガラス面は壁面に揃うもの、引っ込んでいるもの、飛び出しているものが混在し、さまざまなグループが捉えられると同時に、壁面が多層であることが暗示されている。

sw27

大虐殺犠牲者の慰霊碑
Commemorative Stele for the Second Anniversary of the Carnage in Piazza della Loggia
(ブレシア、1974-76, 1977)

ネオ・ファシストによる襲撃によって亡くなった犠牲者を追悼する慰霊碑。爆発によって破損したアーケードの柱のそばに、高さ3.3mの大理石の柱が立ち、襲撃日が記されたブロンズのブロックと、犠牲者名が刻まれた石板が付けられている。柱の前面のエッジは、二つの大きな弓形に削られている。1977年に、細いチーク材とムンツ合金で構成された柵が設けられた。

sw28

ヴィチェンツァの集合住宅
Apartment Building
（ヴィチェンツァ、1974–78）

旧市街の周縁にある四階建ての集合住宅計画。道路に平行な棟と奥に伸びる棟が組み合わさり、ファサードと庭の両面に表情を作り出している。階を示す水平線のあいだに不規則に配置された縦長窓は、その下部がバルコニーか凹みとなっており、捉えられるグループが揺れ動く。壁面とガラス面は分離しており、立面の多層性が暗示されている。街路に面したコンクリート製のパーゴラも同様に多層性を感じさせる。

sw29

オットレンギ邸
Ottolenghi House
（バルドリーノ、1974–78）

ガルダ湖に近い景勝地に建つ新築住宅。都市計画の規制のため平家建てで、アクセス道路は湖を眺められる屋上のレベルにある。コンクリートと自然石の円盤を積層させた直径88cmの円柱が9本、リビングエリアを囲みつつ、外側へ流れ出る基点を示すかのように自由に配置されている。地形と建築、自然素材と人工素材、曲面と直線、粗さと滑らかさ、そして光と影など、無数の差異が重なり合って一体化し、刻々と空間を変移させる。

sw30

カ・フォスカリ大学 文学哲学部 エントランス改修
Entrance to the Department of Literature and Philosophy, Ca' Foscari University
（ヴェネツィア、1976–78）

旧修道院の改修と増築による新しい校舎であるが、スカルパによる計画案は当局に承認されず、エントランスまわりのデザインのみがなされた。わずか数メートルの範囲のデザインであるが、周囲の古典建築にも用いられている白いイストリア石をさまざまなテクスチャーとエッジに加工することによって、環境に広がる《群》と《穴》を実現している。

sw31

パラッツォ・ステリ（キアラモンテ宮殿）
Palazzo Steri (Palazzo Chiaramonte)
（パレルモ、1977–88）

14世紀にキアラモンテ家の居城として建てられた建物で、15-16世紀にはスペイン総督の居城、17-18世紀には異端審問所などに用いられた。1967年にパレルモ大学が取得し、現在は学長のオフィスと博物館が入っている。スカルパが晩年に関わったもので、これまでのリノベーション作品と同様、積み層なった歴史を丁寧に解きほぐして見えるようにするとともに、各要素に結びつきを持たせることで、経験において一体的な持続を感じさせる。

《穴》のデザインパターン

《穴》は、基本的には、解釈者の移動によって〈開口空間（むこう）〉と〈包囲空間（なか）〉のあいだで起こる変移のタイプである。解釈者が移動した後に変移したことが浮かび上がるフレーミング横断（H1）と、解釈者が移動中に変移する立体フレーミング（H2）の二タイプに大きく分けられる。「移動後に変移する」と「移動中に変移する」の違いは、実際の経験ではっきり認識されることは少ないであろうし、事実、どちらかと言いにくいものも多いが、原理的な違いを意識することによってデザインの多様性を捉えることができる。

フレーミング横断（H1）として三つ、立体フレーミング（H2）として四つのパターンを挙げるが、これらの名前が示しているように、《穴》の変移においては、フレーミングによって〈開口空間（むこう）〉が捉えられることが重要である。そのため、フレーミングの方法、あるいは、ある視点から見えるエッジの組み合わさり方が、デザインのポイントになる。

原理的には、フレーミング自体がオブジェクトとして強調されると、その「まわり」すなわち〈放射空間〉を捉えることもでき、〈放射〉〈開口〉〈包囲〉の三つの空間図式のあいだの変移を引き起こす。しかし、あえて〈放射（まわり）〉を強調せず、いつのまにか〈開口（むこう）〉に引き込んで変移だけを感じさせるというデザイン（仕掛けに気づかせないデザイン）も有効である。実際、スカルパ作品では、フレーミングを強調するデザイン、強調しないデザインのどちらも存在する。

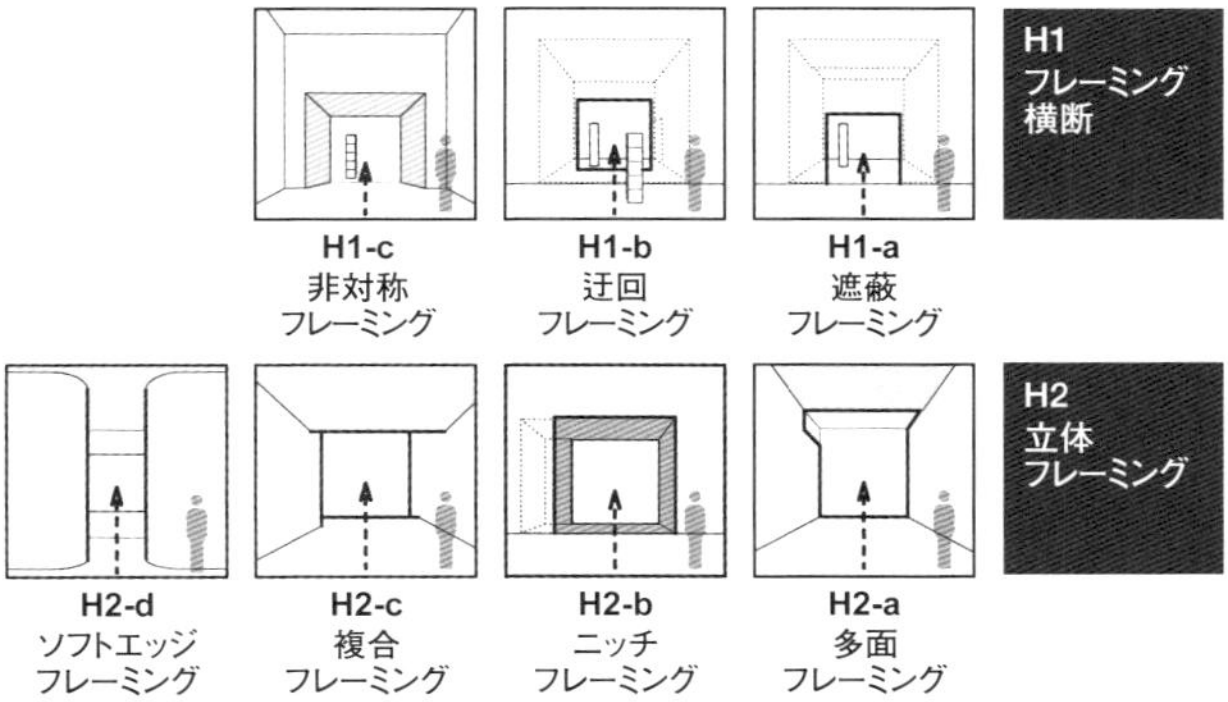

H1

フレーミング横断
――移動後に変移が浮かび上がる《穴》

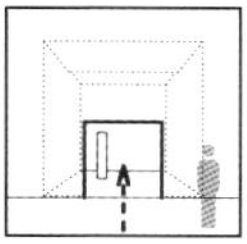

H1-a
遮蔽フレーミング

フレーミングの「むこう（開口空間）」として見ていたときには隠れていた情報が、移動によって見えるようになったことで印象が変わり、それにともなって〈開口（むこう）〉から〈包囲（なか）〉への変移が浮かび上がる（変移したことに気づく）タイプ。とくに、〈開口（むこう）〉として見ていたときに、その場所の焦点となるもの（たとえばギャラリーの展示物のように、それ自体で〈放射空間〉を強く示すもの）がすでに見えていると（モデル図の❶）、移動後にも「同じ物を見ているはずなのに印象が変わった」というように変移が浮かび上がりやすい（❷）。これと逆向きに、前に自分がいた場所が「むこう」に再び見えた場合など、〈包囲（なか）〉が〈開口（むこう）〉として現れることで変移（時間経過）が浮かび上がるケースもある。

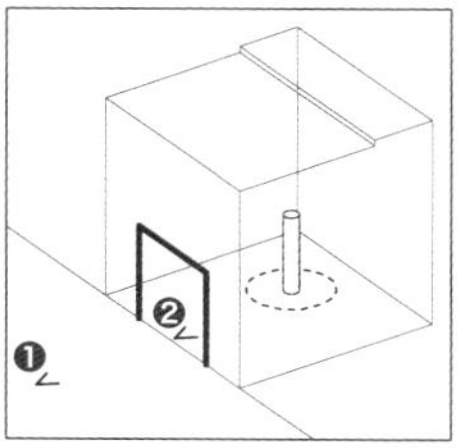

俯瞰モデル図

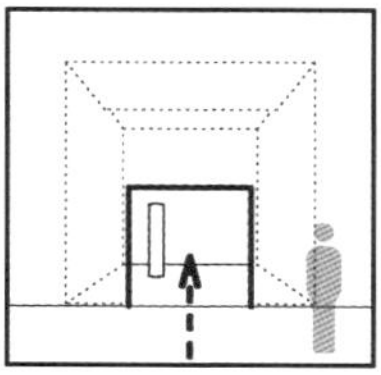
❶ フレーミングの「むこう」に家具や展示物などのオブジェクトが見えている。

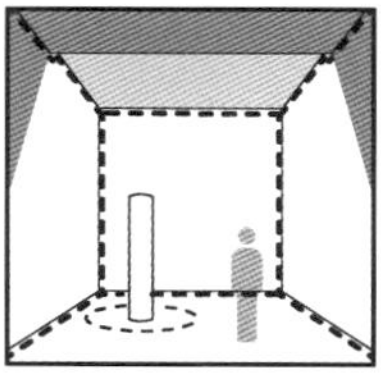
❷ フレーミングを通過すると、同じオブジェクトを見ているにもかかわらず、たとえば見えていなかった天窓が現れたりすると、〈開口〉から〈包囲〉へ空間が変移したことが浮かび上がる。

例1

カノーヴァ美術館 石膏像ギャラリー（SW11）

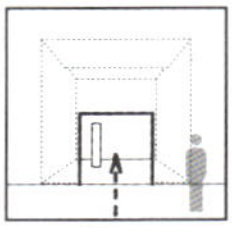
H1-a
遮蔽フレーミング

❶❷はエントランスルームから増築棟の方を見ており、すでに増築棟の石膏像群が見える。❸は増築棟に入ってエントランスルームの方を見ているが、❷と同じ石膏像の向きが変わったという以上の違和感がある。その要因はいくつか考えられるが、ここでは、❶❷では見えなかった旧館の外壁が見えていることに注目したい（❸中段右手のレリーフがある石積調の壁）。平面図から、旧館はエントランスルームにも接しており、その外壁は❶❷では隠されていたことがわかる。❸では、エントランスルームが旧館外壁と並列に、垂れ壁、鉄骨柱、床の端部（段差）などでフレーミングされており、解釈者が少し前にいたエントランスルームが〈開口空間（むこう）〉に変移したことが強調されている。

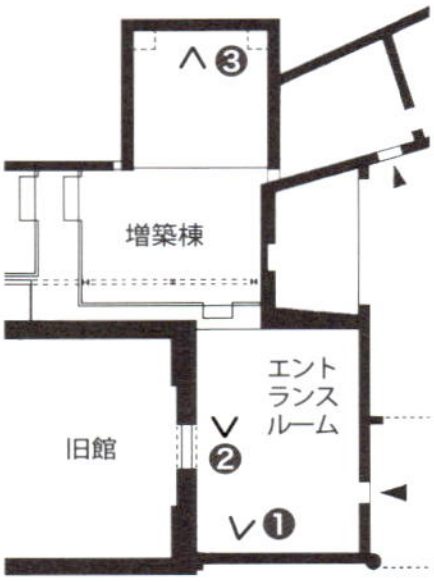

平面図（一部）

❷

❶

❸

❶と❷は撮影年代が異なり、エントランスルームの彫像の位置が一部変わっている（❷左端の二体）。

例2 ヴィッラ・イル・パラツェット増築（SW24）

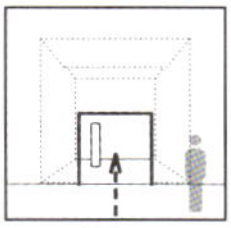

H1-a
遮蔽フレーミング

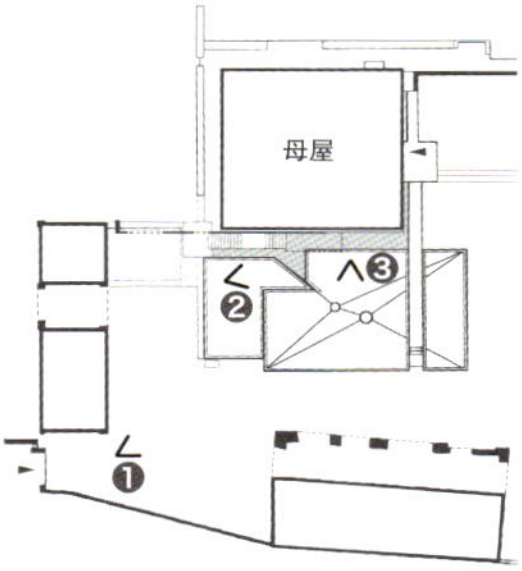

配置平面図（一部）

母屋の前庭に、スカルパはステージのような広場を設計した。ゲートから庭に入った❶の視点ですでに広場の全体像は捉えられる。しかし実際にそこに上ると、❶では見えにくい池が姿を現し（❷）、その変化に促されて、広場が〈開口（むこう）〉または〈放射（まわり）〉を示していたものから、解釈者自身がその「なか」にいる〈包囲空間〉に変移していることが浮かび上がる。❸は広場から前に解釈者自身がいた方を振り返った視点であるが、床面の起伏によって❶で見えていた芝生や砂利の一部が遮蔽されて印象が変わり、前にいた場所が〈開口（むこう）〉に変移していることも浮かび上がる。

❶

❸

❷

❷

❶

❹

❸

例 3

カンポ・デイ・フラーリ（ヴェネツィア）

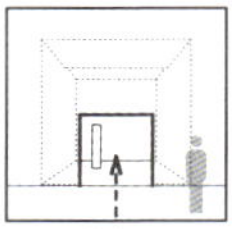
H1-a
遮蔽フレーミング

島々に大小の建物が密集するヴェネツィアでは、教会のような大きな建物が、他の建物によって一部隠されて見えることが多い。14～15世紀に建てられたサンタ・マリア・グロリオーザ・デイ・フラーリ聖堂もそのひとつである。❹のように、レンガ造りの簡素と言える外観の正面に、大小の丸窓と三つのピナクル（小尖塔）があるのが特徴的なフラーリ聖堂は、その一部が❶～❸のように少し離れた街路や他の広場からも見ることができる。つまり、同じ聖堂がある空間が、解釈者の移動にともなって、他の建物に遮蔽された〈開口空間（むこう）〉と、実際にそれがある広場（カンポ）の〈包囲空間（なか）〉のあいだで変移すること（時間経過）が見て取れる。

❶

❷

❸

❹

例4

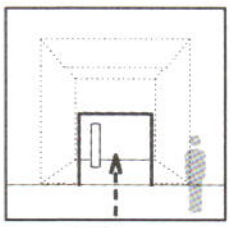

H1-a
遮蔽フレーミング

サン・バルナバ広場
（ヴェネツィア）

ヴェネツィアの広場には運河に接しているものが多くあり、解釈者が広場に入っていく方向によって空間の解釈（印象）が変わることが多々ある。ギリシャ神殿のような白いファサードが印象的なサン・バルナバ教会が建つ広場は、❶❷のように、教会に向かって右側から広場に入ると、周囲の建物の壁に囲われた〈包囲空間（なか）〉が捉えられるが、そのまま広場の中ほどまで進むと、❷の視点では見えにくかった運河が広場を分割していることがわかる（❸の左手）。❹は、❶とは逆に教会に向かって左側から見たものであるが、広場は運河によって分割されているというより、運河の「むこう」にあると感じられ、同じ場所が解釈者の移動によって異なる空間に変移したと感じられる。

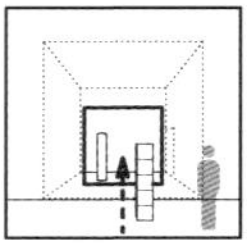

H1-b

迂回フレーミング

解釈者が、フレーミングの「むこう」にある〈開口空間〉に対して、「見えているが直接入ることはできない」と判断すると、迂回してそこにたどり着いたときに〈開口空間（むこう）〉が〈包囲空間（なか）〉に変移したことが浮かび上がるパターン。前の遮蔽フレーミング（H1-a）と同様に、〈開口空間（むこう）〉として捉えていたときに〈放射空間（まわり）〉を示す展示物やオブジェなどが見えていると、移動後にも「同じ物を見ている」という意識が生じ、変移に気づきやすい。また、移動前に解釈者自身がいた〈包囲空間（なか）〉が移動後に〈開口空間（むこう）〉として見えていることに気づくと、やはり時間の経過が印象づけられる。

デザインの工夫として、「回り込まなくても入ろうと思えば入れる」あるいは「距離的にはすぐそこにあるのに入れない」といった状況を示すと、解釈者に「どうやってむこうへ行くか？」という問い（意識）が生じて、変移が浮かび上がりやすい。

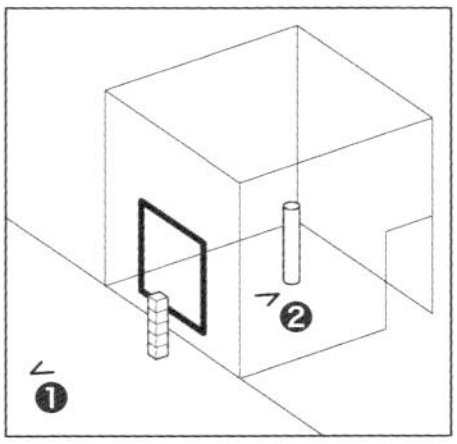

俯瞰モデル図

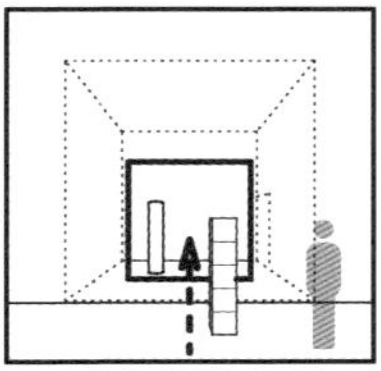
❶ フレーミングの「むこう」が見えているが「直接入ることはできない」。

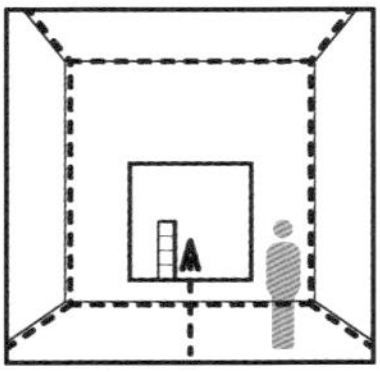
❷ 迂回してたどり着くと、先ほど見ていた同じ場所が〈開口（むこう）〉から〈包囲（なか）〉に変移すると同時に、前に自分がいた場所が〈開口（むこう）〉として現れる。

例1 カステルヴェッキオ美術館（SW14）カングランデ騎馬像の展示スペース

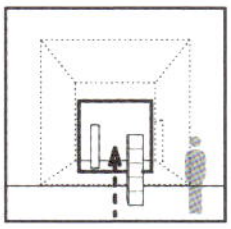

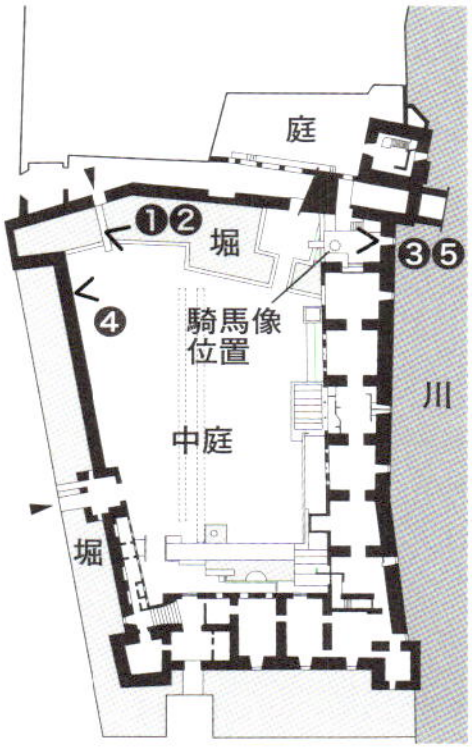

一階平面図（一部）

❶はアプローチの中庭から美術館の本館を見ている。建物の左端に騎馬像が宙に浮くように展示されているが（❷）、手前に堀があり、近くから見るには迂回しなければならない。❸は本館の一階を通り抜けて騎馬像の下にたどり着いたところであるが、騎馬像は二階にあり、まだよく見えない。この騎馬像をもっと近くから見るには、この後、❸の右手にある城壁をくぐり、さらに別館を通って二階から戻ってくる必要がある。❹はその途中に城壁から見たところ、❺はやっと近くから見たところである。同じ騎馬像のある場所が〈開口❷〉⬇〈包囲❸〉⬇〈開口❹〉⬇〈包囲❺〉と解釈者の移動とともに変移することで、その時間経過（経験）が印象づけられる。

❶

❷

❸

❹

❺

❷

❶

❹

❸

例2

ブリオン家墓地（SW23）

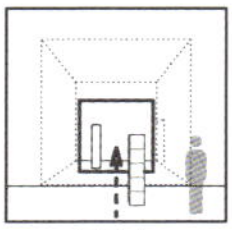

H1-b
迂回フレーミング

池や芝生があり、公園のような趣のあるブリオン家墓地には、迂回フレーミング（H1-b）が数多く見られる。❶は道路沿いの入口から見たところで、奥に伸びる道と池（❷）が見える。池の脇まで進んで左側を見ると（❸）、急に視界が開けて水面の広がりと木立が並ぶ小広場が目に入る（印象的な遮蔽フレーミング（H1-a）である）が、すぐ「むこう」の小広場へ行くには、いったん❷の道を直進して池を迂回しなければならない。❹は、その小広場にたどり着いた視点であるが、前に解釈者自身がいた道が「むこう（開口空間）」に変移して現れ、時間の

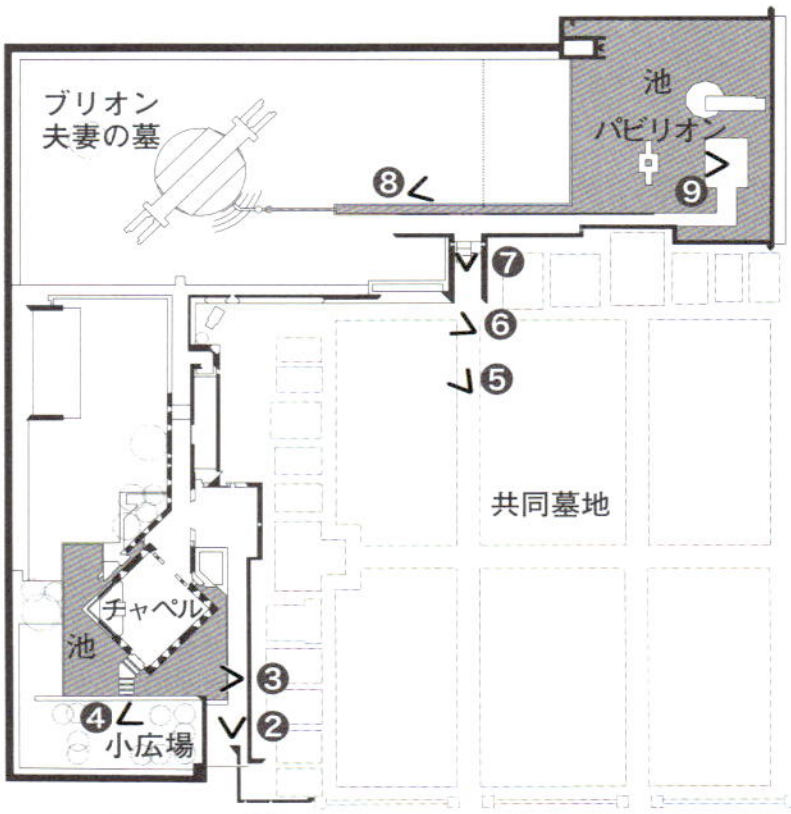

配置平面図

❺

❻

❼

❽

❾

経過が浮かび上がる。

❺は、共同墓地側の入口である。右の入口をくぐって中へ入るが、入る直前の左側に大きな開口があり（❻）、ブリオン夫妻の墓がすでに「むこう（開口空間）」に見える。つまり迂回してもう一度見ることになる。❼は入口正面にある二つの円が交差する開口である。やはりすぐ「むこう」が見えるが、通常は通り抜けずに迂回する（反対側に水が流れている❽）。通ろうと思えば通れるため「通ろうか？」と考えたとすると、同じ芝生の庭が〈開口❼〉から〈包囲❽〉へ変移したことがより浮かび上がりやすくなる。

❽では池の中にパビリオンが見えるが、そこにも迂回してたどり着くと、前に自身がいた場所が「むこう」に変移したのが見える（❾）。

❶

❷

❸

❹

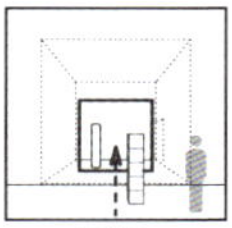

H1-b
迂回フレーミング

クエリーニ・スタンパリア財団（SW15）と、ヴェネツィアの風景

例3

前の例2で示したブリオン家墓地のように、スカルパの迂回フレーミング（H1-b）には水がよく用いられる。このことは、ヴェネツィアとの関連性を窺わせる。ヴェネツィアでは、運河の「むこう（開口空間）」に見える場所に迂回しなければ行けないことはよくあるからである（❶は一例）。ヴェネツィアのスカルパ作品の例としては、古い邸宅を改修したクエリーニ・スタンパリア財団の建物を挙げることができる。❷の正面に見える建物は手前に運河があり、そこに面している二連アーチの「むこう」にたどり着くには橋を渡って迂回しなければならない。迂回してたどり着くと（❸）、❷の時点では〈包囲空間（なか）〉だった広場が〈開口空間（むこう）〉に変移して見えていることに気がつく（❹）。❸の部屋に❷で見ていたのと同じ運河の水が入り込んでいることも、この空間変移を浮かび上がりやすくする。

❶

❷

❸

❹

例4

サンタ・マリア・デッラ・サルーテ聖堂（ヴェネツィア）

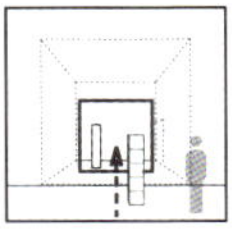
H1-b
迂回フレーミング

前の例3で述べたように、運河が張り巡らされたヴェネツィアでは、「むこう」に見える場所へ行くのに迂回しなければならないことがよくある。その中でも、とくに迂回フレーミング（H1-b）が広範囲にわたり、印象的に現れるケースとして、サンタ・マリア・デッラ・サルーテ聖堂を挙げたい。カナル・グランデ（大運河）に面し、大小二つのドームが印象的なこの聖堂は、街の様々な場所から見える。❶はサン・マルコ広場付近から、❷はカナル・グランデにかかるアカデミア橋から、❸は路地の隙間から見たものであるが、このように何度も「むこう（開口空間）」に見た聖堂の前にたどり着くと（❹）、単にその建物を見ることとは違い、そこに至るまでの時間経過（空間変移）が、ひとつの経験として浮かび上がる。

H1-c

非対称フレーミング

物としては一体であるフレーミングの表側と裏側の表現を変える（非対称にする）と、どちらかの方向からフレーミングを通過して振り返ったとき、「いま自分はここを通ったか？」というような違和感が生じると同時に、通過前に解釈者自身がいた〈包囲空間〉が〈開口空間（むこう）〉に変移していることが浮かび上がるパターン。迂回フレーミング（H1-b）と組み合わせることもできる。

この非対称フレーミング（H1-c）の一種として、壁に孔を開けるのではなく、洞穴の入口のように、面が折れ曲がった形状のエッジを利用したフレーミングを考えることができる（❸）。同じエッジ（折れ線）によるフレーミングであるにもかかわらず、表側と裏側（外側と内側）で印象が大きく変わるため、〈開口空間（むこう）〉と〈包囲空間（なか）〉のあいだの変移が浮かび上がりやすい。

以下の具体例では、フレーミングの両側の写真を並べて見せるが、実際の経験では、これらを同時に見ることは決してできないということに留意してほしい。

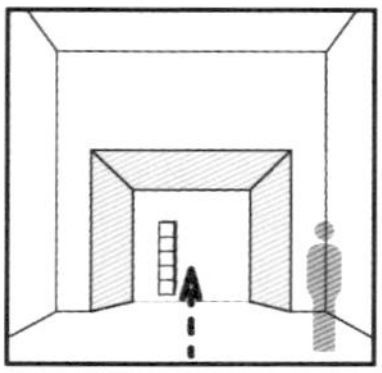

❷ フレーミングを通過して振り返ったときに異なる表現が見られると、同時にその「むこう」が変移していることが浮かび上がる。

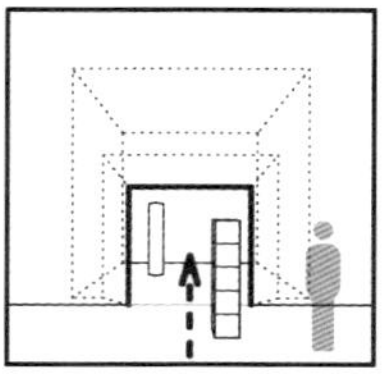

❶ フレーミングの「むこう」が見えている。

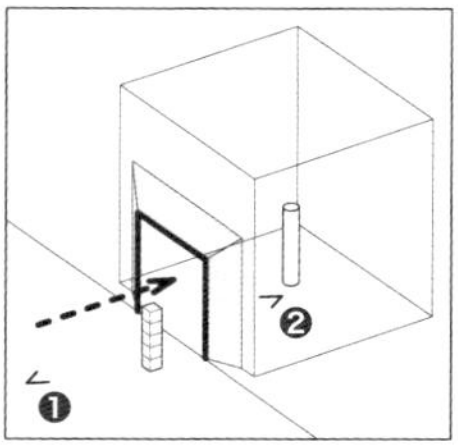

俯瞰モデル図

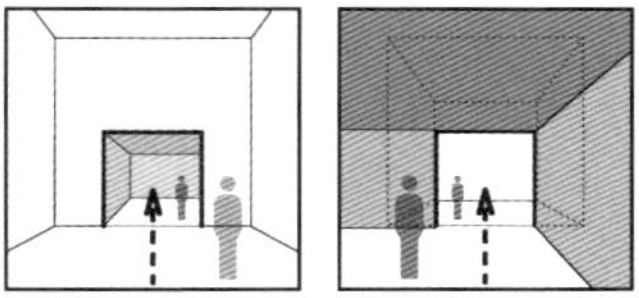

❸ 非対称フレーミング（H1-c）の一種と考えられる洞穴的フレーミング。2つの図は、同じフレーミングを両側から見たものと考えてほしい。左の図のフレーミングは大きな壁の一部であるが、右の図では、右側の壁と天井は手前から奥へ伸びており、エッジの部分で折れ曲がっている。

❶

❷

H1-c
非対称
フレーミング

カステルヴェッキオ美術館（SW14）別館展示室

例1

上の❶と❷は、同じ開口（壁に開けられた穴）を両側から見たものである。どちらから通ることもありえるが、私は❶の方向から通って、しばらくして振り返り（❷）、ギョッとした記憶がある。自分がいまここを通ったのか、「むこう」に見える部屋に本当に自分はいたのか、一瞬わからなくなったからである。どちら側も、白く塗り込められたゴシック調の尖頭アーチ（上が尖ったアーチ）が見えているが、❷では、その白いアーチ部分の壁はうすく、その手前のレンガのアーチが段々状に開口部を支えていることがわかる。❶では奥にさらに2つの開口が見えているが、形は違っても白い素材は統一されているため、❷のアーチの異なる素材（レンガ）を見たとき、なおさら違和感を感じたのかもしれない。

H1-c
非対称
フレーミング

ブリオン家墓地（SW23）入口わきの開口

例2

迂回フレーミング（H1-b）の例に挙げたものであるが、共同墓地から入る前に見える❶の開口を、中へ入って振り返ったのが❷である。非対称フレーミング（H1-c）の違和感によって、前に自身がいた共同墓地が「むこう（開口空間）」になっていることが浮かび上がる。❶❷とも、下部に細かい段状のコンクリートがあるが、❶では段が多く、斜めの壁のようであるのに対し、❷では段が少なく、植栽桝のデザインのように見える。この違いは、内側の地面が外側より高くなっていることによる。また、❶で開口の左にあるコンクリート壁の端部にも段々が見えるが、❷の右側にある同じ壁には段々が見えず、仕上げ材も変えられている（クリーム色の塗材）。このように、段々形状を片側から見せて、もう片側からは見せないというやり方は、前ページのカステルヴェッキオ美術館の例と共通である。

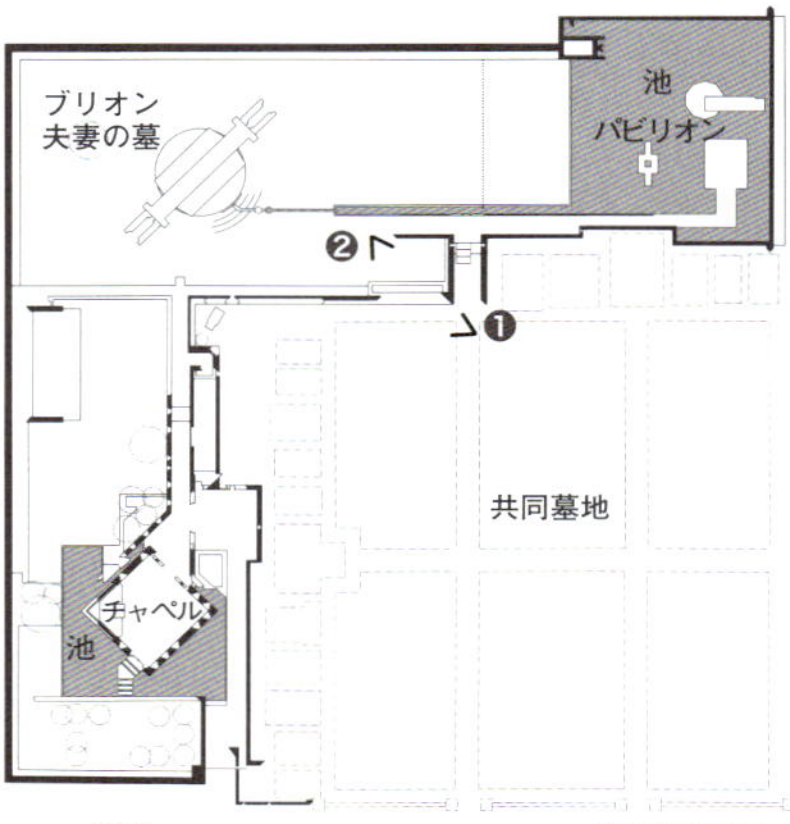

道路
配置平面図

❶

❷

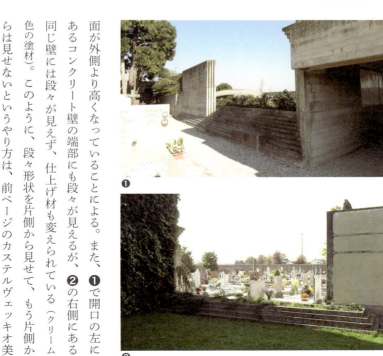

❶

❷

❸

H1-c
非対称
フレーミング

ガッロ邸兼事務所（sw18）住居階のホールへの入口

例3

非対称フレーミング（H1-c）の一種と述べた洞穴的フレーミングの例。❶の廊下を進んでホールから振り返ったのが❷である。❶では手前から奥に向かう天井と右側の壁のエッジによって「むこう」のホールが見えると同時に隠されているが、❷では、同じ開口部が大きな壁面の右下部分を切り取った形となっている。厳密には、❶の右側の壁はホールより手前で止まっている（ホールの白い壁と切れている）が、この壁が半光沢の暗色（深緑色）で塗られているため陰となじみ、❶と❷の非対称な印象がさらに強まっている。

❸は、❷と同じ方向をさらに後方の視点から見ているが、左の壁に後で見るソフトエッジフレーミング（H2-d）の三方枠や、カウンターが挟まった迂回フレーミング（H1-b）などがあり、《穴》の空間変移の実験場のようである。

例4 ブリオン家墓地（SW23）地面のレベル差

ブリオン家墓地は、共同墓地の二つの辺に沿うように、L字状に配置されている。❶と❷は、このL字の中央付近をそれぞれの側から見たもので、どちらにも「夫妻の墓（円弧状の屋根に覆われている）」と「家族の墓（斜めの平らな屋根に覆われている）」が見えている。しかし、この二つの景色は、同じ場所を見ているにもかかわらず異質さが感じられ、その要因に非対称フレーミング（H1-c）があることを指摘したい。❸は、「夫妻の墓」と「家族の墓」のあいだの部分であるが、芝生面を切り裂くように通路が通り、そこを境に芝生面の高さが異なっている。そのため、❷では、通路の側面のコンクリー

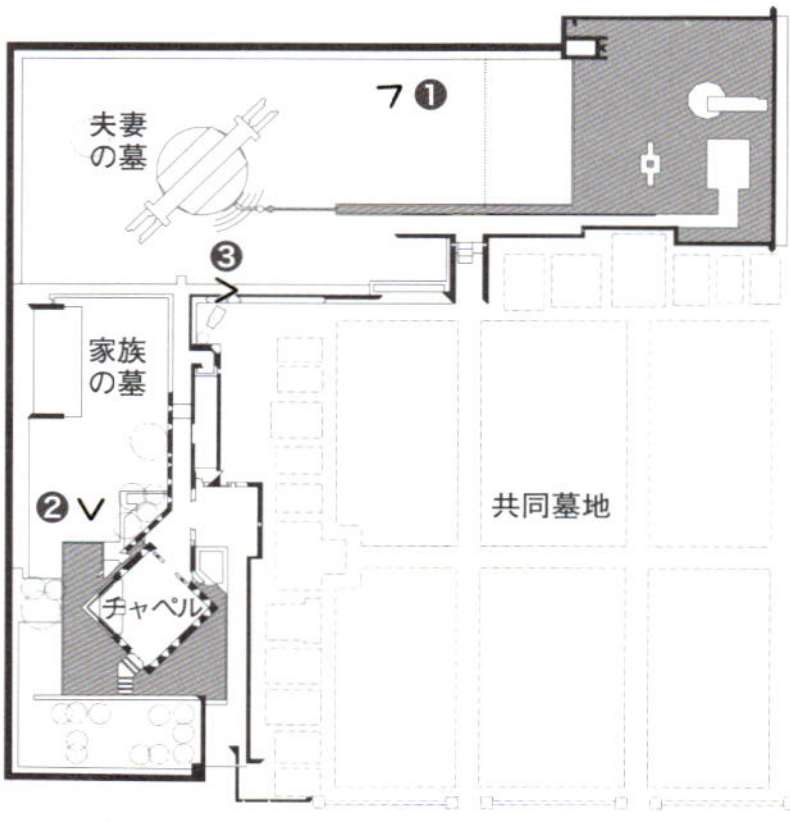

配置平面図

❶

トの立上がり壁が見え、それがフレーミングとなって「夫妻の墓」は「むこう（開口空間）」にあると捉えられる。一方、❶からは通路の側面のコンクリートが見えないため、「夫妻の墓」と「家族の墓」は、連続する芝生面による同じ〈包囲空間〉にある（解釈者自身もそこにいる）ように感じられる。

❸の通路は、突き当たりで左にある「家族の墓」の入口につながり、そのまま外周壁に沿った通路となる（❷の左下に見える）のに対し、「夫妻の墓」の側（❸の右側）では、芝生面と外周壁の隙間は小さく、人が入ることはできない。つまり、❶と❷で、同じ「壁際の隙間」が、空間（「むこう」または「なか」）として意識される度合いが変わるようにデザインされており、そのことも非対称の異質感を強めることに作用している。

❸

❷

❷

❶

❸

H1-c
非対称
フレーミング

コルテ・カナル（ヴェネツィア）

例 5

建物が密集するヴェネツィアでは、建物を貫通する路地を通り抜けて予想外の場所に出ることがよくある。そのようなケースには、非対称フレーミング（H1-c）としても興味深い例がある。❶で右下の開口をくぐると❷のように建物の下に入り、通り抜けて振り返ったのが❸である。❷と❸の関係が、非対称フレーミング（H1-c）の一種と述べた洞穴的フレーミングの典型で、移動によって「むこう」と「なか」が劇的に入れ替わる。ここでもう一つ興味深いのは❶と❸の関係である。どちらも通り抜けた先が見えているが、何か違和感が感じられる。その違和感とは、❶の入口は、よく見ると左右の建物の隙間であって、そのすぐ先の通路の上に建物がないことよる。つまり、❷のトンネルはもう少し先にあるのだが、❶の入口部分の上部にフレーム（まぐさ）が設けられているため、建物の隙間であることよりも「むこう（開口空間）」が強く示され、❷、❸とつづく変移が浮かび上がりやすくなっている。

❶

❷

例6

カッレ・ルッツァティ（ヴェネツィア）

H1-c
非対称
フレーミング

ヴェネツィアには、前の例5で示したような小規模の空間変移が無数に見られるが、少し大きな規模の例として、ヴェネツィア北端のカンナレージョ地区で見られたアーチ開口を紹介したい。❶と❷は、同じアーチ開口の両面である。アーチ面自体はどちらから見ても同じ形であるが、左右の建物と組み合わさることで、非対称の洞穴的フレーミングになっていると言える。❶では、手前から先の方へ向かう壁の端部に開口があるのに対し、❷は、左右の建物と一体化した大きな面に開いた開口の形になっている。四階建の建物に相当する大きな開口であるが、これがあることによって、単に❶の広場の〈包囲空間（なか）〉が強調されるだけでなく、どちら側からも「むこう（開口空間）」への意識が強まり、移動したときの変移（入れ替わり）が印象的に現れることを想像してほしい。

H2

立体フレーミング ── 移動中に変移する《穴》

ここからは、解釈者が移動中に空間が変移するタイプ（H2）のデザインパターンを四つ説明する。これらはすべて、フレーミングが立体（三次元）形状になっているものである。フレーミングが立体形の場合、遠方からはその形を正確に捉えられない（二次元に潰れて見える）ため、解釈者は大まかにその「むこう（開口空間）」を捉えるが、近づくにつれて立体形が見えてくると、「むこう」を示していたフレーミングの内側から別の〈包囲空間（なか）〉が現れてくるような変移を捉えられる。

H2-a

多面フレーミング

開口部を形作るフレーミングが、複数の壁や天井など、多面にまたがることで立体形となっているパターン。意図がわかりやすいと思うため最初に示すが、ヴェネツィアの適当な例があまり思いつかない。やや強い作為性が感じられるパターンで、この後に示す自然発生的な他の立体フレーミング（H2）から派生的に生まれたものではないかとも想像される。

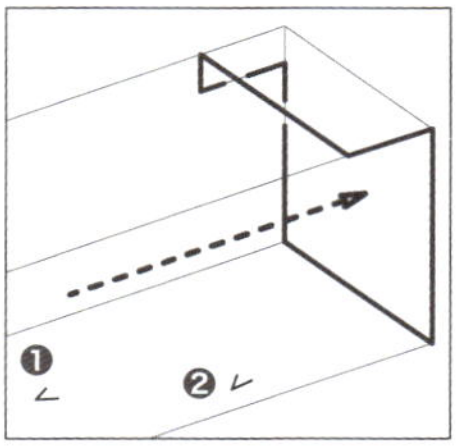

俯瞰モデル図

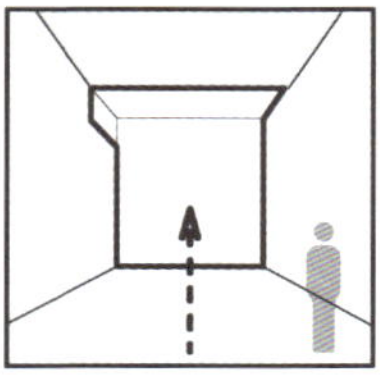

❶ 遠方からはフレーミングの形状がわからなくても、その「むこう（開口空間）」が捉えられる。

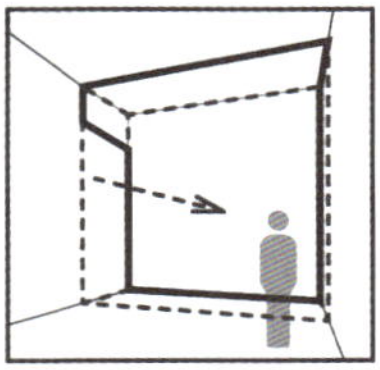

❷ フレーミングに近づくとその立体形状が捉えられ、「むこう」と捉えていたなかから新たな空間が現れてくるような変移（異質感）が捉えられる。

ヴェネツィアの一例
ソットポルテゴ（トンネル状通路）を抜けるときに、壁が外まで続いていると、多面フレーミング（H2-a）のようになる。

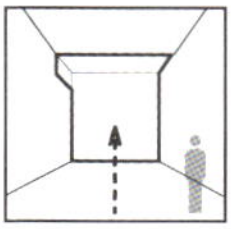

H2-a
多面フレーミング

カノーヴァ美術館 石膏像ギャラリー（SW11）

例1

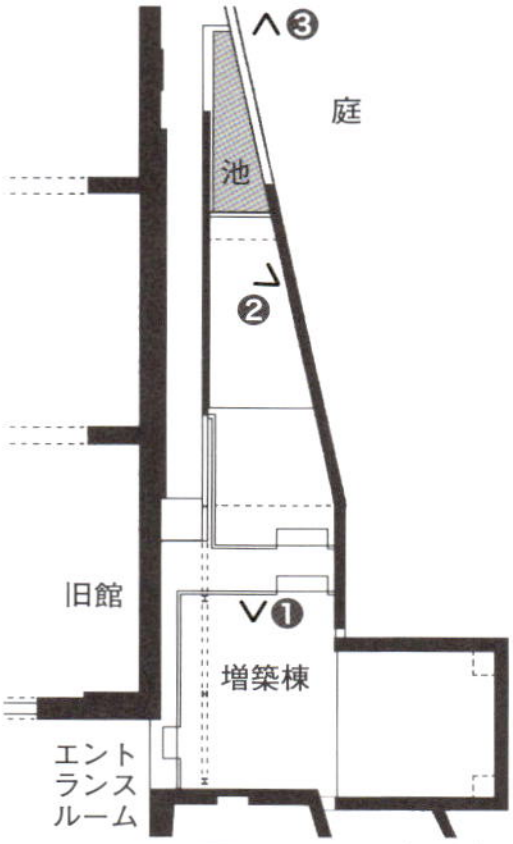

配置平面図（一部）

ギャラリーの増築棟に入って、長手方向を見たのが❶である。開口部があって外の緑が見える。❸は同じところを外から見たもので、❹は開口部の形がわかるように手前の壁を透かして斜め上から見た図である。これらからわかるように、この開口部はガラスが上面と側面にもある立体形状をしているが、❶ではそれが捉えられない。上部が天井で見えないだけでなく、床と壁の接合部も巧妙に隠されており、ガラスの出どころが見えにくいためである。しかし一方で、縦に三本並んだ黒い方立《ほうだて》の存在感は強く、そこに開口があることを線分のみで明示している。つまり解釈者は、そこに内外の境界があると意識しつつ、それがどこにどのようにあるのかはわからないため、近づくと必ず空間が変移する。

❷

❶

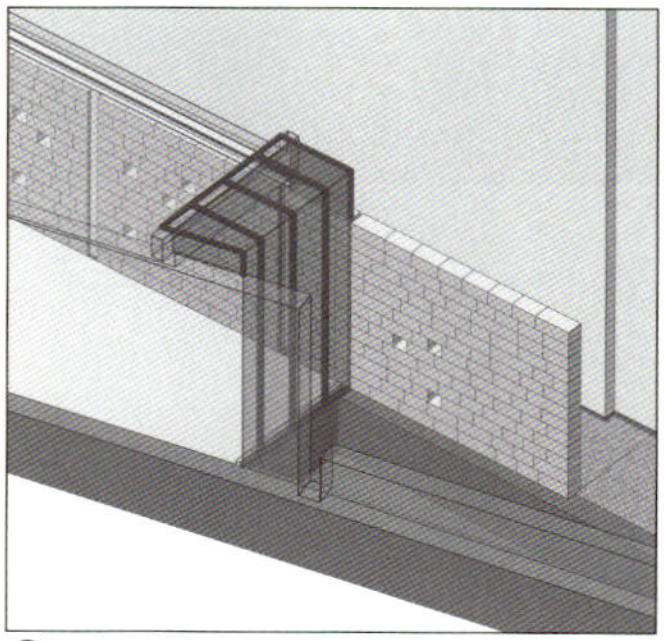

❹

❸

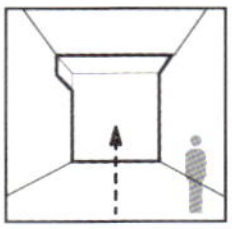
H2-a
多面フレーミング

ブリオン家墓地（SW23）パビリオンへの通路

例2

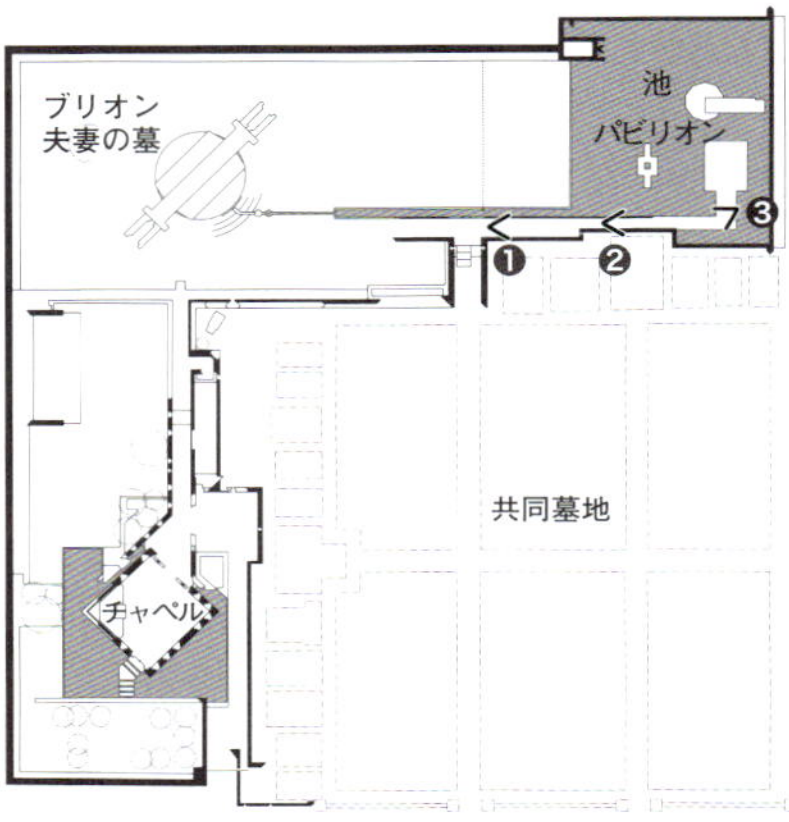

配置平面図

池の中に建つパビリオンへ向かう通路は、途中まで壁と天井で覆われている。❶の視点から、明るい外が「むこう（開口空間）」として捉えられるが、フレーミングの形状は見えにくい。前に進むと（❷）、フレーミングは平面ではなく立体形状をしていることがわかり、❶で捉えていた「むこう」の手前に、フレーミング自体の〈包囲空間〉が浮かび上がる。❸は外から振り返ったところであるが、天井から壁の小口に金属プレートが連続しており、多面性が強調されている。

❶

❷

❸

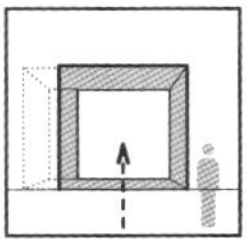

H2-b

ニッチフレーミング

レンガなどを用いた組積造の壁に穴を明けると、その「むこう」が見えるとともに、分厚い壁の「なか」にも小さな空間ができる。これを利用して、遠目からは壁の厚みが見えずにその「むこう（開口空間）」が捉えられるが、近づくと、曖昧なフレーミングによって示されていた「むこう」と「ここ（解釈者がいる包囲空間）」の間から「もうひとつの空間」が浮かび上がるような変移が捉えられる。あるいは、壁の内側の空間を「こちら」とも「むこう」とも捉えられるようにすることによって、空間の判断が揺れ動くような変移を生じさせることもできる。

ニッチ（壁がん）のように、壁の厚みを利用しているフレーミングという意味で、ニッチフレーミングと呼ぶ。

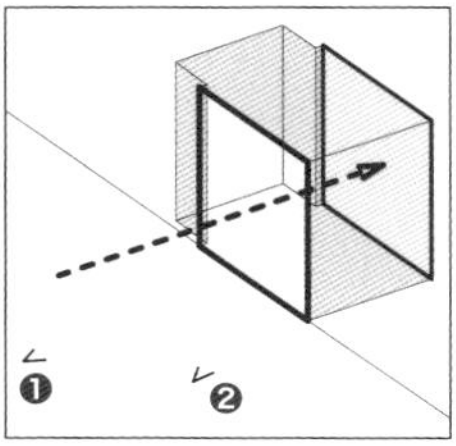

俯瞰モデル図

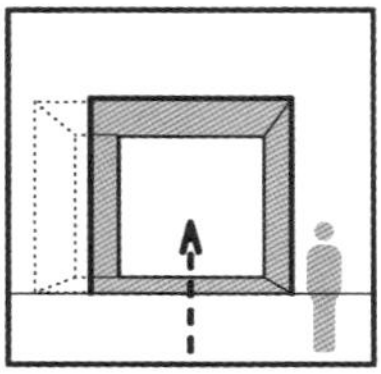

❶ 遠方から壁の厚みがよく見えない場合、壁の「むこう」がまず捉えられる。

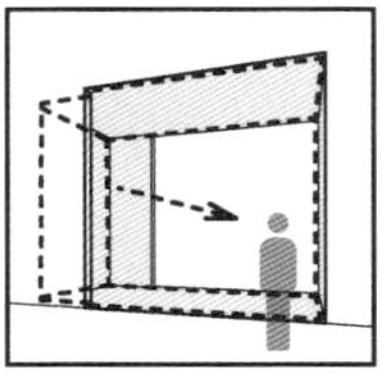

❷ 近づいて壁の内側に空間があることがわかると、遠目では捉えられなかった空間が浮かび上がるような変移が捉えられる。

例1

カステルヴェッキオ美術館（SW14）川に向いた開口

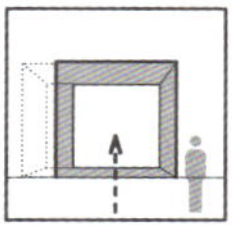

H2-b
ニッチ
フレーミング

❶と❸に見える窓は、どちらも同じ組積造の厚い壁に設けられている（❷に矢印で示す）。❶は、壁の厚み部分（石板が展示された壁面と、浅いヴォールト状の天井面）が見えており、「なか（包囲空間）」が捉えられる。一方❸は、壁の厚み部分にツヤのある黒色の漆喰が塗られているため、「なか」がよく見えない。近づいた❹からわかるように、壁の室内側には白い仕上材が連続した薄い壁が付加されており、その逆L字形の開口の厚み部分にも黒い金属プレートが貼られているため、遠目（❸）からは白い付加壁の厚み部分も奥の黒い壁面と一体化してしまう。つまり、逆L字形のフレーミングと窓のあいだ（壁の全厚み）の奥行き感が失われ、その「なか」が認識できるところまで近づくと変移が生じる。

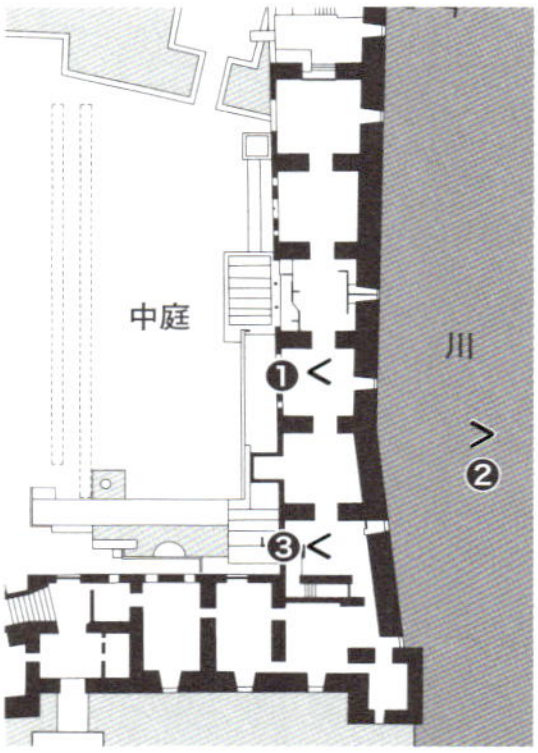

一階平面図（一部）

❷

❶

❹

❸

例2

スカットウリン邸兼事務所（SW17）住宅の出入口

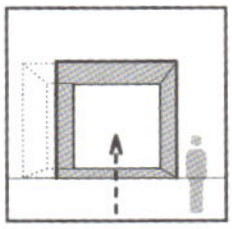

住居の居間（❶）は、床面には光沢があり、天井面には粗いテクスチャーがあるという違いはあるものの、どちらも濃い茶褐色で、白い壁面との違いが際立つ。その居間と事務所側の狭間に、白い壁が膨らんだような出入口がある（❷右手。機能的にはクロークに繋がっている）。❸❹は、その出入口を住居側から見たところ、❺は事務所側から見たところであるが、事務所側の仕上げにも濃い茶褐色が用いられていることから、床も天井も白い「狭間」の空間は、そこを通るときにはっきりと知覚される。つまり、居間から「むこう」の事務所へ行くときも、事務所から「むこう」の住居へ向かうときも、「ここ」と「むこう」の境界が、一度「なか（包囲空間）」として浮かび上がる。

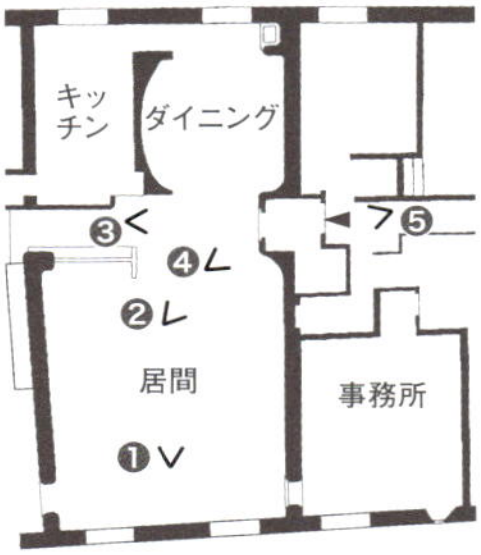

平面図（一部）

❶

❷

❸

❹

❺

例3

ブリオン家墓地（SW23）チャペルの壁

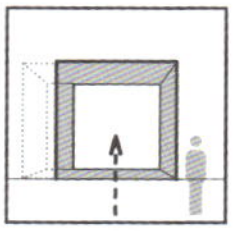

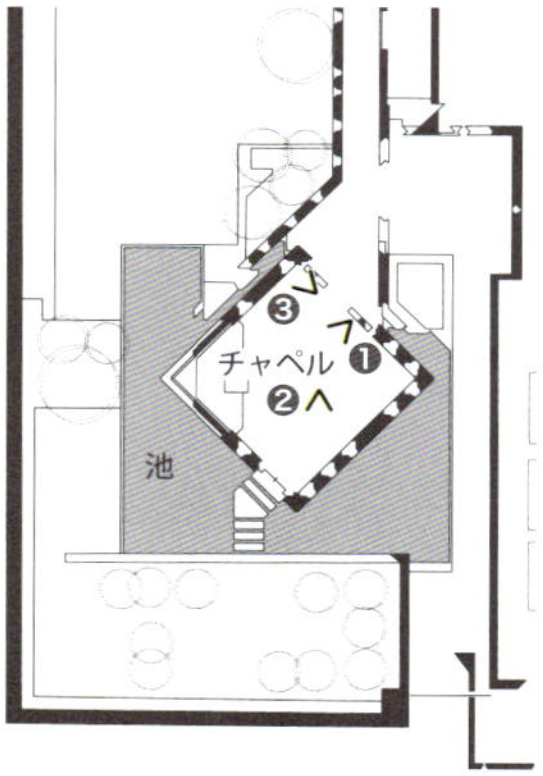

配置平面図（部分）

チャペルには多くの窓があり（❶）、その「むこう」に外が見える。しかしよく見ると、壁には厚みがあるため、斜めから見ると（❷）、外の景色は半分ほどしか見えず、壁の厚み部分が見えていることに気がつく。その壁の厚み部分を見たとき、コンクリートが段々状に凹んで壁の「なか」に空間があることに気がつくと、解釈者がいる「ここ（内）」と「むこう（外）」の狭間（壁厚内）から空間が浮かび上がる。❸では、このような厚い壁が二重となって、さらにその間に池の水が入り込んでおり、「ここ（室内）」と「むこう（庭）」の狭間に、さらに異質な空間が浮かび上がる。

❶

❸

❷

例4

バルボニ邸（SW19）
飾り棚

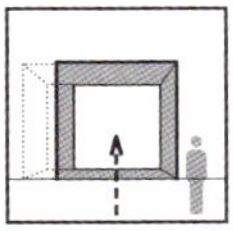

エントランスを入ると、すぐ脇に、壁の厚みのなかに設けられた上下二段の飾り棚がある（❶）。下段は壁と同じ白い素材で塗り込められ、とくに側面の角が丸まって壁と滑らかに繋がっていることからエッジが強調されず（❷）、「こちら（廊下）」の〈包囲空間〉の一部と捉えられる。一方、上段は壁を貫通し、その底面と側面に黒い金属プレートが貼られていることからエッジが際立ち、それがフレーミングとなって「むこう（開口空間）」のダイニングが示される。このように異なる空間を示す上段と下段が「一体の棚」として捉えられるように作られていることは、見る者の空間解釈を固定させたくないという設計者の意図を強く感じさせる。

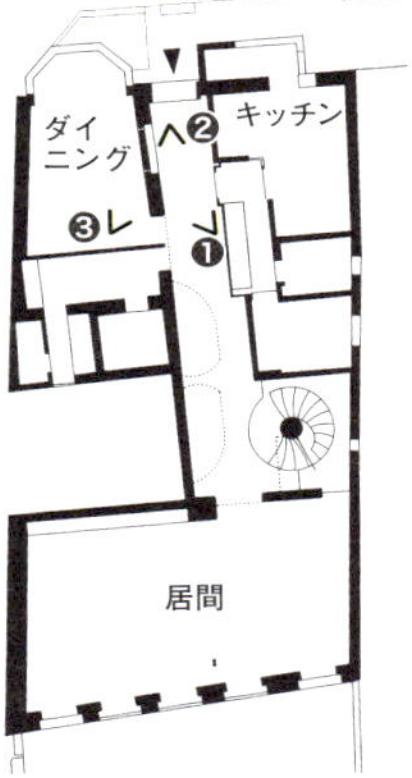

平面図（一部）

❶

❷

❸

❷

❸

❶

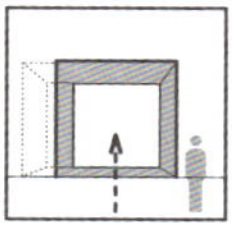

H2-b
ニッチ
フレーミング

ドゥカーレ宮殿　中庭
ソットポルテゴ・デ・レ・コロンネ
（ともにヴェネツィア）

例5・6

純粋に建物の壁厚を利用した例ではないが、厚みのある境界に「一体」と捉えられる開口を設けることによって、「むこう（開口）」と「なか（包囲）」という二つの空間認識の間で揺れ動き（変移）が生じる例を二つ挙げる。なお、そのような揺れ動きは、通常は解釈者が移動することによって見え方が変わることにともなって現れるものである。❶は、ドゥカーレ宮殿の中庭のまわりを巡る回廊（サン・マルコ寺院側）から中庭を見ている。❷❸は、ヴェネツィア・ビエンナーレの会場であるジャルディーニに向かう海沿いの道で見られるソットポルテゴ（建物の下をくぐるトンネル状通路）である。建物2層分の大きな開口は、その「むこう」に続く道をはっきり見せるが、近づくと、その厚みの内側にある〈包囲空間（なか）〉の存在感も浮かび上がってくる。

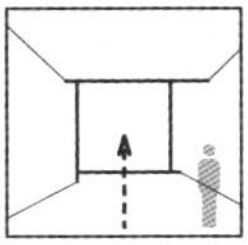

H2-c

複合フレーミング

3次元的には離れている複数の物のエッジが、ある方向から見ると複合してフレーミングを形成することがある。そのような複合フレーミングによって「むこう（開口空間）」を捉えた場合、近づいていくとそのフレーミングは崩れ、捉えていた〈開口空間〉はそこに入る前に消えて、同じ物が示す〈包囲空間〉や〈放射空間〉などにいつの間にか変移する。曖昧なフレーミングであるため、最初に「むこう」を捉えていたということも自覚されにくく、「いつの間にか何かが変わった」という違和感だけが浮かび上がりやすい。人間は、たとえ曖味であっても物を手がかりに空間（自身を含めた何かが動きうる範囲）を捉えようとする性質を持っており、その性質を巧みに利用したデザインパターンと言うことができる。

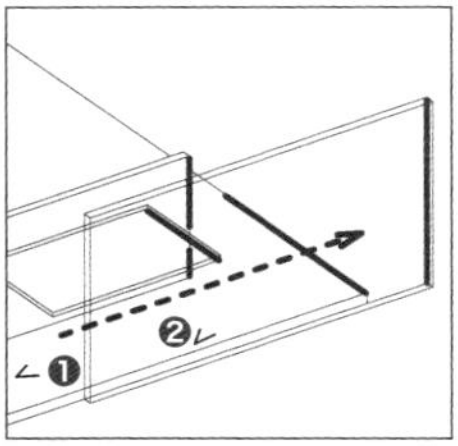

俯瞰モデル図

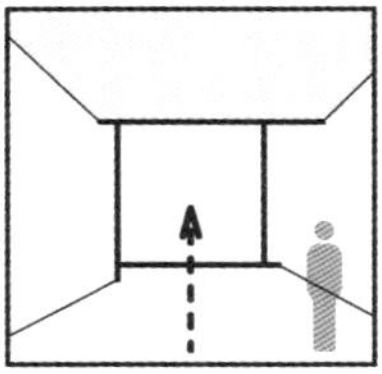
❶ 三次元的に離れた床・壁・天井のエッジの複合によって「むこう」が捉えられる。

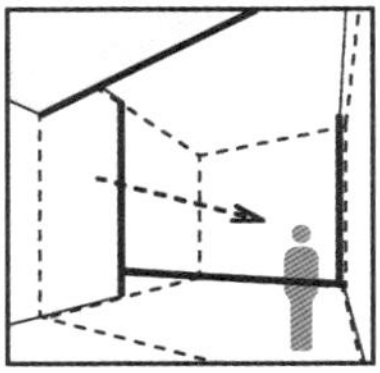
❷ フレーミングに示されていた「むこう」に近づいていくと、たどり着く前にフレーミングが崩れ、包囲空間などの別の空間に変移する。

例1 カノーヴァ美術館 石膏像ギャラリ（SW11）

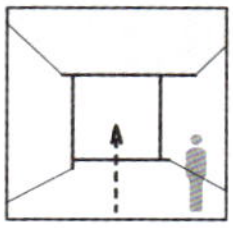

エントランスルームから増築棟を見た❶の視点では、「むこう」に石膏像が見えている。しかし、その「むこう」とは、何の「むこう」だろうか？ この境界部はとくに緻密なデザインがなされており、詳しくは第4章で見るが、ひとつの解釈として、❶#に太線で示したように、右端の石膏像から上部の鉄骨梁、そして左側の旧館外壁のエッジをなぞったラインを「むこう」を示すフレーミングと捉えることができる。しかし、このフレーミングはバラバラのエッジによる複合フレーミング（H2-c）であるため、近づくと通り抜ける前に消える（❷）。❶#のフレーミングの妙は、右端の石膏像が「むこう」にあるようにも「こちら」にあるようにも感じられるところにある。

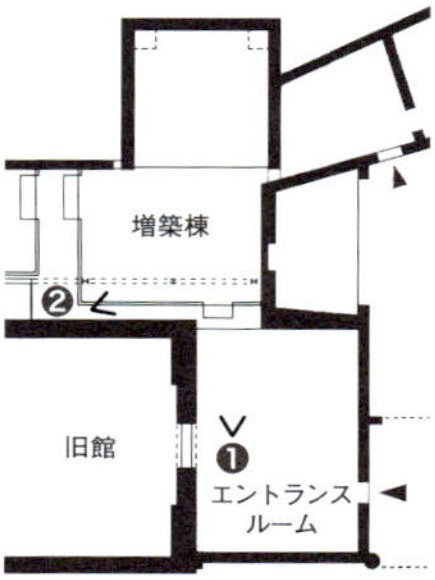

平面図（一部）

❷

❶

❷#

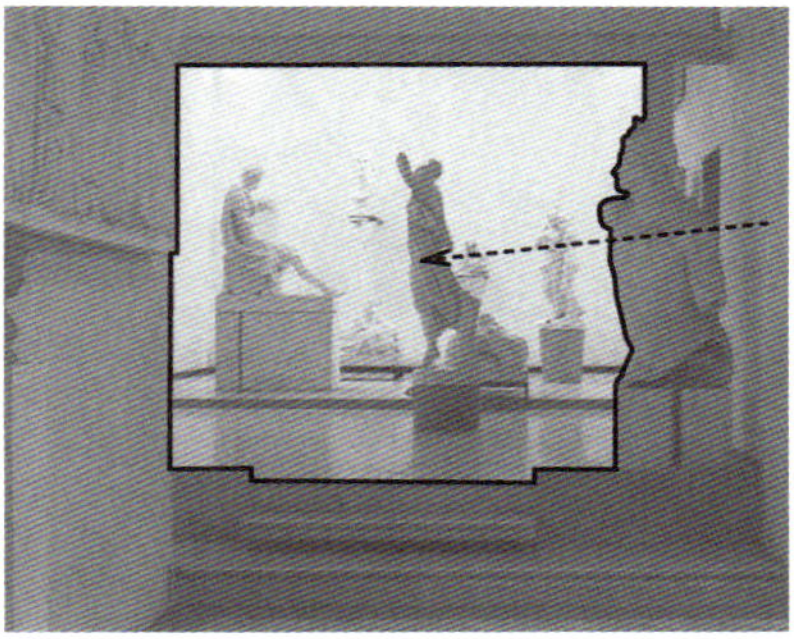
❶#

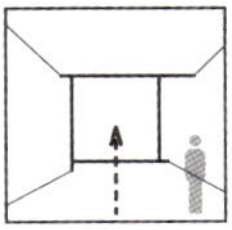

H2-c
複合フレーミング

例2　ヴェネツィアビエンナーレ彫刻庭園（SW04）

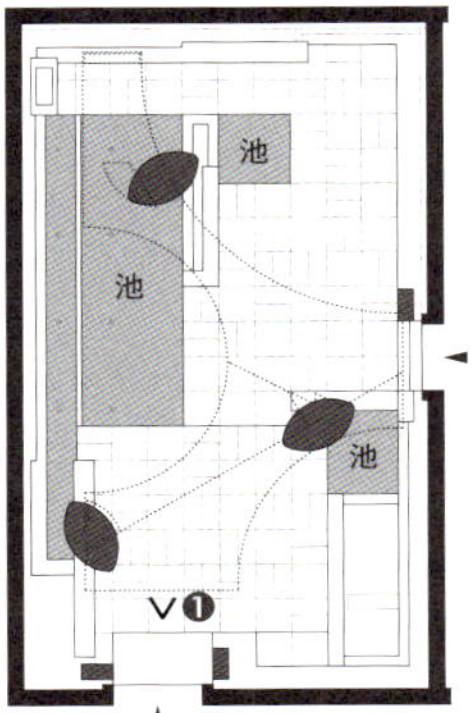

平面図

❶は、室内から庭に出てすぐの視点である。元は屋内だったため庭全体を囲う壁がある。三本の扁平な柱が立ち、一部に独特な形の屋根がかかっている。写真で左に二人、右に三人の人がいるが、彼らは「どこ」にいると捉えられるだろうか？　詳しくは第4章で見るが、ひとつの解釈として❶#に示すように、柱のエッジ、屋根のエッジ、天井の段差、床の段差を利用した複合フレーミング（H2-c）によって、解釈者がいるⒶから、ⒷⒸⒹの三つの「むこう」がぼんやりと捉えられる。すると左の二人はⒷ、右の三人はⒹにいると捉えられるが、一方で、床面による〈包囲空間〉を意識すると、左の二人は解釈者と同じ「こちら」にいるとも言える。このように曖昧な複合フレーミングでは、解釈者の移動とともに、その様相は次々と変化する。

❶

❶#

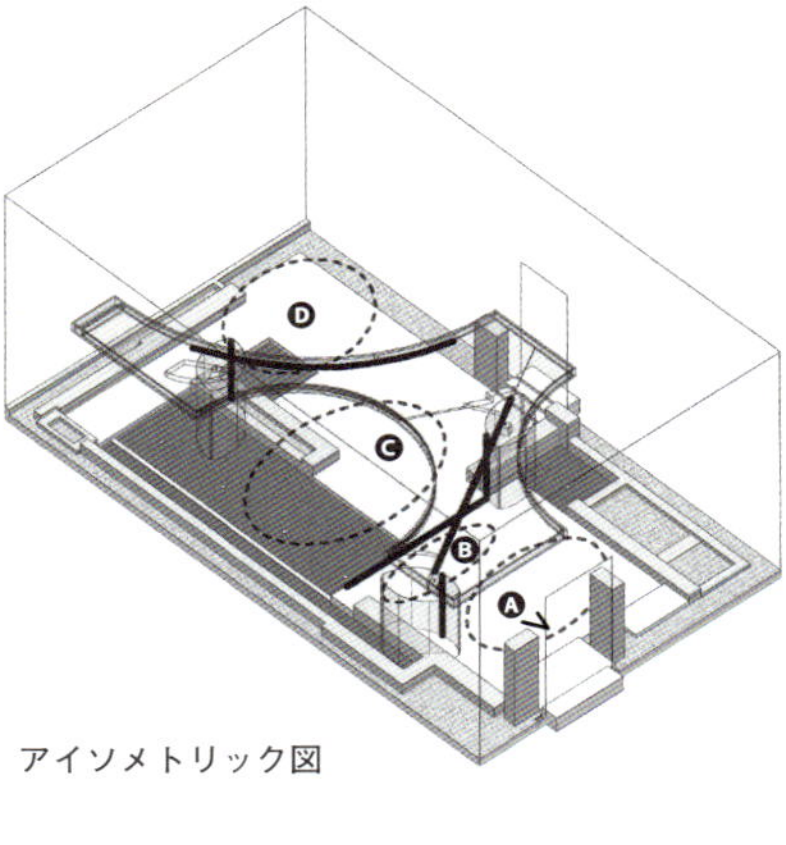

アイソメトリック図

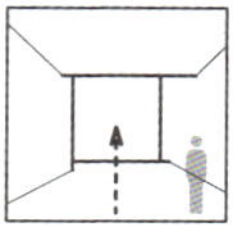

H2-c
複合フレーミング

ブリオン家墓地（SW23）道路側からのアプローチ

例3

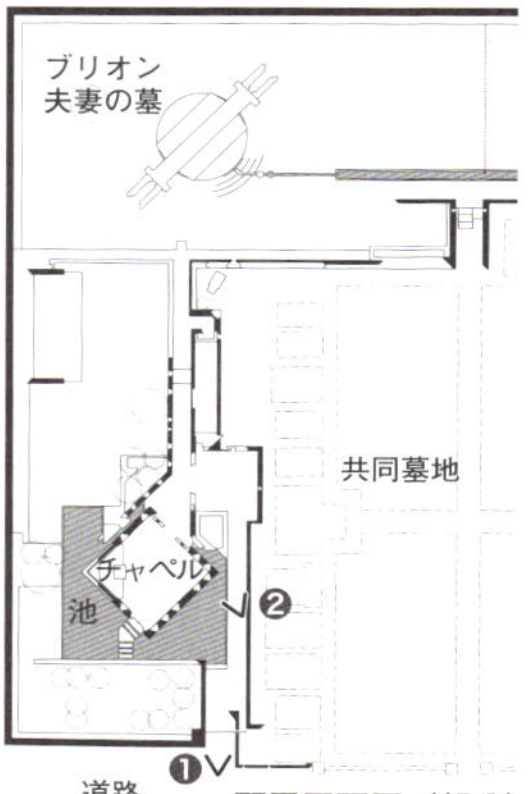

配置平面図（部分）

前に迂回フレーミング（H1-b）で取り上げた道路側からのアプローチであるが、複合フレーミング（H2-c）の例としても挙げることができる。❶は出入口から見たものである。一定のパターンがくり返される床面とともに、平面的にはバラバラの位置にある四本の垂直線が複合して、訪れた人を奥へ誘う（❶#）。四本の線は解釈者の前進とともに一本ずつ数を減らし、隠れていた「むこう」が次々と現れる。平面図を見るとわかるように、❷#の右側の線は壁のわずかなクランクによって生じているものであるが、道が細いこともあってその先の壁は見えず、左のラインと複合して「むこう」の広がりを効果的に暗示している。

❷

❶

❷#

❶#

❶

❷

❸

❹

❺

❻

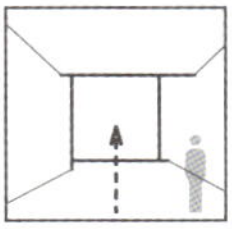

H2-c
複合フレーミング

ヴェネツィアの街中の複合フレーミング

例4

密集する建物のあいだを路地が縦横に抜けていくヴェネツィアは、複合フレーミング（H2-c）の宝庫である。❶は、前のブリオン家墓地の例と同様に、垂直な壁のエッジが複合して「むこう」へ誘う。❷と❸は、路地が建物の下に入る位置が壁のエッジとずれることで複合となっている。壁のエッジが❷ではトンネルの中にあるのに対し、❸ではトンネルの手前にある。❹と❺では、階段（橋）によって床面にもエッジが捉えられる。❺は遮蔽フレーミング（H1-a）でも挙げたが、教会の尖塔と丸窓が見えて「むこう」が意識されると、手前にあるバラバラのエッジが複合して、そのあいだにあるはずの〈包囲空間〉が一度圧縮される（奥行感が失われる）。そのため、解釈者が前進して途中の〈包囲空間〉を通るとき、変移が浮かび上がる。❻は、右から来る道と左から来る道がずれて交差しているため、壁のエッジの位置がばらけて、複合によって曖昧に「むこう」が感じられる。前へ進むとエッジから何かが現れて来そうな、変移の予感が漂う。

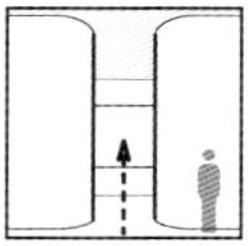

H2-d

ソフトエッジフレーミング

湾曲した壁面や円柱など、物の曲面をエッジとして利用したフレーミング。物の角を用いたエッジと異なり、観察者が移動するとエッジも移動するため、その「むこう（開口空間）」が捉えられるにもかかわらず、それを「どこから」と特定しにくく、移動しているうちにいつの間にか別の空間に変移する。別の空間とは、エッジが動いたことによる別の〈開口空間（むこう）〉のこともあれば、同じ壁面による〈包囲空間（なか）〉のこともある。湾曲した凸形状（円柱や円筒形など）は、周囲から独立したオブジェクトとしても捉えられやすいため、その〈放射空間（まわり）〉に変移することもある。また、エッジとの距離感がつかみにくいことから、背後にある別の物と複合フレーミング（H2-c）を形成しやすいという特徴もある。

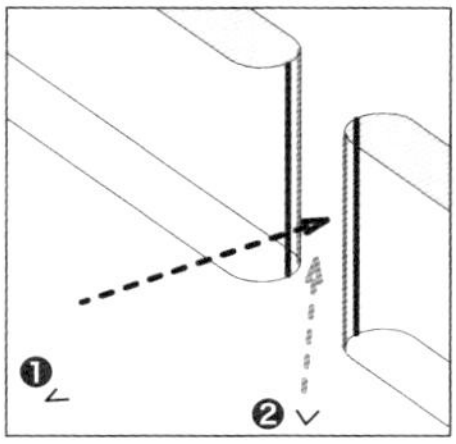

俯瞰モデル図

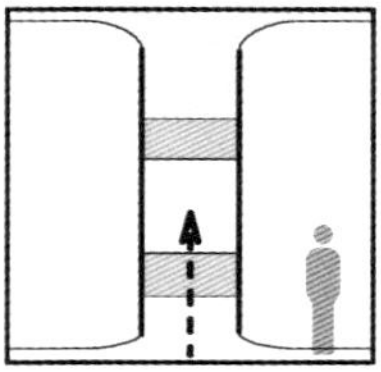

❶ ソフトエッジは距離感がつかみにくいため、背後にある物と複合フレーミングを作りやすい。

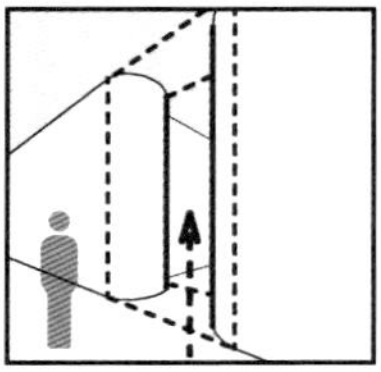

❷ 解釈者が移動すると、それに合わせてエッジも移動するため、同じ〈開口空間（むこう）〉でも、いつのまにか異なる空間に変移する。

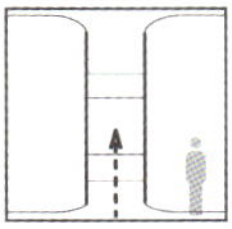

H2-d
ソフトエッジ
フレーミング

オットレンギ邸（SW29）の円柱と窓

例1

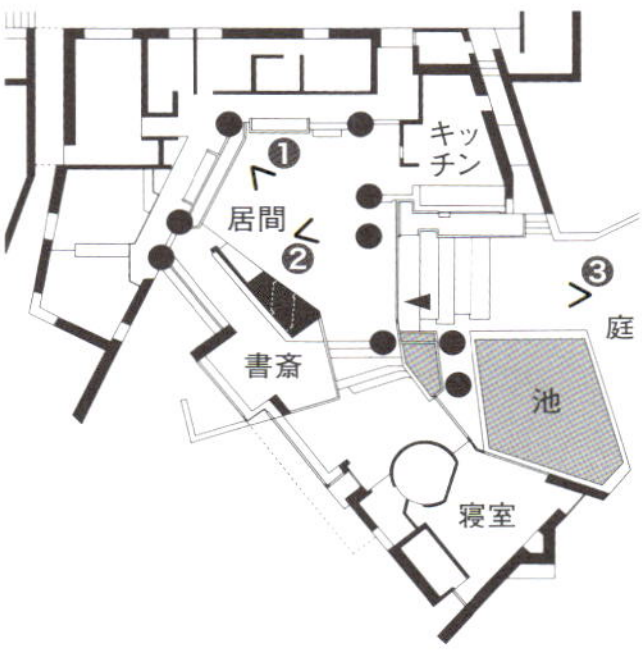

平面図（一部）

❶は、居間から庭の方を見ている。三本の円柱があり、あいだから外が見える。右の二本のあいだの窓は大きく（一部にドアがある）、左の窓は小さい（下に腰壁がある）。❷は、❶の左の二本の柱を、少し動いた視点から見たものであるが、その「むこう（開口空間）」が庭からキッチンに変わっている（下の腰壁部分は変わっていない）。キッチンは屋内であるのに窓が見えるのは、実は相当な工夫がなされている（後述、198ページ）。このように「むこう」の変移に意識が向くのは、円柱のエッジが動く影響が大きいことを想像してほしい（四角い柱では「あいだ」が固定されてしまう）。❸は庭から見返したところであるが、大小の窓は一体的に見えており、内と外からで見え方が異なる非対称フレーミング（H1-c）でもある。

❶

❸

❷

例2・3 バルボニ邸（SW19） スカットゥリン邸（SW17）

スカルパ作品では、端部が丸まったソフトエッジと角のあるハードエッジが組み合わさっていることがよくある。❶❷のバルボニ邸の廊下では、右側の壁がソフトエッジで開かれたなかに、黒い金属プレートでエッジが強調された壁が差し込まれた形になっている（手前はダイニング、奥はクロークへの入口）。❸はスカットゥリン邸で、丸い照明のあるダイニングが見える。ダイニングから振り返ると（❹）、左右の白い壁が湾曲してフレーミングを形成し、居間が「むこう」に見えるが、その壁の端部は左がソフトエッジなのに対し、右はハードエッジである。このようにソフトエッジとハードエッジが組み合わさると、解釈者の移動にともなって動く部分と動かない部分が現れる違和感が感知され、空間変移が浮かび上がりやすいと考えられる。

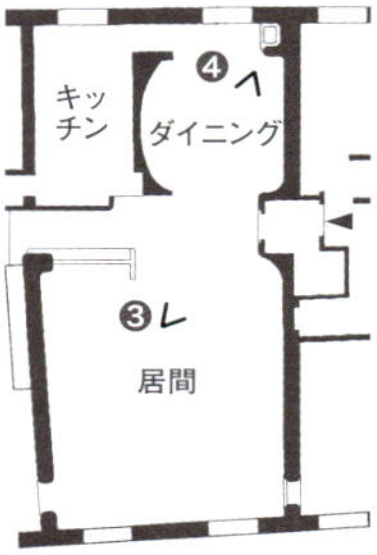

スカットゥリン邸
平面図（一部）

❶

❷

❸

❹

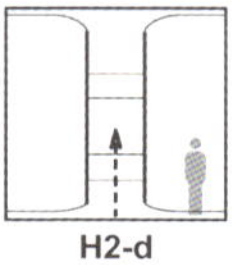

オットレンギ邸（SW29）浴室
マジエリ記念館（SW22）浴室

例4・5

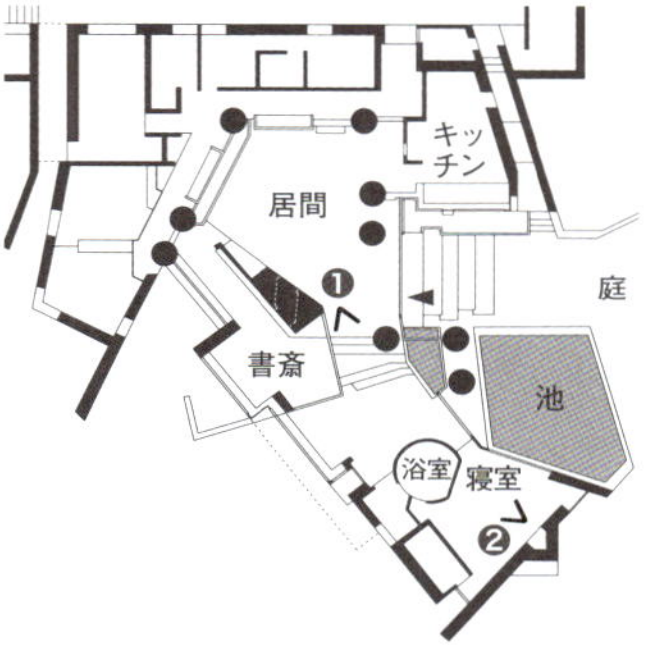

オットレンギ邸平面図（一部）

❶は、オットレンギ邸の居間から寝室方向を見たところで、円筒状の浴室が見える。❷は寝室から振り返ったところで、曲面を利用したソフトエッジフレーミング（H2-d）によって「むこう」に居間が見えている。❸❹の左側に見える円筒形の部屋は、マジエリ記念館の個室に付属する浴室で、その曲面の壁が共用部に現れている。このように凸形の曲面形状は、ソフトエッジフレーミング（H2-d）によってその「むこう（開口空間）」を滑らかに変移させるだけでなく、それ自体がオブジェクトとして〈放射空間（まわり）〉を示しやすい。どちらの例も、曲面壁と天井の間に隙間があることも、そのオブジェクト性（独立性）を強めている。

❷

❶

❹

❸

例6

サン・シルベストロ教会脇の通路（ヴェネツィア）

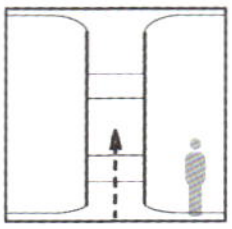

❶

❷

❸

❹

❺

サン・シルベストロ教会が建つ広場の隅に、ソフトエッジフレーミング（H2-d）の効果を体感できる印象深い場所がある。❶は、その部分を広場から見たもので、ソットポルテゴ（トンネル状通路）の入口の前にある壁が曲面になっている。❷から❺は、ソットポルテゴの側からこの曲面を見たもので、❷では壁しか見えない状態から、❸、❹、❺と進むにつれて、広場が「むこう（開口空間）」から「なか（包囲空間）」へ、滑らかに切り替わっていく。❸❹では、左手前の角（動かないエッジ）と複合フレーミング（H2-c）にもなっている。

このような空間変移は、三次元的な位置関係を考えれば何も不思議なことではないが、常に空間（何がどこを動きうるか）を捉えようとしている人間にとっては豊かな情報量を含むものであり、その情報量の豊富さこそが、多くの人がヴェネツィアに惹きつけられる要因だと思われる。

❶

❷

❸

❹

H2-d
ソフトエッジ
フレーミング

サンタ・マリア・フォルモサ教会（❶❷）（ヴェネツィア）
サン・ジャコモ・デッローリオ教会（❸❹）（ヴェネツィア）

例7・8

ヴェネツィアでは、広場と教会がセットになっていることが多く、そのさまざまな配置関係は興味深い。ときに、教会の正面ファサードではなく、奥にある内陣（❷）が広場に向いている場合、広場側では、その円筒形がオブジェクトのように「まわり」に空間を示す（❶や❸）。またその円筒形は、広場を移動する者にとってはソフトエッジフレーミング（H2-d）となり、その「むこう」を変化させながら誘うものになる（❹）。あるいはまた、広場の〈包囲空間（なか）〉を示す包囲面（壁面）の一部にもなる。

前に示した例4のオットレンギ邸や例5のマジエリ記念館の円筒形の浴室は、ヴェネツィアの広場で経験されるこのような空間変移を、住宅内で再現しようとしたものではないかと思われる。

《群》のデザインパターン

《群》による空間変移は、二つの原理によって生じる。第一には、ある物を「単体」として認識することと「グループ」として認識することの切り替えにともなう変移であり、第二には、ある物の異なる属性（たとえば色、素材、形など）を捉えることによって現れる重なり合うグループを順々に認識することにともなう空間変移である。

以下では、《群》のデザインパターンを大きく四つのタイプに分けて説明する。はじめの三つ、オブジェクトの《群》(G1)、フレーミングの《群》(G2)、オブジェクトとフレーミングの《群》(G3)は、基本的に、第一の原理である「単体」と「グループ」のあいだの認識の切り替えを利用したものである。単体として認識したとき、オブジェクトは〈放射空間（まわり）〉を、フレーミングは〈開口空間（むこう）〉をすでに示しているため、グループとして認識したときに別の空間が捉えられると変移が浮かび上がる。

最後の属性の《群》(G4)は、第二の原理であるグループの多重性を利用したものである。実際、私たちが見ている物や景色には、ほぼ例外なく複数のグループが重なり合っている（たとえば近くにあるテーブルには、木のグループ、白っぽいグループ、ツヤの有るグループなどが重なっているかもしれない）。そこで空間変移を浮かび上がらせるには、あるグループがそれ自体で空間図式――〈放射空間〉か〈包囲空間〉か〈開口空間〉――を示すように物を配置することがポイントになると考えられる。

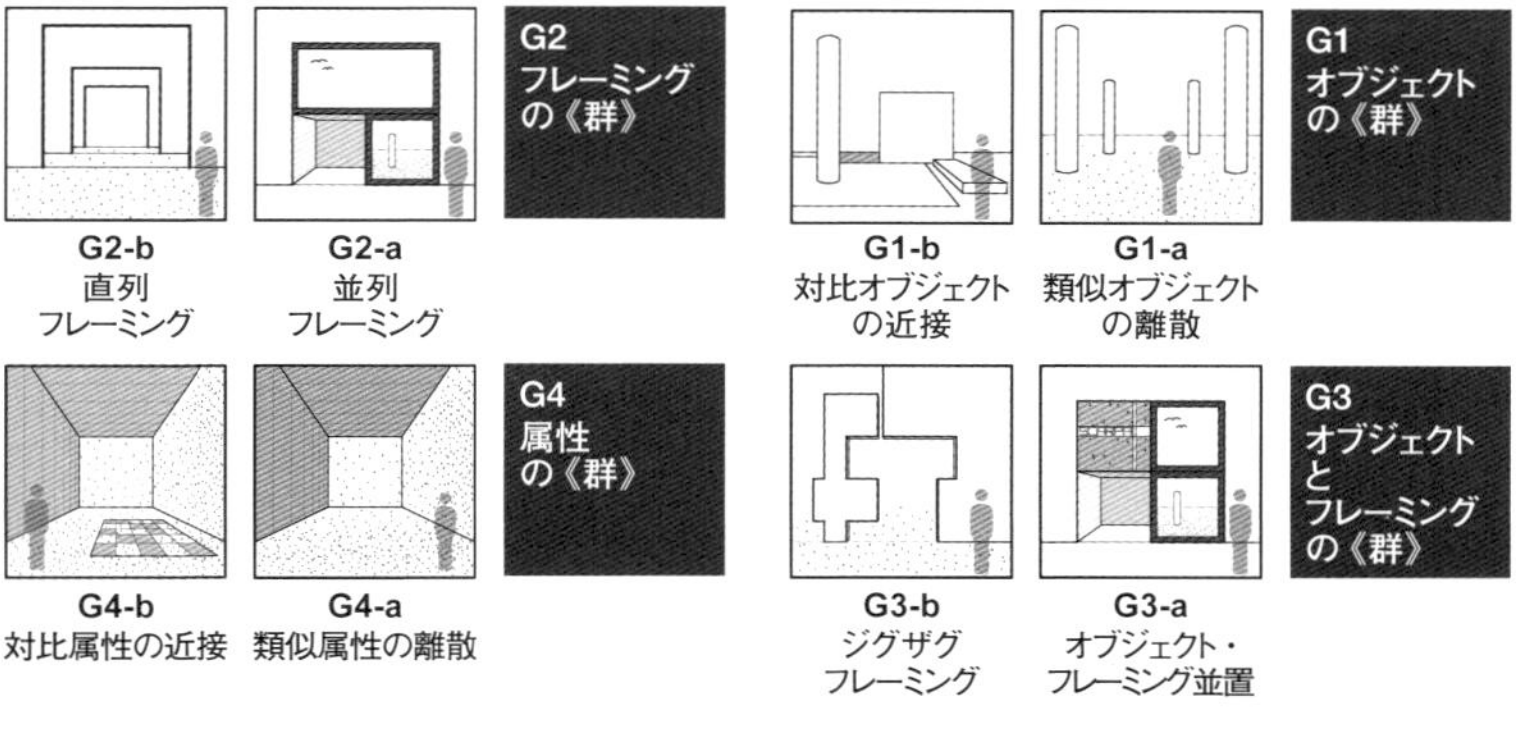

G1　オブジェクトの《群》

オブジェクトは、単体でその「まわり」に〈放射空間〉を示すが、複数のオブジェクトがグループとしても捉えられると、空間変移のパターンとなる。グループとして捉えられたオブジェクトは、〈放射空間（まわり）〉〈包囲空間（なか）〉〈開口空間（むこう）〉のいずれをも示す可能性がある。どの空間図式が強く現れるかは、物の属性、周辺状況、解釈者の視点などによるが、空間変移をデザインするという趣旨では、いずれかの図式に固定させない工夫がポイントだと言うことができる。

パターンとして、類似オブジェクトの離散（G1-a）と対比オブジェクトの近接（G1-b）を示す。[6] この二種類が意味することは、「類似しているオブジェクトであれば離れていてもグループを感じられる（G1-a）」が、「対比的なオブジェクト同士では、近くに集まっていなければグループと感じられない（G1-b）」ということである。後者は言いかえると、「対比的なオブジェクトであっても、近接して配置されるとグループと感じられることがある（G1-b）」ということである。

「どれが類似で、どれが対比か」、あるいは「どれくらいが離散で、どこからが近接か」ということは解釈者のその都度の判断であるので、これら二タイプの間に厳密な区別をすることはできない。しかし、概念として違いを理解することで、多様性を認識したり、応用を考えることができる。

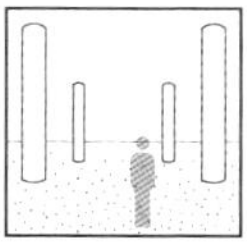

G1-a
類似オブジェクトの離散

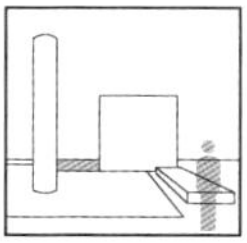

G1-b
対比オブジェクトの近接

6　ここで「離散」とは、必ずしも「遠く離れている」ことではなく、近くであっても「個々に分離している（discrete）」と判断されることの意味で用いる。一方「近接」は、個々の物が「集まっている」と判断されることで、必ずしも密着していることではない。つまり、ここでの「離散」と「近接」は反対概念ではなく（離散の反対は連続、近接の反対は遠隔）、どちらも「単体でもグループでも捉えられる状態のもの」に対する判断の程度の違いだと理解してほしい。後に示す類似属性の離散（G4-a）、対比属性の近接（G4-b）についても同じ。

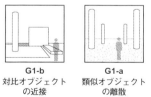

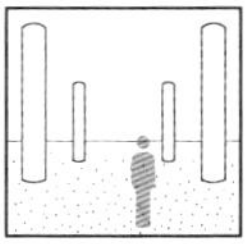

G1-a

類似オブジェクトの離散

類似オブジェクトの離散（G1-a）のパターンとして、もっとも典型的かつ重要なものは列柱である。前にも述べたように、柱は、単体でその「まわり」に〈放射空間〉を示しながら（❶）、全体の「まわり」に大きな〈放射空間〉を示したり（❷）、グループ（列柱）の「なか」に〈包囲空間〉を捉えさせることもできる（❸）。さらに、列柱がその「むこう」（開口空間）を示す効果も（❹）、空間変移の観点からは極めて重要である。

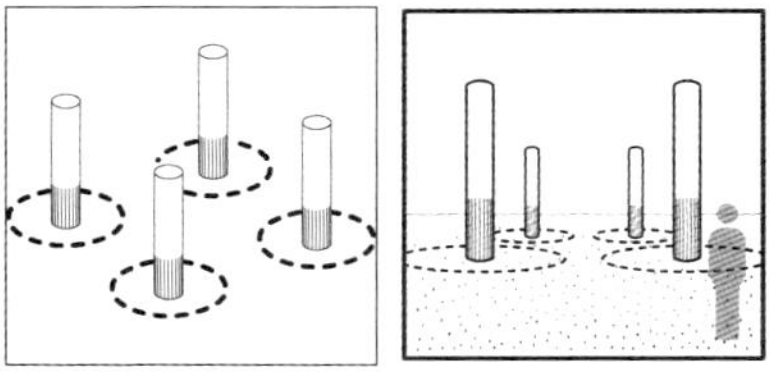

❶ 個々のオブジェクトの「まわり」に〈放射空間〉を捉えることができる。

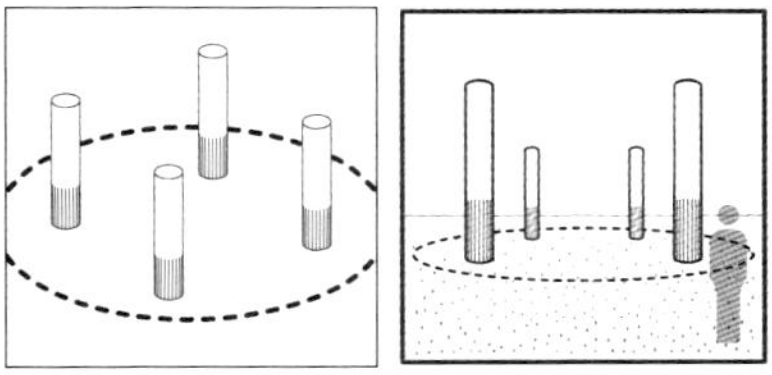

❷ 類似性によって一体と見なされるグループの「まわり」に〈放射空間〉を捉えることができる。

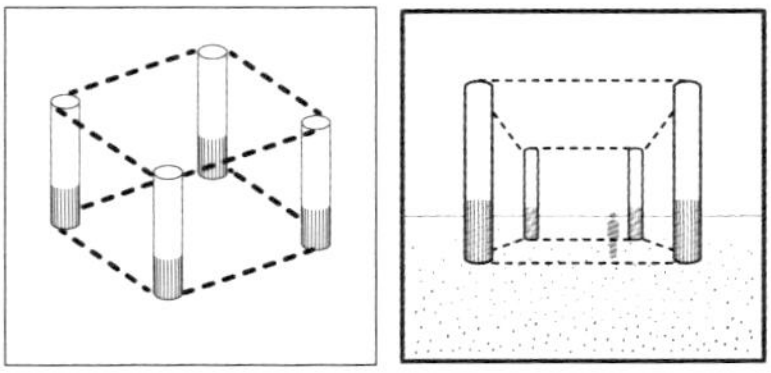

❸ グループによって囲まれた「なか」に〈包囲空間〉を捉えることができる。

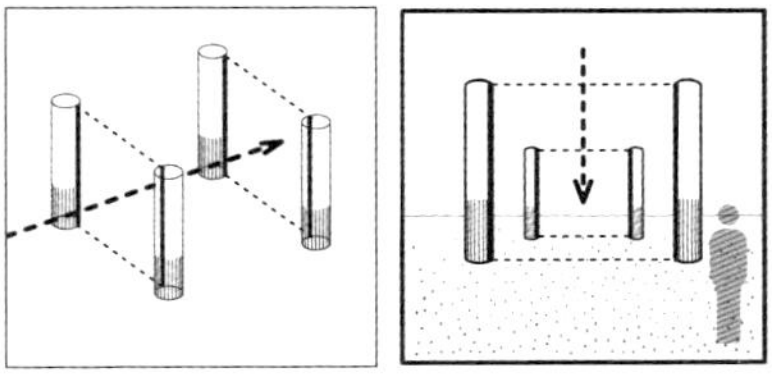

❹ 個々のオブジェクトのエッジを複合させることによって、グループの「むこう」の〈開口空間〉も捉えられる。

❶

❷

❸

❹

ヴェネツィアビエンナーレ 彫刻庭園（sw04）の柱 オットレンギ邸（sw29）の柱

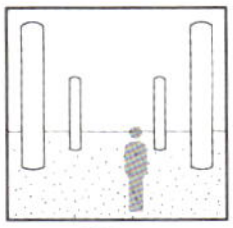

G1-a 類似オブジェクトの離散

例1・2

❶❷の彫刻庭園の屋根を支える柱は、二つの円弧が組み合わさった特徴的な形（187ページ平面図参照）で、それぞれが「まわり」を示しながら、三本セットであることで、それらの「なか」と「むこう」も捉えさせる。柱はソフトエッジフレーミング（H2-d）を成す曲面でありながら、その端部にハードエッジ（尖ったエッジ）を持つため、解釈者が移動すると、「むこう」を示すエッジが不意に動いたり止まったりすることになり、その違和感が空間変移に対する感度を高める。

❸❹のオットレンギ邸の居間は、白とグレーの素材の重なりが特徴的な円柱に囲まれている。円柱は天井を連続的に支えているが、表現としては連続しておらず、柱の独立性（放射性）が強く感じられる。❸❹ともに中央付近に見える階段は、円柱の「むこう」の廊下につながるが、階段の左側では直線からなる低い壁が同じ「むこう」を示しており、「動くソフトエッジ」と「動かないハードエッジ」がここでも組み合わされている。

❶

❶#

例3

カステルヴェッキオ美術館（SW14）別館の展示

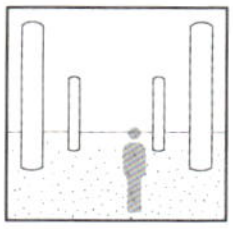

G1-a
類似オブジェクトの離散

❶の写真の左手には、人物像の彫刻群が、少しカーブした線上に配置されている。一方、右側には、画面いっぱいに全身が描かれた人物画の群が、壁に掛けられている。これらは、各々が〈放射空間（まわり）〉を示すとともに、人物像という共通性から彫刻と絵画の関連性（類似性）が感じられると、それらが囲む〈包囲空間（なか）〉を捉えることもできるだろう。彫刻群と絵画群の間には、上部が首のようにすぼまった開口部があり、これも人物像群とセットと感じられると、それらの「むこう（開口空間）」への変移も浮かび上がる。また、この〈開口〉に人がはまれば（❶#）、その人物もグループに含まれると捉えられるかもしれない。彫刻、絵画、隣室の足元が、ともに手前の床より高く持ち上げられていることも、そのようなグループを浮かび上がらせやすくしていると思われる。

❷

❸

❶

例4

サンタ・コスタンツァ聖堂（ローマ）

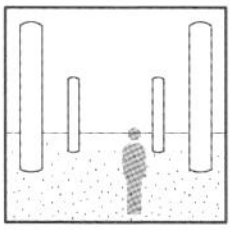

G1-a
類似オブジェクトの離散

伝統建築において、魅力的な列柱は数多く存在するが、その一例として、ローマのサンタ・コスタンツァ聖堂を挙げる。ドームのある中央の円形平面のまわりを列柱（柱とアーチのセットであるアーケード）が取り囲み、さらにその外側を回廊がまわっている（❸）。ドームを載せる厚い壁を細い柱で支えるため、柱は内側と外側の二本セットで（❶）、計二四本ある。4世紀前半の初期キリスト教時代に建てられた古い建物であるが、柱状の物体を円環状に並べることは、ストーンヘンジのような巨石文化以来すでに三千年ほどの歴史があると考えれば、その到達点に達していると言ってもおかしくないほど、〈放射空間（まわり：❶）〉、〈包囲空間（なか：❷）〉、〈開口空間（むこう：❸）〉のあいだの変移は劇的かつ滑らかで、印象深い。

❷

❶

❹

❸

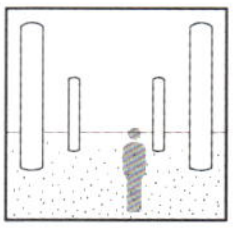

G1-a
類似オブジェクトの離散

サン・マルコ広場の列柱
(ヴェネツィア)

例5

ヴェネツィアの中心であるサン・マルコ広場は、周囲をさまざまな時代の列柱（柱廊）が囲み、その「まわり」、「なか」、「むこう」の変移を飽くことなく味わうことができる。（❶正面：サン・マルコ寺院［11世紀〜］、左：旧行政館［16世紀］、右：新行政館［17世紀］ ❷旧行政館 ❸ドゥカーレ宮殿［15世紀］柱廊 ❹左：ドゥカーレ宮殿、右：図書館［16世紀］）❹は海に面した小広場で、正面の水際に立つ巨大な二本の円柱（12世紀）が海からの玄関口であることを象徴する。柱がセット（グループ）になることで「むこう（開口空間）」を指し示すことの顕著な例と言えるだろう。

一般に、柱が一本なら〈放射空間（まわり）〉、二本なら〈開口空間（むこう）〉、もっと多ければ〈包囲空間（なか）〉が捉えられやすいと言えるが、空間を固定せずに変移を促そうとするなら、例1、2で示したスカルパの彫刻庭園やオットレンギ邸のように、柱を三本にしたり、間隔を一定にしないなどの工夫が考えられる。

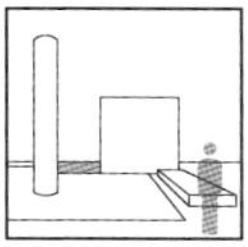

G1-b

対比オブジェクトの近接

オブジェクトの《群》による空間変移は、列柱のような類似したオブジェクトだけでなく、共通性を捉えにくい対比的なオブジェクトを近接して配置することによっても示すことができる。モデル図は、柱状オブジェクト、ベンチ状オブジェクト、壁状オブジェクト、そして池などが近接して配置されていることによって、それぞれが〈放射空間（まわり）〉を示しながら、グループとして〈包囲空間（なか）〉や〈開口空間（むこう）〉も捉えさせる様子を表している。

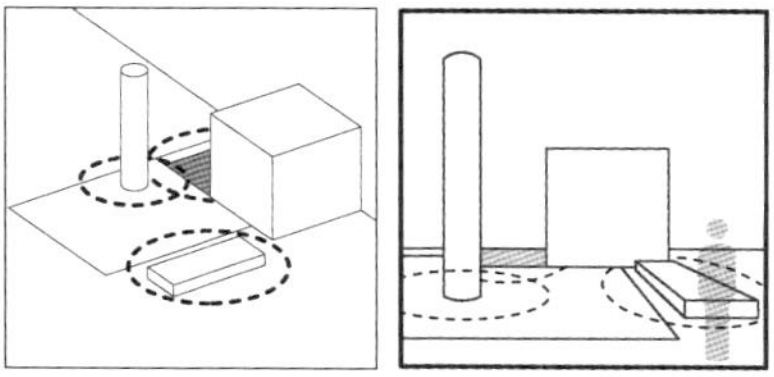

❶ 個々のオブジェクトの「まわり」に〈放射空間〉を捉えることができる。

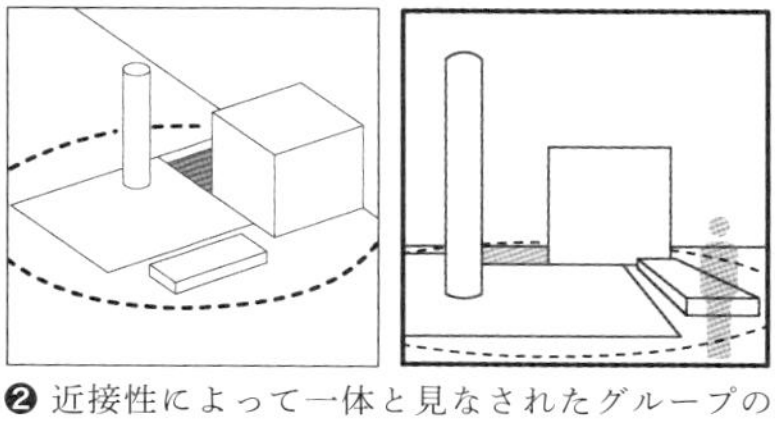

❷ 近接性によって一体と見なされたグループの「まわり」に〈放射空間〉を捉えることができる。

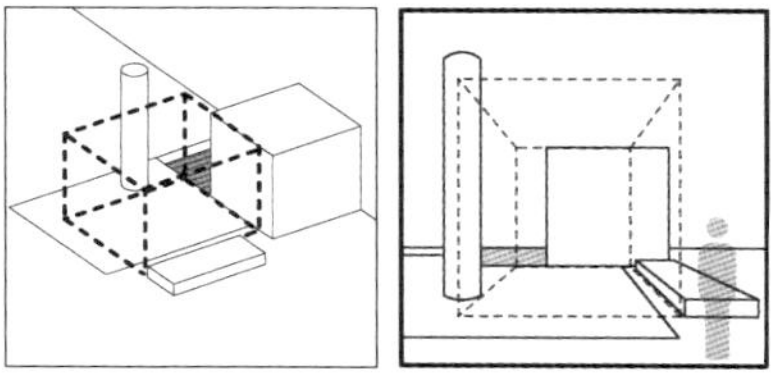

❸ グループによって囲まれた「なか」に〈包囲空間〉を捉えることができる。

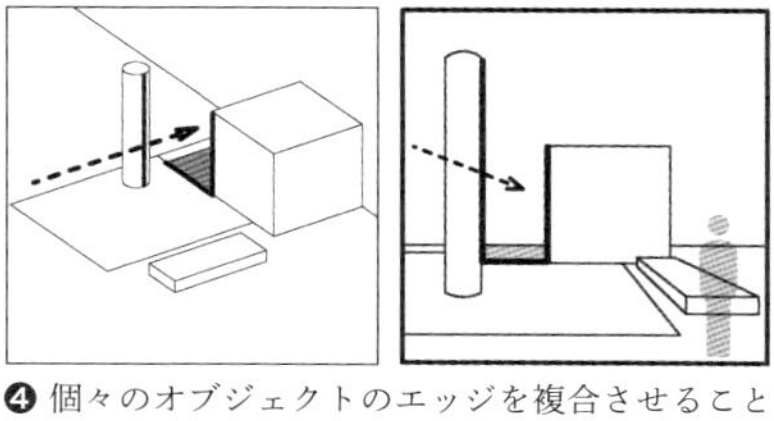

❹ 個々のオブジェクトのエッジを複合させることによって、グループの「むこう」の〈開口空間〉も捉えられる。

❶

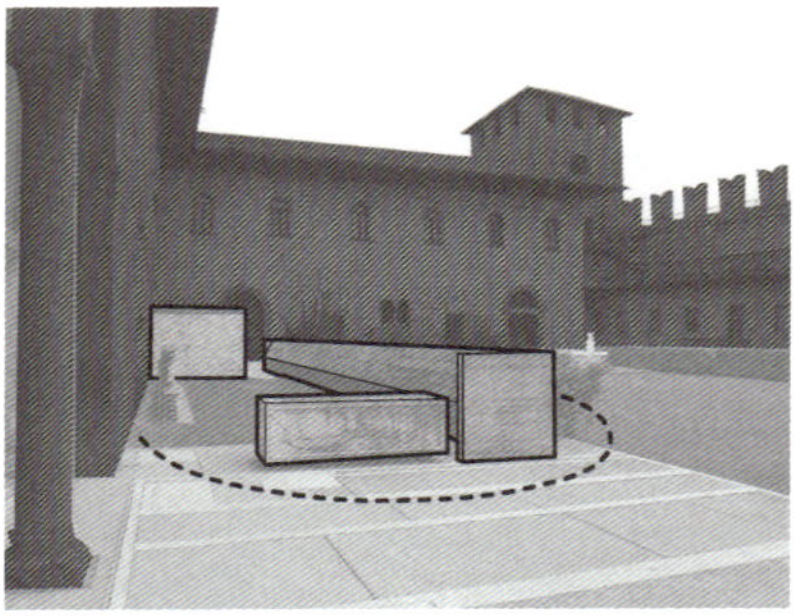
❶#1

❶#2

❶#3

❷

例1

カステルヴェッキオ美術館（SW14）中庭の展示

G1-b
対比オブジェクトの近接

中庭の本館建物（❶左側）の近くに、三つの四角い「オブジェクト」がある。❶#1に示すように、中庭全体の「なか（包囲空間）」では、まとまった「まわり（放射空間）」が捉えられる。一方❶#2のように、一番手前の箱状の「オブジェクト（展示物）」は解釈者と同じ石貼りの床面上にあり、その範囲を意識すると、他の二つとは切り離され、独立して「まわり（放射空間）」が捉えられる。そのとき、他の二つは「オブジェクト」というより「壁」だと感じられるかもしれない。このような解釈の変移は、右端のコンクリート壁が、その低さと形状のために「オブジェクト」とも「壁」とも捉えられる（手前の「展示物」と奥の「外壁」を媒介している）ことの効果が大きい。❶#3のように、これら三体に囲まれた「なか（包囲空間）」も捉えることができ、そこには別の展示物が置かれている（❷）。

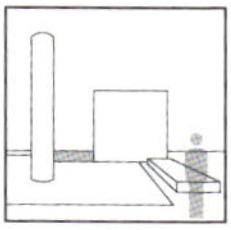

G1-b
対比オブジェクトの近接

ヴェネツィアビエンナーレ彫刻庭園（SW04）柱周り

例2

三本の柱は、その足元を見ると、共通で「池」と「ベンチ（レンガ）」に食い込むように配置されている。またその上部には、やはり三か所共通で、柱とズレて重なるように「トップライト」が開けられている。このように、特別な類似性のない「柱」、「池」、「ベンチ」、「トップライト」を強引に近接させてセット（グループ）にすることで、そのセット自体がひとつのオブジェクトのように「まわり」に〈放射空間〉を示し、人々の拠り所を示唆しているように思われる。「柱」、「池」、「ベンチ」などは、それぞれ単独で、あるいは類似オブジェクトの《群》（G1-a）としての方が捉えやすいため、この強引な近接は、おそらくほとんど気づかれることなく空間変移を感知させている（第4章で詳述する）。

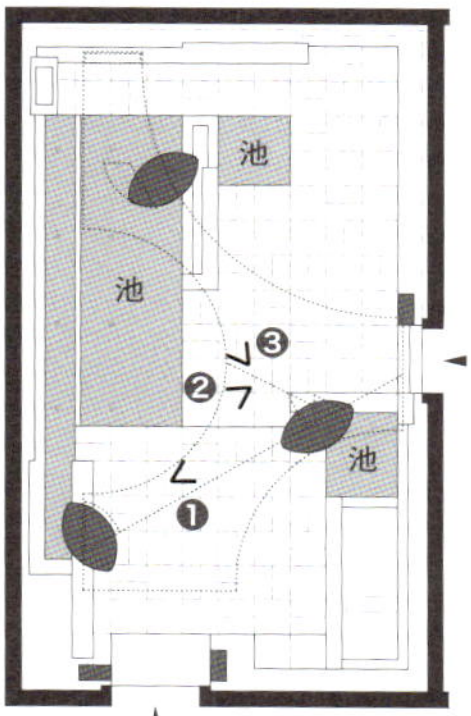

平面図

❶

❷

❸

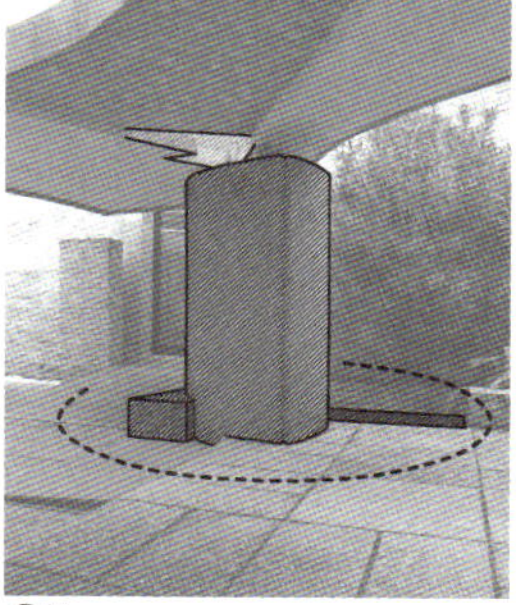

❶#

❷#

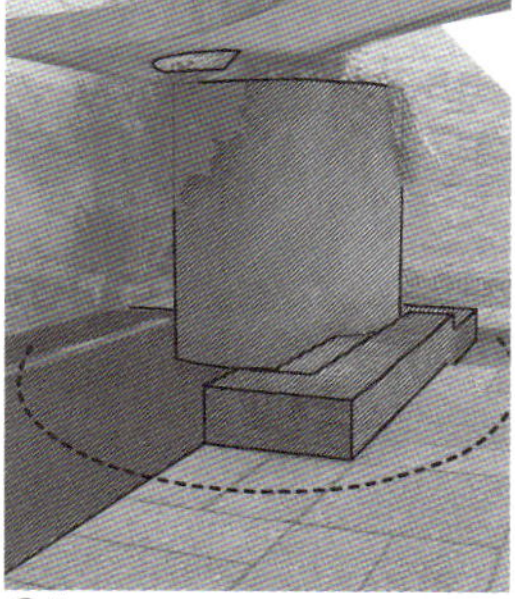

❸#

❶

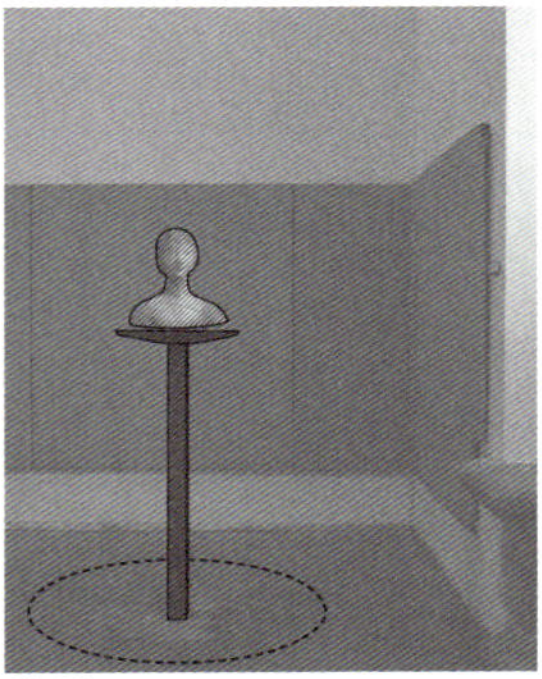

❶#1

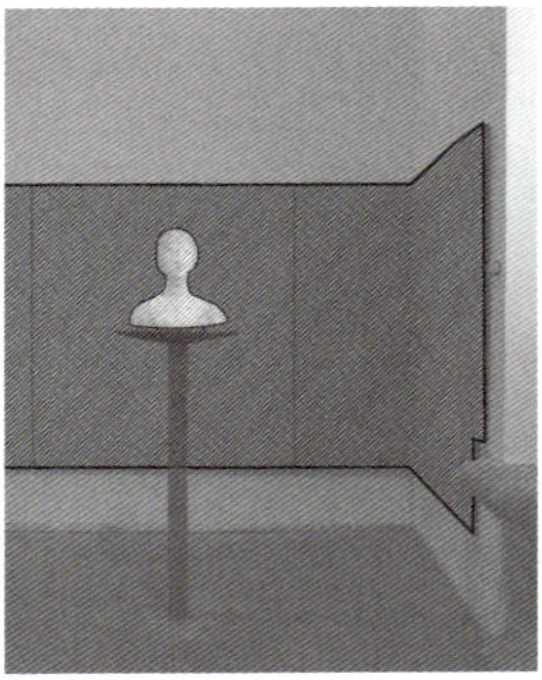

❶#2

❷

❸

G1-b
対比オブジェクトの近接

パラッツォ・アバテリス（SW08）の展示

例3

壁の一部に帯状の緑のパネルが水平に貼られた展示室がある（❷）。❶のように、その前に設置されている彫像の正面に立つと、その緑のパネルを背景に像の〈放射空間（まわり）〉が捉えられる（❶#1）だけでなく、像とパネルをセット（グループ）にした〈放射空間（まわり）〉も捉えることができる（❶#2）。この違いは、緑のパネルを、壁と一体に「なか」を示す「包囲面」と捉えるか（❶#1）、部屋全体のなかで一種の「オブジェクト」と捉えるか（❶#2）の違いであるが、このような変移が生じやすいように、緑のパネルの大きさ、位置、展示物との近接関係（配置）などがデザインされていることは言うまでもない。近接とは言っても、ここでは距離が取られているため、❸のように解釈者の移動にともなって見え方が変化することも、❸のように変移を浮かび上がらせる効果を高めている。

❶

❷

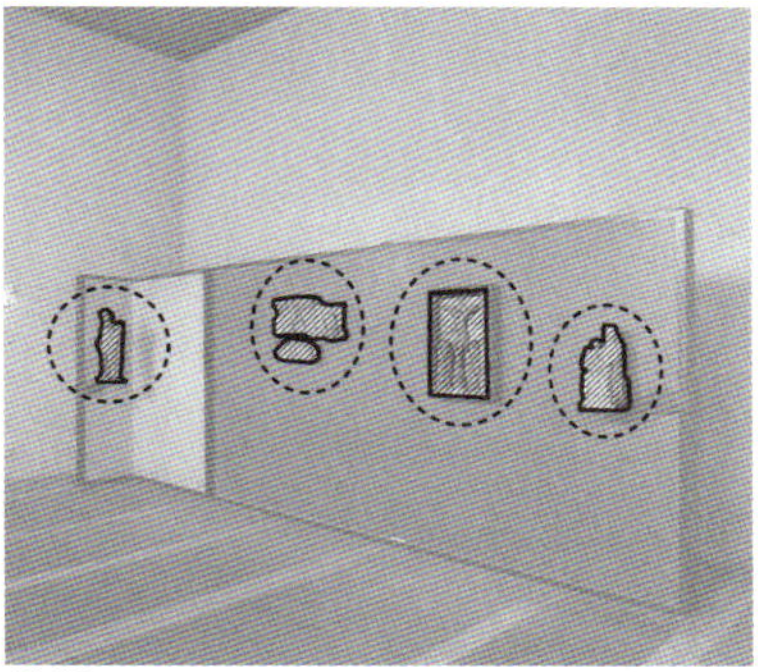
❷#1

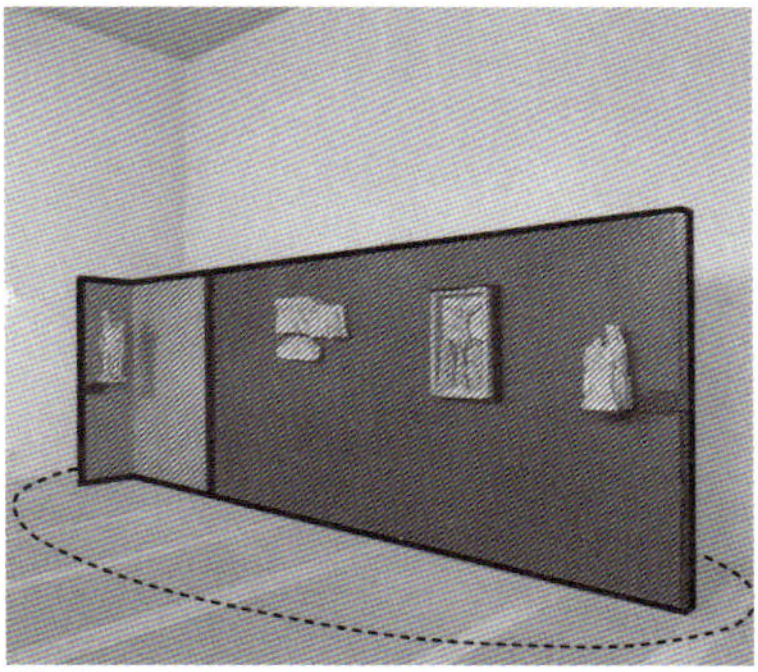
❷#2

例4

カステルヴェッキオ美術館（SW14）本館第三展示室

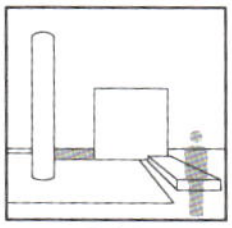
G1-b 対比オブジェクトの近接

❶は、美術館を順路にしたがって進み、三番目の展示室に入ったところである。右手に赤と白のパーティションのようなパネルが立ち、四点の展示物が設置されている（❷）。この展示も、前の例3と同様に、個々の展示物の〈放射空間（まわり）〉が捉えられる（❷#1）とともに、展示物とパネルのセット（グループ）を一つのオブジェクトとして〈放射空間（まわり）〉を捉えることもできる（❷#2）。

もう一度❶を見ると、この展示室ではほかに、同程度の高さに持ち上げられた白い展示物のグループや、右のパネルと同じ高さの黒いパネル（赤白パネルと同じ黒い金属で縁取られている）が左の窓際にあるなど、後にみる類似属性の離散（G4-a）によって、他のグループも次々と浮かび上がるようになっている。

❶

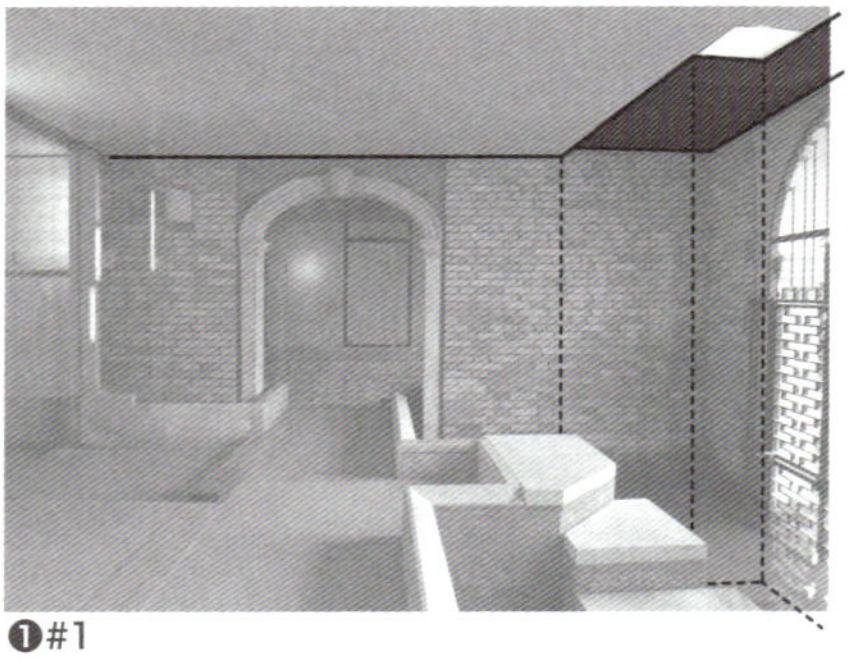

❶#1

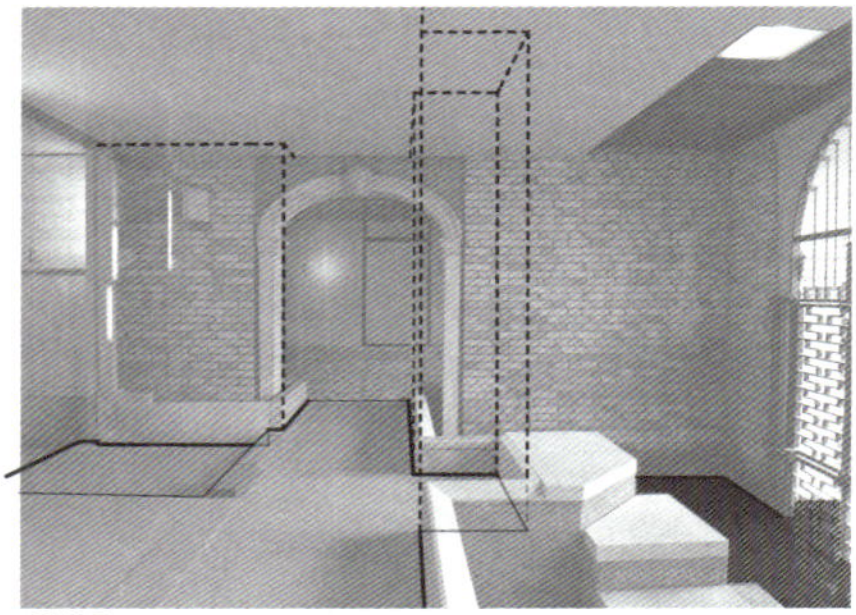

❶#2

❶#3

例5

クエリーニ・スタンパリア財団（SW15）

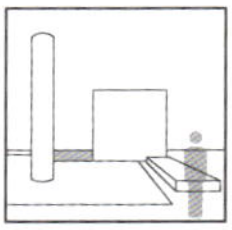

G1-b
対比オブジェクトの近接

スカルパ作品では、部屋の床・壁・天井を切り離す手法がよく見られる。これを、それぞれがオブジェクト的に、単独でも群でも空間を示すようにする手法、すなわち、対比オブジェクトの近接（G1-b）の一種と考えたい。❶ではまず、天井面（#1）、床面（#2）、壁面（#3）が示唆する〈包囲空間（なか）〉の範囲が異なっている。また、天井に注目すると、白い仕上げ部分の範囲に対して、右の隅には木材が露出した外部的な天井が見える（#1）。この「内部仕上げ」と「外部的」という対比に注意すると、床は、磨かれた石で仕上げられた内部に対し、右側では外部から水が入っている（#2）。壁はレンガが露出しているが、左に続くホールのトラバーチン（クリーム色の石）の壁や、正面に見える隣室の白い壁と比べると外部的であることがわかる（#3）。このように、床・壁・天井の仕上げを独立させた上で、その隙間に外部的要素を侵入させることは、内部でありながら「むこう」の外部を間近に感じさせ、空間（解釈）を揺さぶる仕掛けだと言うことができる。

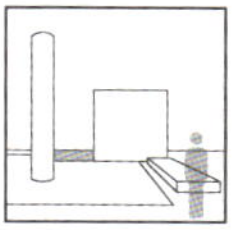

G1-b
対比オブジェクトの近接

カステルヴェッキオ美術館（SW14）本館第五展示室

例6

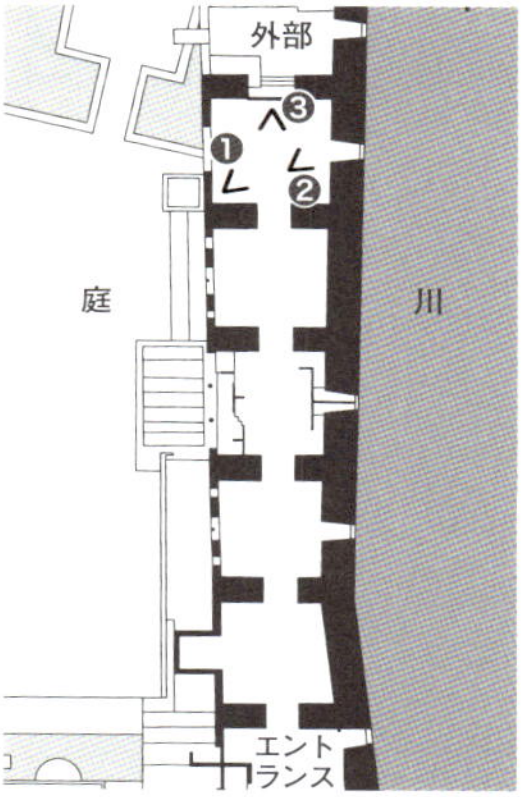

一階平面図（一部）

❶は、本館一階の最後の部屋で、左に見えるガラス扉を抜けると、迂回フレーミング（H1-b）の例1で挙げた騎馬像のある外部空間に出る。ここで指摘したいのは、前ページの例5と同様、床・壁・天井が切り離されて、その隙間に外部的要素が入り込んでいることである。❷は❶のコーナー部であるが、壁際の床が中央部より下がり、素材も異なっている（❷#のハッチ部分）。❸は展示室群を振り返った視点であるが、床は光沢のある黒い石に白いボーダーラインが断続的に入ることで連続性が強調されていると同時に、壁とのあいだに隙間がずっと続いている。ヴェネツィアのようにそこに水が侵入するわけではないが、異質な「むこう」が常に潜んでおり、❷の窓際のような広がり（壁の厚み部分）があると、不意に「なか」として浮かび上がる。

❶

❷

❸

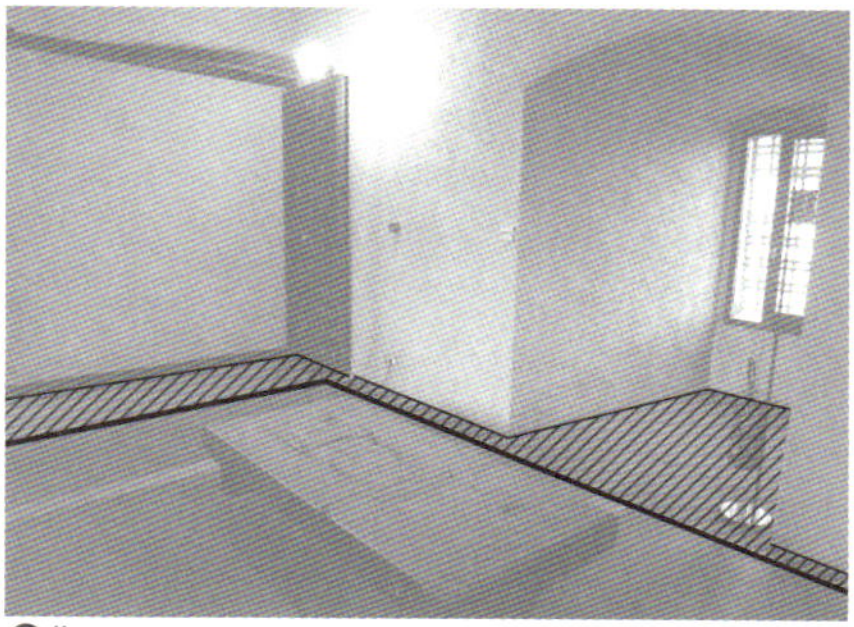

❷#

❶

❷

❸

G1-b
対比オブジェクトの近接

カンピエッロ・デ・ラ・スクオーラ（ヴェネツィア）

例 7

かつて、スクオーラ・グランデ・ディ・サン・ジョバンニ・エヴァンジェリスタ（❶右側の建物）の中庭であった小広場は、それを取り囲む建物群が密接して〈包囲空間（なか）〉を示しながら、個々の建物のオブジェクト性（放射性）が強いため、対比オブジェクトの近接（G1-b）による空間変移（異質な空間の共存）を感じることができる。とくにこの広場でそれを強く感じる理由としては、❷に見える教会の鐘楼の存在が大きい。本来、独立して〈放射空間（まわり）〉を捉えさせる塔が、包囲面の一部に組み込まれていることのインパクトは大きい。また、❸の右側の建物はペディメント（屋根側面の三角形部分）があり、やはり本来は、その正面に空間を示すはずでありながら、広場の包囲面に強引に組み込まれている様子も異質感を生む。❸左下の2本の柱の「むこう」には街路が続いており、《穴》による変移も予感させる。

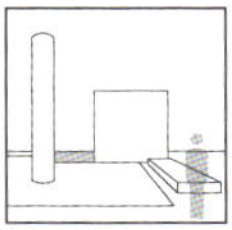

G1-b
対比オブジェクトの近接

サンタ・マルゲリータ広場（ヴェネツィア）

例8

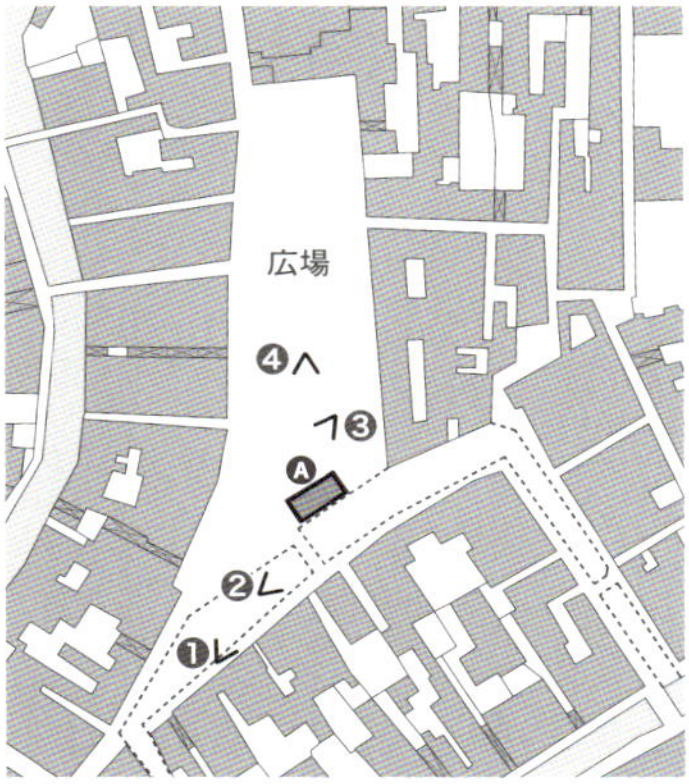

広場の地図

建物が集まって空間を示すという意味で、ほとんどの広場には対比オブジェクトの近接（G1-b）の傾向がある。サンタ・マルゲリータ広場は、9世紀に教区ができて以来さまざまな時代の開発が積み重なり、独特の細長い形状が生まれている。❶の中央に見える建物（地図中Ⓐ）は、もとは18世紀初頭にできた皮革職人組合の建物であるが、19世紀に脇を流れていた運河（地図中の点線部）が埋め立てられ、広場のなかで孤立した（❹）。その結果、広場のどこからでも見えるこの建物は、❶のように左右二方向の「むこう」を示すフレーミングとなったり、他の建物と一体的に広場を「包囲」したり（❷❸）、もちろん「放射空間（まわり）」も示したり（❹）と、実に印象深い空間変移を演出している。

❶

❷

❸

❹

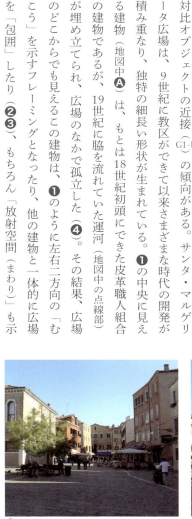

G2 フレーミングの《群》

フレーミングは、単体でその「むこう（開口空間）」を示すが、複数のフレーミングがグループになると、空間変移を引き起こしやすい。ここでは、解釈者から見てフレーミングが上下や左右に並んでいるパターンを並列フレーミング（G2-a）、フレーミングが前後（奥行方向）に並んでいるパターンを直列フレーミング（G2-b）と呼び、それらが引き起こしうる空間変移について説明する。

なお、フレーミングが前後（奥行方向）に並ぶということは、たとえば稲荷社の千本鳥居のようなもので、特別に不思議なことではない。しかし、一般に物を前後に並べると後ろの物は見えなくなるということを考えると、「後ろにある物が見える」という事態は、フレーミングの際立った特徴であると言える。直列フレーミング（G2-b）は、この特徴を利用したデザインパターンである。

直列フレーミングの例
伏見稲荷の千本鳥居

G2-a 並列フレーミング

解釈者が、上下や左右にフレーミングが並んでいるのを見て、それらが示す複数の「むこう（開口空間）」を「同じ場所か、異なる場所か」と問う（判断する）能力が刺激されると、空間変移が浮かび上がる。

壁に３つのフレーミングがあるモデル図で説明する。

❶では、下側の二つのフレーミングに着目し、それらの「むこう」を指し示す矢印を記している。こ

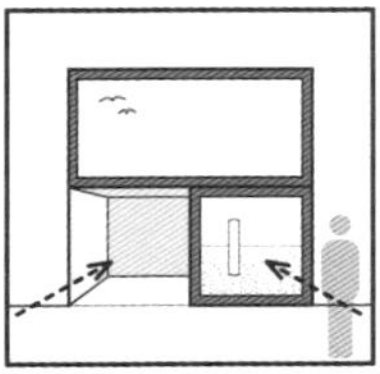

❶ 類似した正方形のフレーミングの「むこう（開口空間）」が並んでいる。

の二つのフレーミングは、寸法と形（正方形）に共通性があるが、それらの「むこう」は、左側が屋内の小部屋であるのに対し、右側は屋外の庭が見えているとする。このようにフレーミングに「同じ」要素と「異なる」要素が混在すると、空間変移が生じやすい。

❷では左下の小部屋に人影を入れているが、小部屋は、床・壁・天井といった包囲面が見えており、当然〈包囲空間（なか）〉とも捉えられる。つまり、〈開口空間（むこう）〉と〈包囲空間（なか）〉の二重性が捉えられる。この二重性とは、常識的に言えば、単に「むこうの部屋が見えている」というだけで何も不思議なことではないが、このモデル図のように、より強く「むこう」を意識させるフレーミング（右の屋外が見えるフレーミング）が隣接していると、それに釣られて、すぐそこにある〈包囲空間〉も「むこう」であるという印象（事実）が浮かび上がりやすい。つまり、普段はあまり意識しない〈開口空間（むこう）〉と〈包囲空間（なか）〉の二重性、すなわち変移が浮かび上がる。

次に❸では、右下と上のフレーミングに着目し、それらの「むこう」を指し示す矢印を記している。これらの「むこう（開口空間）」は、同じ屋外であるとする。一般に高い位置にある窓は、地面が見えないため、そこから見える景色との距離感がつかみにくい。つまり借景の原理によって、景色が枠と一体の絵のように見えやすく、その「まわり」に〈放射空間〉が捉えられる。すると、主に「むこう（開口空間）」を示していた右下のフレーミングも、それに釣られて〈放射空間（まわり）〉を示し、二重性が生じる（❹は放射性を点線円で表している）。つまり、これも普段は意識しない〈開口空間（むこう）〉と〈放射空間（まわり）〉（❸と❹）の二重性、すなわち変移が浮かび上がる。

❹のように、右下のフレーミングに伝播した放射性は、隣接する左下のフレーミングにも及びうる。つまり、最終的に、解釈者がすぐに入ることのできる〈包囲空間（なか）〉である小部屋が、〈開口空間（むこう）〉にも〈放射空間（まわり）〉にも変移しやすくなる（❺）。

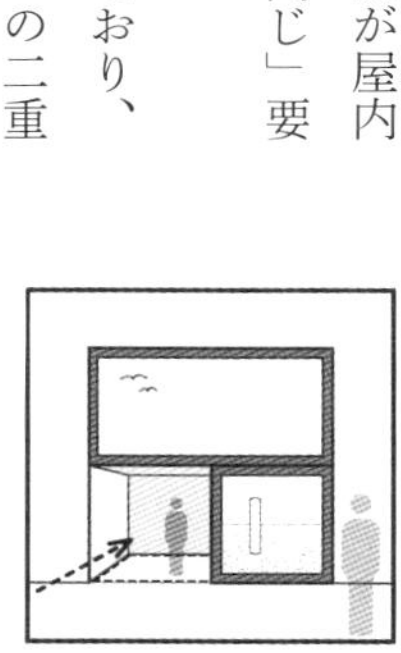

❷ 左下の小部屋は、すぐ入ることのできる〈包囲空間〉でもある。

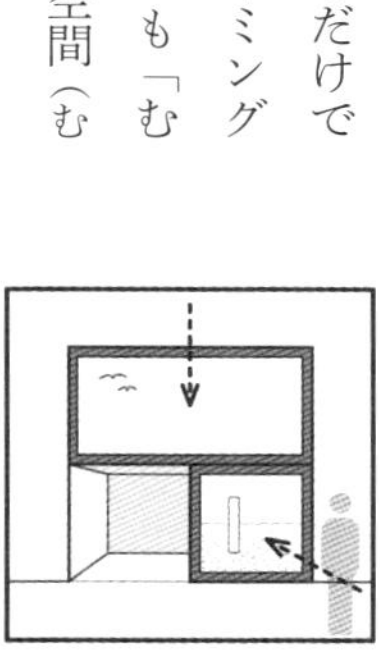

❸「むこう」は同じ屋外だが、高窓の景色との距離感はつかみにくい。

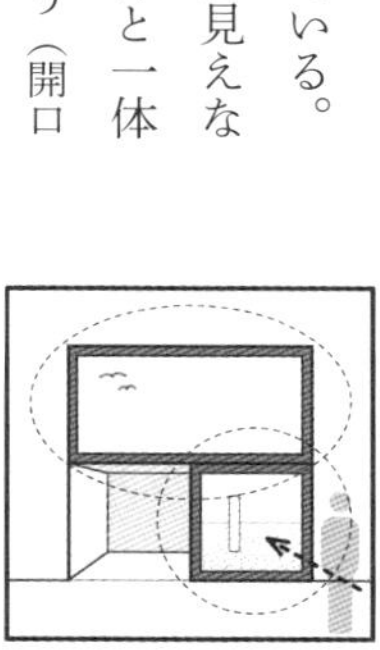

❹ 絵画のような高窓の影響で、右下のフレーミングも〈放射空間〉を示す。

❺ 左下の小部屋は〈包囲〉〈開口〉〈放射〉のいずれの空間にも変移しやすい。

❷

❸

❶

G2-a
並列フレーミング

カステルヴェッキオ美術館（SW14）本館第１展示室

例１

❶は、前ページで説明したモデル図から右下の窓をなくした並列フレーミング（G2-a）である。つまり、〈包囲空間（なか）〉である下の〈開口（むこう）〉と、〈放射空間（まわり）〉を示しやすい高窓の〈開口（むこう）〉が隣り合い、下の小部屋には、〈開口〉、〈包囲〉、〈放射〉のいずれもが捉えられやすくなっている。それが〈開口〉であることは、素材が切り替わる壁と床のエッジによって示されている。〈包囲〉であることは、床面と壁面が入る前から見えていることからわかる。〈放射〉性は、上の窓との並列フレーミング（G2-a）によってだけでなく、黒い壁面と展示の黒い支持材によって奥行が捉えにくい（平面にも見える）ことによっても強められている。「なか」に入ると、薄い天井に納められたトップライトが、遮蔽フレーミング（H1-a）の変移を浮かび上がらせる（❷）。
❸は外から見たところで、同じアーチと小部屋が異なる形で現れた非対称フレーミング（H1-c）でもある。

❶

❷

❸

❹

例2

クエリーニ・スタンパリア財団（SW15）中庭の仕切り壁

G2-a
並列フレーミング

中庭の仕切り壁にある二つの開口に注目する。この壁は、遠目（❶）からはわかりにくいが、左右で壁の位置がズレている（ほぼ目線の高さにあるタイルの水平線も、そのズレに気づかせない効果がある）。二つの開口は、そのズレを生かした多面フレーミング（H2-a）となっているため、見る距離や角度によって捉えられる空間が変わる（❶❷❸）。

ここで注目したいのは、❸のように近づいた位置から見える並列フレーミング（G2-a）である。壁の「むこう」は同じ場所だと確信していても、二つのフレーミングに異なる「むこう（開口空間）」が見える（上の開口からは木が見え、下の開口には談笑する人々が見える）と、空間認識が揺さぶられる。それによって「むこう」に注意が向くと、実際に回り込んでそこが「なか」に変移したとき、その時間経過（経験）が浮かび上がる。❹はその回り込んだ裏側であるが、木の位置もデザインされていることがわかる。

❷

❸

❹

❶

G2-a
並列フレーミング

オットレンギ邸（SW29）
キッチンの窓

例3

キッチンに多様な窓がある（❶）。高窓はコンクリートのスラブに乗って室内側に入り込み、「むこう」の空を一緒にこちらに引き寄せる。カウンターの前には枠（フレーム）がある窓と無い窓（ガラスのみの部分）が交互に並んでいる（❷は❶の左側）。このセットによって、枠がある窓は〈開口空間（むこう）〉を強調するのに対し、無い部分は、内外を連続する面による〈包囲空間（なか）〉を示唆するという異質性が生じる。❶の右側には室内に入り込んだ展示ケースのような窓があり、その〈放射空間（まわり）〉も捉えられる（❸）。これらの並列フレーミング（G2-a）のために、見る位置や方向によって「同じ外部」が「異なる空間」として次々と現れる時間（変移）が経験される。外から見た❹でも、グレーの窓枠があるところと無いところがあるのがわかる。展示ケースのような窓の部分は、外部では壁自体が室内側に折り込まれている。この部分は、ソフトエッジフレーミング（H2-d）の例1で、居間とキッチンのあいだに窓が見えていたところである。

❶

❷

❸

❹

例4

ドゥカーレ宮殿 中庭のアーケード
（ヴェネツィア）

G2-a
並列フレーミング

ドゥカーレ宮殿の中庭の北面（❶）は、サン・マルコ広場から伸びるポーチ（フォスカリのポルティコとアーチ）や、二階へ上る外階段（巨人の階段）などがあり、形が入り組んでいる（❷）。広場の1階を囲むアーケードは、❸のように、八角形の柱の面が上部のアーチに連続し、陰影が面ごとに濃さを変える様子が美しい。アーケードは、それ自体で並列フレーミング（G2-a）を成すが、ここでは、この印象的な列柱と広場の入り組んだ形状が組み合わさることで、空間変移（予期と想起）が刻々と現れる。❹は偶然の写真であるが、一番左の広場（遠景）、中央に見える階段の上り口（中景）、右のベンチに座る二人（近景）という三つのシーンが、一体の中庭だと理解していても別々の空間（むこう）と捉えられると、変移が浮かび上がる。八角形の柱が、陰となっているエッジより手前の面にも光を受けているため、「むこう」と「こちら」の境界が揺らぎ、変移の予感を一層高める（「むこう」を捉えるエッジが揺らぐ複合フレーミング（H2-c）の様相もある）。

❶

G2-a
並列フレーミング

ヴェネツィアの街中の並列フレーミング

例５

❶と❷は、前ページの例4と同様、フレーミングの「むこう」は一体だとわかっていても、性質の異なる「むこう（開口空間）」が切り取られることによって変移が浮かび上がる。とくにヴェネツィアでは、陸と水が並列になることによる違和感（意識）が生じやすい。❸は、左右の高い壁によってひとつの「むこう」が捉えられる一方で、階段の手すりと向こう岸の建物（教会）ファサードの端部が中央付近にあることによって、「むこう」が左右に分割され、左側は階段で「むこう」へ行けるのに、右側は建物入口が見えているのに水があって進めない、という違和感が生じる。このような「同じ」であるのに「違う」という違和感（意識）によって、空間図式の変移が浮かび上がりやすい。❹と❺は、右と左の「むこう」は一体ではないが、同じ方向に並んでいるため、「同じか、違うか」という問い、あるいは判断が生じ、移動すると変移が浮かび上がる。❺の手前は、スカルパがデザインしたヴェネツィア建築大学の前庭（sw20）である。

❷

❹

❸

❺

G2-b

直列フレーミング

フレーミングが前後（奥行方向）に並ぶ直列フレーミング（G2-b）は、前にも述べたように、物の配置として特別に変わったことではないが、カルロ・スカルパの建築作品では、このパターンの変形と考えられるデザインが多種多様に見られる。その効果について、空間変移の観点から考える。

モデル図は、手前から奥に向かって、壁に設けられた四角い開口が三つ連続している様子を表している。直列フレーミング（G2-b）による空間変移とは、たとえば❶のように、連続する床面によるひとつの〈包囲空間〉が捉えられることと、❷のように一番手前のフレーミングの「むこう」がまとめてひとつの〈開口空間〉として捉えられることを両極端として、中間のどのフレーミングを意識するかによって、❸、❹のように、解釈者自身がいる〈包囲空間〉と「むこう」の〈開口空間〉の組み合わせが複数捉えられることによる。

ここで注意したいことは、この直列フレーミング（G2-b）による空間変移は、実際の経験では、モデル図のように固定した視点から捉えられることよりも、解釈者の移動にともなって捉えられることの方が普通だということである。この「移動すると変わる」ということを考えるとき、実はこの直列フレーミング（G2-b）は、前に《穴》のパターンとして挙げた立体フレーミング（H2）、その中でもとくに、ニッチフレーミング（H2-b）や複合フレーミング（H2-c）と似ていることに気がつく。

厳密に区別するなら、「奥行のあるひとつのフレーミング」と捉えられるものを立体フレーミング（H2）、

❶ 連続する床面によるひとつの〈包囲空間〉に、3枚の壁が立っている。

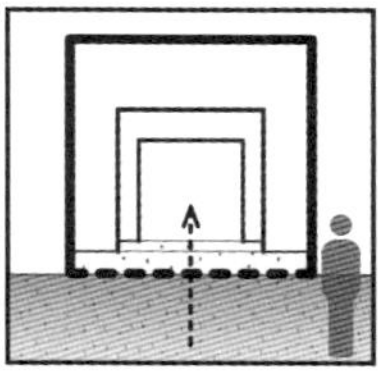

❷ 一番手前の壁とフレーミングによってこちらの「なか（包囲空間）」と「むこう（開口空間）」を捉える。

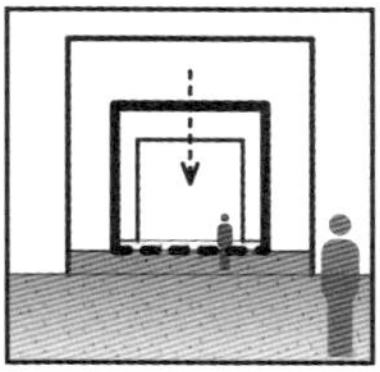

❸ 2番目の壁とフレーミングによってこちらの「なか（包囲空間）」と「むこう（開口空間）」を捉える。

❹ 一番奥の壁とフレーミングによってこちらの「なか（包囲空間）」と「むこう（開口空間）」を捉える。

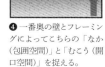

「複数のフレーミングの集まり」と捉えられるものを直列フレーミング（G2-b）と呼ぶことができるが、この二つのあいだには連続的な段階があり、スカルパ作品では、そのどちらかと言いにくい（どちらとも言える）例が多く見られる。別の言い方をすると、この直列フレーミング（G2-b）は、《群》と《穴》の特徴を合わせ持つことによって、広い範囲に影響が及ぶ複雑な変移を引き起こすパターンであり、スカルパ作品においては、ひとつの「切り札」のように用いられていると思われる。

このように、曖昧で、解釈者に判断を委ねる（問いを起こさせる）ようなフレーミングは、とくにヴェネツィアでは無数に見られるものであり、スカルパは、その自然発生的なフレーミングの仕組みと効果を自作において再現していると考えられる。

フレーミングの《群》である直列フレーミング（G2-b）、あるいは、移動中に変移する《穴》である複合フレーミング（H2-c）のどちらとも言えるようなスカルパ作品の例。ブリオン家墓地のアプローチ。

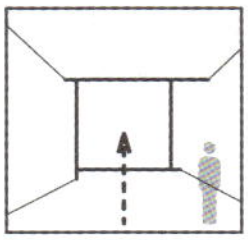

H2-c
複合フレーミング

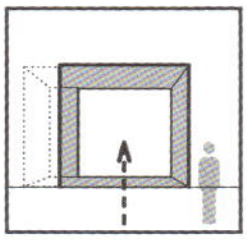

H2-b
ニッチフレーミング

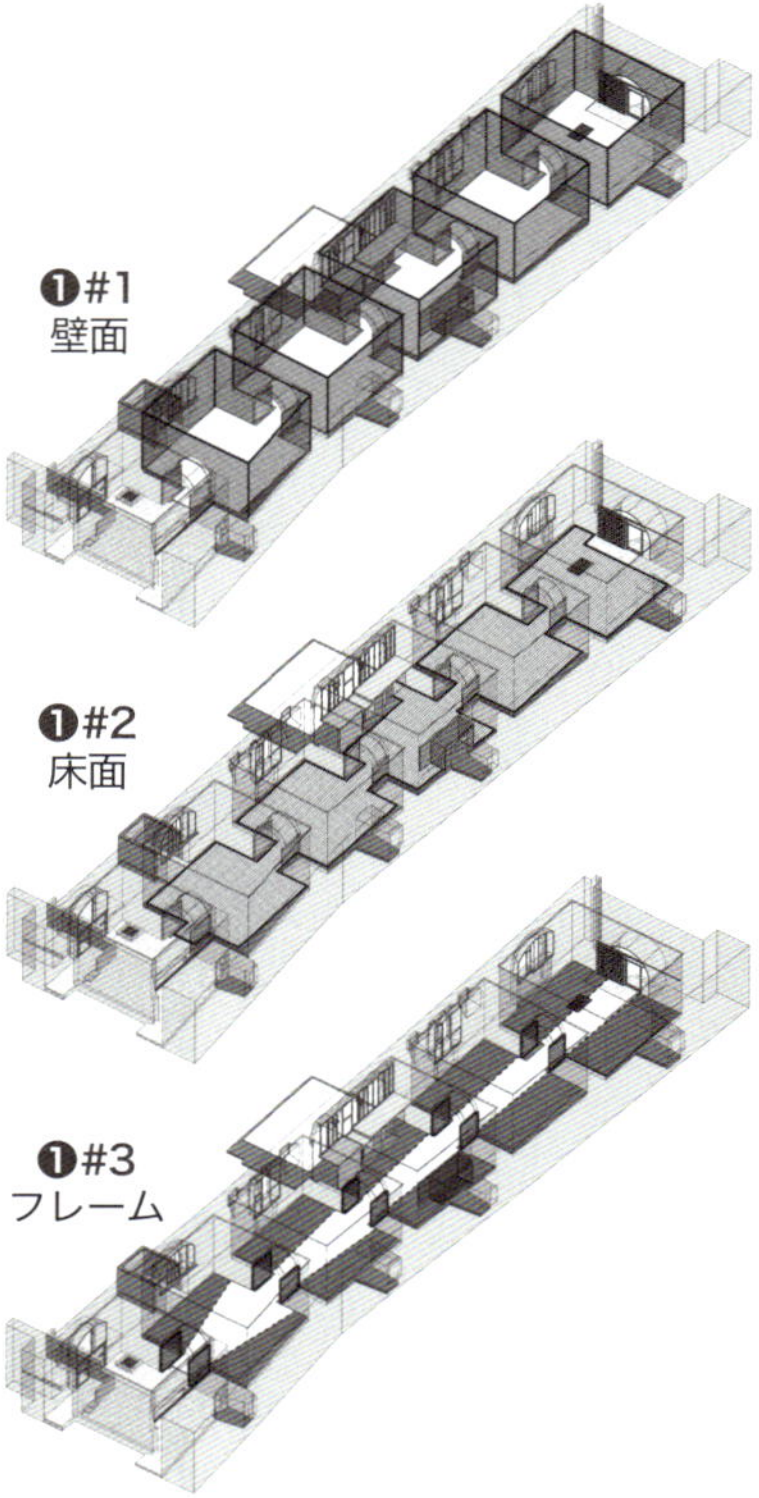

❶

例1

カステルヴェッキオ美術館（SW14）本館1階展示室

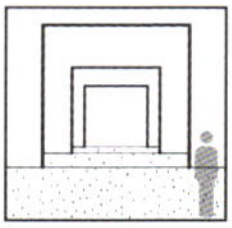
G2-b
直列フレーミング

❶はエントランスルームから見た展示室であるが、正面奥に外部（騎馬像があるところ）への出口がすでに見えており、「むこう」への意識（予期）が強まる。左の三つの図（❶#1#2#3）は、五つの展示室を斜め上から見下ろしたもので、❶で捉えられる空間を考えるため、それぞれ一部を強調している。❶#1は壁面を強調しているが、❶において、このような〈包囲空間〉の連なりを認識できるだろう。❶#2は床面を強調しているが、❶で床を見ると、光沢のある黒い石と白いボーダーのパターンがずっと続いており、壁際に溝がまわっていることからも、壁とは独立にひとつの〈包囲空間〉を捉えることができる。❶#3は、各部屋のあいだにあるアーチの側面壁に取り付けられている大判石（ヴェローナ特産の赤みがかった大理石）と、❶の視点でこれらの大判石がフレームとなって遮蔽している範囲の床を濃く示している。つまり、この遮蔽されて見えない範囲が、解釈者の移動とともに、この大判石のエッジから現れてくることになる。

❷

❷#2

❷#3

❷#1

❷#4

❷#5

❷は、最初の展示室からさらに先を見たもので、やはりアーチ下部の側面壁に大判石が見える。この石は、表面が周囲の壁面より粗く、色も異なることから、それ自体がオブジェクトのように〈放射空間（まわり）〉を捉えさせる（❷#1）。一方で、その幅は壁の厚みにピッタリと合い、角も丸まっていることから、壁と一体的にソフトエッジフレーミング（H2-d）を成し、解釈者とともに動くエッジによって「むこう（開口空間）」を示すが（❷#2）、上部のアーチは角のある固定されたエッジであるので（❷#3）、これらが組み合わさると、たとえば❷#4、❷#5のように、「むこう（開口空間）」は解釈者の距離や視線に応じて奇妙に揺れ動くものとなる。また、これら大判石で左右を挟まれた壁の厚みの「なか（包囲空間）」も、ときに浮かび上がるだろう（❶参照）。このように、はじめに直列フレーミング（G2-b）によって見えていた「むこう」が次々と変移する仕掛けが、この展示室群には充満している。

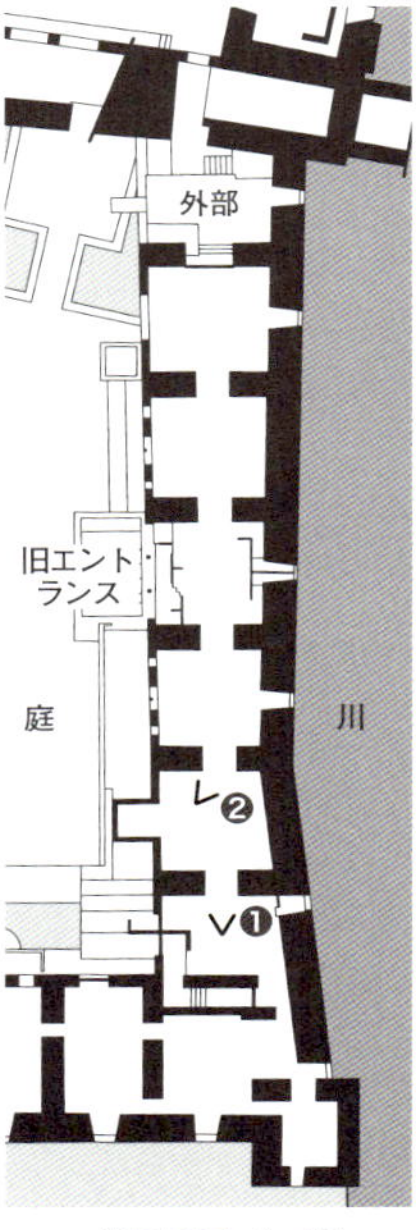

一階平面図（一部）

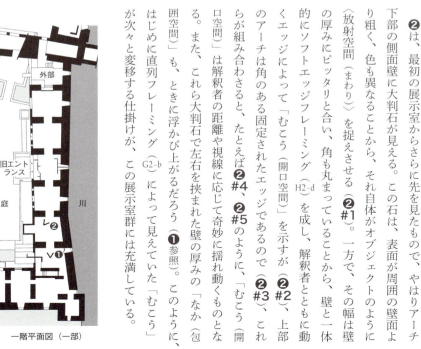

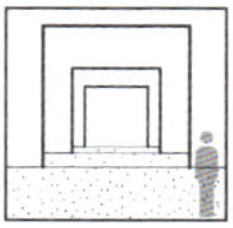

G2-b
直列フレーミング

ベロット邸（SW02）ベランダ

例2

ヴェネツィアの既存建物の改修で、❶のホールから既存の三連アーチが見え、その手前にベランダがある。❶#1はその三連アーチを、❶#2はベランダの手前にあるガラススクリーンを強調している。スクリーンは左右非対称で三連アーチとの違いが明確なため、ベランダの存在がわかる。❶#3は三連アーチのすぐ手前にあるもうひとつのガラススクリーンで、左右対称で三連アーチと親和的である一方、細い直線材による構成は手前のスクリーンとも結びつく（同じ高さの材もある）。❶#4は、❶#3に加え、ベランダの壁面（下部と左右）と天井面を強調したもので、ツヤのある茶褐色の小幅材が三連アーチから放射状に広がるように、手前のガラススクリーンとの間を埋めている（❷）。このように、ベランダの〈包囲空間〉があることは明確でありながら、❶#3、#4は、その奥行感を失わせて一枚の絵のように「むこう（開口空間）」を見せる効果があり、直列フレーミング（G2-b）の変移性を高めている。

❶

❷

❶#1

❶#2

❶#3

❶#4

ヴェリッティ邸（SW12）

例3

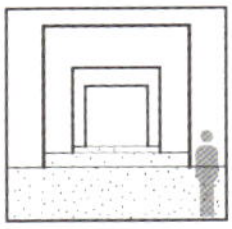

G2-b
直列フレーミング

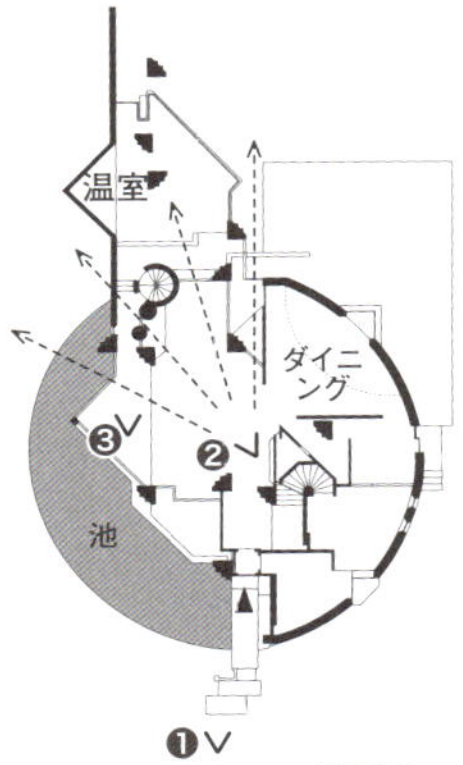

平面図

❷のリビングにおける視点から、日の光が見える開口部が四つの方向に見えるが（❷#1と平面図に示す点線矢印の方向）、これらはすべてフレーミングが前後に重なっており、直列フレーミング（G2-b）の並列（G2-a）となっている。つまり、どれもその「むこう（開口空間）」にある外部（屋外）の存在を瞬時に捉えることができながら、その「むこう」には実は別の内部（屋内）空間が狭まっており、解釈者が移動すると〈包囲空間（なか）〉として浮かび上がってくる。❸は、そのひとつであるリビングと外部のあいだにある廊下であるが、右側の壁にはハードエッジとソフトエッジのフレーミングが並ぶ路地のようであり、前へ進むとさらに空間が変移する予感を感じる。

❷

❶

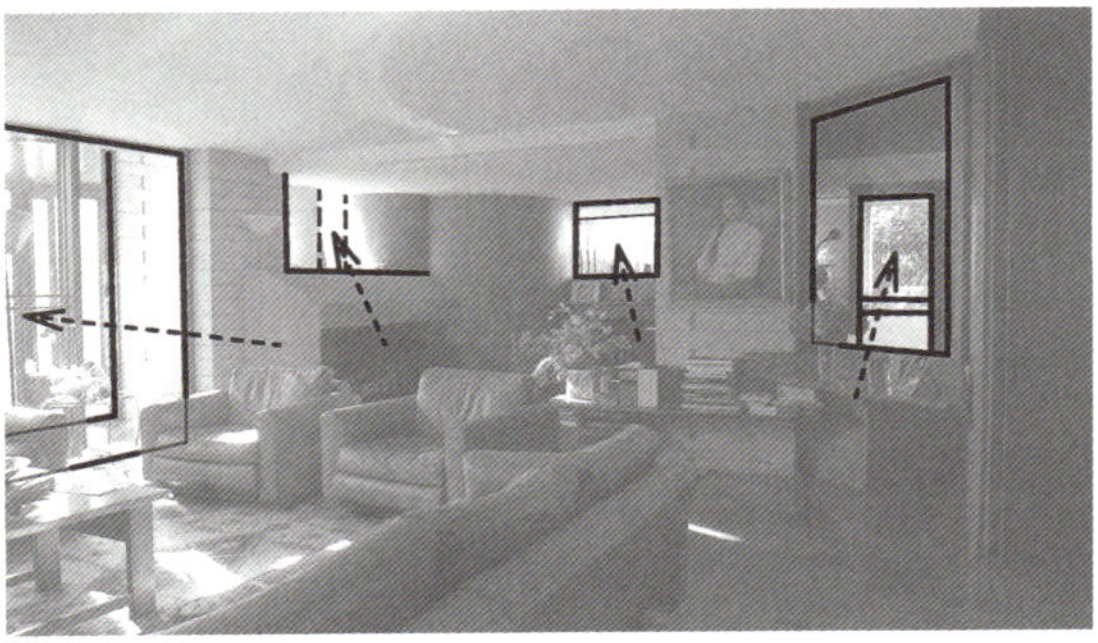

❷#1

❸

❶

❶#1

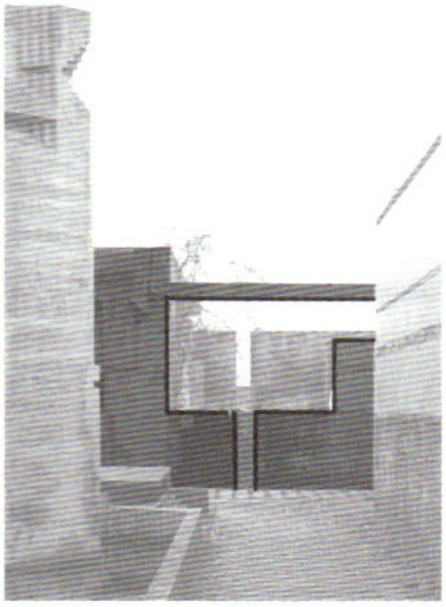

❶#2

❶#3

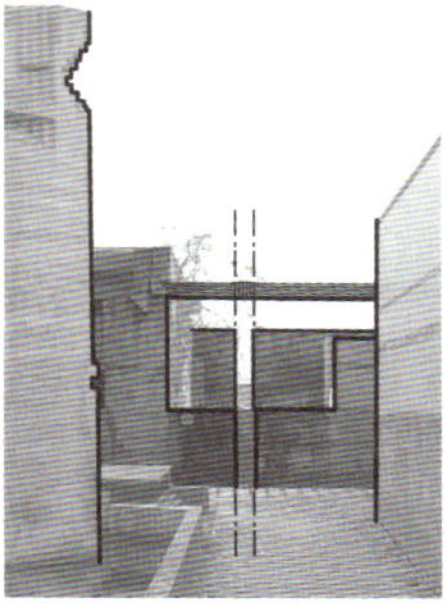

❶#4

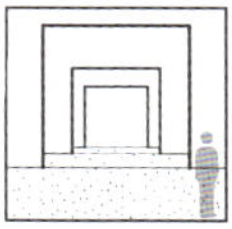

G2-b
直列フレーミング

ブリオン家墓地（SW23）「外部」をまたぐ開口群

例4

❶は道路からのアプローチ部分である。❶#1は前にも述べたもので、左右の壁のエッジが複合フレーミング（H2-c）を成す。❶#2は、平面図でⓐのラインにある壁などのエッジを強調したもので、共同墓地側に出られる扉がある。❶#3は、平面図でⓑのラインにある壁のエッジを強調したもので、縦にスリットが開き、その「むこう」にブリオン家墓地の敷地が見える。つまり、❶#2と❶#3で強調した二つの面（ライン）のあいだは敷地の外になる。❶#4は以上を重ねて示したものであるが、奥の壁のスリットと、手前の扉のわきにある隙間のラインが揃い、離れているエッジが一体的に捉えられる。手前の面の上部に浮かぶ水平材にも、この縦のラインの位置に特徴ある段々形が用いられており、やはり一体的に捉えさせる効果を高めている。

❷は少し進んだところで、奥の壁の縦スリットが依然として見える（ブリオン夫妻の墓の一部も見える）。❷#1は関連するエッジを強調しているが、❶で見ていた手前の隙間は奥のスリットと揃わ

❸

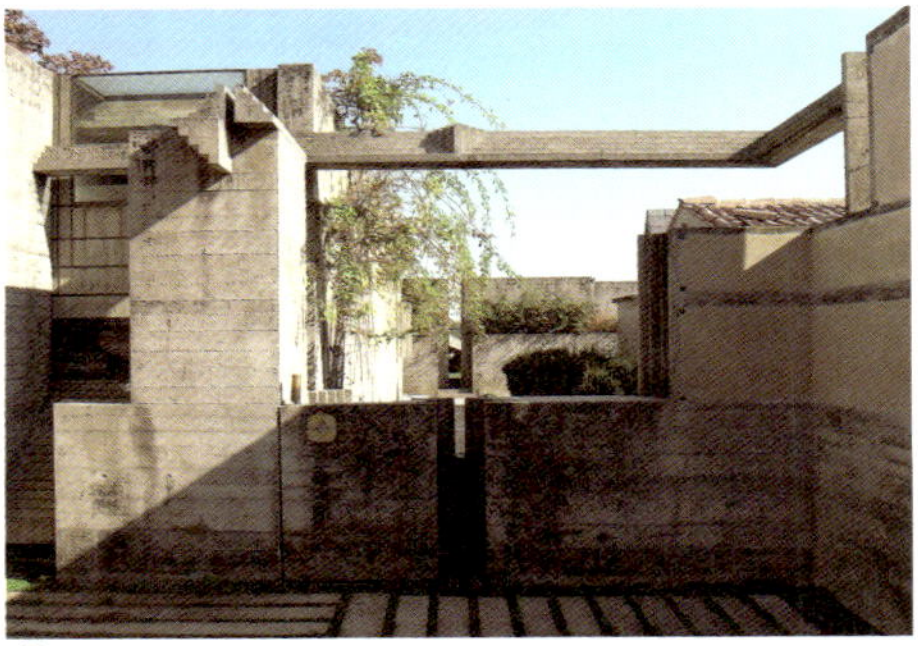

❷

❹

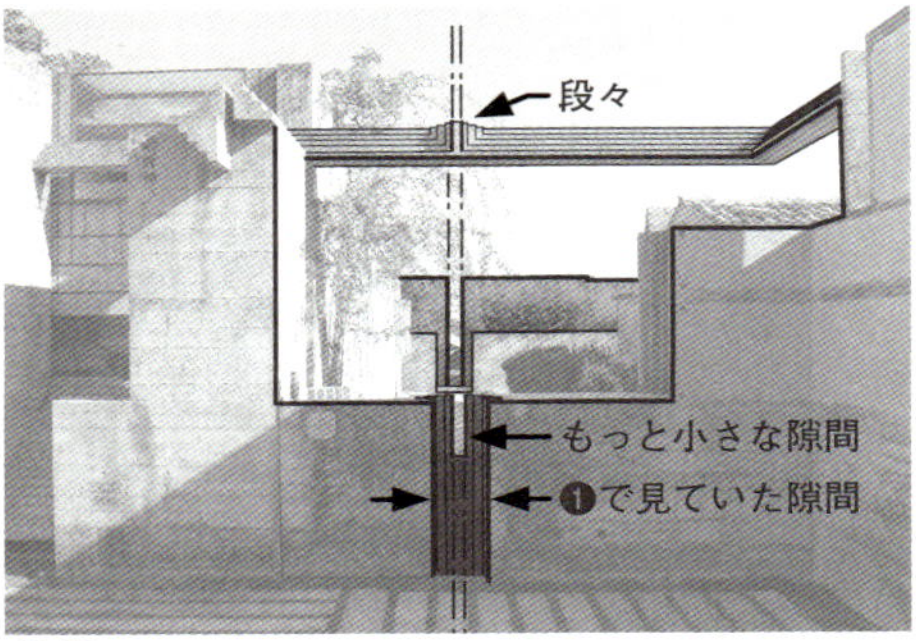

❷#1

なくなる一方で、スリット幅に近いもっと小さな隙間がある。また、奥のスリットの方をよく見ると、少し手前にある幅の広いスリットと二重になっており（❸参照。間に段々形と植栽桝がある）、この「二重の隙間」も手前と奥で共通している。さらに、上部の水平材の段々形にも、❶のときとは別の細い幅が見える。

　このように手前と奥の異なるフレーミングが一体的に捉えられることによって、その間の〈包囲空間〉が一旦「圧縮」され、のちに再現することで変移が浮かび上がる直列フレーミング（G2-b）の効果が、ここでは執拗に追求されている。この間に挟まれた「外部」をスカルパが自らの墓所として保持していることも、その意向の強さを感じさせる（❸）。奥のスリットは、実際には子供が通れる程度の幅があり（❹）、段々形のサイズも手前と奥では異なっている。

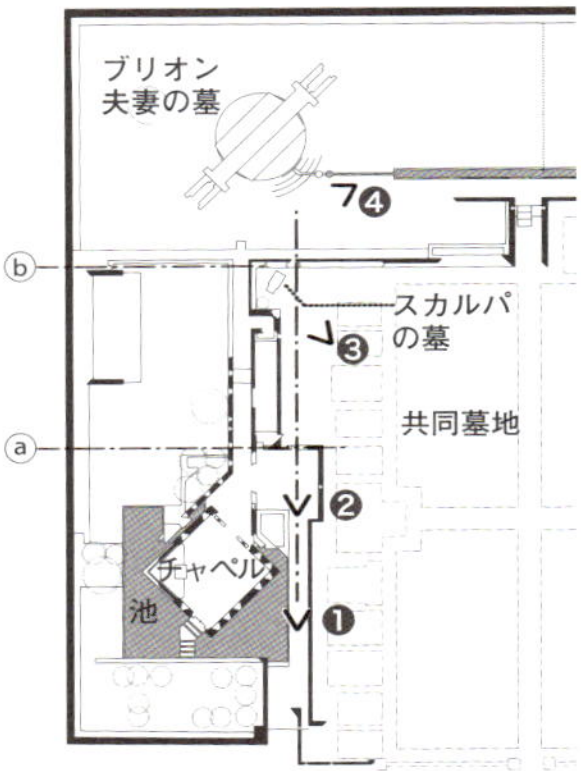

配置平面図（部分）

❶

❷

❸-1

❸-2

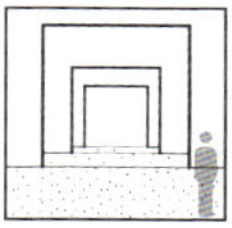

G2-b
直列フレーミング

ヴェネツィアの街中の直列フレーミング

例5

ヴェネツィアの街中を歩くと、印象的な直列フレーミング(G2-b)に数多く出会う。その理由のひとつは、建物の下をくぐる通路(ソットポルテゴ)が多いため、「むこう」を示すフレーミングが意識に上りやすいためだと考えられる。ここまでのスカルパ作品の例から、印象的な直列フレーミング(G2-b)には、「「むこう(開口空間)」を確かに捉えているが、どのフレーミングの「むこう」と断定しにくいため揺れ動く」パターンか、「手前と奥のフレーミングが一体的に捉えられて、そのあいだの〈包囲空間〉が一旦圧縮される」パターン(これは複合フレーミング(H2-c)とも言える)のいずれか、あるいはその両方が見られるように思われる。ここに挙げたヴェネツィアの例はそれぞれ別の場所であるが(❸と❻は少し移動した後の変化も載せている)、それぞれにおいて、あなたがどのフレーミングの「むこう」を捉え、どのような変移を予感するか、少し想像してみてほしい。❼は、ソフトエッジフレーミング(H2-d)の例6(176ページ)につながるところである。

❺

❹

❻-2

❻-1

❼

❻-3

G3 オブジェクトとフレーミングの《群》

G3-a オブジェクト・フレーミング並置

フレーミングを上下や左右に並べたパターンである並列フレーミング（G2-a）の説明において、「むこう」の景色との距離感がつかみにくいフレーミング（地面のような連続面が見えないフレーミング）は、絵のようにその「まわり」に〈放射空間〉を示しやすく、その傾向が隣接するフレーミングにも伝播しうると述べた（❶）。ここで示すオブジェクト・フレーミング並置（G3-a）は、「絵画のような」フレーミングではなく、実際の絵画、あるいはサインパネルのようなオブジェクトをフレーミングと並べることによって、フレーミングが〈放射空間（まわり）〉を示す傾向をより直接的に浮かび上がらせるパターンである（❷）。このように、オブジェクトの放射性がフレーミングに伝播するためには、両者の間に、形、大きさ、位置などの何らかの共通性があること、すなわち、オブジェクトとフレーミングがグループ（群）と感じられることがポイントとなる。

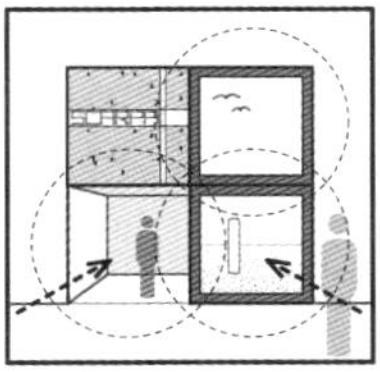

❶［フレーミング並置（G2-a）］によって、絵画のようなフレーミングの放射性（「まわり」を捉えさせる性質）が、隣接するフレーミングにも伝播する。

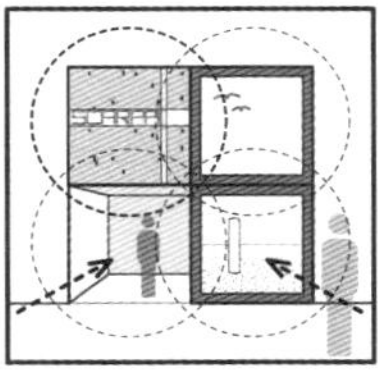

❷ フレーミングとグループ（群）と感じられるオブジェクトが並べられると、オブジェクトの放射性に連動して、フレーミングも「まわり（放射空間）」を示す傾向がさらに強まる。

❷

❶

❸#

❸

例1

オリヴェッティ・ショールーム（SW 13）

側面

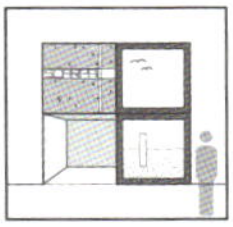

G3-a
オブジェクト・フレーミング並置

既存建物の改修であるオリヴェッティ・ショールームは、サン・マルコ広場に面して正面入口があり、側面が街路に面している（❶の右側が正面入口。写真では別の店が入っている）。❸のように、側面の街路に向けて設けられている正方形に近い窓は、その隣に、粗いテクスチャーの上にolivettiの文字が浮かぶ石板が並んでおり、ともに正方形に近いプロポーションであることからも、群（グループ）と捉えられる。これにより、窓は室内という「むこう（開口空間）」を示すとともに、隣の石板と同様に「こちら」に〈放射空間（まわり）〉を示すようにも感じられ、そのあいだの変移（揺れ動き）が捉えられる。

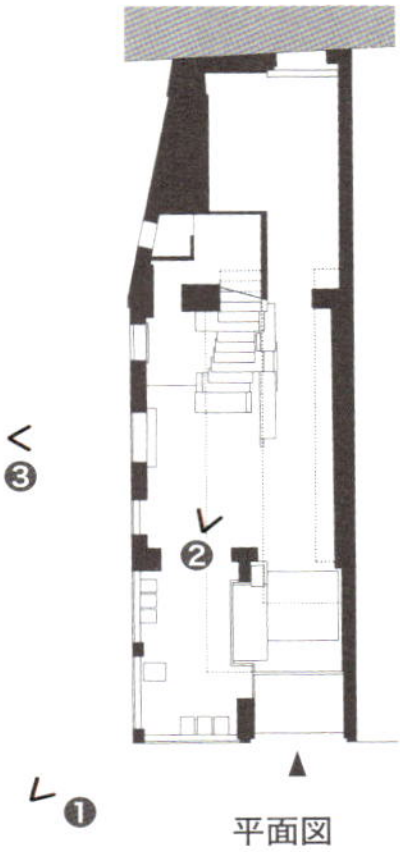

平面図

❸

❶

❸#

❷

カステルヴェッキオ美術館（SW 14）2階展示室から見る騎馬像

G3-a
オブジェクト・フレーミング並置

例2

迂回フレーミング（H1-b）の例1で挙げた騎馬像（❶は城壁の上から、❷は二階にたどり着いて近くから見たところ）は、順路の最終部である本館二階に入ると、もう一度〈開口空間（むこう）〉に現れる（❸）。ここである異質さが意識されるとしたら、それは、この騎馬像を切り取っている縦長のフレーム（窓枠など）が、手前の壁に掛けられている絵画と、大きさ、プロポーション、配置（上下関係）などの点で類似しているため、それらと群（グループ）を成し、絵画のように〈放射空間（まわり）〉をも感じさせるためではないだろうか。このように空間の変移とともに同じ像を何度も見ることは、単に像を近くでよく見ることとは違い、ここに至る解釈者の経験を、ひとつの（唯一の）持続として浮かび上がらせる効果がある。

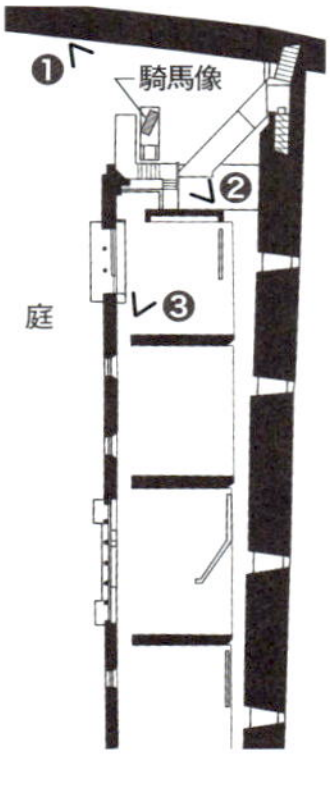

本館２階平面図（部分）

例3

カノーヴァ美術館（SW11）立体形の窓

G3-a
オブジェクト・フレーミング並置

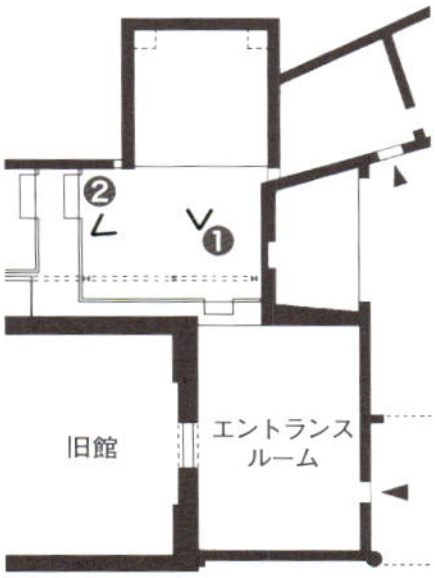

平面図（一部）

❶のコーナー上部にある立体形の窓は、その形状、スケールなどの類似性から、❷に見られるような展示のガラスケースと群（グループ）を成すと考えることができる（詳しくは第4章）。別の言い方をすると、立体形の窓は、展示ケースとの類似性があることによって、外の景色や空をまるで展示物のように見せる効果がある。これによって、通常は〈開口空間（むこう）〉を示す窓が、展示物のように〈放射空間（まわり）〉をも捉えさせ、そのあいだの変移（揺れ動く時間）が浮かび上がる。

❶

❷

❷#

❶

❷

❸

❹

例4

エディキュラを用いた壁面デザインの伝統

G3-a
オブジェクト・フレーミング並置

関連する西洋の伝統として、エディキュラについて考えたい。エディキュラは、ペディメント（屋根形）と柱形が組み合わさった小さな祭壇のような形式で、同時に用いられることの多いニッチ（壁の凹み）とともに古代ローマから用いられる（❹パンテオン中央のニッチ「エクセドラ」と左右のエディキュラ）。❶のドゥカーレ宮殿の中庭（ヴェネツィア、17世紀）では、ニッチとエディキュラが組み合わさったなかに彫像が置かれ、アーチ開口と並置されているが（❷）、このように壁面全体にエディキュラが用いられる（開口枠にも用いられる）傾向はルネサンス以降のことである（❸ミケランジェロ設計ラウレンツィアーナ図書館、16世紀）。エディキュラは元々、祭壇のように前面に〈放射空間（まわり）〉を示すとともに、フレームの「奥（開口空間）」を暗示するという両義性＝変移性を持っているが、これを多用し、さらに開口部と並置することで強まる変移性（「まわり」、「むこう」、一体的壁面による「なか」）が、人々を惹きつけると考えられる。

例 5

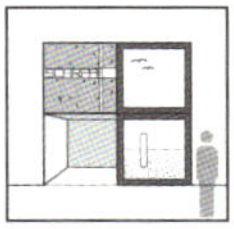

G3-a
オブジェクト・フレーミング並置

ヴェネツィアの街中のエディキュラ（小祭壇）

フレーミングとの並置ではないが、前の例で挙げたエディキュラを原型とした小祭壇がヴェネツィアの街中でよく見られることについて少し考えたい。大きな広場に面した本格的なもの（❶サン・ポーロ広場）だけでなく、庶民的と言いたくなるような簡易的な小祭壇が、橋のたもと（❷）、小さな広場の壁面（❸❹❻）、船着場（❺）、ソットポルテゴ（トンネル状通路）の入口（❼）など、さまざまなところに設けられている。主に広場の〈包囲空間（なか）〉と街路の〈開口空間（むこう）〉によってドラマティックな変移を見せるヴェネツィアの街中に、これらの小祭壇はささやかなアクセントのように〈放射空間（まわり）〉を付け加えており、解釈者の移動とともに捉えられる空間変移を、さらに魅惑的なものにしている。

❶

❷

❸

❹

❺

❻

❼

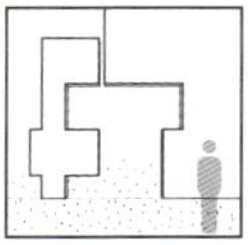

G3-b

ジグザグフレーミング

一般に、オブジェクトとフレーミングの《群》(G3)では、オブジェクトとフレーミングをグループと感じさせるために形や大きさなどに共通性を持たせるが、このジグザグフレーミング(G3-b)は、オブジェクトの境界を「ジグザグ形」にすることによって、オブジェクトとフレーミングされた開口部をグループとして捉えさせるものである。

ここでオブジェクトと言っているのは、フレーミングを構成する「物」のことであるが、その境界をジグザグ形にすると、物の側にも開口の側にも凸形態が現れ、どちらも「地」に対する「図」と捉えられるようになる(❶)。その解釈の切り替え(図と地の反転)に連動して、オブジェクトの〈放射空間〉を感じたり(❷)、〈開口空間〉が浮かび上がるなど(❸)、空間変移が捉えられる。また、ジグザグ形を共通因子として、❹のように他の面と群を形成し、〈包囲空間〉を示すこともできる。

このパターンは、モデル図のように平面的なジグザグだけでなく、立体的なジグザグを考えることもできる。それはスカルパ作品によく見られるものであるが、物の形として特徴的なだけでなく、空間変移を浮かび上がらせるパターンとしても注目に値する。

平面的なジグザグと立体的なジグザグが組み合わさった例。ブリオン家墓地。

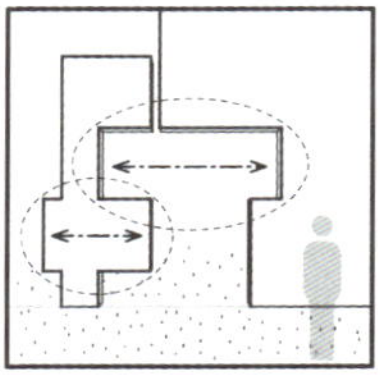

❶ オブジェクト(物)のエッジをジグザグ形にすると、その線の両側に凸形態を表すことができ、どちらも「図」として捉えられる。

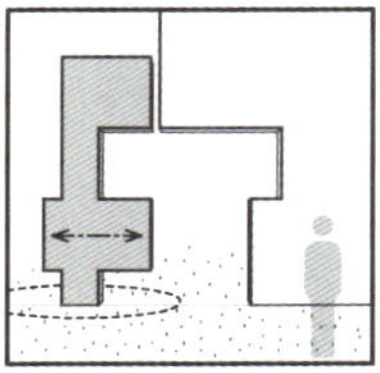

❷ オブジェクト(物)の凸形態を意識すると、その「まわり」に〈放射空間〉が捉えられる。

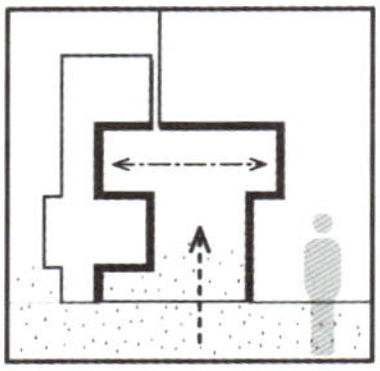

❸ 開口部の凸形態を意識すると、フレーミングされた「むこう」の〈開口空間〉が捉えられる。

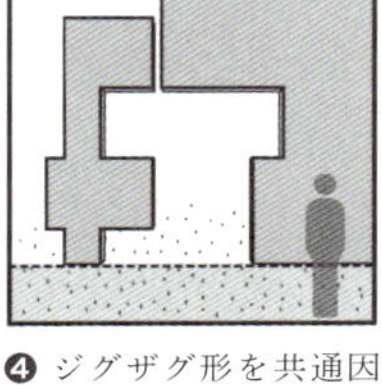

❹ ジグザグ形を共通因子としたグループが面を形成して、それによる〈包囲空間〉が捉えられることもある。

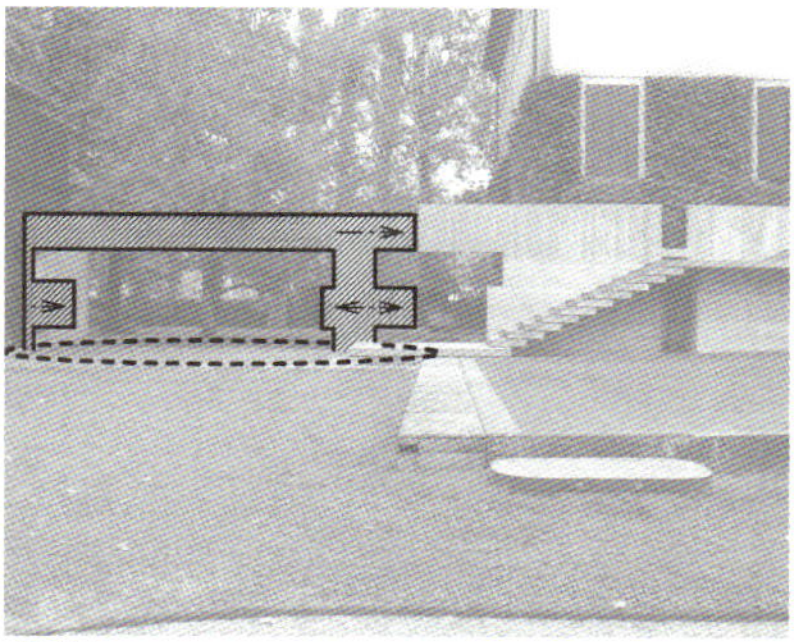

❶#1

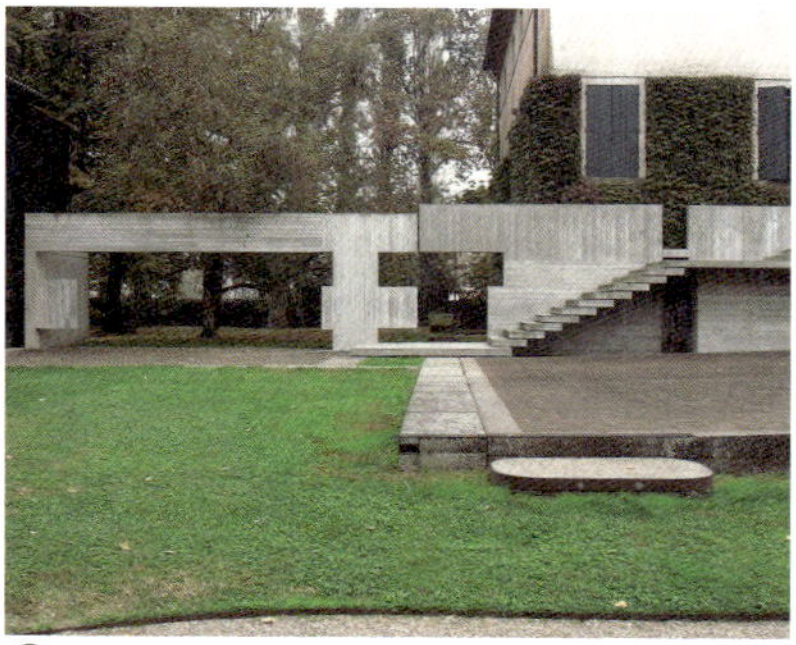

❶

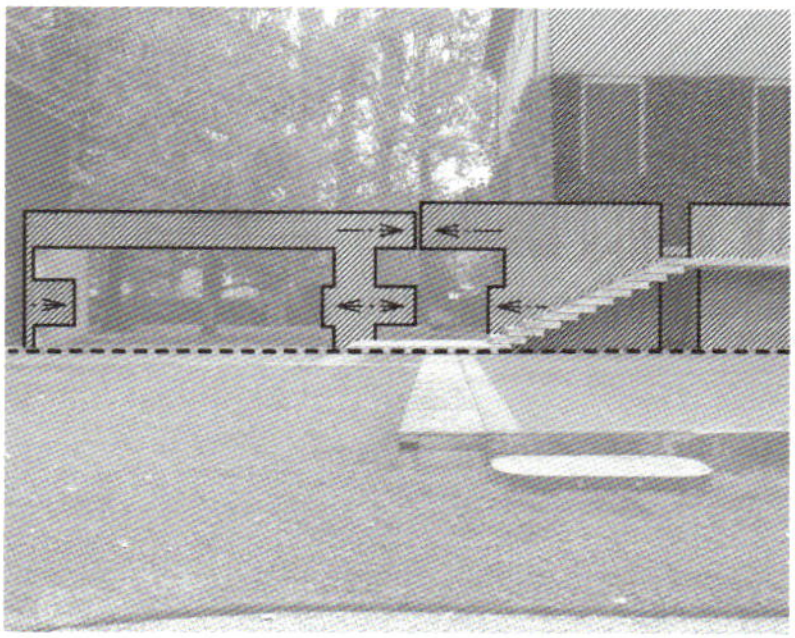

❶#3

❶#2

❷

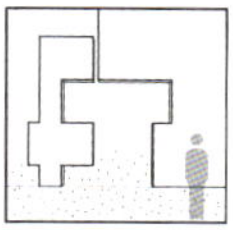

G3-b
ジグザグ
フレーミング

ヴィッラ・イル・パラツェット（SW24）庭の仕切り壁

例1

❷に見える母家の手前に、コンクリートの仕切り壁がある。壁の手前は芝生や石張りで広々としているのに対し、壁の奥には高木が生い茂り、庭の雰囲気が異なっている。ここで「変な形の壁があるな」と思ったなら、❶#1のように壁を図として、その〈放射空間（まわり）〉を捉えていると言える。あるいは壁の「むこう」の景色に引かれたとしたら、❶#2のように開口部の方を図と捉えているだろう（「むこう」が複数に捉えられる並列フレーミング（G2-a）でもある）。あるいはまた、❶#3のように、壁と母家の壁面を合わせて、解釈者がいる「こちら」の庭の広がりを〈包囲空間〉と捉えていることもあるだろう。以上のような異なる見え方のどれかが強く固定されることなく、移り変わりやすくなっていることがポイントだと考える。

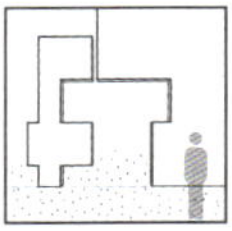

G3-b
ジグザグ
フレーミング

例2　オットレンギ邸（SW29）居間のまわりの仕切り壁

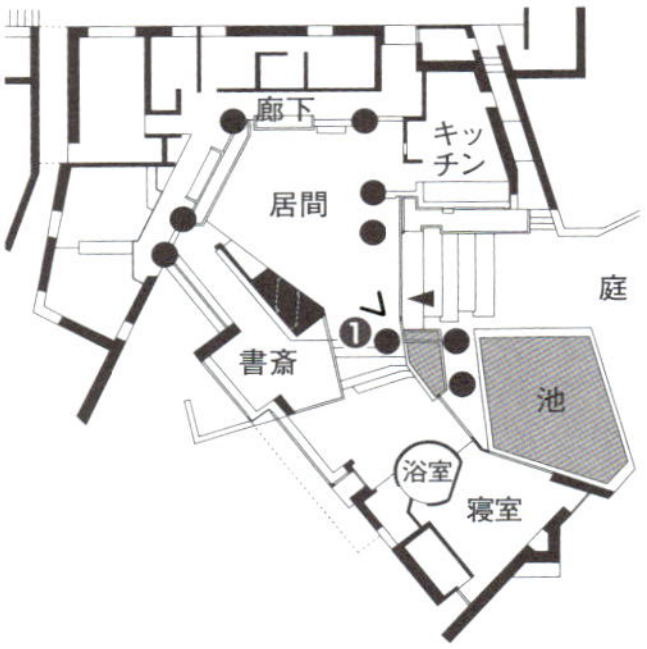

平面図（一部）

居間は、❶のように円柱と仕切り壁に囲まれている（壁のうしろは廊下や書斎）。❶#1は、右の二面の仕切り壁を強調しているが、壁を図としてその〈放射空間（まわり）〉を捉えることができる。❶#2は、左の二面（一番左は一部が暖炉やテレビ台になっている）を強調しているが、ジグザグ形に壁が無いところ（棚になっている）が図となり、〈開口空間（むこう）〉が捉えられる（正面の壁は円柱との複合フレーミングH2-cでもある）。❶#3は、三面に囲われた〈包囲空間（なか）〉も捉えられることを示している。ポイントは、これらの異なる空間が明確に捉えられるのではなく、むしろ曖昧であるがために、変移が浮かび上がりやすいということである。

❶

❶#1

❶#2

❶#3

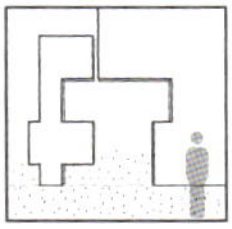

G3-b
ジグザグ
フレーミング

ブリオン家墓地（SW23）聖具室わきの「窓」

例3

道路側のアプローチを進むと、❷のようにブリオン夫妻の墓が「むこう」に現れる。ここでは、その手前（点線矢印の先）にある、ガラス窓に隣接した共同墓地側に開いた「窓」（❸）を立体のジグザグフレーミング（G3-b）として考える。まず❸を見て「窓がある」と思ったなら、❸#1のように段々形を含めた「窓枠」をざっくりと捉え、その「むこう」の景色に注目しているだろう。しかしこの「窓枠」は左上部分が閉じておらず、「むこう」が「窓枠」の外に漏れ出している。❸#2は、その広がる景色を背景に段々形を「奇妙な形だな」と思った場合に捉えられる〈放射空間（まわり）〉を示唆している。段々形は周りの壁と面が揃った部分があり、手前の〈包囲空間〉形成にも関わる（❸#3）。

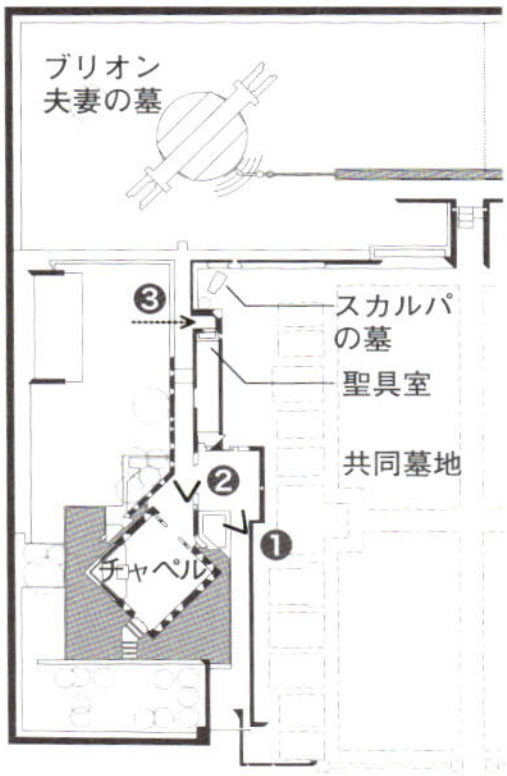

配置平面図（部分）

❸#1

❸

❶

❸#3

❸#2

❷

❷

❶

❺

❹

❸

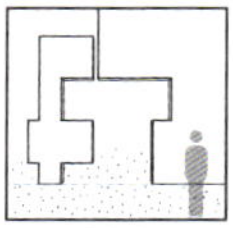

G3-b
ジグザグフレーミング

段々形の開口の伝統

例4

前の例3で立体のジグザグフレーミング（G3-b）としてブリオン家墓地（sw23）の「段々形」を示したが、これが出入口まわりによく見られることについて考えたい（❶共同墓地側出入口、❷カ・フォスカリ大学文学哲学部エントランス［sw30］）。このような段々形は、ゴシック様式の教会にも見られる（❸❹ノートルダム大聖堂［パリ］12～13世紀、❺サンタ・アナスタシア教会［ヴェローナ］14～15世紀）。このような伝統例は、一般には、大きなファサード面にプロポーション的にふさわしい開口部の大きさと、実際の扉の大きさのギャップを、組積造の厚い壁を活かして埋めるアイディアだと考えられるが、一方で、それが空間を変移させる魅力も、普及の要因のひとつと考えられるのではないだろうか。それは開口として「むこう」を示唆するとともに、それ自体が印象的なオブジェクトとして「まわり」を捉えさせ、さらにその厚みの「なか」を「むこう」と「こちら」の中間に浮かび上がらせる。別の見方をすると、段々形は「むこう」を示すエッジの増殖であり、微細な直列フレーミング（G2-b）と言うこともできる。

例5

図と地が反転する開口の伝統

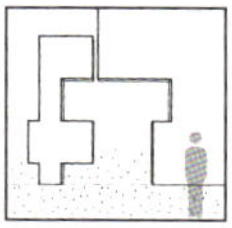

G3-b
ジグザグ
フレーミング

ジグザグフレーミング（G3-b）の原則は、「むこう（開口空間）」を示すフレーミングと、それを構成する「物（オブジェクト）」との間で、「図」の取り合い（図と地の反転）が生じることである。❶のブリオン家墓地の開口部は「ジグザグ」ではないが、二つの円が重なり合った図を意識すると〈放射空間（まわり）〉が捉えられるのに対し、その「むこう」に意識が向かうと〈開口〉が三つ捉えられ、変移が浮かび上がる。つまり同様の反転原理が働いている。ここで、このような反転原理が見られる伝統的な例として、ヴェネツィアン・ゴシックのアーチ開口を指摘したい。❷〜❹はその代表例であるカ・ドーロ（15世紀）であるが、二階と三階のバルコニーの列柱上部のアーチが四弁花のような開口を形づくり、「物」と「開口」のあいだでの反転が意識される。このような「まわり（放射空間）」と「むこう（開口空間）」のあいだの空間変移（時間）は、実は反転図形がなくても常に生じていることであるが、それを意識させる形がデザインされていることによって、変移が浮かび上がりやすくなる。

❶

❷

❸

❹

G4 属性の《群》

ここからは、物の属性（色、素材、ツヤ、形態、サイズ、高さ、工法表現など）が共通要因となってグループ（群）が捉えられるパターンを説明する。これまで見てきたオブジェクトやフレーミングの《群》と異なり、属性はそれ自体で空間を示すというよりは、一般的な空間認識をかく乱したり、何らかの工夫によって異なる空間図式を示唆することで、空間の変移（再解釈）を促す。

パターンとして、類似属性の離散（G4-a）と対比属性の近接（G4-b）に分けて説明する。オブジェクトの《群》（G1）について述べたのと同様に、「類似した属性であれば離れていてもグループを感じられる（G4-a）」ものと、「対比的な属性であっても近接していればグループと感じられる（G4-b）」ものである。

また、これもオブジェクトの《群》（G1）の説明において述べたことであるが、「どれが類似で、どれが対比か」、あるいは「どれくらいが離散で、どこからが近接か」ということは個々の判断であるので、これら二パターンのあいだに厳密な区別をすることはできない。さらに言えば、とくにスカルパ作品では、「オブジェクトか、属性か」という判断すらしにくいものもある。そのように「厳密には区別できない差異」の存在を「どちらとも捉えられる」工夫によって浮かび上がらせ、それを判断する（問う）者の能力を刺激することこそ、空間変移のデザインである。

連続した都市環境では、建築作品のように範囲を特定しにくいため、この二つのパターンを区別することが難しい（一般的には、建物や包囲面のような単位のなかで捉えれば「近接」、環境の広がりにおいて捉えれば「離散」と言える）。したがって、ここではスカルパ作品以外のヴェネツィアの例は、最後にまとめて挙げる。

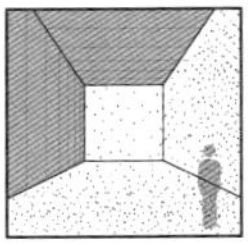
G4-a
類似属性の離散

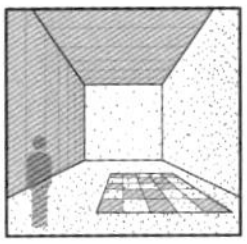
G4-b
対比属性の近接

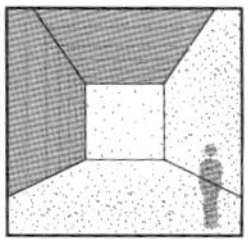

G4-a

類似属性の離散

素材や色などの物の属性が、空間を捉えさせる「オブジェクト（物体）」、「サーフェス（面）」、「フレーミング（枠）」の一般的な範囲を逸脱して広がるパターンである。たとえばモデル図の❶のように、床・壁・天井のそれぞれの面に異なる属性（素材や色など）が用いられるような一般的なケースでは、それによって部屋の空間認識（包囲空間）が乱されることはない。一方、❷のように、床面と天井面に用いられている異なる属性（素材や色など）が、それぞれに壁面を侵食するように広がっている場合には、空間を捉えるための「面の認識（区別）」と「属性の認識（区別）」が一致しないため、❶に比べて、空間認識がわずかにかく乱されると言うことができる。

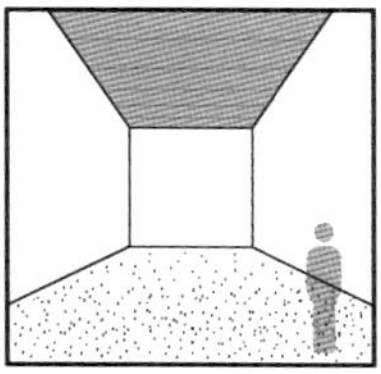

❶ 床面・壁面・天井面にそれぞれ異なる属性（素材や色など）が用いられるような一般的な場合、とくに部屋の空間認識が乱されることはない。

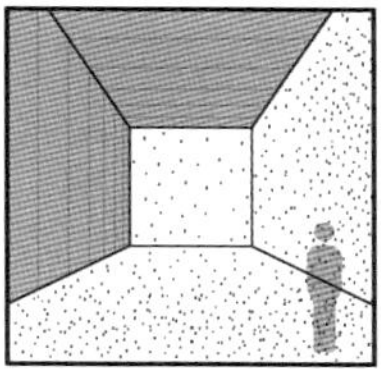

❷ 床面と天井面に用いられている異なる属性がそれぞれ壁面に広がっている場合、空間を捉えるための「面の認識（区別）」と「属性の認識（区別）」が一致せず、❶に比べて空間認識がかく乱される。

❶#

❶

❹

❸

❷

例 1

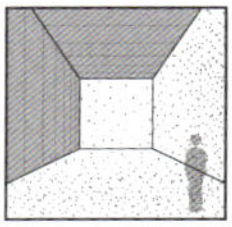

G4-a
類似属性の離散

カステルヴェッキオ美術館（sw14）アプローチまわりの石

❶は、美術館の建物に入る入口の前であるが、円形の石板とともに、赤みがかった石でできた箱状の展示物が壁際にある。❶#1は、この展示物と同じ種類の石に斜線をかけて強調しているが、同じ素材が床面や建物の外壁に広がり、常識的なまとまり（建物、広場、展示物など）とは異なる群を成している。❷は❶の建物の外壁を近くから見たものであるが、同じ種類の石でも、赤みの濃さや表面の粗さといった細かい属性の異なるものが集められており、あとに示す対比属性の近接（G4-b）の側面もある。

この赤みがかった石は、美術館があるヴェローナ特産のもので、市街の石畳（❹）や建物の壁、古代ローマ時代の闘技場（❸）などにも見られる。これら街中の石は、表面処理や風化の度合い、色の濃淡などがバラバラで、❷に示した建物の外壁は、そのような「バラバラさ」をひとつの属性として反復し、美術館から直接には見えない（が、すでに見ているはずの）都市空間の広がりを浮かび上がらせると考えられる。

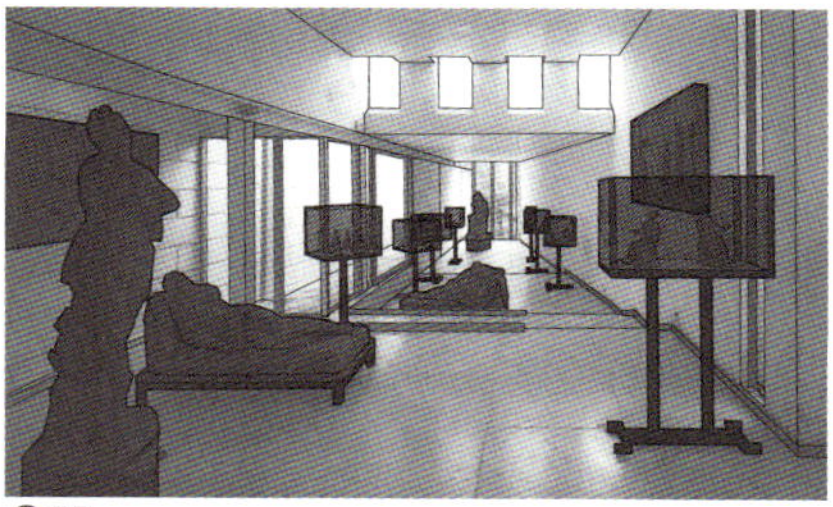

❶#1

❶

❶#3

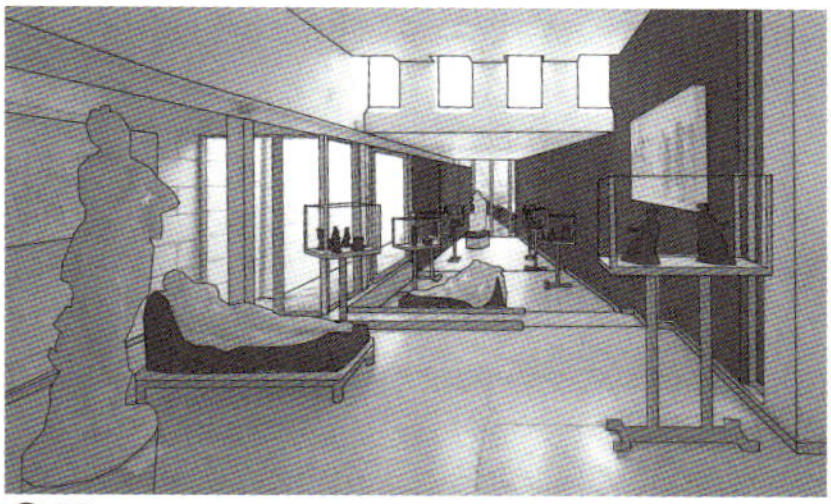

❶#2

例2

カノーヴァ美術館（SW11）展示と建築

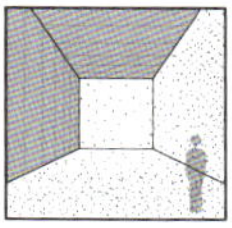

G4-a
類似属性の離散

❶は美術館の増築棟に入って長手方向を見ている。❶#1は、展示物を濃く塗って、「展示室に展示物がある」というごく一般的と思われる空間認識を強調している。❶#2は、表面の仕上げが粗い（ザラザラしている）部分を濃く示している。ここにある石膏像はカノーヴァの習作で、完成品に近い滑らかな表面と、仕上げられていない粗い表面が混ざっている（とくに横たわった人物像は台の部分が粗く、色も少し黄色いためわかりやすい）。この石膏の仕上げの差異が建物の表面に反復され、白い滑らかな面と黄色がかった粗い面のグループが、展示物と建物を横断して捉えられる。❶#3は、建物の工法表現に着目し、「塗ったもの（左官仕上）」「組んだもの（架構材）」「積んだもの（組積材）」の三種類を白・黒・グレー（斜線）に塗り分けている。この三種類は、展示物の土台でも使い分けられており、やはり建物と展示物を横断したグループが捉えられる（❷に三種類の土台が見える）。これらの類似属性の離散（G4-a）は、「建物と展示物」という一般的区分（❶#1）を崩し、空間の再解釈を促す仕掛けと言えるだろう。

❷

例3　ブリオン家墓地（SW23）段々形、色

G4-a
類似属性の離散

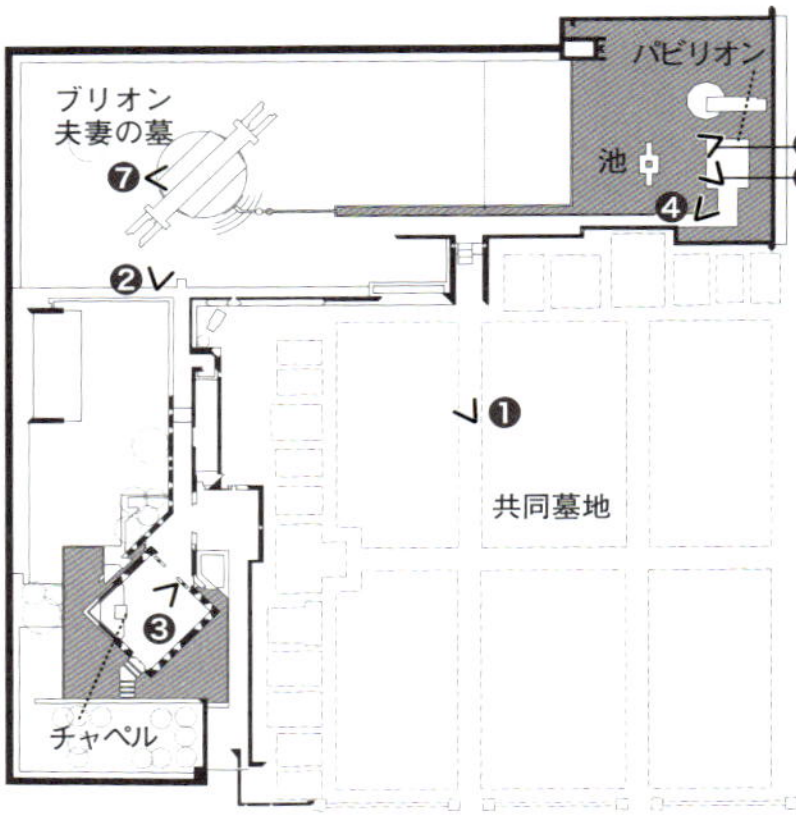

配置平面図

ジグザグフレーミング（G3-b）の例4で、「段々形」が出入口まわりによく見られる（❶）と述べたが、ブリオン家墓地では、他にもさまざまなところに現れる（❷～❹：それぞれ下図で段々形を強調）。これらを類似属性の離散（G4-a）として色や素材と同レベルで考えてよいのか、疑問を感じるかもしれない。実際、それはフレーミングとして「むこう（開口空間）」を示し、オブジェクトのように「まわり（放射空間）」を感じさせ、面として「なか（包囲空間）」も捉えさせるとこれまで述べてきた。それに加えて、それが何を示すのか曖昧なまま群を成すことで、形態が、まるで色やテクス

❶

❷

❶#

❷#

チャーのような属性としてふるまい、空間（解釈）を揺さぶる効果があるのではないか、というのがここで述べたいことである。たとえば❹では、池のパビリオンの下（水中）に段々形が用いられており、それによってどのような空間が捉えられるかは言いにくいが、何か不気味とも言える異質性を感じさせる。それは、段々形が他と群を成しているために、それを見ると連想が働く（人が動きうる空間を解釈しようとしてしまう）ことに関係していると思われる。

　ブリオン家墓地についてもうひとつ、色の離散（G4-a）による群を指摘したい（次ページ❺～❼）。とくにタイルの色には、近くにある緑、花、水面などの色を反復していると思われる色使いがあり、人工物と自然物を横断する群が不意に捉えられることは印象深い。これらの群は、季節の変化、あるいは日々の光の変化によって関係が変わるため、その印象は刻々と変わっていく。

❸

❹

❸#

❹#

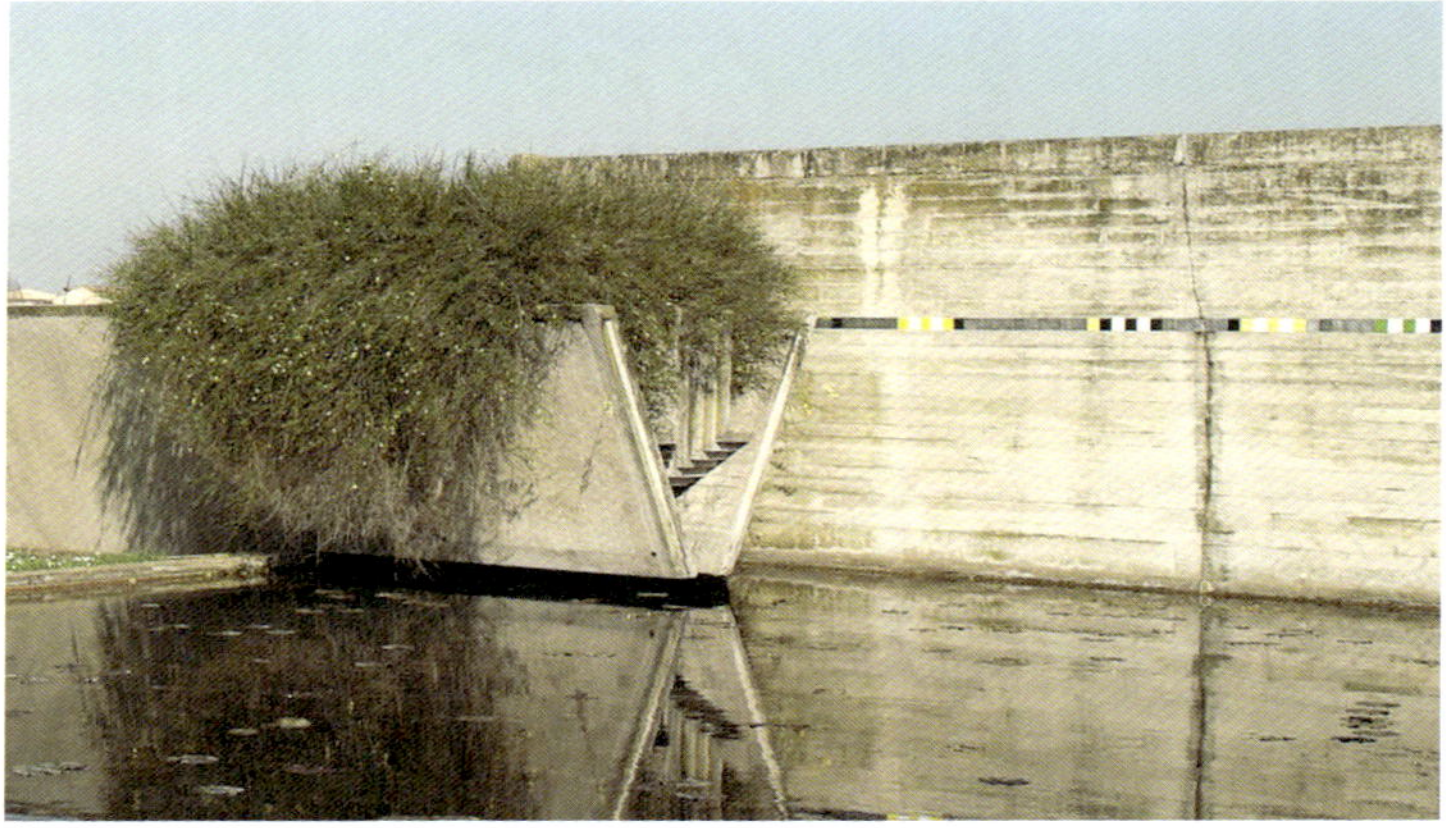

❺

❻

❼

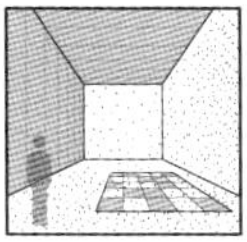

G4-b

対比属性の近接

対比属性の近接（G4-b）は、原則として、前の類似属性の離散（G4-a）とセットで用いられるものである。一般的な「オブジェクト（物体）」、「サーフェス（面）」、「フレーミング（枠）」の範囲を逸脱して広がった属性（素材や色など）が、別のところで集まり、別の「オブジェクト」や「サーフェス」を示すことによって異なる空間を捉えさせる。言いかえると、属性の寄せ集めに形を与えることによって解釈者の意識を属性に向かわせ、空間を再解釈させる効果を高めると考えられる。

一般に、環境に広がっている物の属性（素材や色など）は、建築がつくられる前から存在しているものがほとんどで、建築のデザインにおいて選択される属性はその一部である。属性の《群》（G4）は、どちらのパターンも、すでに存在している属性と建築を結びつけることによって、空間変移を周辺環境に広げる効果がある。とくに対比属性の近接（G4-b）は、すでに環境にある属性に形を与えて空間を示す意図を感じさせるもので、スカルパが、単に自作の形や空間をデザインしたのではなく、環境に連続する空間変移、すなわち人間の持続的経験を考慮していたことがよくわかる。

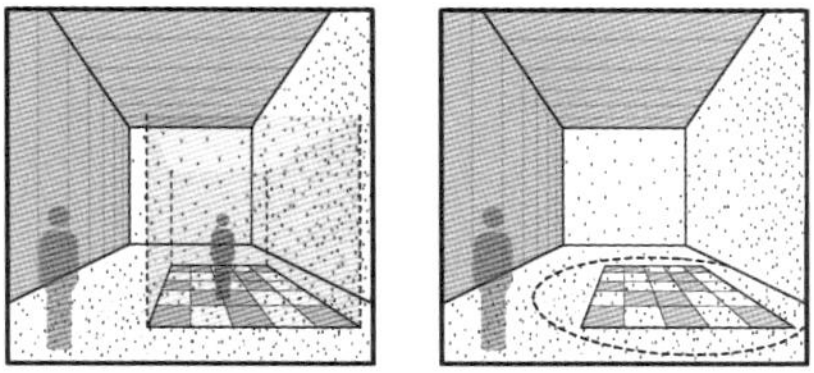

❷ ❶

天井面と床面から広がった属性（素材や色など）が、床面の一部に寄せ集まって四角い面を示している例。部屋全体の包囲空間とは別に、❶のような「まわり（放射空間）」や、❷のような「なか（包囲空間）」を捉えさせるとともに、部屋中に広がる属性に意識を向かわせる効果がある。

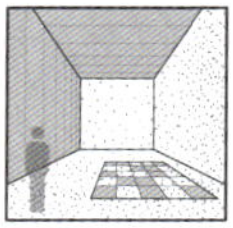

G4-b
対比属性の近接

クエリーニ・スタンパリア財団（SW 15）

例1

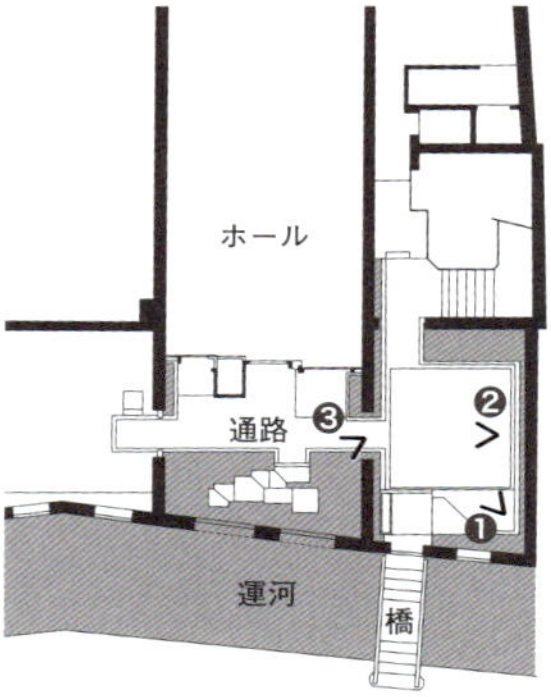

配置平面図（一部）

橋を渡ってすぐのエントランスルームに、正方形とL字形の石が組み合わさったモザイク状の床面がほぼ正方形に限定されて広がり、〈包囲空間（なか）〉あるいは〈放射空間（まわり）〉を示している（❶、❶#）。基本的に四色の石が用いられており、周辺にある色を集めた対比属性の近接（G4-b）と考えることができる。濃い赤は同じ部屋の天井にも用いられているが（❷）、錆色の鉄や木材との関連が捉えられる。オレンジに近い褐色はレンガ、白は既存のアーチなどの大理石との類縁性が捉えられる。深緑色は、この部屋の中ではわかりにくいが、隣の部屋へ進むと運河の水の色とのつながりが感じられる（❸）。言わば、ここにはヴェネツィアの主要な色が集まり、ひとつの形を成している。

❷

❶

❸

❶#

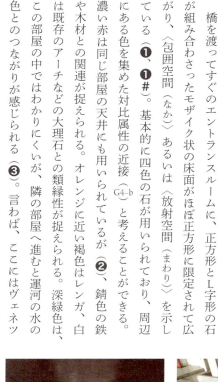

G4-b
対比属性の近接

オットレンギ邸（SW29）

例2

オットレンギ邸平面図（一部）

特徴的な円柱は「白っぽい粗肌の石」と「平滑なコンクリート」の二種類の素材が組み合わさっている（❶）。これを対比属性の近接（G4-b）と考えたい。この二種類の素材が何に由来するかを明確に言うことは難しいが、❷の外観を見ると、外壁も「白っぽい粗肌材」と「平滑なコンクリート」の組み合わせであることがわかる（❷# 円柱も含めて平滑なコンクリート部分を強調）。「粗肌材」が自然石のようなテクスチャーで、主に地面に近い位置で用いられていることから（❸）、この対比は「自然物」と「人工物」、あるいは「古い物」と「新しい物」の関係を示唆しているとも感じられる。なお、この家は新築で、実際に古いものを改修してこのようになっているわけではない。

❷

❶

❷#

❸

例3

ヴェネツィアの風景から

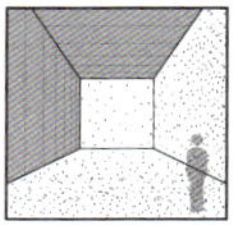
G4-a
類似属性の離散

G4-b
対比属性の近接

❶

❷

❸

❹

❶の黄色い壁の建物は、一部の漆喰がはがれて下地のレンガが見えるが、一階部分は、よく見ると大きい石を積んだ表現の跡（目地の線）が見える。つまり、建物はレンガ積みであるが、二階は漆喰を「塗る」、一階は石を「積む」という異なる属性が表現されていた。このように仕上げ材がはがれてレンガが見えることはヴェネツィアではよくあることで、❷のように境目を整えている例も多くある。

❸は、前に対比オブジェクトの近接（G1-b）の例で挙げた広場（カンピエッロ・デ・ラ・スクオーラ）である。前には、建物の〈放射空間〉と広場の〈包囲空間〉の変移について述べたが、ここでは色と素材に注目する。❸を見ると建物の色は概ね白と褐色で、褐色は主にレンガが露出した部分である。左手にある鐘楼の土台部分（壁が斜めの部分）に❶と同様の石積みを模した跡が見られることから、この部分は白かったはずだと考えると、広場を囲む壁は元は全体として白かったと想像できる。❹は❸と対面

❺

❻

❼

❽

する壁であるが、こちらもやはり一階部分のレンガが見えている（192ページ写真も参照）。ここで興味深いこととして、おそらく落書き（うっすら見える）を消すために、腰から下あたりの壁が赤茶色に塗られている。つまり、補修をおこなうにあたって、白ではなく、レンガに近い色が使われている。このようにヴェネツィアでは、レンガ積みが露出している状態は、もはや日常の風景として受け入れられている。

このような白と褐色（または土色）、滑らかさと粗さ、あるいは「塗る」と「積む」などの属性の共存（離散または近接）は、レンガが露出したことで現れるばかりではない。ルネサンス以降、教会などの正面が古典主義で白く整えられると、側面との対比が生じたり（❺❻サン・ヴィダルとサント・ステファノ広場、❼サン・ジョルジョ・マッジョーレ聖堂）、他のファサードと隣接することもある（❽ゴシックのサンティ・ジョヴァンニ・エ・パオロ聖堂［右］とルネサンスのスクオーラ・グランデ・ディ・サン・マルコ［左］）。当時の思惑を正確に理解することはできないが、異なる属性が離散あるいは近接することによって空間が揺れ動く様相も、街の魅力として人々に受容されていたのではないだろうか。

建築空間の仕組み　まとめ

この第2章では、第1章で仮定した建築空間の定義、「建築物（A）があることによって、ふるまい者（B）が動きうると、解釈者（C）が判断する範囲」が、どのような建築の条件（A）によって成り立っているのかを見てきた。

まず、建築物を見たとき、その物の様態に即して捉えられる空間の原型として、三つの空間図式を定義した。その三つとは、「オブジェクト」のまわりの〈放射空間〉、「サーフェス」による〈包囲空間〉、「エッジ」や「フレーム」のむこうにある〈開口空間〉である。

これらの空間図式は、物の形や配置次第で様々な強弱を持つため、現実では曖昧に捉えられることが多いが、この三つを想定することによって、それらのあいだで空間が変移する事態を捉えることができる。

この空間変移を引き起こす仕組みとして《穴》と《群》という二つのタイプを想定し、それぞれの具体的パターン（計七パターンの《穴》と、計八パターンの《群》）について、建築家カルロ・スカルパの作品と、主にヴェネツィアの伝統建築や街並を例にして説明した。

《穴》とは、基本的には、〈開口空間（むこう）〉が解釈者の移動などによって〈包囲空間（なか）〉に変移したことが浮かび上がる仕組みで（逆方向の変移もある）、移動後に変移が浮かび上がる「フレーミング横断（H1）」のパターンを三つ、移動中に変移が浮かび上がってくる「立体フレーミング（H2）」のパタ

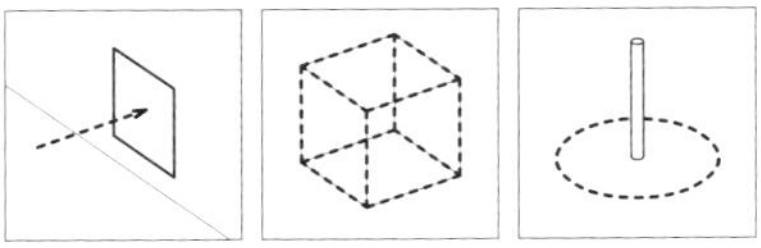

〈開口空間〉「むこう」　〈包囲空間〉「なか」　〈放射空間〉「まわり」

三つの空間図式

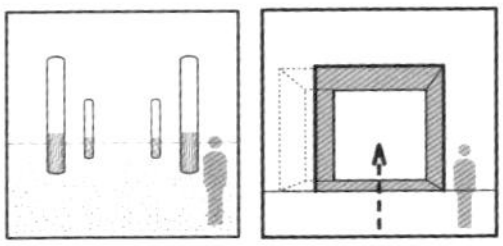

《群》　《穴》

空間変移の二つのタイプ

ーンを四つ見た。

一方《群》は、何らかの共通因子（色、素材、形、配置関係など）によって、同じ物が個別にもグループにも捉えられること、あるいは、同じ物に見られる複数の因子（色と素材など）のあいだで意識の切り替えが起こり、その変化に合わせて空間変移が誘導される仕組みである。オブジェクトの《群》（G1）、フレーミングの《群》（G2）、オブジェクトとフレーミングの《群》（G3）、属性の《群》（G4）の四種類に分けて、計八パターンを見た。

以上のように、空間図式とその変移パターンがある程度整理できること、また、この仕組みによって建築空間の経験をある程度記述できることから、本書ではこれを「建築空間の仕組み」、あるいは「変化する空間の仕組み」と呼ぶ。

筆者はこの仕組みを、カルロ・スカルパの作品をまとめて見ることを通して認識した。またその仕組みは、スカルパの拠点であったヴェネツィアにとくに集中的に見られるものだと感じたため、その例も併せて示すことで、理解の助けになるのではないかと考えた。


前に、傑作とは、作家の身体感覚を媒介にして世界の普遍的原理を見せてくれるものだと述べたが、その意味では、スカルパの作品は、ヴェネツィアの魅力の原理を彼の天才が引き出し、形にしたものだと言うことができる。ヴェネツィアに人を惹きつける魅力があることは説明不要だと思うが、その魅力の背景には、あれほど狭く限定された人工的環境に、千年以上にわたって人の欲望と富が集中したという特殊事情があるだろう（もちろん水の存在と、車が入れないことの影響も大きい）。しかし、それがいかに特殊だとしても、そこでおこなわれた壮大な実験には、人と物（物的環境）の普遍的関係が反映されており、スカルパが体系的に明らかにしたその原理は、スカルパ作品に限らず、傑作と言われる多くの建築作品に見られるものだと私は考えている。

空間図式と変移パターンを組み合わせた四極構造

空間変移——《穴》と《群》——の具体的なパターンについて説明する前のところで、「《穴》と《群》が一体化する空間変移のデザインは、私たち人間が「空間」という仕組みを用いてバラバラの「物」から持続的な「経験」を捉えていることの一つの根拠ではないか」と述べた（125ページ）。このことについて、ここで補足をしたい。

《穴》と《群》の一体化が最も強く感じられるパターンは、直列フレーミング（G2-b）だと思われる。複数のフレーミングが解釈者から見て前後（奥行方向）に並ぶ直列フレーミング（G2-b）は、単一のフレーミングと見なされる立体フレーミング（H2）との違いが曖昧となり、《群》とも《穴》とも（複数とも単一とも）捉えられるものがある。それ以外にも、たとえば並列フレーミング（G2-a）は「《穴》が《群》を成している」と言えるものであるし、類似オブジェクトの離散（G1-a）と対比オブジェクトの近接（G1-b）に分けて示したオブジェクトの《群》（G1）も、「《群》が《穴》をつくる」場合には《穴》と《群》が一体化し、より複雑な空間変移が起こっていると考えられる。

ここで私が言いたいことは、次のようなことである。

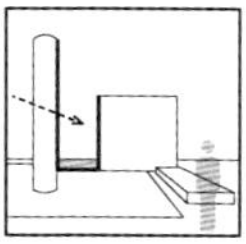

G1-b
対比
オブジェクト
の近接

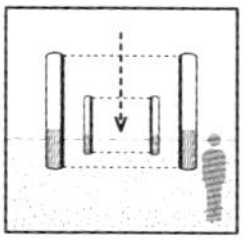

G1-a
類似
オブジェクト
の離散

G2-a
並列
フレーミング

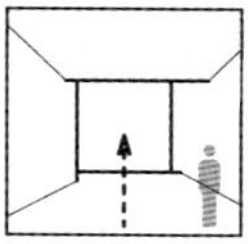

H2-c
複合
フレーミング
（立体フレーミング）

G2-b
直列
フレーミング

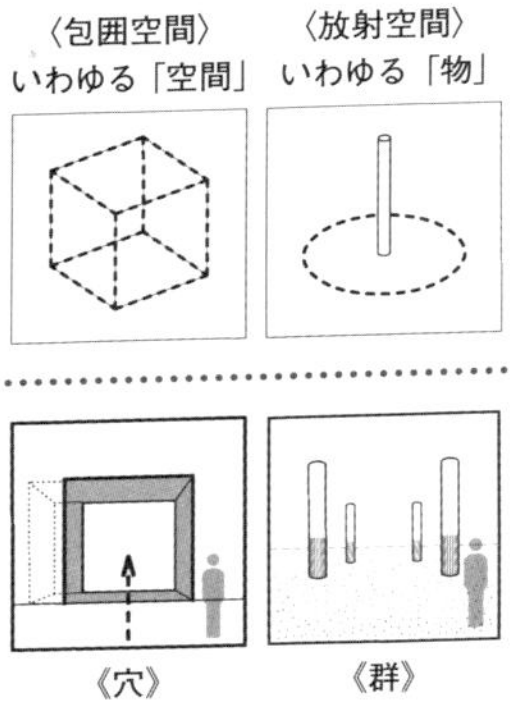

私たちは通常、主に〈放射空間（まわり）〉と〈包囲空間（なか）〉を捉えて建築や環境を理解しているように思われるが、実は多くの場合、《群》と《穴》を捉えているのではないか。その《群》と《穴》に連続性があると考えられるということは、建築の経験は、〈放射空間〉と〈包囲空間〉も含めて、一体的に連続しているのではないか。つまり、上の図に示す四つの概念を極として、これらをぐるぐると切り替えるようにして私たちの経験は持続しているのではないか。

〈放射空間（まわり）〉と〈包囲空間（なか）〉とは、日常的には、いわゆる「物」といわゆる「空間」と捉えられるものだと言えるだろう。「物」は様々な強度でその「まわり」を認識させるし、日常的な意味での「空間」は、その「なか」に様々な「物」が入るところだと考えられる。この二つを想定すれば、あらゆる物事を（時間を変数として）位置づけることができると考えるのが古典物理学である。

このようないわゆる「物」と「空間」は、互いに独立した存在であり、それらの境界が変形したり、「物」が消滅したりすることはあっても、それらが融合することはない。つまり「「物」でありかつ「空間」である」ような存在はない。「空間」とは「物」がないところであるのだから、「「物」でありかつ「空間」である」ような存在は矛盾している。

このような常識で考えると、本章で提示した《群》と《穴》は不思議な存在である。それらは〈放射空間〉と〈包囲空間〉、いわゆる「物」と「空間」のどちらも示す、とここまで述べてきた。しかし「ど

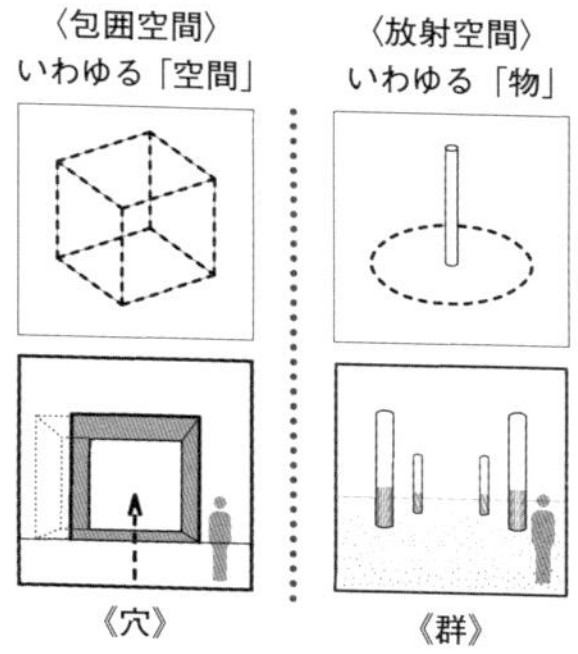

ちらも示す」と言っても、それは「物」と「空間」から《群》と《穴》を読み取ることができるということであり、「物」と「空間」の区別がなくなるわけではない。つまり、「物」と「空間」が客観的な実在であるのに対し、《群》と《穴》は主観的な解釈に過ぎない。常識的には、このように言うことができるだろう。

　このような一般論を押さえた上で、次に、同じ図の「縦」の関係に注目したい（上図）。まず右側の〈放射空間（いわゆる「物」）〉と《群》は、日常では連続的に捉えられるものだと言って問題はないだろう。たとえば列柱があったとき、一本の柱を捉えることと柱のグループを捉えることの境目を意識することはまずない。次に左側の〈包囲空間（いわゆる「空間」）〉と《穴》の関係であるが、これらも日常においては、ほとんど連続している。たとえば、ドアを開けて「むこう」の部屋を見てから「なか」に入った場合、そのあいだの空間認識の境目を意識することはほとんどないだろう。「境目を意識することはない」というのは、ほとんど一体的な出来事で、いつの間にか空間図式は移り変わっているという意味である。そもそも本書において、単体とグループのあいだの変移（認識の移行）を《群》と呼び、〈包囲空間（なか）〉と〈開口空間（まわり）〉のあいだの変移を《穴》と名づけたのであるから、これはあたりまえのことである。

　このように、いわゆる「物」と《群》、それから、いわゆる「空間」と《穴》が一体的に連続していることを踏まえて、これに「《群》と《穴》の連続」が加わるとすると、結局、「物」—《群》—《穴》—「空間」の四項が、すべて連続するということになる。つまり、「物」と「空間」は、区別されてい

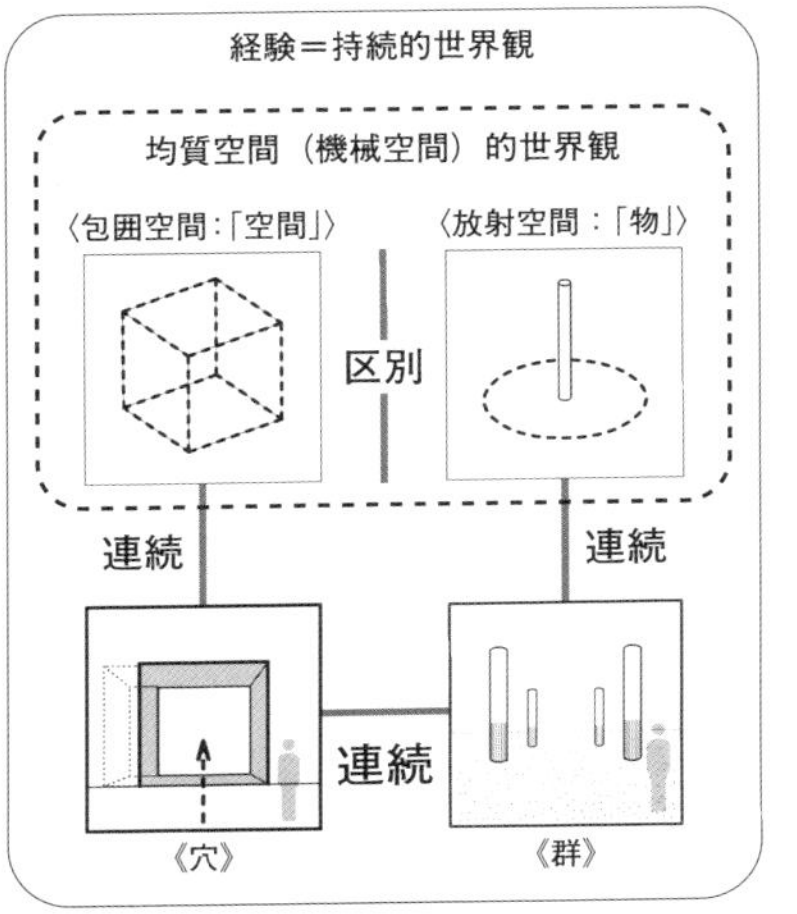

るのが常識だと先ほど述べたが、実はその区別の裏側で、《群》と《穴》を経由して、それらは連続している。それが私たちの持続的な経験だと考えられる（上図）。

なぜ、このような概念的な話をしているのかと言うと、これまでにも述べたように、均質空間（どこでも同じ空間）と、そこから派生した機械空間が支配的になりつつある現代の世界観に、何とか抵抗することはできないか、と思うからである。均質空間あるいは機械空間が支配的な世界観とは、〈放射空間：「物」〉と〈包囲空間：「空間」〉だけであらゆる物事を位置づけられると考える、常識的あるいは古典物理学的な世界観である。それは、前に述べた、原広司が「ガラスの箱のなかのロンシャン」と批判した世界観でもある（下図）。均質空間的世界観は、さまざまな物事を整理して管理するのに都合のよい世界観であるが、実は人間は、その背後で絶えず《群》と《穴》を捉え、区別されているはずの「物」と「空間」をも連続させるような経験（持続的世界）を生きている。そのような仕組みを生かしたデザインが建築に多く見られるということは、実は人間は、そのような連続的変化（変移）を情報として活用しており、その経験に欲望する。そのような経験に欲望する能力を持っている。

別の言い方をすると、もしこのような経験の仕組みをまったく自覚せず、「物」が時間軸にそって動

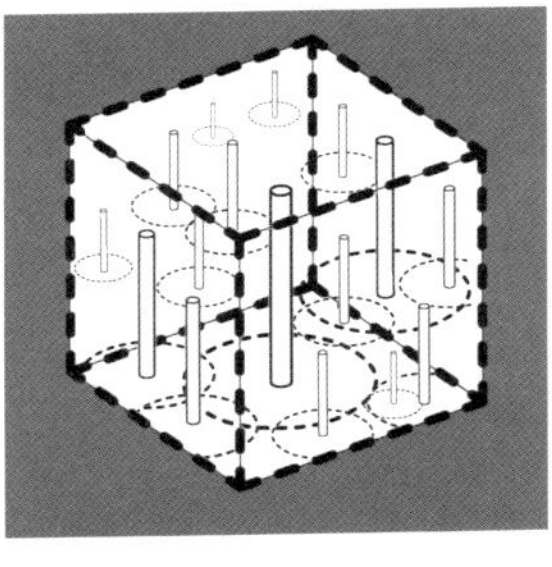

［右図］「ガラスの箱のなかのロンシャン」イメージ（木内作図）

どんな「物（放射空間）」もひとつの包囲空間に取り込まれているという、均質空間（機械空間）的世界観。そこでは、あらゆる物が他の物で代替可能（価格次第）であるだけでなく、それを捉える解釈者も代替可能である。

一方、上で示している《群》と《穴》を含んだ経験＝持続的世界観では、解釈者が何を捉えているか、どこから捉えているかによって、空間は絶えず変移する。つまり、それは解釈者次第である。とは言え、「ならば何でもいい」わけではないことは、それを捉えさせる建築のデザインが数千年にわたって追究されてきたことからもわかる。

くだけの均質的世界観を信じたとすると、機械が用意する魔法のような《群》と《穴》——たとえばネットを介した映像やゲームなど——に対して無防備となり、その閉じた「没入空間」のなかでのみ欲望を満たすということにもなりかねない。つまり、自分が欲望する空間の変移を機械に依存することになりかねない。

私はここで、映像やゲーム、あるいはネットの空間（何かが動きうると判断される範囲）が悪いと言っているわけではない。それらは現代における空間の実験場であり、そこに可能性があることは確かである。ただ、それらは実は、自然や建築に見られる伝統的な空間変移を応用して欲望を刺激しているのだということに自覚的でないと、コンテンツのなかにだけ新たな刺激があり、その外には退屈な均質空間が広がっていると勘違いをしてしまう。運営側（支配側）は、そのように人々が勘違いをして、できるだけ長く没入してくれることを望むだろう。

このような「均質空間」と「没入空間」の分離による管理システムの強化に抵抗するためには、実は私たちの経験のあらゆる場面に空間変移は潜んでおり、それらはすべて、どこかで連続していると自覚できることが有効なのではないか。本章では、まず原理を理解してもらうという都合上、カルロ・スカルパの作品やヴェネツィアの経験において現れる空間変移を、バラバラの要素（パターン）にして説明してきた。気をつけなければいけないことは、実際の経験においては、これらの要素が、いま述べた四極構造の仕組みによってすべて連続し、解釈者の視点と移動にともなって、絶え間なく、いつの間にか、変移していくということである。

スカルパの作品やヴェネツィアは、この変移を浮かび上がらせること（いつの間にか別のものに変わったと感じさせること）において異常と言えるほどのデザイン密度を持った場所であるが、それらも人間の普遍的能力を利用したものであることに変わりはない。むしろ、そのような経験を通じて、私たちが自分たちの能力を自覚すれば、機械による管理システムも相対的に捉えることができ、それも利用しながら、一人一人が独自の空間を発見していくことができるのではないか。人間本来の能力を発展させる可能性があるのではないか。

このように建築の範囲を逸脱して話を広げると、大げさに危機感を煽るなと思う人もいるかもしれないし、逆に、空間の可能性などと楽観的なことを言っている場合ではないと反感を感じる人もいるだろう。いま述べた現代の空間に対する批評は、正直、私自身も大げさなのか楽観的なのかわからない。ここでは、あくまで伝統的な建築空間論の立場から、現代の空間の状況に対して役に立つのではないかと思われる概念（道具）を、仮説として提示することを目的としている。

カルロ・スカルパの建築デザインに見られた《穴》と《群》が連続する空間変移のデザインは、過去数千年にわたる空間概念と建築文化の流れを反映したもので、人間が何に欲望し、それをどう表現に昇華してきたかということを、ひとつの体系として示していると考えられる。そこから抽出される経験の四極構造は、そのように空間と文化を発展させてきた人類が、不覚にも機械の支配に身を委ねないためのひとつの手がかりになりえると私は考えている。

第II部　空間論の広がり

第3章　先行理論との関連

第2章で説明した「空間図式」と「空間変移」の考え方は、「人が動くと空間はいつのまにか別のものに変わっている」と主張するものであり、「壁で囲われた空間」や「どこでも同じ空間」のような一般的な捉え方、すなわち空間を固定的に捉える考え方と異なるため、唐突でなじみにくいと感じる人もいるだろう。しかし、建築を通して空間を考え直そうとする先行理論は多くあり、そのなかには本書に似た考え方を見出すこともできる。というより、本書はそれらから大きな影響を受けている。この第3章では、そのような理論のいくつかを紹介し、本書との関連性について述べたい。

先行理論は、「「第三の空間概念」に関連する理論」と「均質空間に対抗する理論」という二つに分けて紹介する。大まかに言うと、一番目の「「第三の空間概念」に関連する理論」では、建築において空間が問題だと認識されるようになった比較的初期（19世紀末から一九五〇年代頃）の理論を挙げるのに対し、二番目の「均質空間に対抗する理論」では、建築が空間を扱っているという認識が広く共有された後、その可能性を掘り下げている比較的新しい理論（一九五〇年代から九〇年代頃）を取り上げる。しかし、いずれも空間の実像と可能性に迫ろうとしているという点では同じであり、この区別は説明のための便宜的なものである。

なお、ここではどの先行理論も「空間論」として取り上げるが、その著者たちが必ずしも「空間」を主題にしているとは限らない。彼らが「空間」を論じているというのは、私が「それは空間の問題だ」と解釈しているということである。

「第三の空間概念」に関連する理論

ギーディオンの「第三の空間概念」

三つの空間図式――〈放射空間（まわり）〉〈包囲空間（なか）〉〈開口空間（むこう）〉――について説明したところで、「まわり（外）」と「なか（内）」の二項関係に「むこう」が同列にされていることを疑問に思うかもしれない、と述べた（109ページ）。このように、二項対立的な理解に第三項を加えることによって空間の実像に迫ろうとする議論はいくつかあるが、そのなかで最も有名なものは、建築史家のジークフリート・ギーディオン（1888–1968）による「第三の空間概念」だろう。

ギーディオンは、一九二八年から始まった近代建築国際会議（CIAM）で書記長を務め、ル・コルビュジエやヴァルター・グロピウスなどの建築家とともに近代建築の発展に力を尽くしたことで知られている。彼の主著である『空間・時間・建築』[1]は、当時まだ新しい近代建築を建築史に位置づけるとともに、同時代の技術、美術、都市計画、科学などと関連づけることによって、近代文明の統合的価値を示そうとしたものである。この『空間・時間・建築』や、彼の最後の著書である『建築、その変遷』[2]などに、建築における「三つの空間概念」が述べられている。

この「三つの空間概念」は、「簡単に要約すれば、建築の発展には3段階がある」[3]と言われているように、空間概念の歴史的な変遷に着目したもので、その三段階目が近代建築によって始まったと主張される。

「第一の空間概念――彫刻としての建築」は、メソポタミアやエジプトなどの古代文明から発達したも

1 ［文献3-01］S.Giedion『空間・時間・建築（新版 復刻版）』太田實訳、丸善株式会社、二〇〇九年（原著初版一九四一年、十六版増補改訂第五版一九六七年）。

2 ［文献3-02］ジークフリート・ギーディオン『建築、その変遷 古代ローマの建築空間をめぐって』前川道郎・玉腰芳夫訳、みすず書房、一九七八年（原著 一九六九年）。

3 Giedion［文献3-01］二七―二八頁。

ので、その最終相がパルテノン神殿を代表とする古代ギリシャ建築である。「彫刻としての建築」とは、簡単に言えば、外部に見せるための建築という意味で、内部空間は無視されていたと言われる。次の「第二の空間概念――内部空間としての建築」は、古代ローマから始まったもので、2世紀前半のパンテオンから18世紀のバロック建築まで、様式や形式の違いを超えて内部空間が開拓されつづけたと言われる。そして「第三の空間概念――彫刻と内部空間としての建築」が、20世紀の近代建築によって始まったもので、第二の空間概念である内部空間の重視は継続しながら、建物の「彫刻のようなヴォリュームが空間を放射する」第一の空間概念がよみがえったとされる。[4] その特徴は、「内外空間の相互貫入」、「ヴォリュームと内部空間による二重奏」のように言われ、それを完全に結晶させた最初の大建築物として、グロピウス設計のバウハウス校舎（1926）が挙げられている。[5]

このギーディオンの「三つの空間概念」は、近代建築とそれ以前の建築の違いを説明するものとして

4 ギーディオン［文献3-02］六一―一二頁。

5 Giedion［文献3-01］五七六頁。

「第一の空間概念」の例
カフラー王のピラミッド（紀元前26世紀頃）

「第二の空間概念」の例
パンテオン(2世紀前半)

「第三の空間概念」の例
バウハウス（1926）

非常に納得しやすいものであったため、世の中に広く受け入れられた。とくに「第三の空間概念」への移行を可能にした条件として、コンクリートと鉄を用いた19世紀の構造技術の発達が挙げられ、それによって建物の内部と外部が同時に見られる透明性がつくり出されるようになったというような説明は、とてもわかりやすい。

しかし、そのわかりやすさにもかかわらず、「第三の空間概念」とは結局何だろう？　と考えると、あまり明確ではないようにも思われる。それが「彫刻のような空間の放射」と「内部空間」を組み合わせたものだと言うなら、空間概念は二つでよい（二つを合わせて使えるようになった）ということではないか、とも思われるからである。近代建築の空間に感じられる「新しさ」を記述しようとするギーディオンの趣旨は十分理解できるものの、結論から言うと「第三の空間概念とは何か？」という問題に十分な回答が示されているとは言えず、この問題は後の世代に持ち越されている。

このギーディオンの「三つの空間概念」が、本書で述べている「三つの空間図式」と似ているということは、すぐに気づかれるだろう。ギーディオンの「概念」は歴史的な発展段階であり、本書の「人が空間を捉えるときの図式」とは趣旨が異なっている。それにもかかわらず類似しているのは、私がギーディオンの理論を参照しているからであるのは間違いないが、より本質的な理由としては、人間が持っている「図式」が、歴史のどの段階で建築デザインとして顕在化したかがギーディオンの「概念」では問題なっているから、と考えることができる。

その意味で、私は「第一の空間概念」は〈放射空間（まわり）〉、「第二の空間概念」は〈包囲空間（なか）〉のデザインが建築史上で顕在化したものと考えているが、「第三の空間概念」については納得できないところがある。これについては、他の理論を紹介したあとにもう一度考える。

シュマルゾーの「三次元空間」

ここで、ギーディオンから半世紀ほど過去に遡る。建築を空間の観点から論じることは19世紀後半からヨーロッパで始まったが、その傾向が強まったのは一八九〇年代からだと言われる。[6] その契機のひとつとされ、現代でも頻繁に言及されるのが、美術史家のアウグスト・シュマルゾー（1853–1936）が一八九三年にライプツィヒ大学でおこなった講演である。「建築的創造の本質」と名付けられたこの講演録のなかで、シュマルゾーは次のように述べている。

> 穴居人の洞窟からアラブ人のテントに至るまで、またエジプトの祭礼行列神殿の長く伸びた町並みからギリシアの神々の柱で支えられた主屋根に至るまで、さらにカリブ人の小屋から帝国国会議事堂の建物に至るまでの現象を一つの共通の観点の下で捉えようとするならば、私たちは、できるかぎり一般的な表現を使って、次のように言うことができます。すなわち、それらは例外なく「空間形成者」だということです。どのような材料でできているか、どのような構造物であり、どの程度の耐久性をもっているか、支持体、被支持体がどのように形成されているかといったことは、副次的なことなのです。[7]

ここで例に挙げられているようなさまざまな建築物を一つの観点から論じようとすれば、その共通項として「空間」が取り上げられるということは、現代から見れば不思議ではないだろう。小屋と議事堂の共通性を考えようと言うなら、材料や構造を比べてもあまり意味がないからである。なぜ当時このようなことが主張されたのかを理解するには、時代背景を少し知る必要がある。

ギーディオンの「三つの空間概念」で、「第二の空間概念（内部空間）」の発展期が18世紀までである

6 ［文献1-04（再掲）］エイドリアン・フォーティー『言葉と建築——語彙体系としてのモダニズム』坂牛卓・邊見浩久監訳、鹿島出版会、二〇〇六年、三九〇頁。

7 ［文献3-03］アウグスト・シュマルゾー「建築的創造の本質——ライプツィヒ大学教授就任講演 一八九三年一一月八日 於：ライプツィヒ大学講堂——」『芸術学の基礎概念——古代から中世への過渡期に即した批判的論究ならびに体系的連関における叙述』井面信行訳、中央公論美術出版、二〇〇三年、三五四頁。

のに、「第三の空間概念」は20世紀に始まったと言われていたことが象徴するように、19世紀のヨーロッパは、建築様式の発展という意味ではひとつの空白期ともみなされる時期であった。18世紀後半からは、当時隆盛だったバロックやロココの過剰な表現に対抗して新古典主義[8]が影響力を持ち始めるが、19世紀になると、古典主義に限らず、ゴシックやルネサンスなどの過去の建築を時代ごとの特徴で分類する「様式」の考え方が進み、それを新しい建物に選択的に用いる歴史主義、あるいは折衷主義と呼ばれる傾向が強まった。

　このような状況のなか、19世紀後半になると、「どの様式を用いるべきか？」というような表面的な議論ではなく、建築を含む芸術に対して「その基礎概念は何か？」と、根本を問題にしようとする議論が現れてくる。シュマルゾーの以下のような発言には、そのような当時の状況と問題意識が垣間見える。

> 美術史家は建築をその他の造形芸術の発展の基礎とみなしてきたにもかかわらず、今日の美学者〔哲学者〕はそのことに反対するのです。「建築は、造形芸術に属するのではなく、構築の技術である」〔と言われています〕。〔……〕思索する建築家に意見を求めたとしても、事態は芳しくありません。彼らは、建築を被覆技術と名づけ、自分たちの活動の中に技術的装飾的な性質の外面的な組み立て作業以外のものを見ようとはしないのです。つまり受け継がれてきた様式の形を目的に奉仕する構造の骨組につなげる作業しか見ないわけです。〔……〕実際、今日人々は、建築とは本来何であるかということに答えられないかのように思われます。博識な歴史的教養にもかかわらず、人々はあらゆる建築に疎遠なものを感じています。〔……〕今や、建築の根源や最奥の本質を問うときが来たのではないでしょうか。[9]

［右］バロックの例　サン・カルロ・アッレ・クワトロ・フォンターネ聖堂（ボッロミーニ、17世紀）
［左］新古典主義の例　パリのパンテオン（スフロ、18世紀後半）

8　建築では、18世紀後期にフランスから興った、古代ローマや古代ギリシャまで遡って範を求める厳格な古典主義。

シュマルゾーは、その建築の本質を「空間形成者」ということに見ているわけであるが、では、その建築が形成する「空間」をどのように捉えているだろうか。

芸術を「人間と人間がその中に置かれている世界との創造的対決」と定義するシュマルゾーは、その「対決（芸術）」は、「当然のことながら、人間自身の構造がもつ固有の法則にしたがって展開し、その成長と歩みを共にするにちがいない」と述べる。[10] つまり、建築が形成する「空間」も、「人間自身の構造」が反映したものだと考えられている。

まず、人間にとって「頭から足へ至る垂直軸」がもっとも重要な軸であると言われ、これを延長した高さ（上下）方向が、空間の「第一次元」と呼ばれる。次に、人間が自分の身体的特徴を視界に適用したことによって現れる「中心から左右への区分」、つまり「幅」の方向が「第二次元」と呼ばれる。そして最後に、私たちが動くこと（身体または視線の移動）にともなって現れる「奥行き」方向が「第三次元」と呼ばれ、それは「私たちの運動と意志の方向軸」であるとも言われる。[11]

このように、建築の三次元空間が、均質的な三次元の広がりではなく、人間の身体とその運動を反映したものとして理解されるとともに、この三方向に対応した「人間のあらゆる制作活動の三つの主要法則」が、「プロポーション」、「シンメトリー」、「リズム」だと言われている。

両手、両眼の協働から、幅の次元の形成原理であるシンメトリーが生じる。私たちの身体あるいは他の物体の垂直軸を成長軸として把握することから、積層した部分相互のプロポーション、すなわち第一次元の形成原理が生じる。しかし、運動を遂行することから、とりわけ運動とプロポーション、運動とシンメトリー、あるいは運動とそれら両者との結び付きから、第三次元の形成原理であるリズムが生まれ

9　シュマルゾー［文献3-03］三四九-三五〇頁。

10　［文献3-04］アウグスト・シュマルゾー『芸術学の基礎概念――古代から中世への過渡期に即した批判的論究ならびに体系的連関における叙述』井面信行訳、中央公論美術出版、二〇〇三年（原著一九〇五年）、四七頁。

11　シュマルゾー［文献3-04］四七-五四、一〇四頁。

るのである。[12]

簡単に言えば、建築空間は、垂直方向、幅方向、奥行方向がそれぞれ、人間が「立っていること」、「両手で触れるように見ること」、「移動すること」に対応するようにデザインされているということであるが、この「三次元」が数学的な三次元空間に対応していることもあって納得しやすい。シュマルゾー自身も「空間形成者の根」は「私たちの数学的思考の根源」と同じところにあると述べている。[13] しかし、納得しやすいのであるが、正直に言うと、なにか物足りない。

それはなぜかと言うと、このシュマルゾーの議論では、自分の身体とその運動から拡張した空間は理解できたとしても、その空間に現れる、あるいはそこに入り込んでくる「他者が動きうる空間」が位置づけにくいからである。

本書では、この他者、すなわち自分ではない何ものかが動きうる空間を示しやすい図式として〈開口空間（むこう）〉を設定した。〈開口空間〉は、あるフレーミングの「むこう」を、その詳細がわからなくても、「そこを何かが動きうる」と捉えることができる空間であり、距離によっては画像や映像のように三次元性が圧縮される傾向がある。

このように考えると、シュマルゾーが人間を中心とした空間概念を構想したにもかかわらず、〈開口空間〉的なものをそこに取り込まなかったひとつの時代背景が浮かび上がる。それは、芸術史家である彼の目的が、「個別諸芸術の本質規定」[14] だったということである。つまりシュマルゾーは、単に建築の特徴を述べようとしていたのではなく、彫刻や絵画といった建築以外の造形芸術にはない「建築の本質」として「空間」を示そうとしていたのである。

12　シュマルゾー〔文献3-04〕五四頁。

13　シュマルゾー〔文献3-03〕三五五頁。

14　シュマルゾー〔文献3-04〕三四〇頁。

私たちの理解に従えば、彫塑は物体形成者であり、建築は空間形成者である。第三の姉妹芸術である絵画は〔……〕世界を構成するこの二つの要素〔物体と空間〕からの二次元的抽出物として現れる。[15]

シュマルゾーがこのように建築空間の三次元性にこだわった背景として、同時代の理論との関係性を指摘することができる。この後に紹介する彫刻家アドルフ・フォン・ヒルデブラント（1847‐1921）が書いた『造形芸術における形の問題』[16]（1893）は、人間が「形」をどのように見ているかを論じて当時大きな反響を呼んだが、その影響もあって広まったとされる「視覚」重視の理論的傾向に対し、シュマルゾーは「身体」重視の姿勢を打ち出したとも言われる。[17]一方、ヒルデブラントの本には次のような記述がある。

彫塑と絵画は、多くの場合、建築との対比から、模倣の芸術と呼ばれてきた。しかし、この呼び方は、たんに、彫塑と絵画とを建築から区別するものを示しているだけで、この三者に共通するものについては何も考慮していない。[18]

ヒルデブラントの理論については次に見るが、まるでシュマルゾーの発言に応えているかのような、対照的な立場であることがわかる。

シュマルゾーの身体（立体性）重視の議論は、人間を中心に据えた説得力あるものであるが、空間の絵画的な現れ（平面性）を除外したことによって、おそらく本人の意図とは別に、ある種の危険性を孕

15 シュマルゾー［文献3‐04］三四〇‐三四一頁。
16 ［文献3‐05］アードルフ・フォン・ヒルデブラント『造形芸術における形の問題』加藤哲弘訳、中央公論美術出版、一九九三年（原著一八九三年）。
17 シュマルゾー［文献3‐04］三九三頁（訳者あとがき）。
18 ヒルデブラント［文献3‐05］三頁（第三版への序文）。

んでしまったと思われる。それは、空間を立体性（三次元性）のみで考えるとき、たとえ人間のふるまいを考慮したとしても、空間を俯瞰的に捉えてしまうという危険性である。第1章で述べたように、空間を俯瞰的に捉えることは、いつのまにか均質空間を考えることにつながりうる。[19]

私はここで、シュマルゾーが均質空間を志向していたと言いたいのではない。むしろ彼の志向はその反対である。彼は、人間のふるまいを丁寧に考察し、人間中心の空間論を構想した。それにもかかわらず、空間を三次元のみで考えることは、そのわかりやすさゆえに、後世の人々が均質空間の概念に至る通路を開いた側面がある。そして、その通路の途上に、この前に紹介したギーディオンも立っている。

ギーディオンが主張した「三つの空間概念」――彫刻としての建築／内部空間としての建築／彫刻と内部空間としての建築――も、建築空間を三次元としてのみ考えているため、俯瞰的に捉えやすく、イメージとしても取り扱いやすい。ギーディオンの意図も、均質空間を広めることとは全く関係がなかったとしても、やはりその取り扱いやすさゆえに、後世に「建築空間とは要するに三次元の形のことだな」と捉えられかねないメッセージを送った側面がある。

ヒルデブラントの「視覚表象」と「運動表象」

アドルフ・フォン・ヒルデブラント（1847－1921）の著書『造形芸術における形の問題』の初版は、シュマルゾーがライプツィヒ大学で「建築的創造の本質」の講演をおこなったのと同じ一八九三年に出版された。ヒルデブラントは彫刻家なので、その主題は彫刻の「形の問題」であるが、そのなかで、そもそも私たちが「形」をどのように捉えているのかについて論じており、美術史家のアロイス・リーグル（1858－1905）や、この後に紹介するヴェルフリン（1864－1945）らに影響を与えたと言われる。

19　第1章68－69ページの「3－1 俯瞰的空間と均質空間の近似性」、「3－2 機能的空間から均質空間へのすり替わり」の項を参照。

『形の問題』でヒルデブラントは、まず「わたしたちに可能な二つの知覚の方式を正確に区別しなくてはいけない」と言う。[20] この二つとは、簡単に言えば、物を遠くから見るときと、近くから見るときの違いである。

人が対象を遠くから知覚して一つの全体像が見えている場合、その対象が実際には三次元の形を持ち、その全体像が「どれほど立体的な効果を与えるとしても、それ自体は、純粋に二次元だ」と言われる。つまり、その視覚像は、スクリーン上の画像や映像を見ているときと変わりがない。一方、見る人が対象に近づいて、「それを見るためには目の位置を変えたり視力を調整しなくてはならない」場合には、目や身体を動かしたり、実際に触れて確かめたりなど、運動行為から得られる複数の像を結合することによって、私たちは対象を認識する。この二つの知覚方式によって得られる表象が、それぞれ「視覚表象」と「運動表象」と呼ばれ、実際に私たちが認識する「形」や「空間」の表象は、それらが合成されたものだと言われる。

立体の表象は、線や単純な面といった視覚表象から合成されており、それが、運動表象によって相互に結び合わされる。[21]〔……〕
もちろん、誰だって球を形として実際に表象することはできる。しかし、〔……〕わたしたちのだれもがつかまえているのは、二次元的なものとしての円周〔視覚表象〕と運動表象であって、わたしたちは、運動表象によって円周の線を球の全面にわたって繰り返しなぞっているだけなのである。[22]

つまり私たちは、三次元の形や空間を、二次元の視覚表象と、時間にそって起こる変化である運動表

20　ヒルデブラント〔文献3-05〕一三頁。

21　ヒルデブラント〔文献3-05〕一六頁。

22　ヒルデブラント〔文献3-05〕一七頁。

象を結合することによって認識している。とは言っても、このように形や空間が読み取られるプロセスは完全に無意識に進行すると同時に、視覚表象と運動表象は同じ対象に関わるため、その境界をはっきり識別することはできない。このように不明瞭な視覚表象と運動表象の関係、いわば私たちの空間把握能力を点検できるのは、何かを描写するときだけだとヒルデブラントは言う。

造形芸術だけが、形の表象と視覚印象との間の断絶を乗りこえて、両者をひとつのまとまりとして形態化しようとするのである。見方を変えていえば、芸術作品がもたらす本来のよろこび、直接の恵みは、このまとまりを受け取り、この自然な調和を確実に媒介なしに実感するという点にあるといってよい。[23]〔……〕つまり、画家にせよ彫刻家にせよ、問題は、像の表象〔視覚表象〕と形の表象〔空間表象〕とを相互に関係づけることだ。[24]

ヒルデブラントはこのように主張し、そのような「よろこび」を感じさせる描写として、空間が手前から奥に向かって読み取られていく「奥行運動」をうまく刺激することが重要だと言う。

見かけの姿〔視覚表象〕が、空間のなかで生きのよさを保ちつづけるためには、この唯一の行動、つまり奥行運動がひき起こされていなくてはいけない。しかし、逆に、表象を強く奥行のほうへ向けて引っ張る引力は、この見かけの姿〔視覚表象〕から発するものでなくてはいけないのである。[25]

この引用部分は、基本的に彫刻を想定して言われている。つまり、彫刻が人を奥行運動に引き込むよ

23　ヒルデブラント〔文献3-05〕一八頁。
24　ヒルデブラント〔文献3-05〕一九頁。
25　ヒルデブラント〔文献3-05〕四〇頁。

うな力を、その遠隔像から感じられるようにすべきだということである。このように人を運動（空間の探索）に引き込む力はもちろん建築にも求められるが、とくに建築の場合、人が運動に引き込まれた後もその力が持続し、次々と変化が見出されると望ましいだろう。

本書で指摘している《穴》の空間変移は、解釈者の移動によって、同じ場所が〈開口空間（むこう）〉と〈包囲空間（なか）〉のあいだで変移したことが浮かび上がるタイプであった。〈開口空間〉は、フレーミングによってその「むこう」の立体性がわからなくても感じられる空間であり、二次元の「視覚表象」に近いものである。つまり《穴》は、解釈者が移動することによって、空間の視覚表象（二次元的把握）と空間表象（三次元的把握）のあいだの変移を浮かび上がらせる仕組みであり、それをうまくデザインすることによって、空間の「生きのよさを保ちづづける」ことができる。

《穴》の空間変移のパターン例
複合フレーミング（H2-c）

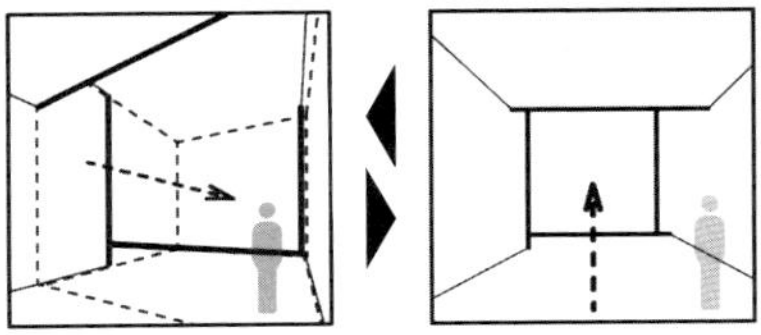

ギブソンの「包囲光配列」

ここで一度時代を先に進め、20世紀後半にジェームズ・ギブソン（1904–79）が提唱した生態心理学の考え方を参照したい。生態心理学とは、人間を含む動物が環境をどのように捉えているかを、動物に作用するエネルギーや刺激などの物理量によってではなく、動物と環境の相互関係から説明しようとするものである。

> 動物は知覚する力があり、自発的に動くものである。そして、環境の知覚者であり、環境内での行動者である。しかし、物理学の世界を知覚するわけでもないし、物理学の時間と空間の中で行動するのではない。[26]

26　［文献3-06］J・J・ギブソン『生態学的視覚論——ヒトの知覚世界を探る』古崎敬ほか訳、サイエンス社、一九八五年（原著一九七九年）、八頁。

ここでは、ギブソンの視覚論にとくに注目する。彼は、観察者が環境を知覚するのに有効な情報が「光」にあることは明白であるとしながら、その情報としての「光」は、物理的エネルギーである「放射光」ではなく「包囲光」であると言う。

放射光とは、太陽や電球などの高いエネルギー状態の物質（光源）から発せられるエネルギーである。放射光がさまざまな物質で反射し、空気中の分子にぶつかって散乱することによって、動物が生きる地上の環境は明るさが定常状態（平衡状態）になっている。この光の状態を動物の立場から見ると、その環境のどの場所にいても、すべての方向から来る光に包まれることになる。このような動物を包囲する光を「包囲光（ambient light）」と言う。

放射光はエネルギー源から生ずるが、包囲光は観察点に収れんする。放射光は無限に密集した光線から成り立つが、包囲光は共通の頂点〔観察点〕をもつ一組の立体角である。1つの点光源からの放射光はどの方向に対しても差違がないが、ある一点における包囲光は、方向によって異なる。放射光は構造をもたないが、包囲光には構造がある。放射光は伝播されるが、包囲光は伝播されるのではなく、単にそこに存在するだけである。放射光は原子から生じて原子に帰るのに対し、包囲光は周囲に存在する面の状況に依存している。放射光はエネルギーだが、包囲光は情報である。[27]

この包囲光が持つ構造や情報を考えるために、ギブソンは「包囲光配列（ambient optical array）」という概念を用いる。これは「包囲光」が場所ごとにその「配列」を変えることに着目するものである。「配列」や「立体角」という言葉が示すように、包囲光配列には三次元空間が前提にされていない。「そ

27 ギブソン〔文献3-06〕五五頁。

の領域は、球の面がたどってゆくと結局はもとのところにもどってくるという幾何学的意味で、閉じられている[28]」と言われるように、それは内側から見た球面に映った映像のようなイメージであり、ヒルデブラントの「視覚表象」に似た概念である。

では、このような平面的「配列」から動物はどのように環境を理解するのか。それは観察者が動くことによってである。観察者は動物であるので、動くことによって生じる包囲光配列の変化（拡大する部分と縮小する部分、動きの速い部分と遅い部分など）を読み取って、環境について知ることができる。ヒルデブラントの言葉で言えば、「視覚表象」と「運動表象」を組み合わせることで「空間表象」を得ることができる。

ギブソンは、このように包囲光配列の変化から環境を認識する際、「その情報が対象の面を分ける縁の中に、すなわちこれらの縁を特定する光学的特性の中に含まれていると考えたい[29]」と述べている。どういうことかと言うと、複数の物が観察者から見て前後に重なっていた場合、観察者の移動によってうしろの物は見えたり見えなくなったりするが、その変化する面の縁、つまり手前の面とうしろの面の境目から観察者は情報を得ている、ということである。ギブソンは、「我々は奥行そのものを見るのではなく、ある物が他の物の背後にあるのを見るのである[30]」とも言っている。

この「包囲光配列」という考え方、その中でもとくに、移動による「縁」の変化から動物が情報を得ているという話は、本書で指摘する《穴》の空間変移と関連性があると考える。《穴》は基本的に、解釈者（C）の移動によって〈開口空間（むこう）〉と〈包囲空間（なか）〉のあいだでの変移が浮かび上がるタイプであるが、その〈開口空間〉が捉えられる条件（手がかり）となるフレームとは、オブジェクト（物体）やサーフェス（面）のエッジ（縁）である。ギブソンが指摘するように「縁」にこそ環境を把

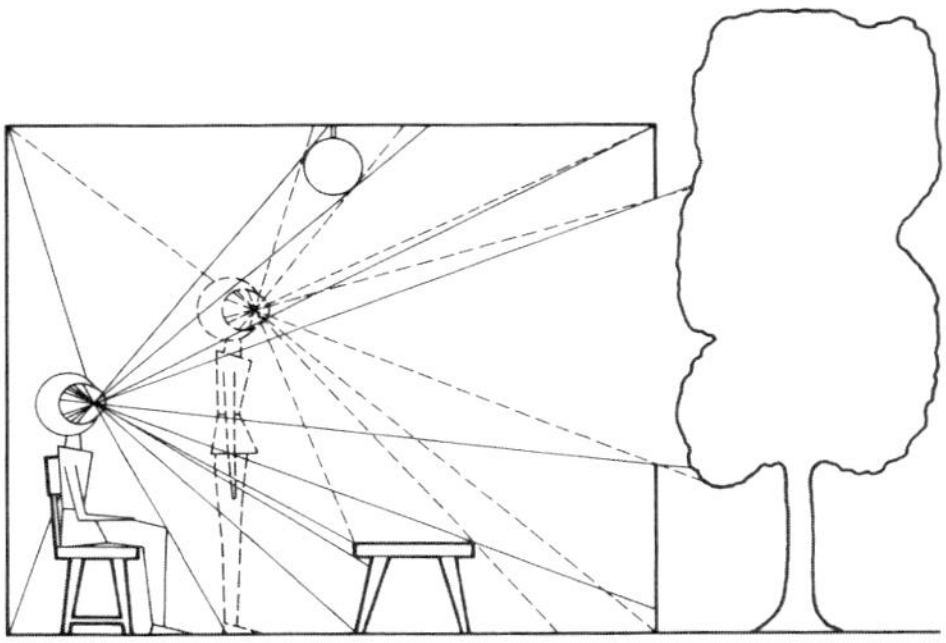

観察者が捉える包囲光配列と、その移動による変化（ギブソン［文献3-06］七八頁）

28　ギブソン［文献3-06］七〇頁。
29　ギブソン［文献3-06］八二頁。
30　ギブソン［文献3-06］八三―八四頁。

握するための情報が集まっていると考えると、スカルパが多種多様にデザインした《穴》、たとえば直列フレーミング（G2-b）などは、建築に多くの情報を埋め込むことによって、解釈者がそこを移動したときに環境をさまざまに解釈することを促すパターンだと言うことができる。

ヴェルフリンの「触覚的（彫塑的）」と「視覚的（絵画的）」

20世紀初頭に時代を戻し、ヒルデブラント（1847–1921）の影響を直接受けたと言われるハインリヒ・ヴェルフリン（1864–1945）の理論を参照する。ヴェルフリンは、近代美術史学の成立に大きな貢献をしたことで知られる美術史家で、すでに紹介したパウル・フランクル（1879–1962）とジークフリート・ギーディオン（1888–1968）は、彼に師事している。

ヴェルフリンは、主著である『美術史の基礎概念』[31]において、ヨーロッパの16世紀（盛期ルネサンス）と17世紀（バロック）の様式の違いを説明するために、「表現形式」（または「表象形式」）という概念を導入する。「表現形式」とは、それ以前から用いられる「品質」（作品の良し悪し）や「表出」（個人の気質、時代精神、民族の特性などが表れたもの）という考え方だけでは美術を十分に理解できないという問題意識から提案されたもので、芸術家の根底にある「視覚的」図式を問題にする。

> 品質や表出に基づいて分析をしてみても、まだ事実がすっかりわかったわけではない。ここに第三のものが入ってくる。——こうして、われわれはこの研究の肝心な点に行き着く——。それは表現の仕方そのものということである。それぞれの芸術家は自分を拘束するある種の「視覚的」可能性を知っている。すべてのことがすべての時代に可能ではない。視覚そのものがそれなりの歴史をもつ。この「視覚的な

31 ［文献3-07］ハインリヒ・ヴェルフリン『美術史の基礎概念——近世美術における様式発展の問題』海津忠雄訳、慶應義塾大学出版会、二〇〇〇年（原著初版一九一五年）。

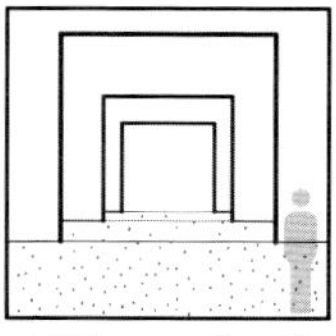

直列フレーミング
（G2-b）

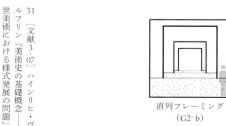

層」の暴露こそが、美術史の最も基本的な課題と見なされなければならない。[32]

つまり、ルネサンスとバロックの美術（建築を含む）では、より根底的なところで事物の「把握の仕方」が異なっていると言われる。

ヴェルフリンがこのようなことを主張した背景には、19世紀から20世紀初頭の当時の美術史学では、「バロックはルネサンスの荒廃したものだという考え方が優勢だったことがある。それに対し、「バロックはクラシック〔ルネサンス〕美術の退化でも進化でもなく、全般的に別種の芸術である」[33]ことを示すため、ルネサンスとバロックのあいだで切り替わる対概念として次の五組が提示された。

（1）線的（線画的・彫塑的）と絵画的
（2）平面と深奥
（3）閉じられた形式と開かれた形式
（4）多数性と統一性
（5）明瞭性と不明瞭性

これらはどれも、前者がルネサンス、後者がバロックの特徴と言われるものであるが、「言うまでもなく、厳密な意味では「完成したもの」など存在せず、歴史的なものはすべて間断なき変化のもとにある」と断られた上で示されている。また、これらは「おそらく同一物の五枚の異なる見取り図であると言えるであろう」[34]とも言われており、総括的には「触覚的把握」と「視覚的把握」の対比に還元される

32　ヴェルフリン〔文献3-07〕一六頁。
33　ヴェルフリン〔文献3-07〕二〇頁。
34　ヴェルフリン〔文献3-07〕三三一頁。

と考えることができる。[35]

なお、ここでヴェルフリンを参照する意図を先に述べると、この「触覚的把握」と「視覚的把握」は、前に説明したヒルデブラントの「運動表象（三次元的把握）」と「視覚表象（二次元的把握）」との関連を想定することができ、本書の空間図式や空間変移を考える上で参考になると思うからである。

五組の対概念のなかで、最初の「線的（線画的・彫塑的）」と「絵画的」の説明は次のように始まる。

> デューラー〔1471–1528〕の芸術とレンブラント〔1606–69〕の芸術のちがいを、最も一般的な言葉で表そうとする時、デューラーは線画的であり、レンブラントは絵画的である、と人は言う。[36]

ここで「線画的」というのは、輪郭線が明確に描かれる形式であるのに対し、「絵画的」とは、個々の形の輪郭が明確でなく、画面全体の明暗や色彩の効果がより重視される形式である。ヴェルフリンは、このようにすでに知られていた描画形式の違いが、画家の個人的な問題ではなく、絵画に限定される問題でもなく、ルネサンスとバロックのあいだの根本的に異なる視覚のあり方、二つの世界観だと述べる。

> 線的に見ることとは、形と形の間をしっかり分けて見ることであり、他方、絵画的な眼

右図
［右］デューラーの自画像（1498）
［左］レンブラントの自画像（1642）

は、逆に事物全体の表面をかすめ過ぎる運動をねらうものである〔……〕前者には形を切り離す作用をする均等に明瞭な線があり、後者では境界は強調されず、結合が促進される。[37]

線的様式とは彫塑的に感得される明確性の様式である。〔……〕明瞭な境界は、見る者に指でそれに触れることができるという確信を与える。肉づけに用いたすべての陰影が、形に完全に従っているので、触覚が即座に働き出すように挑発される。表現と事実とがいわば一致しているのである。それに反して、絵画的様式は在るがままの事実と、多かれ少なかれ関係を絶っている。絵画的様式には連続した輪郭はもはやなく、可触的な面が壊されている。〔……〕描線や肉づけは彫塑的な形態基盤ともはや合同せず、事実の視覚的仮象を与えるにすぎない。[38]

このような「線的（彫塑的）」と「絵画的」の違いが、建築にもあると言われる。

建築的形態を明確で固定した恒常的なものとして把握しなければならないか、まったく安定しているにもかかわらず、不断の運動の仮象つまり変化に付きまとわれているものとして把握しなければならないか、ということによって、建築にも二つのまったく異なる効果が現われる。[39]

この「線的（彫塑的）」から「絵画的」への移行は、「純粋な触覚価値から視覚価値へ」の転換[40]とも言われる。本書の「人間の能力としての空間」という観点から考えると、「触覚的」とは、私たち人間が、まわり（環境）にあるものが「何であるか（形や規則）」を探り、それを明瞭に表現しようとするもので

35 ヴェルフリン〔文献3-07〕二五、三三四頁。〔文献1-10（再掲）〕土居義岳『言葉と建築——建築批評の史的地平と諸概念』建築技術、一九九七年、一九七頁。

36 ヴェルフリン〔文献3-07〕二九頁。

37 ヴェルフリン〔文献3-07〕三一頁。

38 ヴェルフリン〔文献3-07〕三三頁。

39 ヴェルフリン〔文献3-07〕九三頁。

40 ヴェルフリン〔文献3-07〕九六頁。

あるのに対し、「視覚的」とは、まわり（環境）にあるものが「どのように見えているか（感覚や現象）」を問い、それを効果的に表現しようとするものだと言うことができる。

このように人間と環境の関係という観点でヴェルフリンの理論を読むとき、私がとくに注目したいのは「重切《じゅうせつ》（Überschneidung）」と呼ばれる現象である。「重切」という日本語はあまりなじみがないかもしれないが、英語のオーバーラップ（Overlap）に当たり、物が前後に重なって見えること、つまり、観察者から見て奥の物が手前の物によって一部遮蔽されている状態のことである。

この「重切（オーバーラップ）」は、ジェームズ・ギブソンが述べていた「包囲光配列」の「縁」や、本書の〈開口空間（むこう）〉との関連を指摘できる。ヴェルフリンは次のように説明する。

> 空間の見通しが絵画的になるのは、個々の部屋の建築的な品質によるのではなく、見る者の眼に映る映像つまり視覚像によるのである。いかなる重切〔オーバーラップ〕も、重なる形と重ねられる形から生じる映像によって起こる。個々の形はそれ自体手で探られるが、それらの形の前後関係から生じる映像は、見ることだけができるものである。[41]

> 重切〔オーバーラップ〕はいつの時代にも生じた。しかし、重切が〔ルネサンスのように〕配列から生じた非本質的な付随的結果と感じられるか、〔バロックのように〕重切に装飾的アクセントがあるかということには差異がある。
>
> バロックは重切を好む。バロックは形の前に形を見、重切されるものの前に重切するものを見るだけでなく、重切から生じる新しい構成を楽しむのである。それゆえ、視点の選択によって重切を起こすこ

41　ヴェルフリン［文献3‑07］九四頁。

42　ヴェルフリン［文献3‑07］三二二頁。

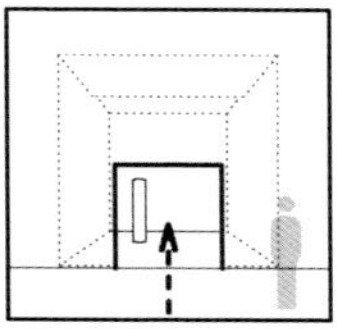

遮蔽フレーミング
（H1‑a）

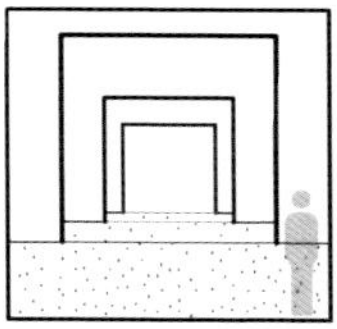

直列フレーミング
（G2‑b）

左ページ図
［右］ブリオン家墓地（スカルパ、1978）
［左］「アトリエの画家」（フェルメール、1666頃）

とは、見る者の好みにまかされるだけではない。重切は不可避的なものとして、すでに建築の設計図の中に取り入れられているのである。［……］人が歩き回るのは、むしろ重切の際には次々に新しい映像が生起するからである。[42]

まるで本書でスカルパ建築を例に示した《穴》の空間変移、たとえば遮蔽フレーミング（H1a）や直列フレーミング（G2b）の説明のようだと思われないだろうか。スカルパは、間違いなくヴェルフリンの言う「絵画的」手法、バロックの手法を用いている。余談であるが、ヴェルフリンも「特にヴェネツィアはトスカーナやローマより常に一層絵画的である」[43]と述べている。

絵画における重切（オーバーラップ）の例としては、おそらくフェルメール（1632–75）の作品がもっともわかりやすいだろう。フェルメールが現代でも高い人気を誇る理由のひとつは、その構図や光の描き方が、現代の絵画、写真、あるいは映像作品との近さを感じさせるためだと思われるが、そのように感じさせる仕組みが、重切を始めとするバロックの「絵画的」手法であることは疑いようがない。言いかえると、バロックが発見した「絵画的」手法の影響は、完全に現代まで及んでいる。

このように、ヴェルフリンの理論は、現代の私たちの日常を考える上でも参考になる洞察に富んだものである。第1章で日本建築の空間を説明する際に用いたパウル・フランクルの「空間の付加」と「空間の分割」は、このヴェルフリンの「触覚的（彫塑的）」と「視覚的（絵

43　ヴェルフリン［文献3-07］一〇〇頁。

画的）」を基に構想されたものである。また、近代建築の発展期に「三つの空間概念」を主張して影響力を持ったジークフリート・ギーディオンも、ヴェルフリンの弟子である。そのように考えると、20世紀以降に建築空間について思考した者は、多かれ少なかれ、ヴェルフリンの影響を受けていないということは考えられない。

このように大きな影響力を持つヴェルフリンの理論であるが、それが世に出てから約一世紀が経つ現在、果たしてそれは適切に広まったのかと考えると、疑問に思うところもある。そこで、ヴェルフリンの理論で誤解されやすいと思われる点を、二つ指摘したい。

まずひとつ目は、これはヴェルフリン自身もしつこく言っていることであるが、「触覚的（彫塑的）」と「視覚的（絵画的）」は、どちらが正しいとか良いとかいうような価値判断を含んだものではないということである。歴史的には「触覚的（彫塑的）」のあとに「視覚的（絵画的）」表現が発達したことから、「視覚的（絵画的）」表現の方が優れていると考えたり、あるいは反対に、「視覚的（絵画的）」表現は表面的な印象に過ぎないから「触覚的（彫塑的）」表現の方が価値が高いと考えることもありそうだが、個人的な好みと価値を混同しないように注意する必要がある。

もうひとつ注意したいことは、この「触覚的（彫塑的）」と「視覚的（絵画的）」の違いが、「実体」と「空間」の違いと同一視されやすいことである。たしかに少なくとも建築では、「実体」は手で触れられるものであるのに対し、「空間」は主に視覚情報に基づいた判断だと考えれば、この対応関係は間違っていないようにも思われる。事実、重なっている部分もあるのだが、これらを同一視することには問題がある。

先に述べたように、「触覚的（彫塑的）」と「視覚的（絵画的）」は、どちらも人が環境を把握するときの態度、周囲にあるものを問う姿勢——「それは何か？」と「それはどう見えているか？」——が基になっていると考えられる。しかし、それを「実体」と「空間」と考えてしまうと、それらはもはや人間の姿勢とは関係なく、どちらも客観的な存在のように感じられる。

思い切って単純化すれば、「触覚的（彫塑的）」と「視覚的（絵画的）」とは、「客観的に捉えること」と「主観的に捉えること」の違いであり、表現においては、それらが分かち難く結びついている人間の世界が主題になるのに対し、「実体」と「空間」と言ってしまうと、どちらも「客観」の問題と考えることができ、「主観」も「人間」も不要になる。

私は、ギーディオンの「三つの空間概念」にそのことが現れていると思う。彼は「三つの空間概念」として、「彫刻としての建築」、「内部空間としての建築」、「彫刻と内部空間としての建築」と言った。はじめの二つが「実体」と「空間」に相当するが、これらを「両方とも空間だ（外部空間と内部空間）」と言ったのは、ヴェルフリンの対概念から発想されたものだと想像する。[44] しかしこの時、それを誰がどこから捉えるのか、という解釈者の視点が消失した。ギーディオンは、「新しい空間概念」が結晶しているというバウハウス校舎について、「人間の眼では一見しただけでは、この複合体を要約することができない。それには、その建物の廻りを一巡し、上からも下からも見ることが必要である」[45] と言ったにもかかわらず、そのようになる客観的な形しか問題にしなかった。だから「第三の空間概念」として、はじめの二つ（客観）が組み合わさったものとしか言うことができなかった。[46]

本書で提案している三つの空間図式は、このような誤解を補正できる可能性があるものと考えている（次ページ右下図）。〈放射空間〉と〈包囲空間〉は、ギーディオンと同じように、客観的な「実体」と「空間」に対応する概念であるが、もうひとつの〈開口空間〉が組み合わさると、たとえば〈放射空間〉と

44　この三つの空間概念は、同じくヴェルフリンの弟子であるA・E・ブリンクマン（1881-1958）によって一九二〇年代にすでに提示されていたものでもある。［文献1-28（再掲）］コルネリス・ファン・デ・フェン『建築の空間』佐々木宏訳、丸善株式会社、一九八一年、一三二-一三六頁。

45　ギーディオン［文献3-01］五七六頁。

46　第1章で指摘したフランクルの「空間の付加（Raumaddition）」と「空間の分割（Raumdivision）」という名付けや、それを「内部空間発展の基本方式」と解釈した井上充夫にも、同様の傾向がないとは言えない。彼ら自身は、ヴェルフリンの「視覚的（絵画的）」を正確に理解していたであろうが、それをあたかも客観的な操作であるかのように述べたことによって、後世の誤解を促した面があるように思う。

〈開口空間〉の対比は、ヴェルフリンの「触覚的（彫塑的）」と「視覚的（絵画的）」の対比に近い現象（重切など）を説明できる。つまり、客観的な「実体」と「空間」の対比軸と、それとは別の「客観的」と「主観的」の対比軸が、ひとつの構図に収まっている。

ここでポイントとなるのは、「第三の空間概念」として、主観でしか捉えられない「視覚的（絵画的）」な〈開口空間〉を入れたことであるが、このような考え方は私が初めて言うものではなく、すでに先行理論があることを次に紹介する。

コーリン・ロウの「実の透明性」と「虚の透明性」

次に紹介するコーリン・ロウ（1920–99）の「透明性――虚と実」[47]は、20世紀後半の建築デザイン分野に大きな影響を与えたものとして有名な論文である。最初にTransparency（透明性）とTransparent（透明な）についての辞書からの引用が示されたあと、次のように始まる。

> 「同時性」、「相互貫入」、「重ね合せ」、「両面的価値」、「時間―空間」、「透明性」というような言葉は、これに類する他の言葉と同様、現代建築を語る場合しばしば同義語として用いられている。我々はこれらの言葉が意味するものを知っている――あるいは知っていると信じているだけかもしれない。これらの言葉こそ現代建築の形態の特質を表現する最適な言葉であると我々は考えている。〔……〕これらの言葉の曖昧な意味を分析して見なければ、これらの言葉が時として指し示すとらえどころのない透明さといったものを誤解する恐れがあることは確かだ。だからこそ、ここで「透明性」という言葉が意味するものをはっきりと定義し、その実体を明らかにしなければならないと考えるのである。[48]

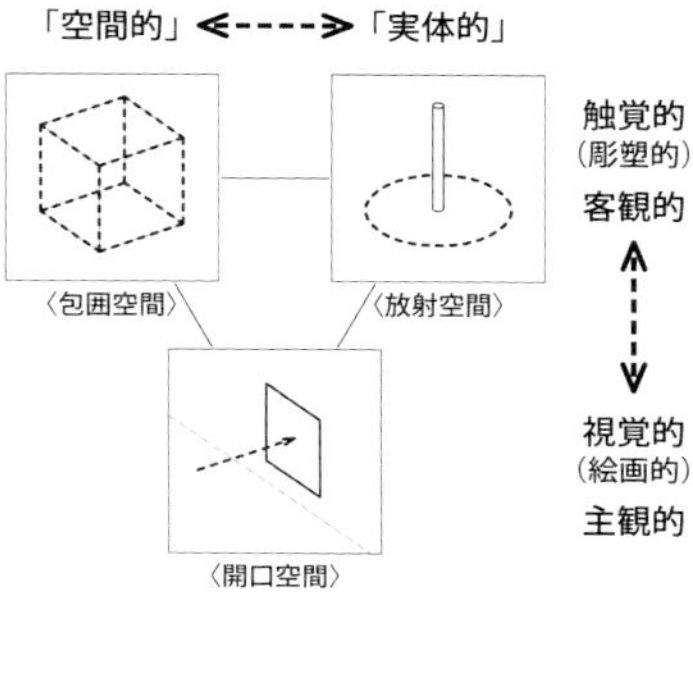

〔右図〕三つの空間図式
余談であるが、空間図式を右図のような三角関係で捉えると、「じゃんけん」との関連性が見える。じゃんけんは、「石（グー）」の「まわり」の〈放射空間〉、「紙（パー）」の「なか」の〈包囲空間〉、「はさみ（チョキ）」（あるいは切られた紙）の「むこう」の〈開口空間〉といったように、三つの空間図式と対応しているように思われる。

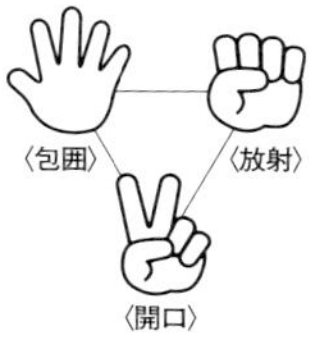

この論文は、一九五〇年代に書かれ、一九六三年にイェール大学建築学部の機関紙に発表された（ロバート・スラツキイとの共著）。ギーディオンの『空間・時間・建築』の初版が一九四一年であるので、ここで言われている「同時性」、「相互貫入」、「透明性」などの言葉が、ギーディオンの主張する「第三の空間概念」を前提としたものであることは間違いない。

ロウは、デザイナーのジョージ・ケペッシュ（1906–2001）による「透明性とは空間的に異次元に存在するものが同時に知覚できることをいうのである。空間は単に後退するだけではなく絶えず前後に揺れ動いている」という記述を手がかりに、ガラスや金網のような物理的事実としての「実（Literal 文字通り）の透明性」に対し、物理的には透けていないにもかかわらず、複数の面が重なり合って見えることによって奥行が感じられる「虚（Phenomenal 現象的）の透明性」という概念を示す。

これら二種類の透明性は、どちらもキュビズムの絵画を起源に持つと言われ、パブロ・ピカソとジョルジュ・ブラックの絵画[49]などを比較して説明されたあと、それが絵画だけでなく、近代建築にも見られると主張される。そして「実」の透明性の建築例として、ギーディオンが「第三の空間概念」を示すものとして挙げたバウハウス校舎（1926）、一方の「虚」の透明性の例としては、ル・コルビュジエ設計のガルシュにあるシュタイン邸（1927）が挙げられる（次ページ写真）。

ここでロウの意図を端的に言えば、現代建築の特徴としての「第三の空間概念」にふさわしいのは、「実の透明性」ではなく「虚の透明性」だ、ということである。

「実の透明性であるバウハウス校舎では」観察者はガラスの壁面を通して中を見るという感動を味わうかもしれない。そして、透かして見ることで建物の内部と外部とを同時に見ることができる。しかし、そう

47 ［文献3-08］コーリン・ロウ「透明性――虚と実」『コーリン・ロウ建築論選集　マニエリスムと近代建築』伊東豊雄・松永安光訳、彰国社、一九八一年、二〇三－二三〇頁。

48 ロウ［文献3-08］二〇五－二〇六頁。

49 「実の透明性」の例としてパブロ・ピカソの「クラリネット吹き」(1911)、「虚の透明性」の例としてジョルジュ・ブラックの「ポルトガル人」(1911)が挙げられている。

しながらも、彼は〔シュタイン邸の〕虚の透明性から生まれるあの多義的な感覚をほとんど覚えることはあるまい。[50]

ここで分析の細かい内容については述べないが（興味のある方はぜひ元の文献を参照してほしい）、私が述べたいことは以下の二点である。

ひとつは、ロウが提示した「虚の透明性」に見られる「空間」は、本書で述べている〈開口空間〉あるいは《穴》に関連する。ロウは、「虚の透明性」において、観察者は「顕在あるいは潜在する空間の間の葛藤」[51]、あるいは「実で奥行のある空間と虚で奥行のない空間との間の闘い」[52]を経験すると述べているが、これは本書で〈包囲空間〉と〈開口空間〉のあいだで変移が起こるとした《穴》の経験に相当するものだと言うことができる。

もうひとつ述べたいことは、ロウはこの論文において、表現形式としての「透明性」の起源をキュビズムだと述べているが[53]、それは本来、ヴェルフリンが示したバロックの「視覚的（絵画的）」形式だと言うべきではなかったか、ということである。

バウハウス校舎とシュタイン邸の比較では、立面にガラスが用いられていることが条件であるようにも思われ、それはバロックでは成り立たないと思われるかもしれない。しかし、その後にロウが例として挙げているル・コルビュジエ設計の国際連盟本部コンペ案（1927）[54]では、建物や木立が平行な層状に配置されることによって虚の透明性が生じることが論じられており、その原理は、ヴェルフリンがバロックの特徴として指摘した「重切（オーバーラップ）」に他ならない。

ロウが虚の透明性の起源をキュビズムだと述べて、バロックの「視覚的（絵画的）」形式に言及しなか

右写真
[右]「実の透明性」の例であるバウハウス校舎（グロピウス、1926）
[左]「虚の透明性」の例であるシュタイン邸（ル・コルビュジエ、1927）

ったことは、彼がそれを知らなかったからとか、勘違いをしたからだとは思わない。私は、この論文が書かれた一九五〇年代、つまり近代建築の発展期には、「現代建築の形態の特質を表現する最適な言葉」[55]である「透明性」、すなわち「第三の空間概念」がバロックだとは言えなかった、あるいは、それを言うことは議論を混乱させると考えたのだろうと想像する。いまから振り返れば、「実の透明性」と「虚の透明性」という対比自体が、ヴェルフリンが示した「触覚的（彫塑的）」と「視覚的（絵画的）」の変奏であることは明らかだろう。[56][57]

以上を踏まえて私は、「第三の空間概念」は、16世紀頃からデザインの対象として現れ、20世紀においても追究されつづけたものだと考える。20世紀以降、素材や様式が著しく変わり、構造などの技術が大きく進歩したけれど、空間概念としては、16世紀頃に見出されたものの可能性が依然として追究されている。そのひとつの到達点が、カルロ・スカルパの作品群である。

50 ロウ［文献3-08］二二四頁。

51 ロウ［文献3-08］二二四頁。

52 ロウ［文献3-08］二二七頁。

53 ロウ［文献3-08］二〇八頁。

54 ロウ［文献3-08］二二五-二二九頁。

55 ロウ［文献3-08］二〇五頁。

56 ヴェルフリンとロウの理論的関係について若干の根拠（状況証拠）を補足する。①コーリン・ロウがル・コルビュジエとパラディオの建築図面の類似性を指摘した「理想的ヴィラの数学」（＊1）に付けられた「補遺 一九七三年」には、ロウが用いた分析手法、すなわち、一般に異質とみなされている対象を並べ、その差異と共通性から理論を導き出す形式分析の手法は、「多分ヴェルフリンにその起源を持つと思われる」と述べられており、それがヴェルフリンのルネサンスとバロックの比較分析であることは疑いようがない。「透明性」の論文も、「実の透明性」と「虚の透明性」の概念を同じ手法で導き出すものであった。②ロウは一九五〇年初出の論文「マニエリスムと近代建築」（＊2）において、ルネサンスの「規則性」からバロックの「視覚的」への移行期であるマニエリスム建築と、19世紀アカデミズムの「視覚的」影響を引きずりながら「客観的秩序」（機能、構造、数学、社会学など）の重要性を主張した初期近代建築に、共通して「曖昧性」の表現が見られると述べるとともに、それを魅力として評価している。

57 一方、ヴェルフリンの『美術史の基礎概念』が一九一五年に出版されていることを考えると、ヴェルフリンはバロックの理論を、その発展形であるキュビズムを目の当たりにしながらまとめていた、とも言える。このことは、ロウが、近代建築において空間の効果が強く追求された時期と歴史家によってマニエリスムが定義された時期が合致するのは当然だ、と述べていたこと（［文献3-10］六八頁）に相当する。

＊1 ［文献3-09］コーリン・ロウ「理想的ヴィラの数学」『コーリン・ロウ建築論選集 マニエリスムと近代建築』伊東豊雄・松永安光訳、彰国社、一九八一年、一-三二頁。

＊2 ［文献3-10］コーリン・ロウ「マニエリスムと近代建築」『コーリン・ロウ建築論選集 マニエリスムと近代建築』伊東豊雄・松永安光訳、彰国社、一九八一年、三三-七一頁。

コラム

ル・コルビュジエの作品に見られる空間変移

コーリン・ロウに限らず、ル・コルビュジエの建築作品が現代においても高い人気を誇り、多くの建築家や研究者に参照され続けるのは、それが、単に近代建築を切り開いただけでなく、それ以上の経験的豊かさを感じさせる秘密を持っていると多くの人が思うからである。

その魅力の秘密については、すでに世界中の研究者がさまざまな切り口から語っているが、ここでは、私が実際に経験した作品について、空間変移の観点からその一端を記したい。一般にル・コルビュジエの作品は、形の比例関係や「近代建築の五原則[1]」など、物と空間の形や、その配置によって説明されることが多い。しかし私は、ル・コルビュジエ作品も、配置された物のあいだを解釈者が移動するにつれて変移する空間、すなわち経験において捉えられる時間経過がデザインされており、それが魅力の源泉だと考えている。

とはいえ、ル・コルビュジエ作品の魅力を「移動」や「変化」に着目して説明することも、実はまったく珍しいことではない。それどころか、ル・コルビュジエ自身が、作品集のなかで「建築的プロムナード（promenade architecturale）」という言葉を用いていることはよく知られている。[2]建築家でル・コルビュジエの研究でも知られる富永譲は、次のように述べている。

> ル・コルビュジエの住宅の特質を見ると、明らかに内部をめぐってゆく住まい手に〈光・空間・緑〉

1　一九二七年にドイツ工作連盟が主催した住宅展覧会であるヴァイセンホーフ・ジードルンクの設計において、ル・コルビュジエが示した。ピロティ、屋上庭園、自由な平面、横長の窓、自由な立面の五つ。

2　「建築的プロムナード（promenade architecturale）」は、全八巻の全集（*Le Corbusier: Œuvres complète*）の第一巻（1910–29）のラ・ロッシュ＝ジャンヌレ邸と、第二巻（1929–34）のサヴォワ邸の説明に用いられている。

➋

➊

➌

ル・コルビュジエが、自作の全集（*Le Corbusier : Œuvres complète*）において「建築的プロムナード」と記している作品。➊➋ラ・ロッシュ＝ジャンヌレ邸（1925）　➌サヴォワ邸（1931）

➊正面の建物は、2、3階の壁が湾曲して手前に膨らんでいる。➋は、➊の道を少し進んだところから見たもので、高木のむこうの壁が凹んでいる部分（2階に大きな窓があるところ）に、ラ・ロッシュ邸の入口がある。➌のサヴォワ邸は、写真の右奥方向にある門からアプローチし、1階のピロティ（柱によって建物が持ち上げられ、その下が屋外になっているところ）を進んで回り込んだところ（写真の左面）に建物入口がある。2階の横長のフレーム（窓枠）のむこうに屋上庭園が見えるほか、3階のオブジェクトのような壁の一部にもフレーム（窓枠）があるのが見える。

を求める自然人としての人間が捉えられ連続的に展開する秩序が夢見られており、そこに向かって自律する形の装置が分散してセットされてゆく姿を追跡することができる。〔……〕場面《シーン》から場面《シーン》へと展開してゆく間合いには一定の人間的なリズムがある。人間の視点の移動や移行する時間が読み込まれ物の配列に投影されている。

　住宅のなかでのそうした部分の形の装置が、決して全体の上位の架構の秩序のなかに消失してしまわずに、刺激を与える動力源として、相互に競いながら、ネットワークを組んで〈建築的散策路《プロムナード》〉によって結び付けられてゆくという構成の手法が独特である。ピロティと屋上庭園はさしずめ〈建築的散策路《プロムナード》〉の始点と終点の情景を与えるものとして考案されている。[3]

　ここで富永は、建築的プロムナードの始点と終点として「ピロティと屋上庭園」と述べていることから、この説明は、主にサヴォワ邸（1931）をイメージしたものであると考えられる。

　サヴォワ邸は、単にル・コルビュジエの代表作であるというだけでなく、20世紀を代表する住宅建築であるが、正直に告白すると、私は学生時代、大学の見学ツアーに参加して初めて訪れたとき、まったく感動することができなかった。振り返ると、そのとき私は、サヴォワ邸をあくまで「住宅」として捉えようとしていたのだと思う。住宅としてどう使われるのか？　自分が住んだとしたらどんな生活になるか？　そのようなことを考えて、おそらく、具体的なイメージをつくることができなかった。端的に言えば、それぞれの空間（とくにロビー、廊下、スロープなどの共用空間）が大きすぎると感じ、「これが機能的なのか？」と疑問を抱いてしまった。[4]ところが、その十数年後に再び訪れると、今度は衝撃的と言えるほどの強い感銘を受けた。それは、「住宅として」とか「機能的」とかいうこととは関係なく、先

3　〔文献3-11〕富永譲『ル・コルビュジエ　建築の詩　12の住宅の空間構成』鹿島出版会、二〇〇三年、二一頁。

4　そもそもサヴォワ邸は、パリの都心に住む裕福な実業家家族が週末を過ごす別荘として建てられたものであるので、求められる「機能」は一般的な住宅とは異なる。以下の文献には、サヴォワ邸建設にあたってのクライアントとのやりとりや設計経緯が詳しく書かれている。〔文献3-12〕中村研一『サヴォワ邸／ル・コルビュジエ』東京書籍株式会社、二〇〇八年。

に富永が述べていたように、そのなかを移動していくときに捉えられる連続的な場面の展開、すなわち建築的プロムナードによってであった。

富永は先の文のなかで、建築的プロムナードのなかに「刺激を与える動力源」として「形の装置」が分散してセットされていると述べているが、その「形の装置」とは具体的には何であろうか？　それは、ピロティ、スロープ、階段、屋上庭園、あるいは家具など、さまざまなものが考えられるが、それらが「動力源」として働く根本に、空間変移のパターンである《穴》が仕込まれている、というのがここで私が主張したいことである。

ル・コルビュジエの建築的プロムナードは、単に解釈者が移動すると場面が変わる仕組みではなく（それだけなら特別ではない）、移動するより前に〈開口空間（むこう）〉として捉えていた場所が移動にともなって〈包囲空間（なか）〉に変わること、あるいは逆に、前に解釈者自身がいた〈包囲空間（なか）〉がいつの間にか〈開口空間（むこう）〉に見えていること、そのような時間経過（持続）を感じさせる仕組みである。

以下では、本書の第2章で示した《穴》の空間変移のパターンから、ル・コルビュジエによってデザインされていることが明白だと思われる迂回フレーミング（H1-b）と遮蔽フレーミング（H1-a）の例をまず示す。それから、《穴》との連続性が強いフレーミングの《群》である並列フレーミング（G2-a）と直列フレーミング（G2-b）、そして、オブジェクト・フレーミング並置（G3-a）の例も少し紹介する。

このようにル・コルビュジエによる「フレーミング」に着目することも、本書が初めてではない。それどころか、やはり、ル・コルビュジエ自身がその効果について記している。ル・コルビュジエの研究

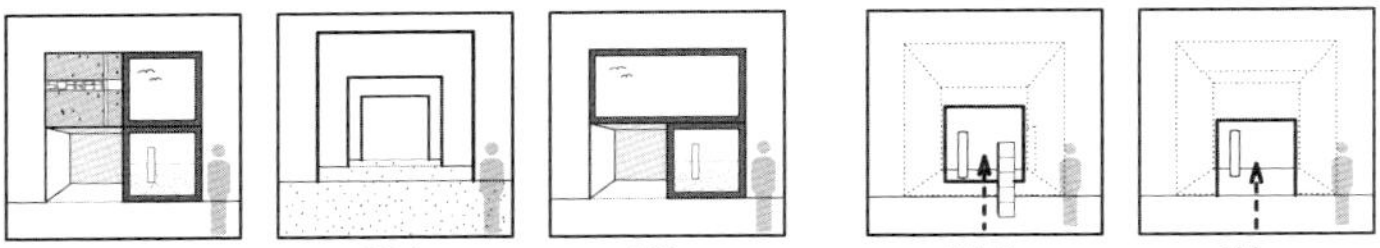

G3-a オブジェクト・フレーミング並置　G2-b 直列フレーミング　G2-a 並列フレーミング　H1-b 迂回フレーミング　H1-a 遮蔽フレーミング

者である加藤道夫は、ル・コルビュジエとピエールフウの共著である『人間の家』[5]に掲載されたル・コルビュジエのスケッチ（左図）を参照しながら、次のように述べている。

『人間の家』に見られたフレーミングによる「あなたの室内」、つまり「観察者の場所」を分離する空間表現は、ル・コルビュジエの常套手段である。〔……〕フレーミングの効果は内部と外部の分断だけにとどまらない。フレーミングによる外部景観と内部空間の断絶は、内部と外部の距離を奪う。なぜなら、それらの距離はその間を埋める実体、例えば大地の連続によって計測されていたからである。フレーミングによる断絶が距離の根拠を奪う。それが、一般にピクチャー・ウインドウとよばれる手法の効果である。ル・コルビュジエはこの種の効果を意識的に建築デザインに利用した。[6]

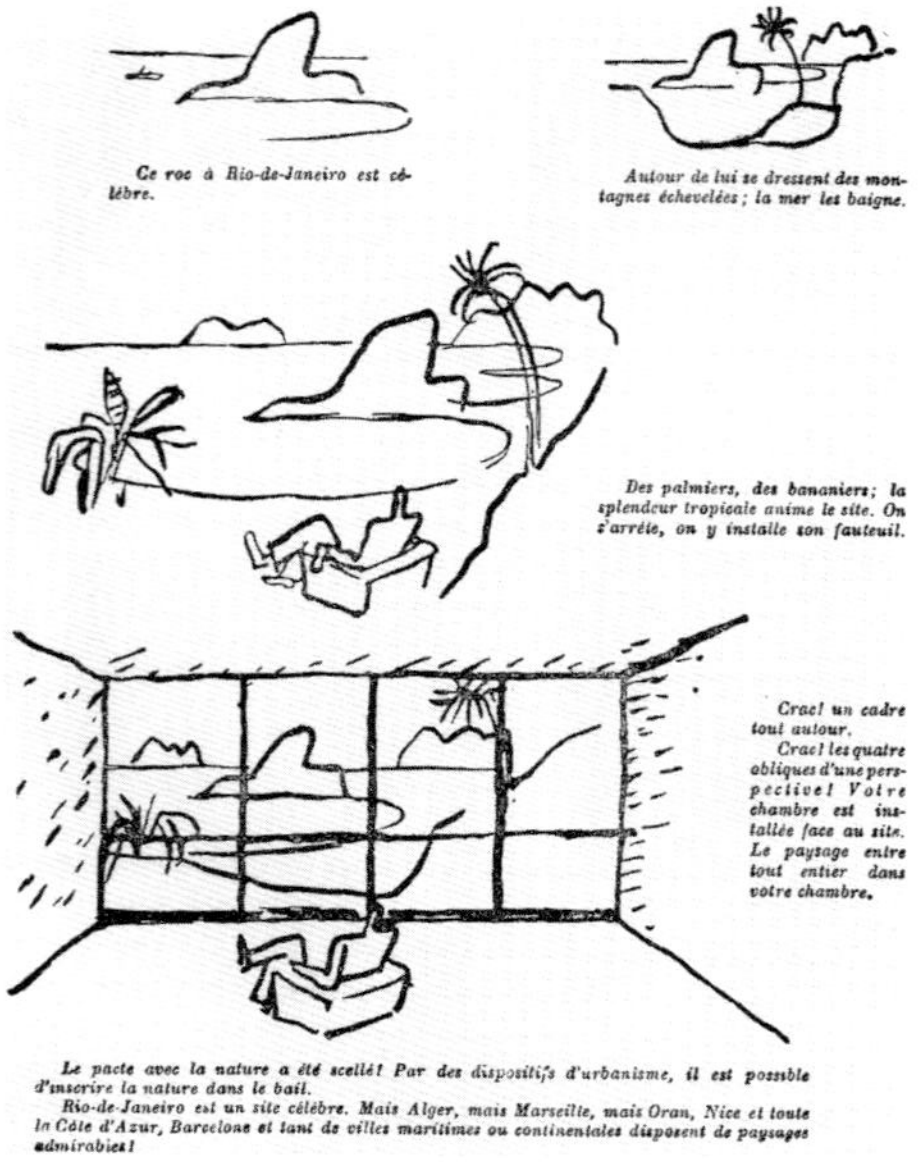

「人間の家」の図　Rio de janeiro

『人間の家』のスケッチは四つの図から構成されている。まず一番上の左の図で「リオデジャネイロの有名な岩」に焦点が当てられ、その右の図では周囲の山や海、すなわち岩を囲む景色に注意が向けられる。中段の絵では、その景色のなかに椅子が置かれ、読者に腰を下ろすことを勧めている。そして

5　〔文献3-13〕ル・コルビュジエ、F・ド・ピエールフウ『人間の家』西澤信彌訳、鹿島出版会、一九七七年（原著一九四二年）。

6　〔文献3-14〕加藤道夫『ル・コルビュジエ　建築図が語る空間と時間』丸善出版、二〇一一年、四三頁。

7　富永〔文献3-11〕二四―二五頁。

8　〔文献3-15〕*Le Corbusier : Il viaggio in Toscana (1907)*. Cataloghi Marsilio, 1987.

左ページ写真
サヴォワ邸3階の屋上庭園。277ページの外観❸で見えていたフレーム（窓枠）にたどり着いたところ。

一番下の絵では、その景色と椅子のあいだにフレーム（窓）が現れ、「景色があなたの部屋に入ってくる」と書かれている。つまり、同じ岩のある場所が、〈放射空間（岩のまわり）〉、〈包囲空間（景色のなか）〉、〈開口空間（フレームのむこう）〉のあいだで変移することが示されている。

ル・コルビュジエの作品では、このようなフレーミングが、屋内と屋外のあいだに限らず多用されている。フレーミングによって捉えられる「むこう（開口空間）」と、建築的プロムナード（移動による場面展開）が組み合わされることによって、ル・コルビュジエ作品特有のワクワクするような魅力が現れる。

このような魅力は、ル・コルビュジエの天才によって生み出されたことは間違いないが、ゼロから創造されたものではなく、やはり都市や自然といった環境のなかで捉えられる普遍的な空間変移が建築に取り込まれたものと考えるべきだろう。富永は、このようなル・コルビュジエの創造の秘密を解明する手がかりが、一九一一年に行った『東方への旅』（東欧、ギリシャ、イタリアなどを約四か月かけて回った旅）にあると述べているが、[7] それ以前の一九〇七年に行ったイタリア旅行でヴェネツィアに2週間ほど滞在していた事実も考慮してよいのではないかと私は思っている。[8]

例1

迂回フレーミング（H1–b）サヴォワ邸（1931）の屋上庭園

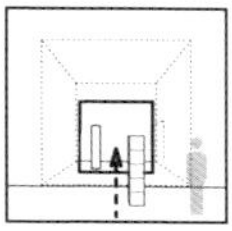

❶

❷

❸

❹

❺

❶の庭から見上げると、二階の横長フレームの「むこう」に屋上庭園が見える。❷❸は入口を入ってすぐであるが、スロープの上方にある窓の「むこう」が屋上庭園である。❹は一階廊下の奥から、❺はスロープを登る途中、❻は二階の廊下から、それぞれフレームの「むこう」に同じ屋上庭園が見える。❼はサロンの大きな開口越しに、❽は夫人の部屋の小さな窓から見ている。❾は屋外に出ているが、屋根のある場所から屋根のない「むこう」の広がりが捉えられる。❿は屋上庭園のほぼ全景であるが、さらにスロープで三階に上がると、⓫のようにまたそれは「むこう」に変わり、自分が前にそこにいたこと（時間が経ったこと）が浮かび上がる。誤解を恐れず言えば、この屋上庭園は、そこに居ることが素晴らしいという以上に、他の場所から見えること、見るたびに異なる空間であることにワクワクする。屋外であるため天気や植物の状態によって、あるいは人がそこにいるかどうかなどによって、その印象はその都度変わる。

❼

❻

❾

❽

⓫

❿

各階平面図
右より
1階
2階
3階

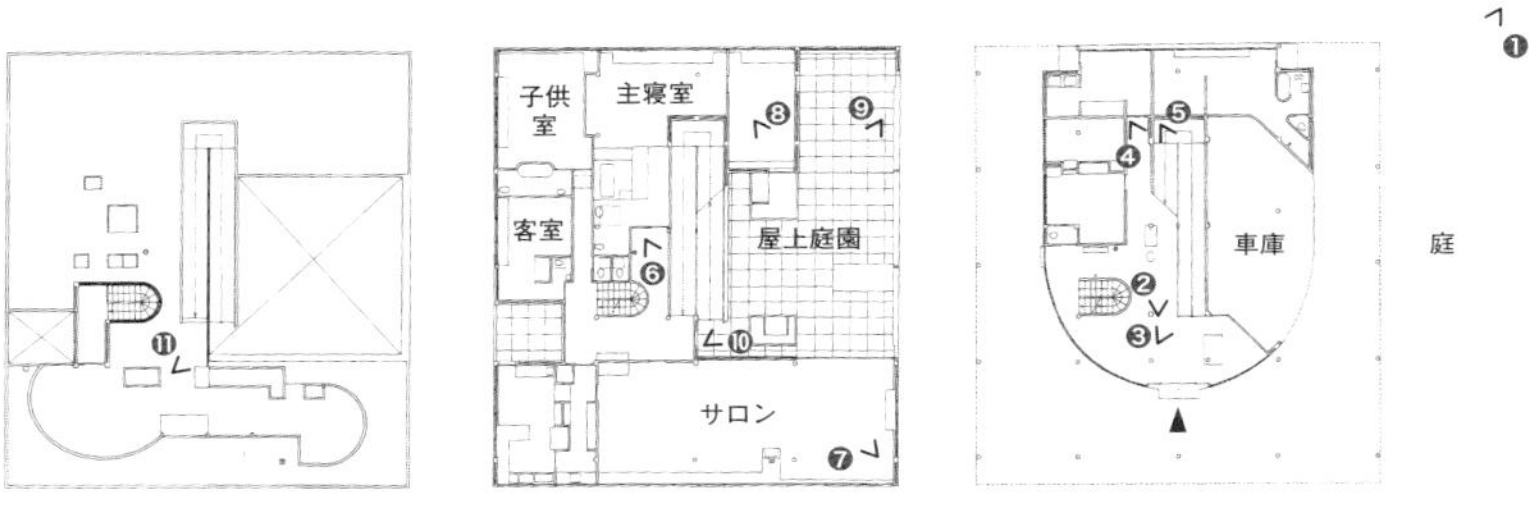

❶

❷

❸

❹

❺

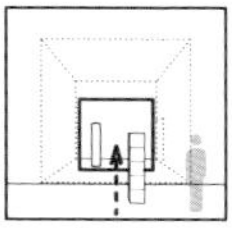

H1–b
迂回フレーミング

迂回フレーミング（H1–b）
ラ・ロッシュ邸（1925）

例 2

ラ・ロッシュ邸には、エントランスホールとギャラリーの二か所に吹抜けがあるが、それらは単に天井の高い部屋ではなく、そこから「むこう」を捉え、移動すると前にいた場所が「むこう」に変わる「空間変移装置」と言えるものである。❶のホールは一階に窓がなく殺風景とも言えるが、❷のように階段を登った先の二階部分が吹抜けに突出しており、その「まわり」が意識されると同時に、その見えない「むこう」に誘われる。❸は、❷の突出部に着いて吹抜けを見たところ、その下の❺は突出部から窓を見たところで、一階からは見えなかった高木（建物に入る前［277ページ］に見ていた庭の木）が「むこう」に見える。❹は、❺から少し右に動いた視点（壁の裏側）で、「むこう」にギャラリーが見える（壁の開口の位置と床素材の切替え位置がズレており、類似属性の離散（G4–a）のパターンでもある）。❻はギャラリーの「なか」から見たところ、❼❽はスロープを上ってギャラリーを「むこう」に見返したところである。❽では壁の上部にある窓の外に、❺と同じ庭の高木の

❼

❻

❾

❽

緑が見えるが、捉えられる空間は前と同じではない。スロープを上がった先には図書室があり、吹抜けのホールがまた「むこう」に現れる（❾）。

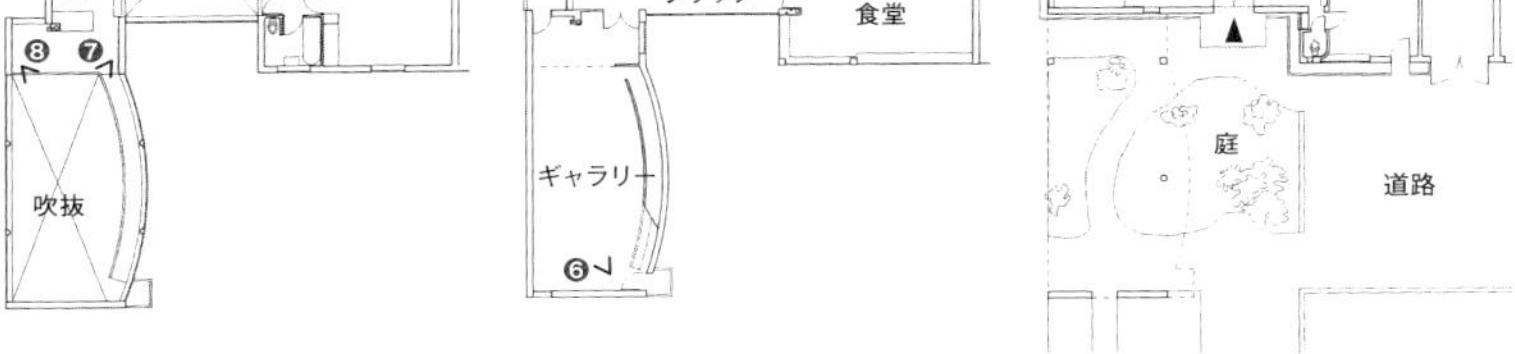

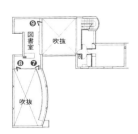

各階平面図
右より
1階
2階
3階

❶

❷

❸

❹

❺

例3

迂回フレーミング(H1-b) 母の家(1924)と湖

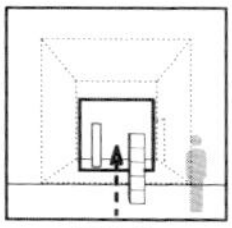

H1–b
迂回フレーミング

ル・コルビュジエが両親のために設計した家で、スイスのレマン湖畔に建つ。湖に面した横長の窓が湖の風景を切り取っている(❶)。この窓は、日本の縁側のようにそこから外に出ることはできず、迂回して❺に見えるテラスに出ると、❷の右半分に見えるように、湖が低い塀の「むこう」に広がる(テラスの庇、細い柱との複合フレーミング(H2-c)でもある)。また、庭の隅の高い塀には開口が設けられており(❷左半分、❸)、前とは異なるフレーミングによって「むこう」の湖の風景を味わうことができる。さらに、屋外階段で屋上庭園に上がると、❹のように、また別のフレーム(屋上のエッジ)の「むこう」に湖が見えるが、その「むこう」には前に自分がいた庭も含まれている。このように、同じ湖が異なる「むこう(開口空間)」として何度も現れる変移を、ここでは味わうことができる。

❷

❶

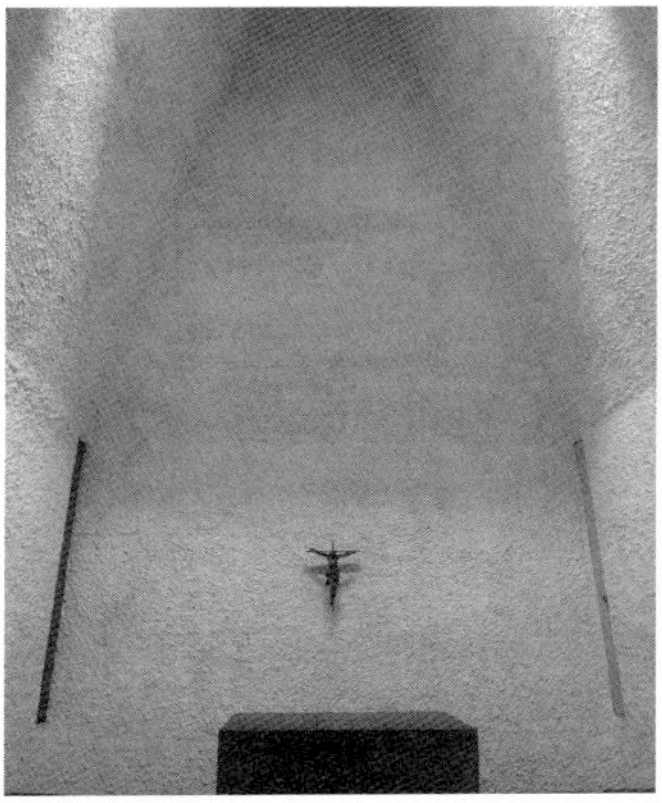

❹

❸

例4

迂回フレーミング（H1–b）
ラ・トゥーレット修道院（1953）

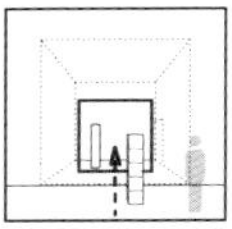

H1–b
迂回フレーミング

物の形と配置についてもさまざまな論理があり、本人や研究者によって語られているが、ここでは、そのような物の配置を経験したときに現れる一側面として、空間変移について述べる。建物は、中庭を囲む回廊形式で、上の二層分が個室のエリア、下層に食堂や礼拝堂などの共用部がある。中庭の一階には通路が十字形に通り、個室と共用部の行き来に用いられる。このような配置のため、中庭を周りから見ることと、中庭に居ること、あるいは中庭から見返すことのあいだで、絶えず空間変移が生じる。❶の中庭で、通路の一部の屋根が斜めに持ち上がっているところに入ったのが❸であるが（食堂前の広場）、このように周りからオブジェクト的に捉えられるところは、とくに変移が浮かび上がりやすい。❷の左手に見える尖った屋根の祈禱室に入ったところが❹であるが、特徴的な形であるため、窓がなくても変移（時間経過）を感じることができる。

❶

❷

❸

❹

例5

迂回フレーミング（H1–b）ラ・ショー＝ド＝フォンの坂と空中庭園

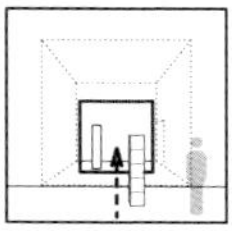

H1–b
迂回フレーミング

ここまで示してきた迂回フレーミング（H1–b）とは、基本的に、先に「むこう（開口空間）」と捉えていた場所に迂回してたどり着いたとき、同じ場所が「なか（包囲空間）」に変わったこと、あるいは、前に自身がいた場所が「むこう」に変わったことが浮かび上がることであった（例3の「母の家」では湖はずっと「むこう」であったが）。このような現象が、スイスのラ・ショー＝ド＝フォンという街で頻繁に見られることを指摘したい。この街はル・コルビュジエの生まれ故郷で、山あいにあるため街のかなりの部分が坂になっている（❶❷）。そのため傾斜が大きいところでは、建物の一階から庭に出ると、庭が道路面から切り離された空中庭園となる。言いかえると、❸のように建物の前にある空中庭園を道路から「むこう」に見たあと、坂を上って建物に入り、庭に出ると、❸の同じ道路は「むこう」に変わっている。つまり迂回フレーミング（H1–b）となる。同じことは、ル・コルビュジエが設計したシュウォブ邸（❹1917）やジャンヌレ邸（❺〜❼1912）でも起こっている。ジャンヌレ邸は、ル・コルビュジエが両親のために設計した家で、ル・コルビュジエのスタジオもあった。❺のように、坂の下からは傾斜屋根の建物の脇にある空中庭園が「むこう」に見えるが、❻のように、玄関のある坂の上まで登っていくと、そのままのレベルで空中庭園に出ることができ、坂の下は「むこう」に変わる（❼）。このような自然のスロープ（坂）と空中庭園から生じる空間変移（迂回フレーミング）が、サヴォワ邸（例1）やラ・ロッシュ邸（例2）のスロープによって再現されている、と私は考える。

❺

❻

❼

❶

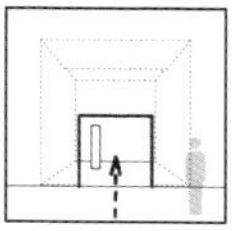

H1–a
遮蔽フレーミング

遮蔽フレーミング（H1–a）の例

遮蔽フレーミング（H1–a）は、フレーミングによって隠れていた情報が解釈者の移動とともに見えてくるのに合わせて、主に〈開口空間〉から〈包囲空間〉への変移が浮かび上がるパターンである。このパターンは、「一体」と見なせる部屋や広場のなかにL字形に折れ曲がる部分があると起こりやすい。❶は迂回フレーミング（H1–b）で挙げたサヴォワ邸（1931）の屋上庭園であるが、屋根のある手前の部分と、屋根のない部分がL字形を成しており（写真で右に折れ曲がっており）、先に進むと隠れていた部分が見えてくるのに合わせて「むこう」が「なか（ここ）」に変移していく。❷は同じサヴォワ邸の子供室に入ったところであるが、部屋のなかに収納棚が固定されていて「むこう」が捉えられるが見えず、L字に回り込むと、その「むこう」が「なか」に変移する（❸）。サヴォワ邸では、この子供室のほか、客室と主寝室にもL字に回り込む配置がある。❹は、迂回フレーミング（H1–b）の例2で示したラ・ロッシュ邸（1925）で、「建築的プロムナード」の終点で

❷

❸

❹

❺

❻

❼

❽

ある三階の図書室に入ったところである。先が左に曲がって遮蔽されているため、回り込むと見えなかった「むこう」が窓のある「なか」として現れる（❺）。この窓は外部を介した直列フレーミング（G2-b）でもある（❻）。❼は、ル・コルビュジエの故郷ラ・ショー＝ド＝フォンに建つジャンヌレ邸（両親の家、1912）で、ル・コルビュジエが使っていたスタジオに入ったところである。やはり先がL字に折れていて、「むこう」は見えないが意識され、回り込むと「なか」に変わる（❽）。これらの遮蔽フレーミング（H1-a）は、「むこう」に回り込むと何か劇的な場面が現れるわけではない。ただ移動しなければ見えない場面が現れ、空間図式が変移するだけである。しかし、もしこれらの遮蔽が無かったら（入った途端に広場や部屋の全体が見えていたら）と想像すると、人はその変移を味わうためにこそ移動するのだとも考えられないだろうか。このようなL字状の回り込みがとくに頻繁に、かつ印象深く現れる場所として、サン・マルコ広場をはじめとするヴェネツィアの広場を挙げたい。

❶

❷

❸

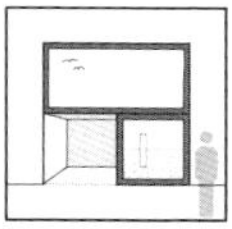

G2–a
並列フレーミング

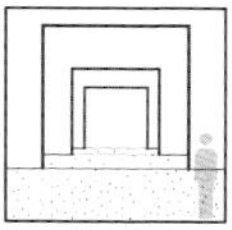

G2–b
直列フレーミング

フレーミングの《群》

フレーミングの《群》である並列フレーミング（G2–a）と直列フレーミング（G2–b）の例を合わせて示す。スカルパの作品では、フレーミングの《群》がデザインされていることは明瞭であったが、ル・コルビュジエの場合、ここで示すような構図が意図されていたというよりは、このような構図（フレーミングの並列や直列）が現れやすいように大量のフレーミングが配置されている、とも考えられる。❶❷❸は、サヴォワ邸のスロープと階段まわりであるが、「空間観察装置」と言いたくなるほど多数の「むこう（開口空間）」が並列にも直列にも現れ、解釈者の移動とともに変移する。❹もサヴォワ邸で、二階のサロンから屋上庭園の方を見ている。特徴的な横長窓が室内から室外（屋上庭園）に続いているが、ピンクの壁にある室内の窓は、単にその「むこう」に庭の緑が見えるのに対し、屋上庭園の横長窓は、その手前に巨大なガラス開口があり、屋上庭園もその「むこう」である。また、左端のガラス扉からも屋上庭園が見えるが、そ

❹

❻

❺

の手前には今度は屋内廊下がフレーミングされている。つまり、どの開口からも「外」を見ているようだが、捉えている空間は異なっている。❺と❻はラ・ロッシュ邸である。❺はエントランスホール上部の二階ブリッジからギャラリーの方を見ており、白い壁面が室内外で連続しているため、その面にある開口、とくに右側の二つの開口の並列性が感じられる。一方は室内で通れる開口（ブリッジの先）、もう一方は室外で通れない開口であるが、それらの「むこう」はほぼ同じ場所（284ページの❹のところ）である。❻は、❺の視点から後ろに下がって食堂から見たところである。窓にカーテンがかかっているが、もし正面のカーテンが開いていたら、❺で着目した2つの開口が、直列フレーミングとなって並列しているこ

❼

❽

❾

❿

とになる。つまり、右のドアは通れる直列フレーミング、左の窓は通れない直列フレーミングで、互いに異質であるが、それらの「むこう」はほぼ同じ場所となっている。❼〜❿はラ・トゥーレット修道院のオンデュラトワール（波状窓）と言われる窓で、フレームのピッチが波のように変化する。❼と❽（外の風景）、❾と❿（中庭）は、それぞれ同じ窓を少し移動した視点から見たものであるが、見る位置や角度によって「むこう」が見えたり、壁のように「なか（こちら）」を示したりするため、移動とともに予想外の変移が起こる。⓫と⓬もラ・トゥーレット修道院の窓である。個々のガラス開口と不透明パネルのサイズが同程度のため、オブジェクト・フレーミング並置（G3-a）の効果によって、それぞれの開口が絵のように放射性を感じさせる。つまり、「むこう」はひとつの中庭だとわかっていながら、フレームごとに別々の空間が捉えられる。ときに不透明パネル部分がガラス面の奥行のように錯覚され、一部のガラス面が手前に飛び出ているように感じられることも、その効果を高める（たとえば⓬の中段など）。⓭は有名なロンシャンの礼拝堂（1955）の開口である。それらの「むこう」は、物理的には同じ外部であっても（⓮）、それぞれから異なる空間を捉えることによって、経験の時間

⑫

⑪

⑬

⑭

が生まれると言えるのではないだろうか。

❷

❶

❸

❹

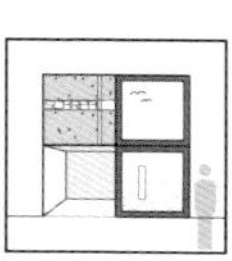

G3–a
オブジェクト・フレーミング並置

細やかな〈放射空間〉

ル・コルビュジエの作品について最後に、細やかな〈放射空間（まわり）〉を示すオブジェクトのデザインを見たい。これらは、第2章で示したヴェネツィアの小祭壇（217ページ）に類似していると思われる。❶はラ・ロッシュ邸の入口の脇で、外部水栓の上部に照明の入った出窓があり、〈放射空間〉を捉えさせる（裏は洗面台の鏡になっている）。❷と❸はユニテ・ダビタシオン（1952）の住戸のバルコニーで、壁に小さな棚がある。バルコニーは、床・壁・天井による〈包囲空間〉と、景色を取り込む〈開口空間〉が支配的だが、そこにささやかな〈放射〉性が加わることで、そこは人間が動き、解釈する場所であることが強調されていると感じる。❹はラ・トゥーレット修道院の個室のバルコニーである。❺はパリのル・コルビュジエ

❺

❻

❼

❽

のアパート(1934)の階段で、それ自体強い〈放射〉性を示すが、ここではその途中にある棚(茶色い壁の上端にある白い凹み)に注目したい。階段は、利用するときには床面に注意が向くので、その〈包囲〉性と、進む先の〈開口〉が意識されるが、そこに棚による〈放射〉性が加わることで、階段が単なる通過の場所ではなく、人の居場所ともなることが示唆される。❻のジャンヌレ邸(ラ・ショー=ド=フォン)の階段にも同様の棚がある。❼は遮蔽フレーミング(H1-a)の例に挙げたサヴォワ邸の子供室である。「むこう(開口空間)」を示す(遮蔽する)収納棚は、壁と一体に〈包囲空間〉も形成するが、側面にオープン棚が設けられていることによって〈放射空間(まわり)〉も示唆する。❽の主寝室も同様で、仕切り壁が「むこう」と「なか」を示すだけでは満足できないル・コルビュジエの空間デザイン(人が動きうると解釈する範囲の多様性)に対する執念がうかがえる。

均質空間に対抗する理論

前の「「第三の空間概念」に関連する理論」の節では、とくに一般にイメージしにくいと思われる〈開口空間（むこう）〉の考え方を跡づけるために、主に19世紀末から20世紀半ばに発表された建築空間論のいくつかを紹介した。この時期は、建築学的には空間論の黎明期と言えるが、黎明期だから議論が素朴だったということはなく、むしろ、現代ではいちいち気にしないような、人間と建築に関する根本的な問題が論じられていたように思う。

簡単にまとめると、19世紀後半のヨーロッパでは、それまでの様式論（過去の様式を理解して応用しようとする議論）や芸術論（とくに絵画・彫刻と建築の違いを明確にしようとする議論）を背景に、より根本的な建築の要素として「空間」が意識されるようになった。このとき、絵画や彫刻との違いに着目して、人間が動き回る三次元空間、いわば「客観的（幾何学的）空間」を強調する空間論と、絵画や彫刻との共通性を意識して、空間の平面性（視覚的）と立体性（触覚的）が共存する空間、いわば「主観的（経験的）空間」を論じる空間論の二系統があった。ここで挙げた例では、前者がシュマルゾーやギーディオンであり、後者がヒルデブラントからヴェルフリン、そしてコーリン・ロウにいたる系統である。

大まかに言えば、前者の幾何学的空間論では「空間（三次元）」とそれを形づくる「物（三次元）」との関係が論じられたのに対し、後者の経験的空間論では「触覚的（三次元的）」と「視覚的（二次元的）」の関係が問題となった。

①**幾何学的（客観的）空間論**（シュマルゾー、ギーディオンなど）
物（三次元）——空間（三次元）

②**経験的（主観的）空間論**（ヒルデブラント、ヴェルフリン、ロウなど）
触覚的（三次元的）——視覚的（二次元的）

そして、ヴェルフリンに師事したのち、近代建築国際会議（CIAM）の書記長として強い影響力を持っていたギーディオンが「三つの空間概念」と記して建築空間論を世界に打ち出したとき、これら二系統の関係を混乱させる二つの「勘違い」が生まれ、広がったと私は考える。

ひとつは、前項のヴェルフリンについての説明でも述べたように、経験的空間論（②）における「触覚的」と「視覚的」の対比を、「実体」と「空間」と解釈し、幾何学的空間論（①）の「物（三次元）」と「空間（三次元）」の対比に回収できると考えたことである。ギーディオンは、「第一の空間概念——彫刻としての建築」、「第二の空間概念——内部空間としての建築」、「第三の空間概念——彫刻と内部空間としての建築」と、「第三の空間概念」を前二項の「物」と「空間」の組み合わせとして提示したことによって、「視覚的（二次元的）」空間の概念を封印した。

さらに、この「第三の空間概念」は、近代建築の歴史的達成として20世紀に始まったものと位置付けられたことにより、そこに「バロック由来」の「視覚的（二次元的）」空間概念が入る余地はさらに厳重に封じられ、事実、多くの人たちがそのように信じた。これがもうひとつの「勘違い」である。

この二重の封じ込めの蓋をこじ開けようとしたのがコーリン・ロウの「透明性」の論文だったと考え

られることを前に述べた。しかし、ロウ自身もその時点では、ヴェルフリンやバロック（あるいはマニエリスム）の名を出さなかった。

このように、建築空間に関する議論から「視覚的」空間が排除されていくことと並行して、一般の人々も、空間とは「物」に囲まれた「三次元空間」、あるいは「物」のまわりに広がる「三次元空間」だと信じるようになった。そして最終的に、第1章で述べたように、俯瞰的に操作できる「三次元空間」は「均質空間」のイメージに収れんした、と言うことができる。

私は、ギーディオンが均質空間のイメージを広めようとしたと考えているわけではない。彼の趣旨は、純粋に近代建築を歴史的に位置付けて、説得力を持たせることだっただろう。ただそれが、おそらく工業化や都市化とともにすでに広まっていた近代社会の空間イメージと合致するものであったため、その空間論は受け入れられはしても、進行する現実に対する批評性を持てなくなった。

第1章の「均質空間の「幻想」」という項で私は、「世界中どこでも同じ」と感じられる均質空間のイメージは現代においてますます広まっているのではないか、と述べるとともに、現代の建築空間論（ギーディオンより後の空間論）は、その多くが均質空間の打破を目標にしていると考えられる、とも述べた。以下では、そのような空間論のなかから、単に均質空間を批判するだけでなく、それに代わる概念（道具）を打ち出すことで対抗しようとしていると思われる理論を紹介し、本書との関連を考えたいと思う。

ルイス・カーンの「変化する空間概念」

カルロ・スカルパ（1906–78）とほぼ同世代で、20世紀を代表する建築家の一人であるルイス・カーン（1901–74）は、イエール大学の建築ジャーナル『パースペクタ』[1]で、以下のようなタイトルの二篇の文章を発表している。

"Architecture is the thougtful making of spaces"
「建築とは、よく考えられた空間の形成である」

"The continual renewal of architecture comes from changing concepts of space"
「建築の絶え間ない更新は、変化する空間概念から生じる」

この二つ目の文章のなかに、以下のような記述がある。

はじめてピサを訪れたとき、私は広場へ向かってまっすぐに進んで行った。広場に近づき塔が遠くに見えたとき、私は感激のあまり急に立ち止まり、一軒の店に飛び込んで、似合いもしない英国製のジャケットを買ってしまった。そのまま広場に入ろうとせず、広場へ通じている他のいくつかの街路へと方向を転じ、けっしてそこへ行こうとはしなかった。つぎの日、私はまっすぐに塔へ出かけ、その壁の大理石に触れてみた。つづけて大聖堂と洗礼堂のものにも触れた。そしてそのつぎの日、私は思い切ってそれらの建物のなかに入ったのだ。[2]

1 ［文献3-16］*Perspecta 4: the Yale Architectural Journal*, Ed.Marshall Meyers, 1957.

2 ［文献3-17］前田忠直『ルイス・カーン研究　建築へのオデュッセイア』鹿島出版会、一九九四年、一一六-一一七頁。

この三日間にわたるピサの経験についての記述は、タイトルにある通り、「変化する空間概念」を表していると考えられる。つまり、三日間をかけて同じ場所（ピサの広場周辺）で捉えている空間概念は、日ごとに変化している。

一日目、「広場に近づき塔が見えたとき」「広場に入ろうとせず」「けっしてそこへ行こうとはしなかった」という情景は、下の写真のような場面を想像することができる。ここでカーンが予定外の買い物をしてでも広場に入らずに味わいたかった空間とは、広場が「むこう」に見える空間、つまり〈開口空間〉としての広場だと考えられる。図に示すように、この空間は手前にある建物などにオーバーラップ（一部遮蔽）され、それらの「むこう」にあると捉えられる。

二日目、広場に入り、塔、大聖堂、洗礼堂に近づいて「その壁の大理石に触れてみた」というのは、それら建物の〈放射空間（まわり）〉を味わっていたと言うことができる。もちろん単に〈放射空間〉と言っても、移動によって距離、角度、見える物は刻々と変化し、手で触れることもできる。重要なことは、この二日目には建物の「なか」へは入らず、その「まわり」の空間をじっくりと味わったということだろう。

そして三日目、「思い切ってそれらの建物のなかに入った」ときに捉えられた空間は、囲われていることが強く意識される〈包囲空間（なか）〉だと言える。

このように、ピサの経験を例に示された「変化する空間概念」とは、同じ建物群から捉えられる空間が、〈開口空間（むこう）〉〈放射空間（まわり）〉〈包囲空間（なか）〉のあいだで変移することだと考えることができる。なかでも重要なのは、一日目の

街路から見たピサの斜塔と大聖堂

［上段・中段］広場に入って見られるピサの大聖堂（上段右）、斜塔（上段左）、洗礼堂（中段左右とも）
［下段］大聖堂（右）と洗礼堂（左）の内部

「入らずに捉えている空間」＝〈開口空間〉の指摘だろう。カーンは、ここにわざわざ一日を割り当てることによって、それをしっかり認識することが、その後の変化を浮かび上がらせるポイントだと強調していると思われる。

カーンは、これに続く部分で次のように述べている。

> 同じようなことは、大学の礼拝堂についてもいえる。
> もし礼拝堂がアンビュラトリー〔Ambulatory，回廊〕に囲まれた空間であって、アンビュラトリーへは、十分な大きさの庭園に面したアーケードから入れるようになっていれば。
> 礼拝堂へはけっして行かない人びとのための空間、近くにいて、しかもなかに入らない人びとのための空間、そして礼拝堂に入る人びとのための空間。[3]

ここで「アンビュラトリー（回廊）」と言われる「近くにいて、しかもなかに入らない人びとのための空間」とは、礼拝堂のなかを「むこう」として感じられる空間だと言うことができる。これは当然、入

右写真
イエール大学英国美術研究センター（ルイス・カーン、1974）

3　前田［文献3-17］一一七頁。

らないことを推奨しているのではなく、入らないことを非難しているのでもない。なかに入るのも入らないのも自由であり、ただ、そのように異なる人々が共存していることを感じられる空間＝「アンビュラトリー」があるとよいではないか、と言っている。それは、もし以前には「入らなかった人」が「入る人」に変わったとすれば、ピサでの三日間のように、空間の変化を味わう仕組みにもなる。

「アンビュラトリー」は、「入る人びとのための空間」とも言われており、明らかに、異なるタイプのふるまい者（B）の共存を想定した概念である。本書では、空間デザインのテーマは、解釈者（C）が「自分が動きうる空間」と「他者（B）が動きうる空間」の共存、距離感を感じ取れることだと述べているが、この「アンビュラトリー」は、まさにそれを実現させる仕組み、あるいは概念であり、私は深く共感する。

ノルベルグ＝シュルツの「実存的空間」

次に、建築の歴史と理論の研究者であったクリスチャン・ノルベルグ＝シュルツ（1926–2000）の「実存的空間」を紹介する。ノルベルグ＝シュルツはギーディオン（1888–1968）に師事しており、ヴェルフリン（1864–1945）の孫弟子にあたる。

一九七一年に出版された『実存・空間・建築（Existence, Space and Architecture）』[4]は、そのタイトルからしてギーディオンの『空間・時間・建築（Space, Time and Architecture）』[5]に対する意識がうかがえるものであるが、次のように問題意識が述べられている。

建築と関連させた空間概念についての最近の諸研究は、結論としていうならば、抽象的な幾何学を論じ

4　［文献3-18］クリスチャン・ノルベルグ＝シュルツ『実存・空間・建築』加藤邦男訳、鹿島出版会、一九七三年（原著一九七一年）。

5　ギーディオン［文献3-01］

て人間を議論の圏外に置き去りにしようとするか、あるいはまた、人間を議論の「圏内に入れた」としても、今度は空間や建築を印象や感情や「諸効果」の研究に還元してしまっているといってもよいだろう。この両者のいずれの議論においても、実存的次元、人間と人間の環境との関係としての空間は忘れられてきた。多くの人びとが、建築における空間問題にうんざりして、「構造」とか「体系《システム》」とか「環境」とかについて語りたくなるのも不思議ではない。[6]

ここで「抽象的な幾何学を論じて人間を議論の圏外に置き去りにしようとする」と言われているのが、私が先に述べた幾何学的空間論（①）、「人間を議論の「圏内に入れた」としても、今度は空間や建築を印象や感情や「諸効果」の研究に還元してしまっている」と言われる研究が、経験的空間論（②）の側にあるものと大まかには考えることができる。[7] ノルベルグ＝シュルツは、これらのどちらにおいても、「人間と環境の関係としての空間」が忘れられてきたと述べ、そのような空間を「実存的空間」と呼ぶ。つまり「実存的空間」とは、「環境」を客観的に記述する幾何学的空間（①）と、「人間」が主観的に捉える経験的空間（②）を関係づける次元として構想されており、本書で「物」と「経験」をつなぐ仕組みとして「空間」を考えようとしていることと問題意識を共有していると思われる。

ノルベルグ＝シュルツは、この「実存的空間」を、ジャン・ピアジェ（1896–1980）の発達心理学から「シェマ（Schema スキーマ、図式）」の概念を参照して説明する。シェマとは、人間が環境を認知する枠組みのことで、シュルツは、「〔物理的な〕認識的空間とは別に、心理学的次元の中に、直接的な知覚的空間と、それよりも安定した空間シェマを区別しなければならない」[8] と述べる。空間シェマとは、人間が成長とともに身に着ける一定の不変性をもった心理学的要素で、それが組み合わさって現れる環境

6　ノルベルグ＝シュルツ［文献3–18］一九頁。

7　ただし、先に挙げたヒルデブラント、ヴェルフリン、ロウらの研究が、建築の印象や感情、諸効果の研究に還元されているということではなく、一般に、経験を論じようとするとそのようになりがちだという意味である。前述の三名は、むしろ物（幾何学的）と経験（感覚的）の関係に着目していたという点で先駆的であった。

8　ノルベルグ＝シュルツ［文献3–18］一九頁。

の「イメージ」が「実存的空間」であると言われる。

> 実存的空間とは、比較的安定した知覚的シェマの体系、つまり、環境の「イメージ」である〔……〕。実存的空間は、たくさんの現象の類似性から抽象されて取り出された一つの一般化であって、「対象としての性質」を有するものである。[9]

このような「実存的空間」を成り立たせるシェマとして、ノルベルグ＝シュルツは「中心または場所」、「方向または通路」、「区域または領域」を基本三要素として挙げる。

この三要素は、本書で用いている三つの空間図式と、一見対応しているようにも思われる。しかし、本書の空間図式は観察者の直接経験を問題にしているのに対し、ノルベルグ＝シュルツの三要素は、地理、景観、都市、住居、器物と多層にわたって現れ、それらが「一つの構造化した全体を形成している」[10]と考えられており、直接の経験よりも、経験のなかで大きな環境イメージを捉えることが重視されている。それは、この三要素「場所・通路・領域」が、都市計画家のケヴィン・リンチ（1918–84）が都市をイメージするのに役立つエレメントとして提示した「結節点（ノード）・通路（パス）・地域（ディストリクト）」に対応していると述べられていることからもわかる。[11]

三要素のなかで最も重視されている「場所（中心）」は、「実存の意味作用を担う出来事を体験する目標あるいは焦点であるが、また、われわれ自身を定位し、環境を手中に収めるときの拠り所とする出発点」[12]であり、「それを取り巻く「外部」とは対照的に「内部」として体験される」[13]と言われる。建築的には、「場所」は「量塊の集中」あるいは「周辺からの分離」によって際立たせられると述べられてい

9　ノルベルグ＝シュルツ〔文献3-18〕四〇頁。

10　ノルベルグ＝シュルツ〔文献3-18〕八三頁。

11　〔文献3-19〕ケヴィン・リンチ『都市のイメージ（新装版）』丹下健三・富田玲子訳、岩波書店、二〇〇七年（原著一九六〇年）。リンチはエレメントを五つ提示しており、あとの二つは「ランドマーク」と「境界（エッジ）」。

12　ノルベルグ＝シュルツ〔文献3-18〕四六頁。

13　ノルベルグ＝シュルツ〔文献3-18〕四八頁。

ることから、本書と関連づけるなら、空間図式の〈放射性（まわり）〉と〈包囲性（なか）〉を強く感じさせるもの、と言うことができる。

次に「通路（方向）」は、「出発点から離れて目標に向かうか、あるいは、場所の周囲に円環を形成し、「実存は円である」ことを表現するかのいずれかである」[14]と言われ、「場所」と密接に関わるものである。その「通路」が示す特徴である「奥行きへの連続性は、床、壁、あるいは天井という要素、もしくはこれらの要素の組み合わせたものを、分節化することによってつくられる」[15]（傍点引用者）と言われていることから、実際の経験をイメージすると、フレーミング（床・壁・天井のエッジ、柱梁、窓枠など）によって示される〈開口空間（むこう）〉との関連を想定できる。

このように、ノルベルグ＝シュルツの三要素のうちの「場所」と「通路」のなかに、本書の三つの空間図式〈放射空間〉、〈包囲空間〉、〈開口空間〉の性質は、すでに含まれていると考えられる。事実、ノルベルグ＝シュルツの理論において「場所」と「通路」が重視されていることも間違いない。しかし、彼の理論のなかで、いま私がよく考えなければいけないと思っているのは、最後の「領域」のシェマ（図式）である。

> ある意味では、領域は「場所」である。なぜなら、領域は、それを構成している諸要素の閉合性〔周辺からの分離〕あるいは近接性〔量塊の集中〕、およびその類同性〔何らかの要因によるグループ化〕とによって決定されるからである。〔……〕しかしながら、われわれの環境のイメージは、われわれが属していない、また目標として機能していない区域をも、明らかに覆っているのであるから、場所と領域を区別しておくことは有益である。そこで領域とは、比較的構造化されていない「地」であって、この「地」の上に

14　ノルベルグ＝シュルツ〔文献3-18〕一一三頁。

15　ノルベルグ＝シュルツ〔文献3-18〕一一三頁。

場所や通路が、比較的まとまった特徴を備えた「図」として現われる、と定義することができる。［……］領域は、全体的な特質を有するがゆえに、人間の諸活動を誘発する潜在力をもつ場所として作用するのである。それで、環境を獲得してゆくとは、通路や場所を手段にして、環境を構造化し、諸領域に分割してゆくことをいうのである。[16]

16 ノルベルグ＝シュルツ［文献3-18］五六－五七頁。

思い切って単純化すると、ノルベルグ＝シュルツの基本三要素のうち、「場所」と「通路」の問題は、〈放射空間（まわり）〉〈包囲空間（なか）〉〈開口空間（むこう）〉を組み合わせて人間が活動する「内部」を魅力的にすることだと言える。それに対して「領域」は、自身が属さない「外部」であり、目標にもなっていないにもかかわらず、それを捉えることが有益だと言われている。その理由は主に二つある。

ひとつは、この「外部（領域）」の概念があることによって、相対的に「内部（場所）」が浮かび上がると同時に、私たちが生きる環境の全体像をイメージすることができる。わかりやすい例として、都市に対しての郊外、自然、荒野、あるいは宇宙などを「領域」として挙げることができるだろう。もうひとつの理由は、この「外部（領域）」が、いつか「内部（場所）」にも変化しうる潜在力をもつものとして、私たちを刺激するということである。

私はかつて（学生時代）、この「領域」概念が理解できなかったことに加えて、これらの空間シェマ（図式）が住居から地理レベルまで組み合わさると言われる広範さから、「こんな空間概念は、考えることはできても建築経験において感じることは無理だろう」と思っていた。しかし、いま改めて考えると、このように自分たちが属さない領域までカバーする連続的な空間イメージを持たない、あるいは表現できないことによって、私たちの世界は、全体としてイメージしやすい「均質空間」と、部分的な「没入空間」に分裂していくのではないだろうか。

このように、建築空間を幾何学的な形として扱うのではなく、単に経験で感じるものを記述するのでもなく、物や空間の象徴作用に注目するような抽象的でやや難解な議論は、とくに一九七〇年代から八〇年代頃の空間論の特徴と言うことができる。それは当時、工業化の進展と近代建築の世界的広がりが組み合わさり、均質空間が急速に一般化していっていることの危機感を一部の人たちが共有していたためだろう。現代では、このような「難解」な空間論は敬遠される傾向が強いが、それらが扱っていた問題、すなわち均質空間の一般化が解消したわけではなく、むしろ進行していることに注意しなければならない。[17]

原広司の「空間図式」と「孔」

ここからは、日本の建築家である原広司（1936–）の空間論について述べる。原は、一九七〇年代から世界の集落調査をおこなって論文を発表するとともに、数学、哲学、仏教学などの知見を駆使して建築に関する多くの論考を発表してきたことで知られる。それと同時に、大きな影響力を持つ数々の建築作品を設計し、また大学教授として多くの人材を育成するなど、その活動領域は広くかつ深い。

以下で述べるものは、そのような原の論考の一部を参照した、一面的な解釈である。このような「言い訳」から話を始めざるを得ないほど、原の理論を手短に紹介することなど不可能だと思う一方で、ここで伝えたい空間論の流れに何とか関連づけたいと思っている。

17　話が逸れるが、ノルベルグ＝シュルツに関連して以下のことを記しておきたい。ノルベルグ＝シュルツはバロック建築の研究でも知られており、それに関連して次のように述べている。

「〔後期バロック建築では〕中心、方向、ゾーン〔場所、通路、領域〕が一緒になって作用し、どのような空間表現も可能とする力動的な全体性を形成している。現代建築は、この段階を越えて遥かに進み出たというわけではない。どのような革新が主として行なわれたのかといえば、それは新しい工学技術であり、後期バロック建築においてすでに内包されていた伸展的な「開いた」場の物質化を可能とする技術の革新であった」（ノルベルグ＝シュルツ〔文献3-18〕一四五頁）

これは、コーリン・ロウの「透明性」に関連して述べた、「第三の空間概念」と言えるものは20世紀に新たに現れたものではなくバロックにおいてすでに切り開かれていたものだ、という本書の主張と、趣旨を同じくするものだと考える。

――空間図式

一九七〇年代から八〇年代に原によって書かれた代表的な空間論をまとめた『空間〈機能から様相へ〉』[18]（1987）には、以下の6本の論文が収録されている。

均質空間論（1975）
〈部分と全体の論理〉についてのブリコラージュ（1980）
境界論（1981）
空間図式論（1985）
機能から様相へ（1986）
〈非ず非ず〉と日本の空間的伝統（1986）

この本は文庫化された際[19]、分量を抑えることと、多くの人に読んでほしいという意図から「空間図式論」が割愛され、それに合わせて「序」の一部が変更されているが、全体の趣旨は変わっていない。あえて一言で言えば、はじめの「均質空間論」で「現状認識」を示した後、残りの論で均質空間に対抗する概念を提示しようとするものである。

「均質空間論」の前書きでは、本書の第1章でも紹介した「ガラスの箱のなかのロンシャン」という言葉で「いかなる混成系をもってしても、それを外から覆ってしまう」均質空間に対する危機感が述べられるとともに、本全体の序においても、それ以前に書かれた「21世紀の建築について」（『これからどうなる』岩波書店、1983）を引用して次のように述べている。

18 〔文献3-20〕原広司『空間〈機能から様相へ〉』岩波書店、一九八七年。

19 〔文献1-13（再掲）〕原広司『空間〈機能から様相へ〉』岩波現代文庫、二〇〇七年。

今世紀〔20世紀〕において具体化された均質空間を理念とする建築は、管理社会の容器として、21世紀においても、支配的な役割を果し、全世界の都市のより広範な部分を占めることになる。高度に制御される均質空間は、人工の地形ないしは自然として、日常化する惧れがある。〔……〕均質空間は、(1) 社会・経済的制度の変革、(2) 画期的な材料の開発、(3) 決定的なエネルギー危機などによって廃棄される可能性があるが、この空間に代替する支配的な空間は、少なくとも21世紀の前半には、具体化されないだろう。[20]

また、文庫版からは割愛されてしまった「空間図式論」の前書きには、次のように趣旨が述べられている。

要点は、ここで述べている空間図式のような道具だて、装置がないかぎり、もはや経験を説明することは不可能になっているというところにある。特に、私たちにとっては、直接体験したところの場面をそのまま、あるいは主要な骨格を残したまま概念化する手続きが要請されているのであって、それを指し示さない限り空間は語ることができない。この点を主張しようとするのが本論である。[21]

このように原が、均質空間に対して抱く危機感と、空間図式の必要性を指摘していることを確認した上で、以下では「空間図式論」より前に書かれた「境界論」にまず注目する。

20 原〔文献1-13〕一〇-一一頁。

21 原〔文献3-20〕一七八頁。

――境界・場・孔

アルベルト・アインシュタイン（1879–1955）は、マックス・ヤンマー（1915–2010）の著書『空間の概念』の序文において、歴史的な「二つの空間概念」として、「（a）物質的対象の世界の位置的性質としての空間」と「（b）すべての物質的対象の入れ物としての空間」を挙げた。（a）の場合、空間とは「いろいろな物質的対象の一種の秩序」であり「物質的対象ぬきの空間は考えられない」のに対し、（b）の場合には、空間は「物質界に優先する実在としてうけとられる」[22]。原は、この（a）〈場としての空間〉と（b）〈容器としての空間〉を、建築空間を分析的に把握するうえで有効な基本概念と捉え[23]、「境界論」では、この二つを拡張するかたちで、〈エンクロージャー〉、〈フロア〉、〈ルーフ〉という三つの境界概念を提示する。

〈エンクロージャー〉とは、その名のとおり、境界で囲い込むことによって領域を示すもので、「空間に容器性を与え、空間を個体化する」[24]と言われる。つまり〈容器としての空間〉を示す境界である。

次に〈フロア〉とは、「エンクロージャーが、容器性を表示する概念であったのにたいし、フロアなる概念をとおして、空間の場としての性格を対応させようとするのが、ここでの試みである」と言っており、〈場としての空間〉を示す境界概念である。フロアに示される領域は、そこに適当な事物Aが置かれているとき、「Aのあたり」あるいは「Aのまわり」と言われるような漠然とした領域で、明確な境界で領域を示す〈エンクロージャー〉と対照的である[25]。

三番目の〈ルーフ〉は、「空間の容器としての性格と場としての性格とを同時にとらえようとするための概念的な装置」で、それをもっとも的確に表示する建物は「わずかな柱で屋根を支えているあずまやである」と言われる。つまりそれは、壁のような境界で囲われずに〈フロア〉と連続性を持ちながら、

22　ヤンマー［文献2-01］六－七頁。

23　［文献1-04（再掲）］原広司「空間の把握と計画」『建築学体系23 建築計画』彰国社、一九八二年、三〇二頁。
〈場としての空間〉と〈容器としての空間〉については次の文献でも確認できる。［文献3-21］原広司『集落の教え100』彰国社、一九九八年、二二二頁など。

24　原［文献1-13］一七五頁。

25　原［文献1-13］一八一－一八二頁。

〈エンクロージャー〉のように「意味ある部分」を指し示す。[26]

「境界論」では、この三つの概念の可能性がそれぞれ論じられる一方で、実際の建築ではこれらが組み合わさるため、見方のレベルによって他のものに変わると言われており、複雑な現象として現れることが想定されている。したがって、これを安易にまとめることは危険であるが、大きな枠組みとしては、〈エンクロージャー〉は内部空間を示すもの、〈フロア〉は外部空間を示すもの、〈ルーフ〉は内外を連続する空間を示すものと考えることができ、ギーディオンが示した「三つの空間概念」——外部空間・内部空間・内外の相互貫入——との類似性が感じられる。

ギーディオンの「三つの空間概念」について私は、それは建築空間を俯瞰的視点から捉えた幾何学的空間に限定する傾向があるため、空間のイメージを均質空間に収れんさせる危険性があると前に述べた（299–300ページ）。一方で、原はそもそも均質空間に対抗する空間概念の提示を目指しているので、ここでは、ギーディオンとの類似性よりも、違いに注目する必要がある。

たとえば「境界論」において、原は、それまでの建築設計では「境界面を穿孔すること」あるいは「境界を利用して三次元的な孔をあけること」をおこなってきたが、「現在、もうひとつ次元をあげたところの孔の建築的表出を、やはり境界がもたらす空間的効果に期待してめざしている」と述べている。[27] つまり、境界を俯瞰的（客観的）に捉えるのではなく、その境界がもたらす効果、すなわち経験に着目していることがわかるが、このように述べられる「境界」と「孔」と「効果」の関係は、「境界論」ではよくわからない。

このような概念的図式と経験を結びつけることを目指した論考として、次に、原が一九九七年から二〇〇〇年にかけて『GA JAPAN』誌に連載した「空間の文法」に注目する。「空間の文法」は、原が大

26 原［文献1-13］一九四–一九五頁。

27 原［文献1-13］一六八頁。

梅田スカイビル（原広司、1993）

学教員を定年退職した年にスタートしたもので、空間を説明するために用いてきた言葉を整理するという目標が掲げられている。[28]しかし実際には、それまでの、あるいは進行中の設計プロジェクトと概念をすり合わせるように思考が継続されており、結論をまとめるというよりは、概念を練り上げている現場を公開するような体裁となっている。

「空間の文法」では、大きな全体構成として、（A）空間とはどういうものか？（B）空間の経験とはどういうものか？ の二つが論じられている。（A）に関して、空間は体験可能であるが表記しきれない〈全体的現象〉だとした上で、

〈＊a〉空間は〈容器〉である。

〈＊b〉空間は〈場〉である。

〈＊c〉空間は〈記号場〉である。


という三つの側面から部分的に記述可能だと言われている。[29]すぐわかるように、これは「境界論」（1981）で示された〈エンクロージャー（容器性）〉〈フロア（場）〉〈ルーフ（意味ある部分）〉の三項関係を引き継ぎつつ、三番目の〈ルーフ〉を〈記号場〉と言い換えたものである。

この〈記号場〉とは、「まったく新しい概念で、現在その一端を理論的に詰めている段階[30]」と述べられているもので、それが何かを端的に言うことは難しいが、ここでは「境界論」との関係も考慮しながら、空間のどのような側面を浮かび上がらせようとしているのか考えてみたい。

まず、記号場とは「記号の場」という意味である。前に〈フロア〉にたとえられた〈場〉は、地図の

28 ［文献3-22］原広司「空間の文法 連載第一回「予定」」『GA JAPAN』二四号、一九九七年、一一六－一一七頁。
原広司「空間の文法」本連載一覧（タイトルと『GA JAPAN』の号数）

［文献3-23］「領域・境界（1）―基本概念」二五号。

［文献3-24］「領域・境界（2）」二六号。

［文献3-25］「場（1）―基本概念」二七号。

［文献3-26］「場（2）」二九号。

［文献3-27］「場所・近傍」三〇号。

［文献3-28］「記号場」三一号。

［文献3-29］「《空間の文法》レフェレンス 京都駅と宮城県図書館の〈場〉と〈記号場〉」三二号。

［文献3-30］「横断（1）」三五号。

［文献3-31］「横断（2）」三八号。

［文献3-32］「記号場の一般定義にむけて ContinuumとIndividuum」三九号。

［文献3-33］「パラディグマとシンタグマ ParadigmaとSyntagma」四一号。

［文献3-34］「様相（1）―様相の概念について」四三号。

［文献3-35］「［様相］Ⅱ」四五号。

［文献3-36］「様相Ⅲ―可能様相の誘起」四七号。

等高線（地形）のように、ある領域において「何か」の値が連続的に分布する状態（高い↕低い、明るい↕暗いなど）として空間を捉える概念である。それに対して「記号の場」は、「何か」が離散的（バラバラ）に分布しているときに、それが周囲に及ぼす影響を考えるために導入されている。つまり、〈場〉では、それぞれの点における値を定量化できるのに対し、〈記号場〉では、定量化されない影響を及ぼす「記号」の効果が考慮されている。「記号」の言い換えとして、ケヴィン・リンチが都市のイメージを形成するエレメントのひとつとした「ランドマーク」が挙げられており[31]、「記号場は、ランドマークが散在する領域」と考えられるとも言われている。[32]

「境界論」では、「Aのあたり」や「Aのまわり」と言われる「漠然とした領域」を示す概念として〈場〉が論じられていたが、実は、そのAの例としてもケヴィン・リンチの「ランドマーク」概念が挙げられていた。[33] また、同じ〈場〉を、地形図のような等高線図で表記する方法についても述べられていた。つまり、「境界論」における〈場〉の概念が、「空間の文法」では〈場〉と〈記号場〉に分けて整理されようとしていることがわかる。

しかし、それならば「空間の文法」では問題が十分に整理されたかと言うと、そうとも言えない。「空間の文法」においても、「〈場〉と〈記号場〉の形成因子は〈アトラクター〉である」、「〈アトラクター〉とは〈場〉の特異点であると同時に、目印・ランドマーク、つまり記号」であると言われており[34]、後で説明する〈アトラクター〉によって、〈場〉と〈記号場〉は連続性があることがわかる。さらに言うと、〈場〉を捉える際には、仮想の境界による「領域分割」（高い領域と低い領域、明るい領域と暗い領域などの分割）を人は日常的におこなっているとも言われており[35]、「境界」の概念によって〈場〉と〈容器〉にも連続性がある。

29 原［文献3-29］一二六頁。
30 原［文献3-28］一六二頁。
31 リンチ［文献3-19］。
32 原［文献3-28］一六三頁。
33 原［文献1-13］一八二頁。
34 原［文献3-29］一二六頁。
35 原［文献3-26］九四頁。

ここから私は、思い切った読み替えをしようと思う。ここで挙げられている三つの概念は、もともとは、空間に見られる異なる「性格」を記述するために現実から抽象されたものである。しかし、それを〈境界による容器〉〈アトラクターまたは境界による場〉〈アトラクターによる記号場〉のように、空間の「性格」ではなく、それを生み出す「物」の名前（名詞）によって説明しようとしているため、類似した「物」が異なる空間に現れると——たとえば〈アトラクター〉が〈場〉にも〈記号場〉にも現れ、〈境界〉が〈容器〉にも〈場〉にも現れると——理解が難しくなる。そこで、まずは空間の三つの「性格」だけを端的に述べるとしたらどうなるだろうか。

「境界論」で言われていたように、〈容器〉によって現れる空間の主な性格は、「一体的に囲われた内部（なか）」と捉えられることだろう。〈場〉についても「境界論」で言われていたように、「何かのあたり」または「何かのまわり」と捉えられることを主な性格だと考えたい。問題は、三番目の〈記号場〉で捉えられる空間の性格がどのようなものか、ということである。〈記号場〉を形成する〈アトラクター〉にも、その「まわり」や「なか」が捉えられることは間違いないが、ここで問題にしたいのは、前の二つでは言い足りない空間の性格は何か、ということである。私は、それは「孔」として捉えられる「ここではない、むこう」だと考える。[36]

〈＊c1〉空間は〈記号場〉＝〈孔〉である。

「空間の文法」で〈記号場〉を形成すると言われている〈アトラクター（Attractor）〉とは、「引きつける」

36　参考情報として、前項で参照したノルベルグ＝シュルツは、次の文献のなかで、「場所」は名詞によって指示されるのに対し、「空間」は諸関係の体系として、前置詞によって示されると述べており、私もこれに賛同する。

［文献1-08（再掲）］クリスチャン・ノルベルグ＝シュルツ『ゲニウス・ロキ　建築の現象学をめざして』加藤邦男・田崎祐生訳、住まいの図書館出版局、一九九四年（原著一九七九年）、三一頁。

京都駅（原広司、1997）

を意味する英語のAttractから派生した言葉で、一般的には、その周囲にあるものを引きつける性質を持った領域を意味する。原の理論においては、〈アトラクター〉は〈場〉のひとつの特異点として導入される。地形の比喩で言えば、周囲の水を集める谷や窪みのような点である。[37]

この〈アトラクター〉は、見えない「むこう」を感じさせる「孔」を想定したものではないか、と私が考える根拠として、次に、原が「空間の経験」に関して述べていることを参照したい。

「空間の文法」では、「(A) 空間の状態」として〈容器〉〈場〉〈記号場〉の三つが一通り説明された後、「(B) 空間の経験」として、そのような空間を観測者が移動していく〈横断 Traversing〉について検討がなされる。空間の〈横断〉は、実際にはその都度すべて異なるが、そのなかでも「同じ道を通った」と言えるような同型の〈横断〉を〈トレーシング tracing〉と呼び、それとは反対に、気ままで自由な〈横断〉を〈フローティング floating（浮遊）〉と呼んで区別する。[38]

原は、建築も都市も多様な行動が誘起される可能性に満ちた空間であるためには、〈トレーシング〉と〈フローティング〉が織りまざっていることが必要だと述べる。そこで問題は、〈フローティング（浮遊）〉をどう計画するかということになるのだが、次のように言われる。

> 「道」f1と「道」f2の間に、〈孔hole〉があいておりますと、ホモトープ（同型）ではなくなります。〔……〕何が孔であるかは解釈によりますから、樹木が一本立っている街路を通る場合、この樹木を重視して孔であるとみなす場合には、樹木の右側を通るか、左側を通るかで異なった「道」であるとみなすこともできます。
> 〔……〕

37 原〔文献3-26〕九八頁。

38 原〔文献3-30〕一二〇-一二一頁。

〈フローティング〉の傾向の強い建築は、相互に〈孔〉を隔てているホモトープ〔同型〕でない「道」を誘起する建築ですから、平面計画上、さまざまな〈孔〉が離散的に分布している建築は、〈フローティング〉の傾向をもつことになります。したがって、記号的な装置を〈孔〉であるとすれば、〈記号場〉を意図した建築は、一般的には〈フローティング〉を誘起する傾向にあると言えます。[39]（傍点引用者）

ここで「記号的な装置」と言われるものは〈アトラクター〉だと考えられるので、これはつまり、〈孔〉＝〈アトラクター〉の配置を意図した建築や都市は、〈フローティング〉＝「自由な横断」を誘起する傾向にある、ということになる。

「空間の文法」では、〈アトラクター〉の例として「樹木」「あずまや」「人々」などが挙げられている。[40]それらが「まわり」や「なか」を示すと言うならわかるとしても、どうやって「むこう」＝〈孔〉を示すと解釈することが可能か。これには二つの解釈がありえると思う。

ひとつは、先ほどの「道」f1と「道」f2の間に〈孔〉として樹木が一本立っているという場合で考えると、たとえば「道」f1に立っている観測者が「道」f2を見たとき、その手前に樹木がオーバーラップするため、「道」f2が樹木の「むこう」として現れる。これは、前にヴェルフリンの理論を紹介するなかで説明した「重切（オーバーラップ）」のパターンである。

もうひとつの解釈は、〈アトラクター〉自体が「むこう」の空間を示すと考えるものである。もう一度「道」f1と「道」f2の間に樹木が立っている場合で考えると、「道」f1を通りながらその樹木を見るだけなら、それは単に「まわり」＝〈場〉を示すだけかもしれない。しかし、もしそこで「道」f1から外れて樹木に向かい、その幹や葉に触れたり、とまっている鳥の声を聞いたり、揺れる木漏れ日に包ま

39 原［文献3-30］一二〇－一二一頁。

40 原［文献3-29］一二八－一三一頁。「一般に、あずまやPavilionという建築形式は、アトラクターの代表例である」（［文献3-26］九八頁）とも言われており、「境界論」(1981)の〈ルーフ〉との関連性もうかがえる。

れたりしたとすると、そこで捉える空間は、観測者がそこに来る前には感じられない「むこう」だったと言うことができるのではないか。もしそのあとに「道」f1に戻らずに「道」f2の方へ抜けたとするなら、その樹木はまさに「道」f1と「道」f2をつなぐ〈孔〉だったと言うこともできる。

以上のような仮説から私は、原が提示した空間の三つの側面を、次のように再解釈したいと思う。

〈＊a2〉空間は〈容器〉＝「なか」である。
〈＊b2〉空間は〈場〉＝「まわり」である。
〈＊c2〉空間は〈孔〉＝「むこう」である。

以上は、原の空間論のほんの一部を、本書の考え方に強引に関連づけた読み替えである。原本人の理論はずっと広範かつ緻密に思考されているものであるので、興味のある方は直接手に取り、読んでみてほしい。[41]なお、本書では「空間デザインのテーマ」を「混成空間の表現」だと主張しているが、この「混成」という言葉は原の理論から拝借しているものである。

槇文彦の「グループ・フォーム」と「奥」

槇文彦（1928–2024）は、一九六〇年代初頭から21世紀に至るまで第一線で活躍した日本を代表する建築家であり、数多くの論考を発表したことでも知られる。槇の論考は、その洞察の深さとともに、話題の広さ、すなわち視野の広さにおいても目を見張るものがあるが、ここではその中から、「集合体」についての理論と、「奥」の概念を参照する。

41 「空間の文法」の主に後半で論じられる空間の経験についてここで詳しく論じることはできないが、一言で言えば、変化こそが空間の本質であるとされ、それが「様相 mode／modality」という言葉で説明される。この様相概念については、以下の文献がわかりやすい。
［文献3-37］松田達「様相論　空間に曖昧さや時間的変化を取り入れ、建築に複雑さを取り戻す試み」『建築思想図鑑』松田達・横手義洋・林要次・川勝真一編、学芸出版社、二〇二三年、二〇〇-二〇三頁。

42 ［文献3-38］槇文彦「集合体とアーバン・デザイン」『記憶の形象　都市と建築の間で』筑摩書房、一九九二年、三〇四-三二七頁。
この論文は、一九七一年に出された槇らの作品集（＊1）に「都市と人間」という原題で出されたものであるが、「三つの典型」自体は、一九六四年にワシントン大学建築学科から出版された *Investigations in Collective Form*（集合体の研究）（＊2）のなかで述べられているとともに、その発端となる思考は、一九六〇年の世界デザイン会議に合わせて出された『メタボリズム1960』のなかで「群造形へ」として発表されていたものである（＊3）。

――集合体における三つの典型

槇の論考集である『記憶の形象　都市と建築の間で』に収められている論文「集合体とアーバン・デザイン」には、「集合体における三つの典型」として次の三つが挙げられている。[42]

コンポジショナル・フォーム
集合を形成する要素はデザインの過程においてつよくそれぞれの存在の独立性が認識され、それら要素の対応関係において独立する集合

メガ・フォーム
集合を形成するシステムが実体化されたかたちで表される集合

グループ・フォーム
集合を形成する要素間に何らかの強い共通因子が存在し、その集積によりできあがる集合

ここで「集合体」というのは何の集合か、ということがひとつの問題になるが、基本的には建築物の集合と考えてよいと思う。しかしそうすると、二番目のメガ・フォームはひとつの建築物ではないのかと疑問に思うかもしれない。まさにそこに、この「三つの典型」という槇の問題提起の発端がある。「集合体とアーバンデザイン」には、「集合体」に対する次のような問題意識が述べられている。

コンポジショナル・フォーム
「それぞれの存在の独立性」

メガ・フォーム
「システムが実体化」

グループ・フォーム
「何らかの強い共通因子」

古くからわれわれ建築家たちは、いかにして美しい単体の建築をつくりあげるかに努力してきた。アテネのパルテノン、中世のゴシック、近代のスカイスクレーパーなどはすべてその努力の結晶である。しかし二〇世紀の初頭、未来派のA・サンテリアによるミラノ駅の計画、そしてコルビュジエによるアルジェリアの都市計画は、新しいディメンションをもった建築体と、美意識の台頭を暗示したのである。われわれは複合体としての環境の構築物をまずとらえることにより、逆にはじめて単体の建築のもつ意味を新しく認識することができることをようやく知りはじめようとしている。[43]

ここで、アテネのパルテノンのように、古くからつくられてきた単体の建築が集合した形がコンポジショナル・フォームだと言うことができる。そして、20世紀の初頭から台頭が暗示された「新しいディメンションと美意識」と言われているものが、巨大な構造で多くの要素を一体的に結びつけるメガ・フォーム（メガ・ストラクチャー）である。

槇が「三つの典型」を提起したとき、メガ・フォームとして具体的にイメージされていたのは、彼の師である丹下健三（1913–2005）の都市計画案《二万五千人のためのコミュニティ計画》（1960）や《東京計画1960》（1961発表）などであった。「集合体とアーバン・デザイン」では、これらの丹下の計画は「上のレヴェルの体系〔骨格〕が下のレヴェルの体系〔個々のエレメント〕の位置と自由度を規定する」のに対し、槇が提示する「群の理論」では「エレメントはより自己充足的であり、個性のあるものであり、安定したエレメントはきわめて長期的に存在する」と述べられている。[44]

このように、当時の建築課題と建築家の提案を意識しながら、それらに対する批評精神から提示されたのがグループ・フォーム（群造形）であった。しかもグループ・フォームは、新たな提案であると同

＊1〔文献3-39〕栗田勇監修『現代日本建築家全集19 菊竹清訓・槇文彦』三一書房、一九七一年。

＊2〔文献3-40〕Fumihiko Maki, *Investigations in Collective Form*, St. Louis: The School of Architecture, Washington University, 1964.

＊3〔文献3-41〕大高正人・槇文彦「群造形へ」『メタボリズム1960』川添登編、美術出版社、一九六〇年、五二-六九頁。

43 槇〔文献3-38〕三〇七頁。

44 槇〔文献3-38〕三二一-三二三頁。

45 槇〔文献3-38〕三〇五頁。

時に、その例は「古い集落とか、町における住居の原型[45]」に見ることができると言われるように、歴史的視野のなかで見出された原理であったため、結果的に「三つの典型」は、「一つの形態の中に同時に存在し得るものであり、お互いに排除するものではない。それは個と全体の間に常に存在する三つの基本的な関係でもあるのだ[46]」と言われるように、高い一般性を持つものとなった。

ここで、この槇の「三つの典型」と、本書で述べている建築空間の仕組み——空間図式と空間変移——との関連を考えたい。本書で論じている仕組みは、人が物を見たとき、つまり経験において捉えられる空間の仕組みであるので、槇が論じている集合体の原理とは話の階層が異なっている。しかし、「三つの典型」も「一つの形態の中に同時に存在し得る」と言われていたように、現実においては人が建築の形態を見たときにおこなう解釈という側面があり、環境を理解するのに用いる基本図式が反映していると考えられる。

結論から言うと、私は、個々の建物の独立性が強いコンポジショナル・フォームが建物の「まわり」＝〈放射空間〉を示す図式であるのに対し、さまざまな要素をひとつの建築物の内部に取り込むメガ・フォームは、その「なか」＝〈包囲空間〉の膨張を示唆する図式だと考える。

もちろん、「コンポジショナル・フォームは「まわり」だけを示し、メガ・フォームは「なか」しか示さない」というように、解釈を固定しようとしているわけではない。コンポジショナル・フォームにも複数の建物に挟まれた「なか」の空間が捉えられるし、メガ・フォームの「まわり」ももちろん捉えられる。ただ、これらをセット

46 〔文献3-42〕槇文彦「群造形との四十五年」『漂うモダニズム』左右社、二〇一三年、一一四頁。

グループ・フォーム
「何らかの強い共通因子」

メガ・フォーム
「システムが実体化」

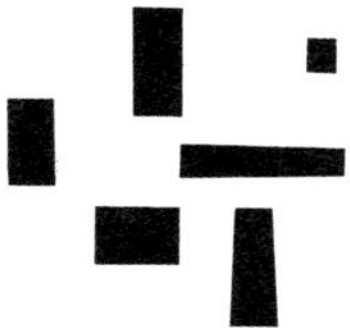

コンポジショナル・フォーム
「それぞれの存在の独立性」

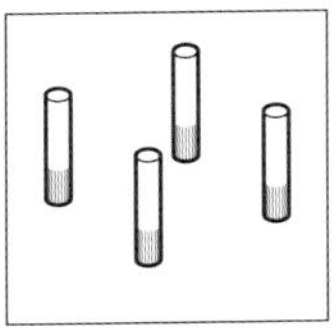

《群》
「なか」「まわり」(「むこう」)

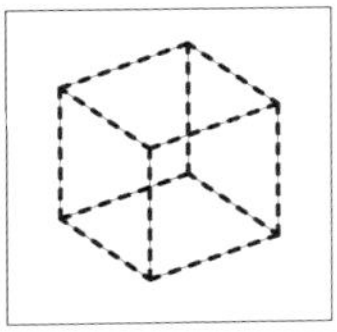

〈包囲空間〉
「なか」

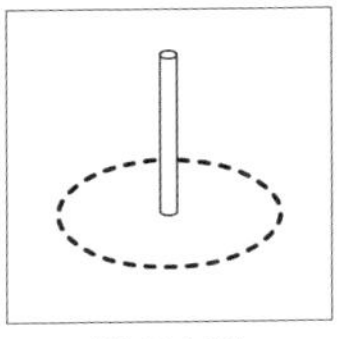

〈放射空間〉
「まわり」

にして「それらが指し示す空間性の違いは何か?」と考えると、「まわり」と「なか」という傾向の違いを指摘できる。

そして、三番目の「典型」であるグループ・フォームは、本書で「まわり」「なか」「むこう」のあいだの変移を引き起こすタイプとした《群》に文字通り関連すると考える。グループ・フォームを成り立たせる「何らかの共通因子」(色、素材、形など)は、《群》が空間を変移させる要因にもなるものである。少し細かく言うと、《群》から捉えられる空間には「むこう(開口空間)」を含めているが、槇のグループ・フォームから「むこう」を捉えることは難しい。なぜなら「むこう」とは、原則的にその場所に実際にいる解釈者によって捉えられる空間であり、上から俯瞰した図では表せないからである。

このように、槇が示した「三つの典型」は、単に集合体の形式ということにとどまらず、そこに表れる空間性の違いを示唆していると考えることができるが、その経験的現れを具体的に示してはいない。それに対して、むしろ反対に、経験においてしか捉えることのできない空間を論じているのが、次に参照する「奥の思想」である。

——奥の概念

「奥の思想」[47](1980)において槇は、自身が住んでいた東京の山手地域に感じられる「空間のひだの濃密さは何に由来するのであろうか」と問い、次のように答えている。

空間のひだは実は、地形、道、塀、樹木、家の壁等によって何層にもかかわりあい、包まれることによって形成された多重な境界域がつくりだしているものといってよい。比喩的にいうならば、何か玉ねぎ

47 [文献3-43] 槇文彦「奥の思想」槇文彦、若月幸敏、大野秀敏、高谷時彦『見えがくれする都市』鹿島出版会、一九八〇年、一九七―二三〇頁。

48 槇[文献3-43]二〇〇頁。

49 槇[文献3-43]二〇二頁。

の中に入っていくような感じを与えるのである。[48]

このような「空間のひだ」は、山手に限らない日本らしい空間の特徴だと言われる。

空間のひだの重層性は、私が世界中の様々な都市を見、歩いてみて他の地域社会になく、しかも日本においてのみ発見しうる最も特徴的な数少い現象のひとつである。私はこのような、先に玉ねぎと称した濃密な空間形成の芯とも称すべきところに日本人は常に奥を想定していたと感じる。そして奥という概念を設置することによって比較的狭小の空間をも深化させることを可能にしてきた。[49]

私は、このように日本独特の空間概念と言われる「奥」は、それを成り立たせる「物」の原理としては、本書の〈開口空間（むこう）〉、あるいはヴェルフリンがバロックの特徴として挙げた重切（オーバーラップ）、またはコーリン・ロウの「虚の透明性」と共通だと考える。それは、ある視点から見て「物」が前後に重なっているとき、それらのあいだの三次元的広がりを直接に知覚できなくても、人は手前の物の縁（エッジ）の「むこう」に「空間＝何かが動きうる範囲」を捉えられる、ということである。別の言い方をすると、実際にはそれらのあいだの三次元的広がりがわずかであっても、重なりを「ひだ」のように増やすことによって「深さ」を感じさせることができる。

しかし、「物」の原理として同じだからといって、ヨーロッパと日本の空間文化が同じだと

槇が「奥」の概念を示す例として挙げている、歌川広重の「江戸近郊八景之内 池上晩鐘」

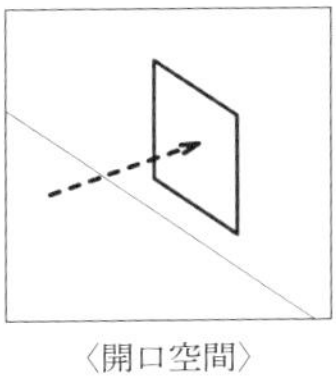

〈開口空間〉「むこう」

代官山ヒルサイドテラス（槇文彦）俯瞰。
［上］A棟、B棟（1969）［中］C棟（1973）、D棟（1977）［下］F棟、G棟（1992）

代官山ヒルサイドテラス（槇文彦）歩行者の視点より。
［上］A棟とB棟の間（1969）［中］C棟（1973）［下］F棟とG棟の間（1992）

いうわけではない。まず、組積造のヨーロッパに対して、日本は木造の伝統があるので、建築における「ひだ」は薄くて軽い。それ以上に大きな違いとして、日本においては層を構成する物が、建物の壁や柱だけでなく、外部の塀、さらに樹木や地形のような自然物まで、連続的に広がっているということが重要である。本書の第1章で示したように、書院造の基本形を示す園城寺光浄院客殿のもっとも「奥」に現れるものは、庭の緑であった。[50]

このような「重層性」を引き起こす「物」の前後配置は、日本に限ったものではない。それどころか、日常の景色のなかに常に存在するあたりまえのものである。しかし、その効果に気づき、それを美意識や文化と言えるまで整えたという点で、「奥」の概念が極めて日本的なものであることは間違いない。

なぜこのような「奥」の概念が日本で古くから育まれたのかという歴史学的問題は本書の範囲を超えるが、「奥の思想」では、温暖で山が多い地理的条件のなかで稲作が行われるようになったとき、人が暮らす平地に対して山が神聖な場所として信仰の対象となったことが挙げられている。事実、多くの神社は樹木や山を背景にして設けられており、とくに普段人の入らない山奥に奥宮がある形式は、奥の概念を具現化していると考えられる。[51]

このような「奥」の概念について、その一般性を考察するために槇がおこなっている西洋の概念との比較は、極めて興味深い。それは、樹木や山を背景にした日本の神社が、いわば目に見えない「奥」を神聖なものとして扱っていたのに対し、西洋の古い町では教会が町のほぼ真ん中にあり、往々にしてその高い塔が町の至るところから見える「中心」として存在感を示している、ということである。

ここで極めて重要なことは、彼等〔ヨーロッパ人〕にとって中心の存在は周辺をとりまく空間の均一性を

50　槇も、書院造において「奥」は極めてユニークな存在として顕在化したと述べるとともに（〔文献3-43〕二〇七頁）、床の間は「奥そのものの象徴」として創造されたと述べている（〔文献3-43〕三一頁）。

51　このような日本の歴史的背景について、「奥の思想」では、神代雄一郎による日本のコミュニティ研究が参照されている。その内容は以下の文献で確認することができる。
〔文献1-27（再掲）〕神代雄一郎『間（ま）・日本建築の意匠』鹿島出版会、一九九九年。

前提にしているということである。私は欧州の都市空間には奥がないとはいわない。しかし均一空間という概念を導入した途端、日本的な意味での奥の概念は存在し得ないものとなり、誰にもより普遍的に理解しうる中心の概念がとってかわるのである。それ故中心は奥と違って顕在化したものでなければならない。[52]

52 槇［文献3-43］二一七頁。

ここで言われている「中心」と「周辺の均一性」の関係は、都市のような領域形成においても指摘される。古代西洋の都市は、周辺の無限定なカオス（混沌）からコスモス（秩序）を区画するものであり、「中心」としての都市と「周辺」の領域は、境界によって明確に分けられていた。このような「中心—周辺」構造は、近代以降に均質空間概念が主流になると「中心—均質空間」に取って代わられ、「中心」は個々の重みを失っても無くなることはない、というのがここで言われていることである。これは、原広司が「均質空間論」の前書きで「ガラスの箱のなかのロンシャン」と述べた「現状認識」と同様

青山スパイラル（槇文彦、1992）

のイメージだと言える。

一方、これに対して「奥」は、特定の視点から捉える「深み」であるため、均質空間の俯瞰的、科学的視点によってダメージを受け、「存在し得ないもの」になると言われている。たとえば「大都会における社寺の多くは土地を売りはらって、前の参道も後の森もあとかたもなく、ただ社寺のみがあらわに露出されて」いる状態は、「あばかれた奥の空しさ」を示すものとなる。[53]

53　槇［文献3-43］二三二頁。

――「三つの典型」と「奥の概念」を組み合わせた四項関係

ここでまた、私の解釈を述べる。ここまで説明してきた槇の「集合体における三つの典型」と「奥の概念」は、組み合わされることによって、ひとつの連続した空間概念と考えることができる。それは、本書で示している空間概念と、左の【表1】のような対応関係があると考える。

【表1】の右側は、第2章の最後に「空間図式と変移パターンを組み合わせた経験の四極構造」として示したものである（左ページ下図）。私は、この四極をぐるぐると切り替えることによって私たちの経験は持続しているのではないか、と述べた。別の言い方をすると、この四極構造を仮定することによって、人間が経験的に捉える空間のかなりの部分を認識できるのではないかと考えているが、これと槇の提示した四つの概念は対応していると思われる。

現代の常識的な「均質空間」、つまり三次元座標に位置づけられる空間は、槇の言葉も借りれば、ⓐ「コンポジショナル・フォーム―放射空間」とⓑ「メガ・フォーム―包囲空間」によって認識されている。しかし、実際に私たちが経験において捉えている空間には、ⓒ「グループ・フォーム―群」とⓓ「奥―穴」も存在している。私たち人間は、何かの「まわり」と「なか」だけでなく、「グループ」と「む

【表1】 槇が提示した4つの概念と空間図式・変移パターンとの対応関係

槇が提示した概念		空間図式・変移パターン
ⓐ コンポジショナル・フォーム	——	〈放射空間〉
ⓑ メガ・フォーム	——	〈包囲空間〉
ⓒ グループ・フォーム	——	《群》
ⓓ 奥	——	《穴》（〈開口空間〉を含む）

こう」を捉える能力を持っており、それらが組み合わさることによって複雑な空間認識と空間デザインが可能になっている。

ここまでのところで、とくに槇と原の理論に関して、私の解釈や仮説が多いことが気になっている人がいるかもしれない。もしかすると、そのような解釈については、本人たちに「正解」を確認すればいいではないか、と思われただろうか。実は以前、私もそのように考えていた。

私はかつて、槇文彦と原広司、そして磯崎新を加えた三人を招くシンポジウムの企画に携わった。[54] 当時私は、この三人の空間論の共通点に重要な手がかりがあると考え、事前に彼らの著作から共通性を読み取れる部分を抜き出し、それをアレンジしたポスターとパンフレットを準備し、議論を誘導したいとひそかに目論んだ。その結果、「空間」を主題のひとつとすることができたものの、私が望んだようなポイントを絞った議論にはならなかった。

後日、さらに三人に個別のインタビューをおこなう機会を得て、あらためて議論を試みたが、それもダメであった。ダメというのは、もちろん話ができないという意味ではなく、建築の空間論は討論によって「正解」を導くようなものではない、と痛感させられた。理論を構築する上で、同じ世界を生きている他者の見解を参照し合うことは極めて重要だ

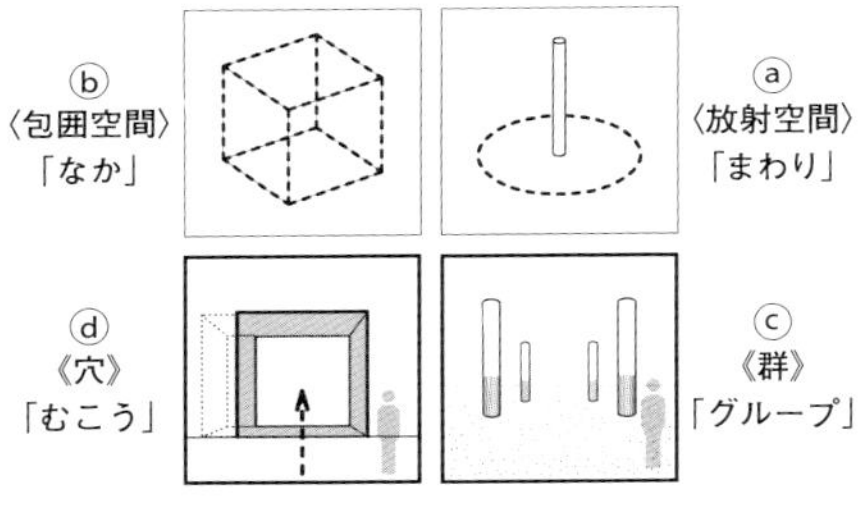

空間図式と変移パターンを組み合わせた経験の四極構造

54 「はじめに」の脚注2参照。

が、それにもかかわらず、それぞれの理論は各自で練り上げるしかない。この経験から、私はそのように考えた。

このシンポジウムとインタビューの内容は書籍として出版されているので、興味のある方は読んでいただければと思う。[55] 実は、後日のインタビューにおいて私は、「集合体における三つの典型」と「奥」を合わせた四つの概念は、空間を解釈する強力な手がかりになるのではないか、とかろうじて槇に尋ね、「それは当たっているかもしれない」[56]と即答してもらえたことが、本書で四項関係（四極構造）を提示していることの背景にある。

クリストファー・アレクサンダーの「セミラチス」

次に、クリストファー・アレグザンダー（1936–2022）の「セミラチス」の概念を紹介する。アレグザンダーはウィーン生まれの建築家兼理論家で、ケンブリッジ大学で建築学と数学の学位を取得した後、一九六二年にハーヴァード大学で建築学の博士号を取得している。

――建築のデザインと数学

アレグザンダーは、「都市はツリーではない」（1965）という論文[57]で、長い年月をかけて自然発生的にできた「自然の都市」と、デザイナーやプランナーが計画した「人工の都市」を比較し、「人工の都市にはかけがえのない何か本質が欠けている」、「正直なところ建築家自身でさえ最新の建物より古い建物に住みたいと思っている」と「人工の都市」を批判する。その根拠として、「自然の都市」は「セミラチス」であるのに、「人工の都市」は「ツリー」で計画されていると言う。[58]

55 ［文献0-01（再掲）］東京大学建築学専攻 Advanced Design Studies（T-ADS）編『T_ADS TEXTS 01 これからの建築理論』東京大学出版会、二〇一四年。

56 T-ADS［文献0-01］八六頁。

57 ［文献3-44］クリストファー・アレグザンダー「都市はツリーではない」『形の合成に関するノート／都市はツリーではない』稲葉武司・押野見邦英訳、鹿島出版会、二〇一三年、二一五–二四四頁。

ツリー（tree）とセミラチス（semi-lattice）とは、ある構造、すなわち、ある仕組みをもった集合の呼び名で、アレグザンダーはこれらを用いて都市の経験を説明する。つまり、都市の経験を、多くの要素が何らかの仕組みによって関係づけられた集合とみなし、その関係づける仕組みの違いが「自然の都市」と「人口の都市」の魅力の違いを生み出していると考えている。

ツリーとセミラチスは、下のような1〜6の数字を要素とした単純なモデルで説明されている。aが「人工の都市」を表すツリー構造、bが「自然の都市」のモデルとなるセミラチス構造を表す。aとbはそれぞれ、数字を線で囲んだ領域図（上）と、線で結んだグラフ（下）で表されているが、内容は同じである。

ツリーとセミラチスで何が違うかと言うと、領域図を見たとき、aのツリーでは囲んでいる境界線が交差していないのに対し、bのセミラチスでは線が交差してユニット（部分集合）同士が重なっている。たとえば数字の{3}に注目すると、aのツリーでは、{3、4、5}のユニットと、それを含む{3、4、5、6}に含まれるが、{1、2}とは無関係である。一方、bのセミラチスの方で{3}を見ると、{3、4、5}、{3、4、5、6}に入っていることはaと同じであるが、その他に{1、2、3}、{2、3、4}などにも含まれている。このように、境界線を交差させてユニットを作るのがセミラチス構造、交差させないのがツリー構造で、これをグラフにしたとき、aは、樹木が枝分かれするような形になるのでツリー（tree）と呼ばれるのに対し、bは、一部に格子形が現れるのでセミラチスと呼ばれる（ラチスlatticeは格子の意味）。

このような抽象的な考え方が都市とどう関係するのかというと、たとえばこの図で

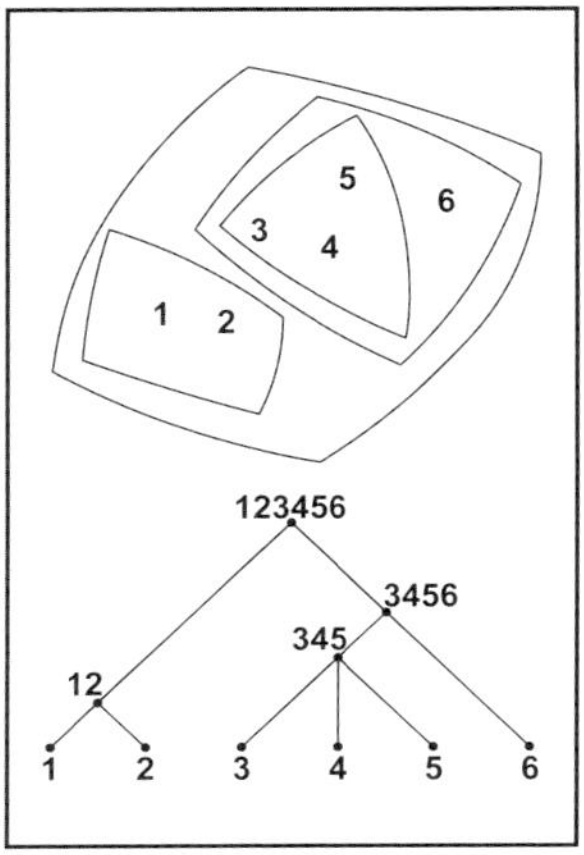

a. ツリー構造

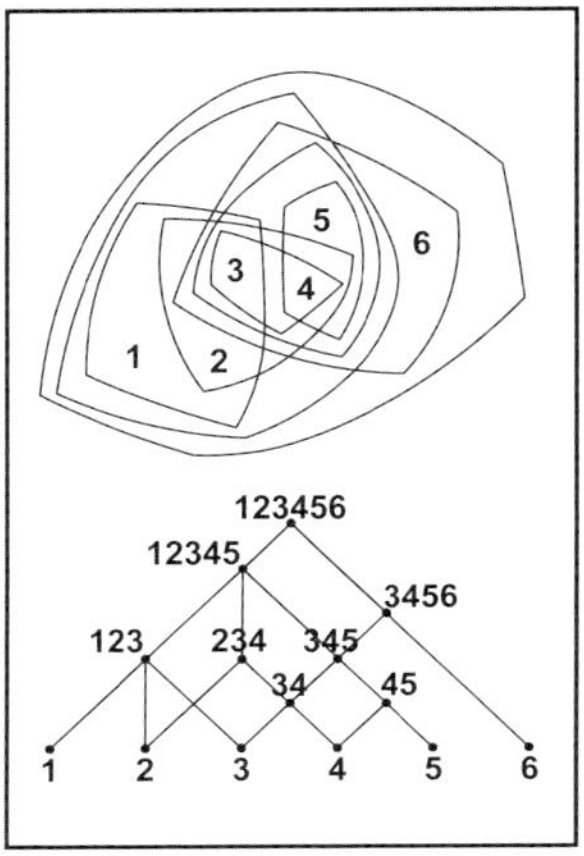

b. セミラチス構造

58 アレグザンダー［文献3-44］二一七、二三三―二三八頁。

〔3、4、5〕を住居のエリア、〔6〕を余暇のエリア（公園や森林など）、〔1、2〕が商業と労働のエリアと仮定すると、aのツリー構造は、近代建築国際会議（CIAM）がアテネ憲章（1933）で提唱したような、都市を機能ごとにエリア分けする図だと見なすことができる。つまり、各エリアが機能ごとに分離されて交わらないようになっている。これに対してbのセミラチスでは、それぞれのエリアが一定のまとまりを持ちながら、エリアを横断したつながりがある。伝統的な「自然の都市」では、このようなユニットの重なり合い、つまり、ある要素が複数の異なるユニットに属している状態が見られるという（たとえば、ケンブリッジではカフェやバーが大学と街で共有されているように）[59]。

しかし、そもそもなぜセミラチスの方がツリーより魅力的だと言えるのだろうか？　単純に言えば、セミラチスの方が要素同士の関係が複雑になるとは言える。しかし、それによって環境が「劣悪」になることを避けるためにツリーの都市計画が現れたわけで、単に複雑なら良いとは言えない。このセミラチスの魅力について考えるために、アレグザンダーが「多くのデザイナーが都市をツリーとして考えるのはなぜだろうか」[60]という疑問に答えるために挙げた単純な例が参考になる。

オレンジ、スイカ、テニスボール、ラグビーボールの四つがあったとすると、まずオレンジとスイカの「果物」と、テニスボールとラグビーボールの球技の「ボール」という二つのグループに分けられる（左ページ図の①）。一方、もしその「種類（機能）」ではなく「形」に注目したとすると、オレンジとテニスボールを「小さな球形」、スイカとフットボールを「大きな卵形」と捉えることもあり得る（②）。

この①と②は、どちらも独立したグループのなかに個々の要素が含まれているのでツリー構造であるが、もし、このようにはっきりしたグループ分けを捉えず、ぼんやりとこの四つを眺めていたとすると、①と②が重なって揺れ動くような状態を捉えるかもしれない。そのとき、この四要素はセミラチス構造

59　アレグザンダー〔文献3-44〕二三四-二三五頁。

60　アレグザンダー〔文献3-44〕二三八頁。

になっていると言うことができる（③）。

グループ分けは一つ一つ見ればツリー構造である。二つが合わさるとセミラチスとなる。四つのセット［「果物」、「ボール」、「小さな球形」、「大きな卵形」］は重なり合っているので、［……］同時に頭に描くことはできない。セットを一組ずつ描くことはできる。またこの二組［①と②］を交互に素早く描くこともできる。あまり素早くできるので二つを同時に頭に描けると錯覚しやすい。だが実際四つのセットを一緒に一度で描くことは不可能である。

> セミラチス構造を一度の思考操作で形に表すことはできない。一度の思考操作ではツリーを描くことしかできない。
>
> これは我々デザイナーが直面している問題である。我々はかならずしも一度の思考操作で全体像を描きたいと思っているわけではないが、結局は同じことになる。
>
> ツリーは頭に描きやすく扱いやすい。セミラチスは描きにくく、従って扱いにくい。[61]

この「ツリーは扱いやすく、セミラチスは

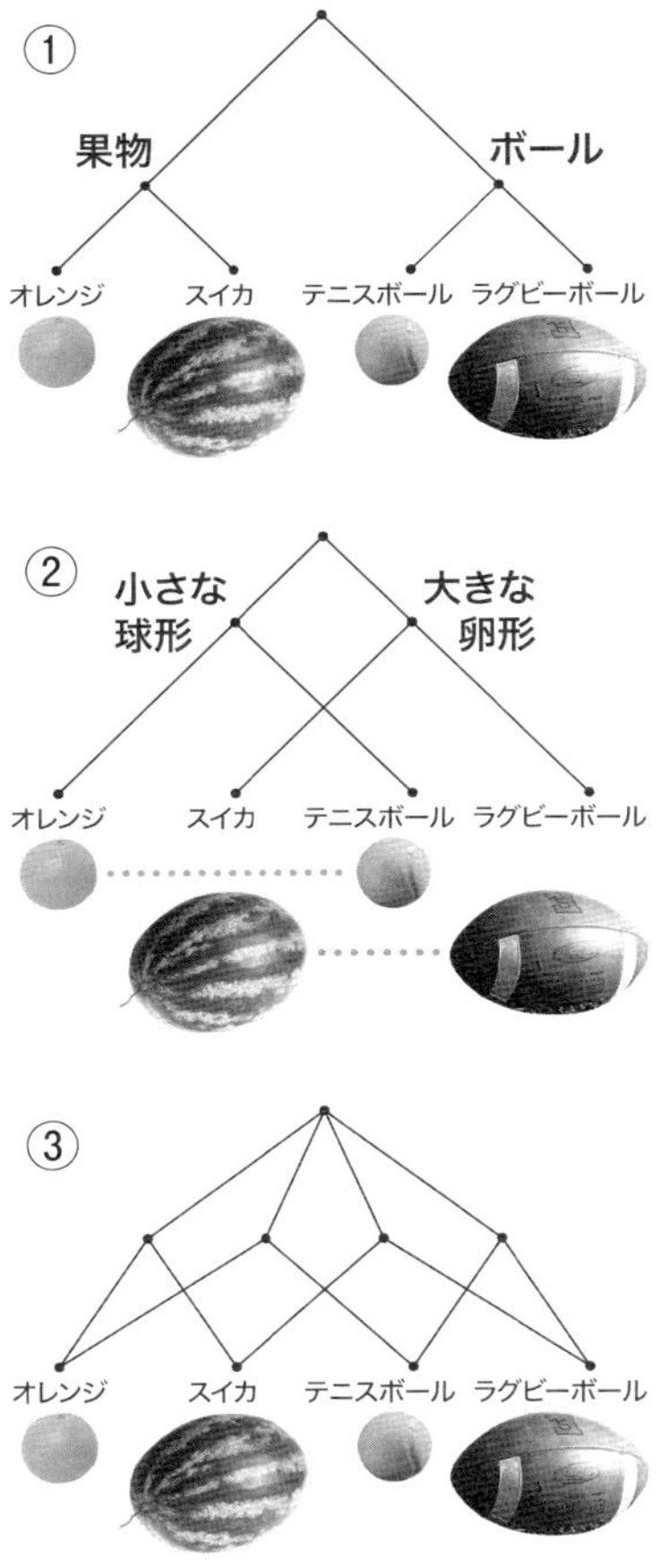

61　アレグザンダー［文献3-44］二三九－二四〇頁。

扱いにくい」ことが、「多くのデザイナーが都市をツリーとして考える」理由だとアレグザンダーは考えている。別の見方をすると、これがセミラチスが「魅力」と感じられる理由でもある、と私は考える。つまりセミラチスは、一度に頭に描くことができないため、デザイナーが構想するときだけでなく、人々が経験するときにも時間がかかる。

ここで私が言いたいことは、このセミラチスが、本書で空間変移を引き起こす仕組みのひとつとして挙げた《群》の原理だということである。《群》は、何らかの共通因子（形、素材、色など）によってバラバラの物がグループとしても捉えられる仕組みで、これを利用して〈放射空間（まわり）〉〈包囲空間（なか）〉〈開口空間（むこう）〉のあいだの変移が浮かび上がることがあると述べた。

この《群》の変移をもたらす力がより発揮されるのは、ある物がひとつのグループに含まれるだけでなく、複数のグループで捉えられるときである。つまり、物がツリー構造の要素ではなく、セミラチスの交点（結節点）になっているとき、その物を基点として異なるグループが次々と浮かび上がる変移（時間）が生じる。そのように変移を感じさせる物は、変移しない物（あるグループに固定された物）より多くの情報を含むことになるため、人間にとって魅力的なものになりやすい。

このように考えると、セミラチスをデザインに用いるとき、単に重なり合いを増やして複雑にすればいいわけではないこともわかる。ポイントは「変移を捉えられること」であり、複雑すぎることで「ひとまとまり」と捉えられては意味がないからである。アレグザンダーの言葉を借りれば「ごみ箱でも重なり合いに満ちている」のであって、この重なり合いは「適切なものでなければならない」[62]。

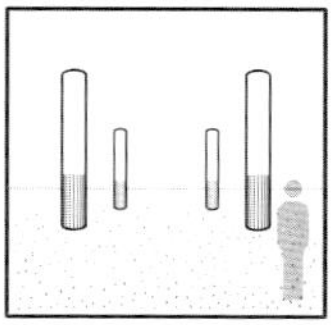
《群》

62 アレグザンダー［文献3-44］二四一頁。

63 ヴェルフリン［文献3-07］二九三頁。

左ページ絵
［右］カール五世の肖像（ティツィアーノ、1548）
［左］Woman Lacing Her Bodice Beside a Cradle（ホーホ、1661-63頃）
以下のサイトよりカラー図版を参照のこと。
https://dsdsa.net/o-and-e/

――セミラチスとバロック

《群》に現れるセミラチスを、人はいつからデザインに用いるようになったのだろうか？　アレグザンダーが「自然の都市」に見られると言うように、セミラチスは、時間をかけてできた都市や建物群に存在する。それどころか、そもそも自然の風景に豊かに含まれているもので、人が古くから慣れ親しんでいたことは間違いない。たとえば夕暮れの風景や森の木漏れ日に感じられる魅力は、光や色のグループあるいは階調が、形のまとまりを超えて捉えられるセミラチスである。

しかし、とくに創作において《群》の効果（魅力）をはっきり意識するようになったのは、ヨーロッパではバロックの時期だと考えられる。前に紹介したヴェルフリンは、『美術史の基礎概念』（1915）で次のように述べている。

> クラシック美術〔ルネサンス〕の原理によれば、色彩は形に従うものである〔……〕やがて人はそれらのアクセントをいくらか移動させることに快感を見いだした。〔……〕色彩が対象的なものを明瞭化し説明するという義務から原則的に解放された時に初めて、ほんとうのバロックが始まるのである。[63]

ヴェルフリンが挙げている絵画で説明する。16世紀にティツィアーノが描いた《カール五世の肖像》では、床に使われている赤色は、敷かれているカーペット（床面）という対象やその素材感を見る人に印象づける。これに対して17世紀にホーホが描い

た揺り籠のそばに座る女性の絵では、赤色が女性の服、揺り籠の中のほか、女性の後方の壁ぎわに掛けられた大きな布にも用いられており、個々の対象が捉えられるだけでなく、赤色という目立つ色のグループが浮かび上がる。このように対象の構成と色彩の構成が独立に見える「重なり合い」の表現は、「同時に頭に描くことはできない」セミラチス構造である。

同様のことは建築においても言える。18世紀後期につくられたフィアツェーンハイリゲン巡礼聖堂(1772)では、金色や白、黄色、淡い水色などの細かい装飾が、柱、アーチ、天井などの建築の部位だけでなく、祭壇や説教台のような家具的要素にも横断的に広がり、ロココと言われる装飾様式の特徴を示している。つまり、その色彩や装飾は、柱やアーチなどの構成に重なりながら、その構成から逸脱し

［上］フィアツェーンハイリゲン巡礼聖堂
（バルタザール・ノイマン、1772）
［下］サン・カルロ・アッレ・クワトロ・フォンターネ聖堂
（ボッロミーニ、1641）

たグループも示すため、やはり同時に意識することはできないセミラチス構造になる。

サン・カルロ・アッレ・クワトロ・フォンターネ聖堂は、エンタブラチュアと楕円ドームに挟まれた中間部分が、「人間が動くこちらの空間」とも「人間ではないものが動くむこうの空間」とも捉えられると前に述べたが（61-62ページ）、これもセミラチス構造である。中間部分を「こちら」のグループと「むこう」のグループとに同時に意識することはできないため、解釈（空間）が揺れ動く時間が発生し、それが魅力と感じられる。

このように、主にバロック期（16世紀～18世紀頃）以降、同じ要素が異なるグループに捉えられることによって解釈が揺れ動くセミラチスの効果が、絵画でも建築でも認識されるようになり、その表現が盛んに追求され始めたと考えられる。

香山壽夫の「モチーフ」

最後に、すでに第1章で紹介している香山壽夫（1937-）の「モチーフ」概念について、他の理論との関係も考慮しながらあらためて考えたい。

――「モチーフ」とは

あらためて「モチーフ（motif）」とは、「芸術作品を生み出す動機」、あるいは「創作という動きを与える力」と言われるもので、「その数多くある動機の中から、建築作品のすべてのうちに、常に働いている、基本的なもの」として「囲いモチーフ」と「支えモチーフ」が挙げられている。[64] 言いかえると、人間が建築をつくるとき、「空間を囲う」ことと「物体を支える」ことがもっとも基本的な動機であり、

64　香山［文献1-16］一五八頁。

これらが作用し合うことによってさまざまな建築作品が生み出されてきた、と考えられている。

　私がこの「モチーフ」にとくに注目する理由は、それが実際の物に即して理解できる具体性を持つと同時に、非常に広範な建築（原理的にはすべての建築）に応用できる抽象性、一般性を持っていると思うからである。

　「囲いモチーフ」は建築の「包囲性」、「支えモチーフ」は建築の「構築性」とも呼ばれる。[65]「囲う」性質を「包囲性」と呼ぶことに異論はないと思われるが、「支える」性質がなぜ「構築性」と呼ばれるのか？　それは、「支えている」ことを示すことは、基本的に重力の流れを可視化することであり、古代ギリシャ神殿の「基壇―柱―柱頭―梁（エンタブラチュア）」のように、部材の「分節と統合」、すなわち「構築」の秩序として現れることが多いからである。

　建築のデザインを、この「支えモチーフ（構築性）」と「囲いモチーフ（包囲性）」の「闘争と一致」と捉えることによって、西洋の歴史建築（近代主義以前の様式建築）が理解しやすくなることを第1章で説明した。また、その「闘争と一致」の表現のピークと言えるものが、前のセミラチスの説明でも挙げたバロック建築であることは、大方の合意を得られるだろう。

　香山は、この両モチーフの最初の統合が起こったときが「建築」が誕生したときであり、その意味で「列柱」を「最初の建築」と呼んでいる。[66] 列柱は、ひとつひとつの柱が「支えモチーフ＝構築性」を示しながら、連なることによって面を形成し、「囲いモチーフ＝包囲性」も表すからである。その古い例としては、ストーンヘンジ（紀元前30～20世紀頃）などの巨石文化の遺構を挙げることができる。

65　香山［文献1-16］一六二、一七〇頁など。香山は「包囲性」ではなく「囲覆性」という言葉を用いているが、本書では、より一般的にイメージしやすいと思われる「包囲性」を用いる。

66　香山［文献1-16］一六三頁。

ストーンヘンジ（紀元前30-20世紀頃）

彩の国さいたま芸術劇場（香山壽夫、1994）

——20世紀以降の近現代建築における「モチーフ」

ここから私は、香山の理論を基に、建築のモチーフの歴史的展開について仮説を述べたいと思う。まず考えたいことは、この「支えモチーフ（構築性）」「囲いモチーフ（包囲性）」の一般性、あるいは現代性についてである。モチーフの統合や対立という見方は、西洋の様式建築や先史時代の建築の表象を理解するのに非常に有効であるが、それ以外の建築、とくに20世紀以降の近現代建築に対してはどうであろうか？

たとえば、初期モダニズムを代表するリートフェルト設計のシュレーダー邸（1924）、ミース・ファン・デル・ローエ設計のバルセロナ・パビリオン（1929）、ル・コルビュジエ設計のサヴォワ邸（1931）などを見たとき、「支えモチーフ」と「囲いモチーフ」がどう表されていると感じるだろうか？　もちろん建築であるから「支える」「囲う」という事実はなくならないが、表現としては、まるで建築が浮いている（支えが強調されない）、あるいは空間が曖昧に区切られている（はっきり囲われていない）かのようであり、モチーフの表現は感じられない、あるいは弱まっていると一般的には言うことができるだろう。

20世紀初頭から広まったモダニズム建築は、19世紀の歴史主義建築に対抗するものであったた

［上］シュレーダー邸（リートフェルト、1924）
［中］バルセロナ・パビリオン（ミース、1929）
［下］サヴォワ邸（ル・コルビュジエ、1931）

め、歴史主義で強調された（様式と一体化していた）モチーフの表現を避ける傾向があることは間違いない。とは言え、モチーフが完全に消えるということも考えにくい。ここで私が言いたいことは、ある時期以降の建築デザインでは、二つの基本モチーフに加えて「第三の基本モチーフ」と考えられるものが出現し、それが徐々に前面に出てきたのではないか、ということである。

ここで一度、ギーディオンの空間論を振り返りたいと思う。と言うのも、気づいている方もいると思うが、ギーディオンの「三つの空間概念」と「モチーフ」には、似ているところがある。

ギーディオンの「三つの空間概念」は、建築史を三段階にわたる空間概念の変遷として捉えるものであった。「第一の空間概念――彫刻としての建築」は、メソポタミアやエジプトなどの古代文明から発達し、その最終相が古代ギリシャ建築とされた。「第二の空間概念――内部空間としての建築」は、古代ローマから18世紀のバロックまで発展した。そして「第三の空間概念――彫刻と内部空間としての建築」が20世紀の近代建築によって始まったとされ、「内外空間の相互貫入」という特徴があると言われる。

このように、空間概念の「①外部」「②内部」「③それらの相互貫入」という構成は、モチーフの「①支え」「②囲い」「③それらの闘争」という構成と似ている。どちらも「第一」の表れとして古代のギリシャ神殿、「第二」の表れとして古代ローマのパンテオン、その展開のひとつのピークとしてバロック建築が想定されていることも共通である。

もちろん、二つの見方には大きな違いもある。ギーディオンは「第一」と「第二」を分けて、それらを統合する「第三」として近代建築を位置付けたのに対し、香山は「①構築性」と「②包囲性」が古来より対立的に共存することを通じてさまざまな建築が生み出されてきたと述べている。しかし、そのような違いがあるにせよ、基本的に同じ対象（西洋建築）を類似した構成で論じているため、その関連性を考えることには意義があると思われる。

結論を言えば、私は、建築の「第三のモチーフ」として「重ねモチーフ＝多層性」と言えるものがあると考える。そして、それは20世紀に現れたものではなく、16世紀のマニエリスムの頃から現れ始め、その表現の追求が現代でも続いている。[67]

ここまでの話で、「その「多層性」というのは、コーリン・ロウの「虚の透明性」のことか？」と思われた方もいるだろう。それだけではないが、その通りである。先に私は、コーリン・ロウの論文「透明性——虚と実」について、ロウの意図を端的に言えば、現代建築の特徴としての「第三の空間概念」にふさわしいのはギーディオンが主張した「実の透明性」ではなく「虚の透明性」である、ということだと述べた。そして、「虚の透明性」が引き起こす多義的な解釈は、本書の《穴》の変移に相当するとともに、その原理は、ヴェルフリンが指摘したバロックの「重切（オーバーラップ）」だと述べた。「虚の透明性」あるいは《穴》を、「第三のモチーフ」の一部と考えていることは間違いないのであるが、「それだけではない」と言うのは、もうひとつの空間変移のタイプである《群》も、セミラチス構造によって「多層性」を示すからである。

《群》には、あるグループの要素と全体（たとえば柱と列柱）を順に捉えるときの変移と、複数のグループ（たとえば形のグループと色のグループ）を順に捉えるときのセミラチスの変移の二種類があるが、「多層性」という意味では後者が重要である。それは一般に「レイヤー」とも言われるが、建物や建物群に、形、色、素材などの複数のグループを設定し、その重ね合わせによって場所ごとの特徴を演出することは、現代建築の一般的な手法である。その起源も、ヴェルフリンが指摘したようにバロックにある。

【図表1】は、ここまでの話を整理するため、「空間図式」、「空間変移」、「基本モチーフ」の関係を想

67　参考までに、香山の左の文献では、建築デザインにおける「多層性」の問題も扱われている。
［文献3-45］香山壽夫「ルイス・カーンの建築の形態分析——ペンシルベニア大学リチャーズ医学研究棟とブリンモア女子大学エルドマンホール」『新建築学体系6　建築造形論』彰国社、一九八五年、三〇五－三三五頁。
［文献3-46］香山壽夫『建築形態の構造——ヘンリー・H・リチャードソンとアメリカ近代建築』東京大学出版会、一九八八年。
　これらでは、建築のデザインを「形態要素」「形態構成」「形態構造」という主に三段階で把握することが論じられている。そのうちの「形態構成」は、通常は複数存在し、「建築の多義性、あるいは複合性といった性質を支えている基本的条件」だと言われている（香山［文献3-46］三〇六頁）。

定した概略図である。一番上の段の「建築創作の基本モチーフ」のうち、「支えモチーフ（構築性）」と「囲いモチーフ（包囲性）」を下段の〈放射空間（まわり）〉〈包囲空間（なか）〉とそれぞれ点線で結んでいるのは、これらが対応する概念だと思うからである。人が物の「まわり」と「なか」を捉える能力が「構築性」と「包囲性」のモチーフを生み出したと考えることもできるし、「支える」「囲う」という基本モチーフが、〈放射空間〉〈包囲空間〉という抽象概念を可能にしたと考えることもできる。

〈開口空間（むこう）〉も、古代の「支えモチーフ」と「囲いモチーフ」の表現のなかにすでにあったことは間違いない（列柱の「むこう」や窓の「むこう」など）。しかし古代には、柱による〈放射性〉や壁や天井による〈包囲性〉の方に、より強い表現意欲が向かっていたと考えられる。そのように考えられる根拠は、〈開口空間（むこう）〉を組み合わせたデザイン——《穴》と《群》のデザイン——が、ヴェルフリンも指摘したように、バロック（起源としては16世紀のマニエリスム）以降に盛んに見られるようになるからである。

すると、この《穴》と《群》を多用する建築デザインのモ

【図表1】「建築創作の基本モチーフ」と「建築空間の仕組み」の関係性

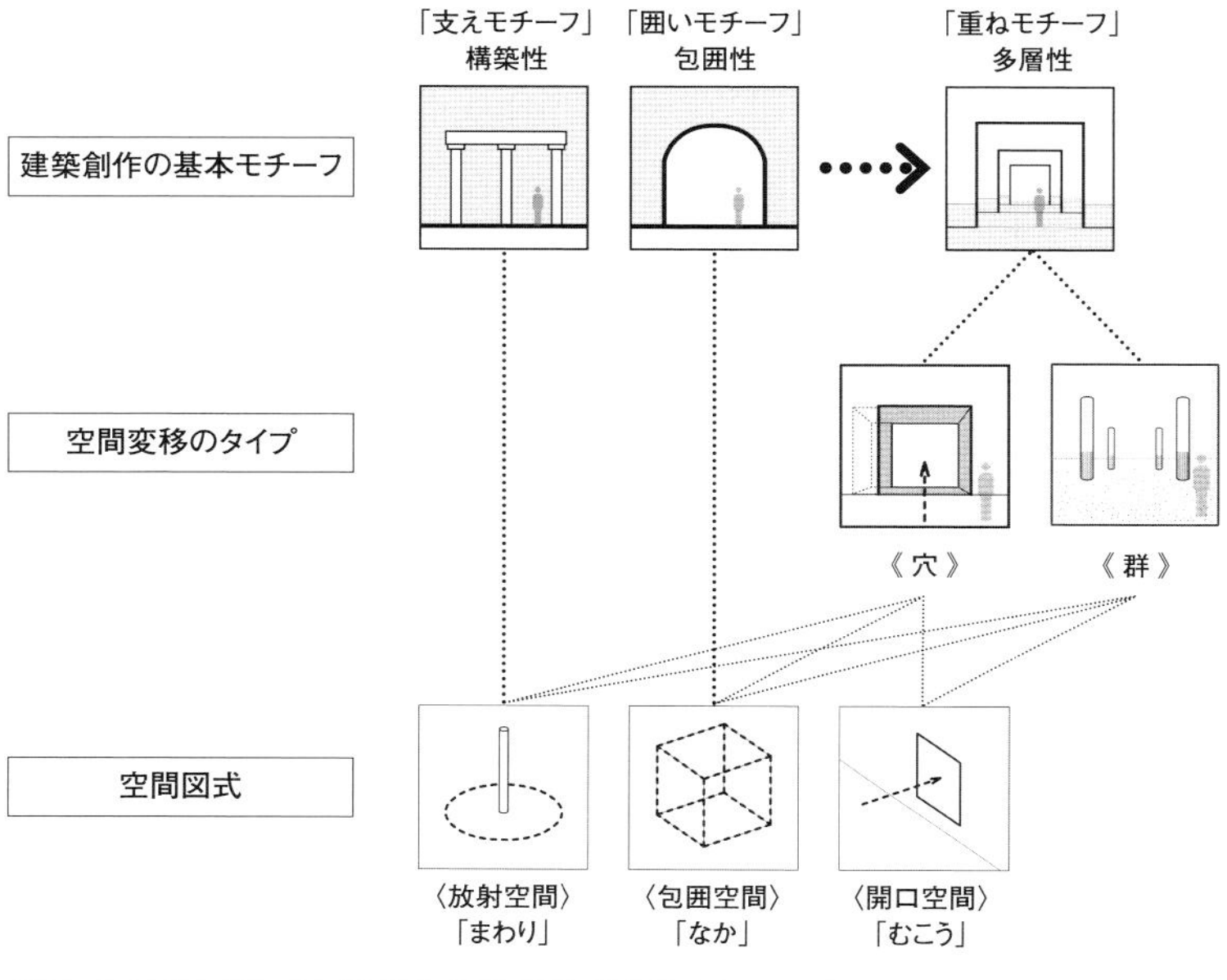

チーフを何と言ったらよいか？　と考えたとき、「構築性」と「包囲性」の対立の激化ということに加えて、「多層性」と呼べるもうひとつのモチーフが現れているのではないか、というのがここで言いたいことである。

「多層性＝重ねモチーフ」を位置付けるために、少しモチーフの歴史を想像してみたい。槇文彦は「奥の思想」のなかで、西洋の「古代における都市は周辺をとりまく混沌の空間（カオス）から断絶された秩序ある領域＝宇宙（コスモス）に外ならなかった」[68]と述べているが、古代、建築のモチーフが認識され始めたころ、人間にとって周囲に広がる混沌とした環境は、恐ろしい未知の領域でもあっただろう。そのような環境において、「構築性＝支えモチーフ」とは、未知の領域に対抗する強い秩序を示すものであったであろうし、「包囲性＝囲いモチーフ」は、カオスから切り離された秩序ある領域が力強く守られていることを示すものであっただろう。

「構築性」「包囲性」を示したいという人間のモチーフあるいは欲望をこのように考えると、「多層性」とは、《穴》や《群》の曖昧な境界（セミラチスをなす交差する境界）を用いて、むしろ未知の領域がこちらに入り込んでいることを示唆する構えであり、「構築性」「包囲性」とは異なる志向を持っていると言うことができる。別の言い方をすると、「多層性＝重ねモチーフ」は、人間の知識や技術力が高まり、もはや環境を恐ろしいカオスとは感じなくなった時代の変化を反映していると考えられる。

もちろん「未知の領域が入り込んでいる」と言っても、建築に何でも取り込めるわけではない。とくに自然や都市とのつながりを建築で示す表現が多く現れるのは、材料や技術が発達した20世紀以降だと言ってよいかもしれない。[69]しかしそれでも、そのモチーフと、それを表現するデザインの原理は、すでにバロックにおいて現れていたということをここでは強調したい。

68　槇［文献3-43］二一六－二一七頁。

69　［文献3-47］小林克弘編著『建築構成の手法――比例・幾何学・対称・分節・深層と表層・層構成』彰国社、二〇〇〇年。
右の文献では、全6章のうち最後の2章が「深層と表層」「層構成」と題されている。「層状の構成秩序」をもつ建築は「今日の建築の最大の特色といえるほどになってきている」（一二〇頁）と言われており、「多層性」モチーフの展開を考える上で参考になる。

「外部の何を重ねるか」という問題は、時代によって変わる。20世紀以降を考えても、たとえば、コーリン・ロウが指摘した初期モダニズムと、モダニズムの限界が指摘された一九七〇年代から八〇年代では、建築と何のつながりを表現しようとするか——たとえば機能、技術、歴史、場所など——は変化していた。21世紀初頭の日本では、デジタル技術の進歩、共同体の衰退、少子高齢化、環境問題などの社会的課題が建築においても盛んに論じられ、やはり「建築と何の重なりを表現するか」という問題は変化していると同時に、細分化していると言える。

そのような他律的要因（外から与えられる課題や技術）によって建築が大きく変わることは間違いないとしても、それとは別の次元で、「多層性」と言えるような建築の自律的モチーフが存在し、その表現が現代においても追求されている。[70]

時代によって大きく変わる社会的課題に対して、モチーフは、ある程度一定した建築独自の応え方に関わるものだと思われる。モチーフも、何百年という長い時間のなかでは変化していくであろうが、社会的課題のように数十年単位で変わるものではない。古代に生まれた「構築性」と「包囲性」のモチーフはかつての力強さを失ったとしても、その対立的共存のなかから現れた「多層性」モチーフの表現が現代でも追求されている。それは、20世紀の近代建築から始まったものではなく、16世紀頃からすでに五〇〇年近くにわたり、様式、材料、技術、社会的課題が変わっても、建築と人間の可能性として追求され続けている。

このような歴史観を持つことによって、「現代の問題は過去とは切り離されている」とか、「時代遅れの問題を考えても仕方がない」といった傲慢な態度で想像力をやせ細らせてしまうことを防ぐべきではないか。私たちは、ただ目の前の課題に対応しているだけでなく、もっと壮大で持続的な構想のなかに

70 「建築の自律的モチーフ」と言っても、建築固有だとは思わない。むしろ「多層性」は、絵画、映画、音楽、文学など、人間が経験において捉える「空間」を追究する分野に共通するモチーフではないだろうか。

いると考えるべきではないだろうか。

――均質空間に対抗する道具としての「モチーフ」と「空間の仕組み」

なぜ、このように「持続的」ということにこだわるのかと言うと、何度もしつこく言うが、均質空間（どこでも同じ空間）に対する危機感があるからである。グローバル化の進んだ現代社会では、経済的な合理性に基づいて、あらゆるものを同一のプラットフォームで理解（管理）しようとする均質空間はますます強化されていく。そこでは、もはや人間が判断する必要はなく、機械が判断して動き、人間も効率的に動かされる「機械空間」と呼ぶべきものが現れつつある。

先にあげた【図表1】（347ページ）で、均質空間とは、〈放射空間（まわり）〉と〈包囲空間（なか）〉だけで世界を理解しようとするものである。〈包囲空間〉は、元々は未知の環境のなかで自分たちの場所を力強く「囲い」取るものであったが、未知の消滅という幻想とともに膨張し、世界を包む「ひとつの包囲空間＝均質空間」を生み出した。同様に、未知の環境のなかで力強い「支え」によって示されていた〈放射空間〉は、「均質空間」に配置される無数の「オブジェクト（多様な個性）」と化した。

この二つ――〈包囲空間〉と〈放射空間〉、あるいは「均質空間」と「オブジェクト」――によって世界を理解できると考える均質空間的世界観に対して、これまで人間は、少なくとも【図表1】に示した他の概念も形にし、その表現を追求してきた。

建築に見られる空間概念は、時代ごとの技術や社会制度と呼応しながら、人々が環境や他者といった未知のものとどのような距離感を（未知の消滅も含めて）望むかという、欲望の大きな流れを反映しているため、誰かが意見をしてどうにかなるものだとは思わない。ただ私としては、少なくとも数千年の時間をかけて追究され、ここ一〇〇年ほどでやっと語ることもできるようになった建築の空間概念が、もう「時代遅れ」で「何の役に立つのかわからない」ものとして忘れ去られるとしたら悲しいことだと思っている。

ここまでに何度か示した経験の四極構造は、【図表1】に示した諸概念を、日常的な「道具」として使えるようにコンパクトに圧縮したものだと私は思っている。圧縮しすぎて〈包囲空間〉と〈放射空間〉しか使えないような事態にならないことが、ひとつのポイントである。長い時間をかけて培われた空間概念を生かしていくために、参考になればと思う。

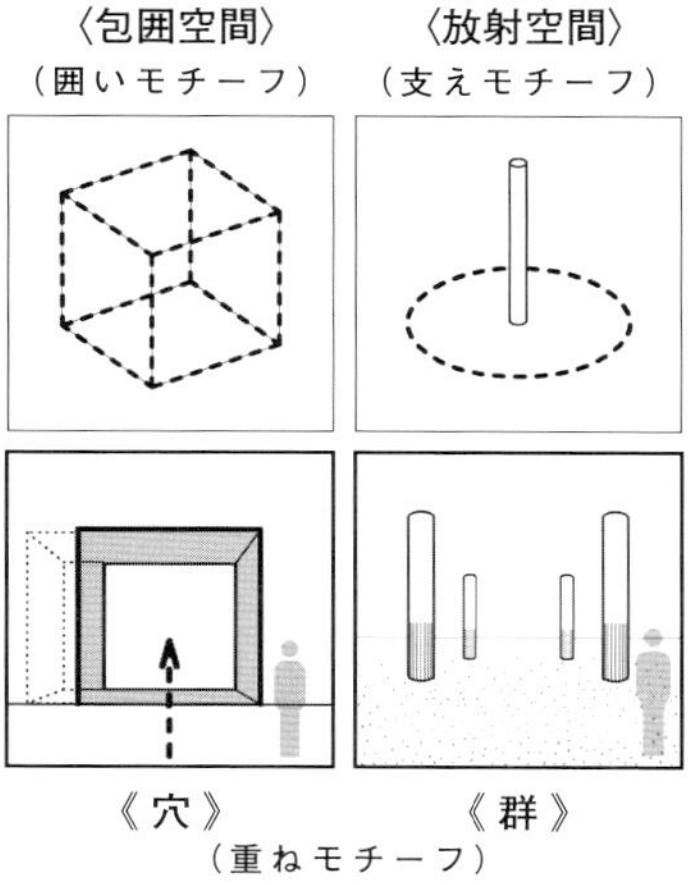

経験の四極構造

第4章　カルロ・スカルパ 建築の経験

この第4章では、本書で示した建築空間の仕組み——空間図式と空間変移——を用いて、カルロ・スカルパがデザインした建築の経験について考える。第2章では、空間変移のデザインパターンを説明するため、スカルパのさまざまな作品から典型的な場面を断片的に取り上げたが、ここでは、特定の作品に見られるデザインパターンをある程度まとめて見ることを通して、空間変移の経験を想像してもらいたい。

スカルパの建築作品として、以下の二つを取り上げる。

カノーヴァ美術館　石膏像ギャラリー（ポッサーニョ、1957［sw11］）

ヴェネツィア・ビエンナーレ　彫刻庭園（ヴェネツィア、1952［sw04］）

これらの二作品は、なるべく経験を想像しやすいものという趣旨から、空間変移のデザインが比較的明瞭で、規模があまり大きくないものを選んでいる。もっと規模の大きい代表作としては、カステルヴェッキオ美術館（sw14）やブリオン家墓地（sw23）などを挙げることができるが、それらの経験は、正直、本のなかで伝えるには複雑すぎる。[1] それらについては、第2章で取り上げた断片的な場面を参考に、写真や図面を見て想像してみてほしい。あるいは、できれば実際に訪れてみてほしい。

1　以下の論文では、カステルヴェッキオ美術館の本館一階展示室の分析をおこなっているので、興味のある方はご覧いただきたい。［文献4-01］木内俊彦「カルロ・スカルパによる建築作品に見られる空間変移のデザインに関する研究」東京大学、二〇一三年、博士論文。

なおここでは、建築の経験について考えると言っても、あくまで空間変移――《穴》と《群》――に着目する。空間変移を捉えることは、建築経験の大きな部分を占めていると私は考えているが、そのすべてではない。第1章の冒頭でも述べたように、建築のデザインは、形、構造、素材、機能性、社会性、歴史性など、空間以外にもさまざまなことが考慮されており、それらは当然、経験に影響を及ぼす。そのようなデザイン要素について、ここでは基本的に言及しない。

しかし一方で、実際の経験において、そのような空間以外の要素と空間変移が無関係かと言うと、そういうわけではない。まずそもそも、空間の表象を意図していない要素であっても、それが物として配置される限り、必ず何らかの空間が捉えられる。あるいは、そのように消極的な関係でなく、もっと積極的に関係づけられる可能性もある。たとえば建築の機能性でも歴史性でも、それらが経験において捉えられるときには、基本的に、その建物の外にある何かと関連性あるいは類縁性を持ち、何らかのグループを形成していると考えられる。[2] すると、それらがグループである以上、《群》の空間変移に連続させる可能性が考えられる。

社会性のような目に見えにくい抽象的・概念的なことと、空間経験のような具体的・感覚的なことが直接つながっている様子を表現できることは、建築の強みであり、重要な役割だと私は考える。これについて本書でこれ以上論じることはできないが、空間変移の考え方は、これまでの建築を理解するだけでなく、これからの建築を構想する上でも有効性を持ちうる、と私は思っている。

2　数学における「集合」――たとえば偶数や素数など――は、それを特徴づける概念を定めることによって成り立つ。逆に言うと、ある概念を定めることは、それにあてはまる集合を生み出すことになる。（参考：野矢茂樹『無限論の教室』講談社現代新書、一九九八年、一〇三頁）

本書で考えている「グループ」は、数学の「集合」ほど厳密なものではないが、やはり、そのグループ（赤い物、明るい物、線材など）が捉えられるときには、何か概念的なまとまりが認識されているということであり、逆に、何か概念的なもの（機能性、社会性など）が経験に現れるとしたら、それはグループを形成していると考えられる。

❶ 増築棟の外観。背の高い部分と低い部分がある。右端に見えるのが旧館の外壁。

カノーヴァ美術館 石膏像ギャラリー

（ポッサーニョ、1957）

彫刻家アントニオ・カノーヴァの生誕二〇〇年を記念して計画されたギャラリーの拡張プロジェクト。19世紀に建てられた新古典主義の旧館、旧作業室を改修したエントランスルーム、スカルパによって新たに設計された増築棟、そして既存建物を利用した別棟と、四つの建物が一体的なギャラリーとして改修されている。ただし、別棟は増築棟の内部から「むこう」に見えるが、入るには一度外に出て迂回しなければならない。

❶は増築棟の外観であるが、順路としては裏側になり、アプローチは❷、❸の側である。❷に見えるペディメント（屋根側面の三角形部分）のある大きな建物が旧館、❸の右端に見えるドアが別棟の入口である。増築棟は、外からのアプローチにおいては、既存建物の「むこう」に見えるコーナーのトップライトによってわずかに暗示されている。

増築棟の内部は、仕切り壁のないひと続きの空間であるが、屋根（天井）は三段構成（次々ページの立体図参照）であるのに対し、

❸ 正面の壁はエントランスルーム。右に別棟の入口。奥の左手に旧館のペディメント、右手に増築棟のトップライトが見える。

❷ 背の高い旧館の右に、入口のあるエントランスルームがある。

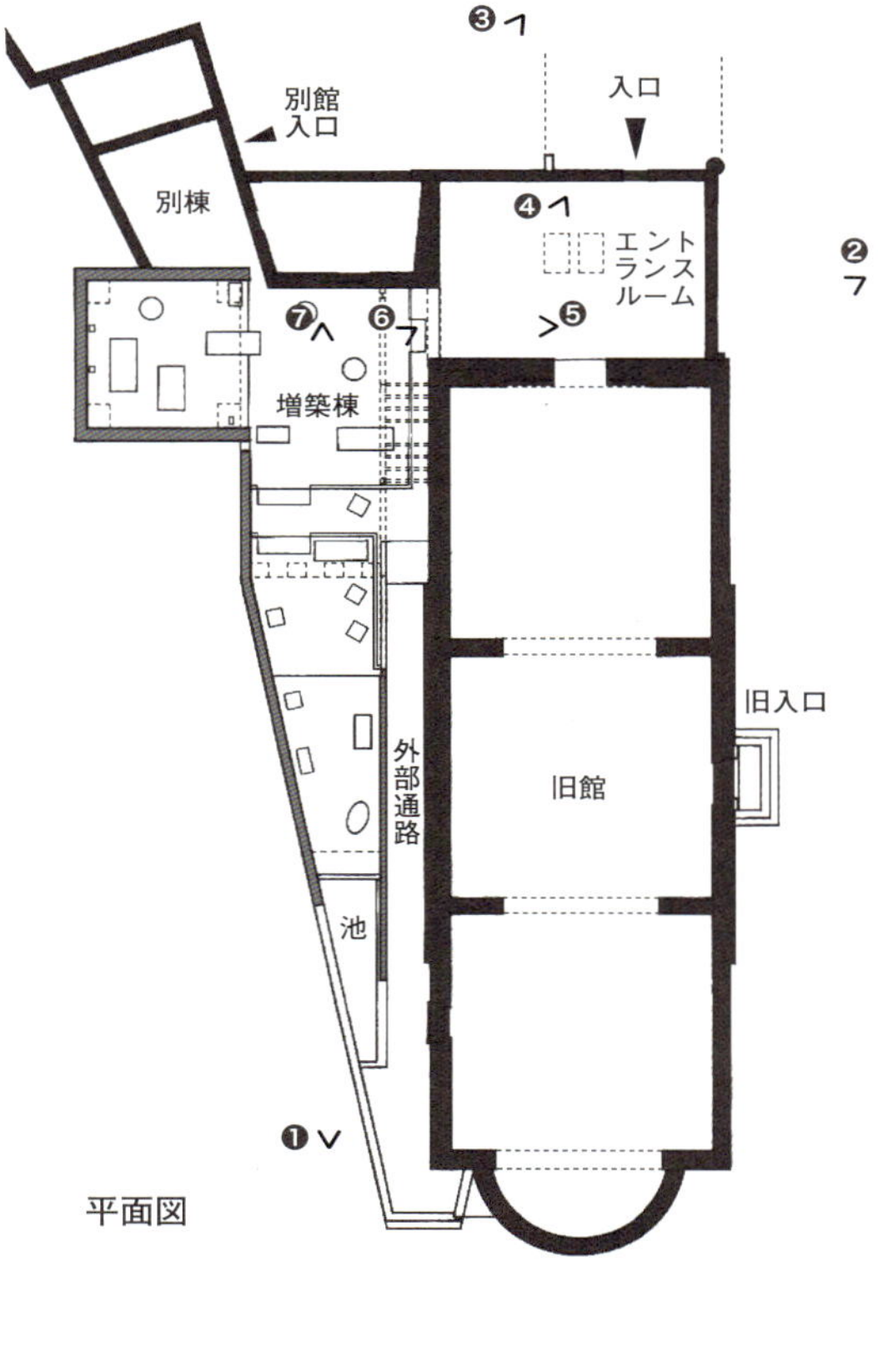

平面図

床には主に五つのレベルがある（次ページの分解図参照）。このように、既存を含めた複数の建物、複数の天井面と床面、そして❶に見られるような複数の壁面が、ひと続きのギャラリーを構成するようにデザインされていることにより、解釈者の移動（横断）にともなう空間変移は、複雑で絶え間ないものとなる。

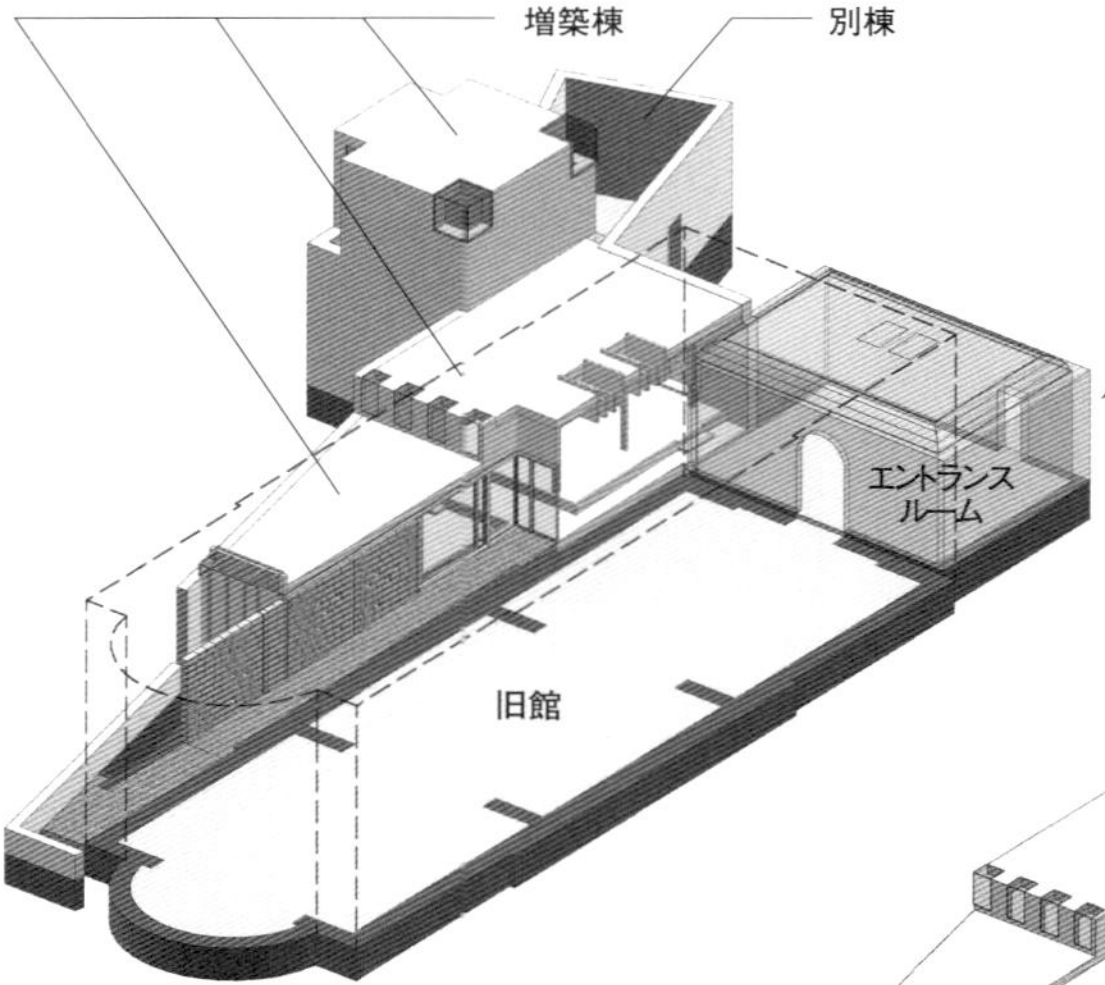

立体図

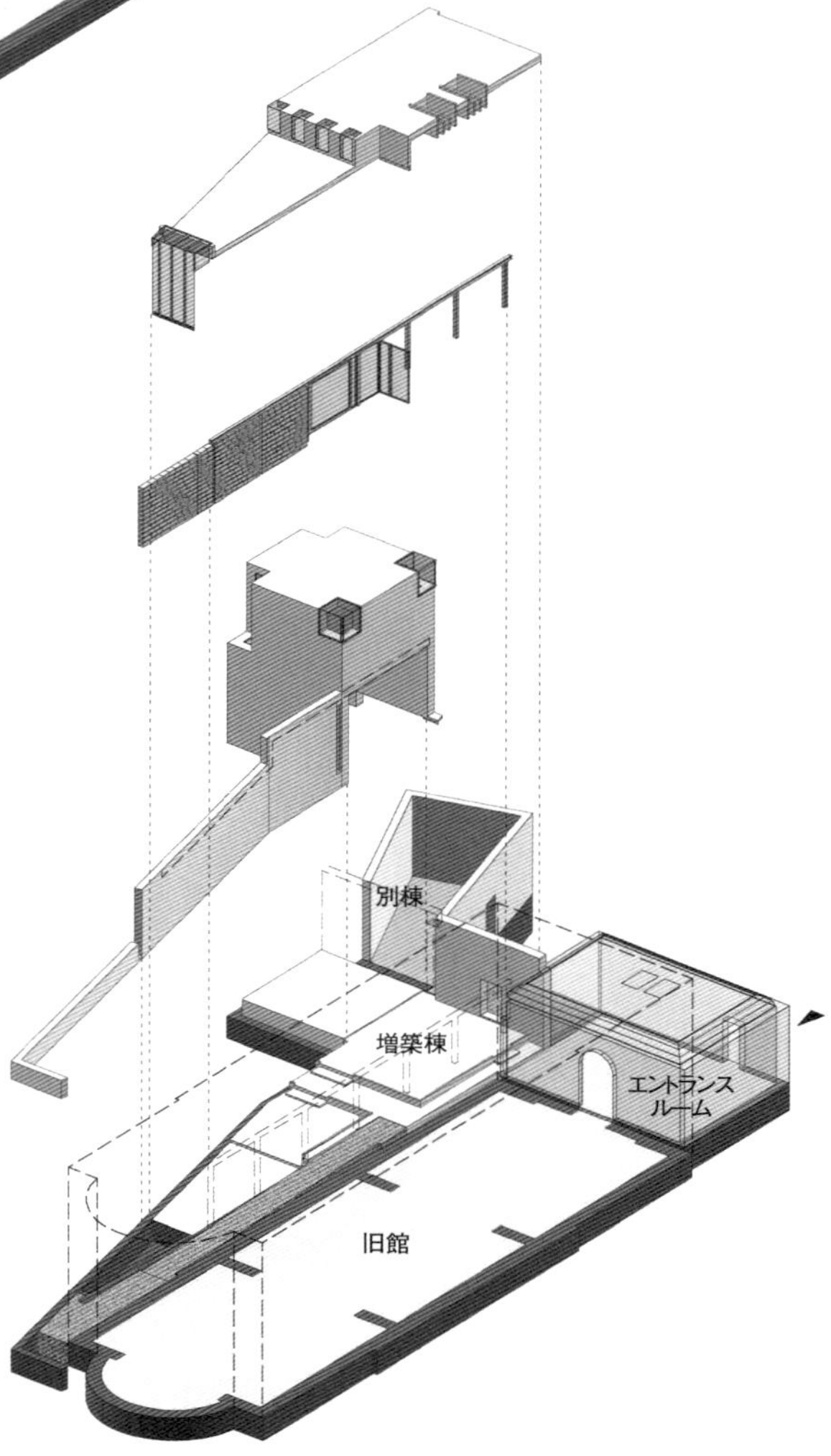

分解図

❹

❹#

[1] 2つの進路

❹は、エントランスルームに入ったところで、右と左に2つの進路が見える。左の旧館へ進む開口部は、アーチ状に壁をくり抜いた形であるのに対し、右の増築棟へ向かう開口部は、壁が床から天井まで直線で切り開かれた形となっており、対照的であるが、一方で、両方とも奥にある別のフレーミングが見えているという点で共通している。つまりここでは、2つの**直列フレーミング**（G2-b）が**並列フレーミング**（G2-a）を成しているのが見えている。

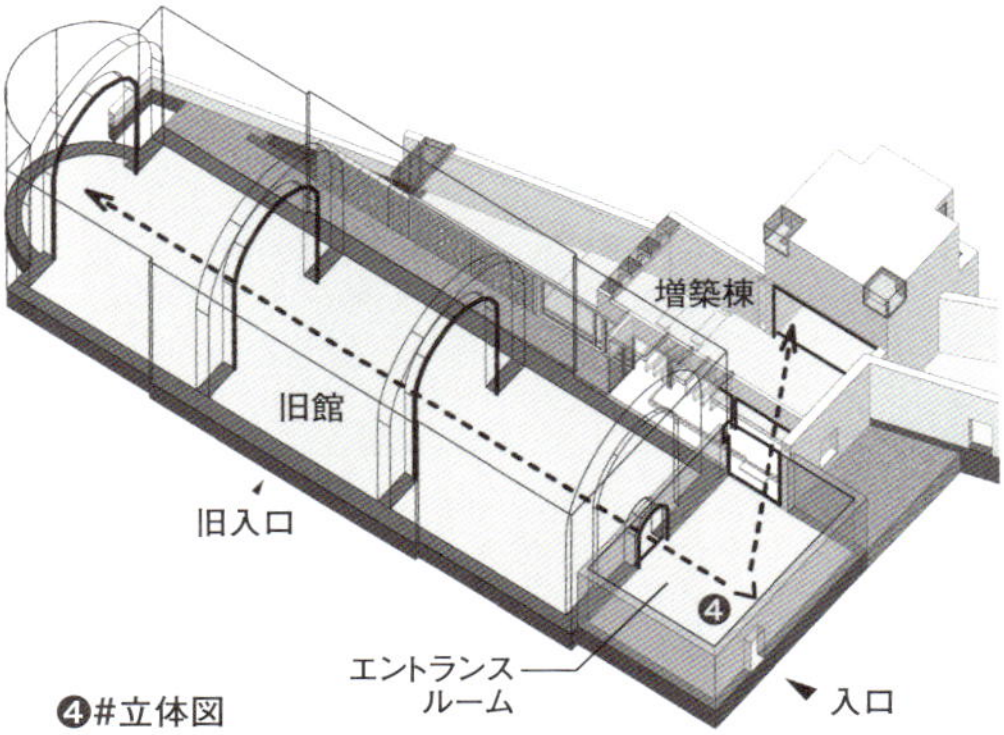

❹#立体図

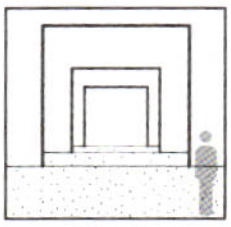

G2-b
直列
フレーミング

G2-a
並列
フレーミング

[2] 増築棟への入口

以下の [3]〜[5] では、エントランスルームから見た増築棟の入口まわりのデザインについて、❺の図を使って考えていく。

❺は、下にある❺(2)の元写真と、図面から起こした3Dグラフィックスを合成したものであるが、❺(3)の参考写真や❺(4)の現地スケッチと見比べてもらえると、それほど不自然な見方ではないことを理解してもらえると思う。

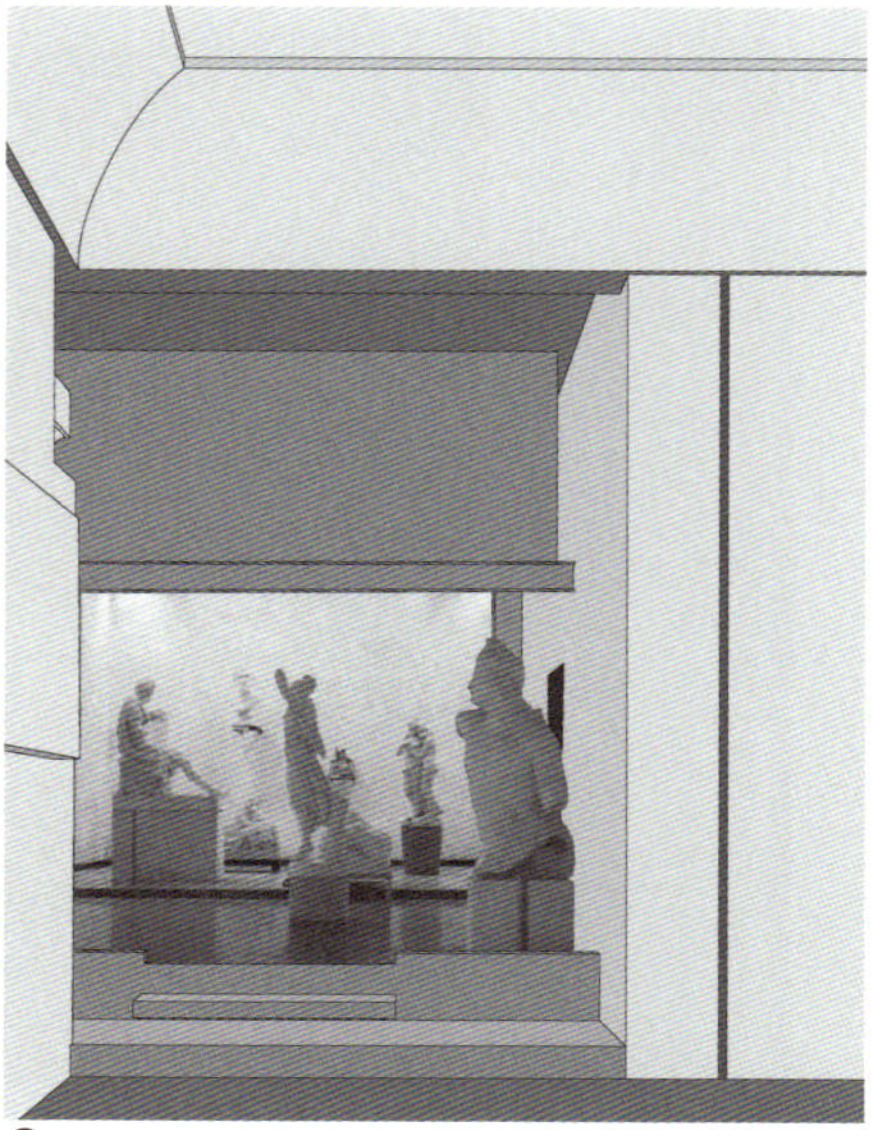

❺

❺ (2) 元写真

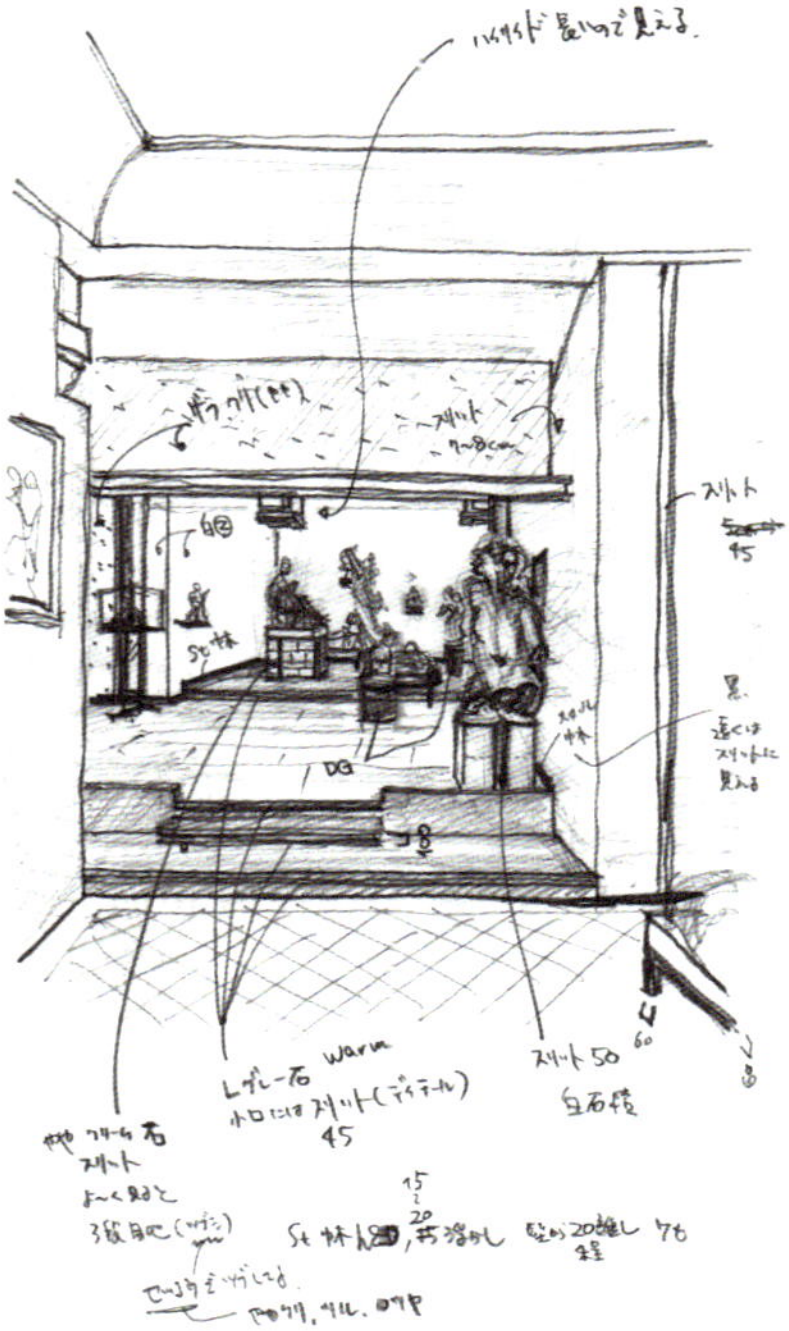

❺ (4) 現地スケッチ

❺ (3) 参考写真

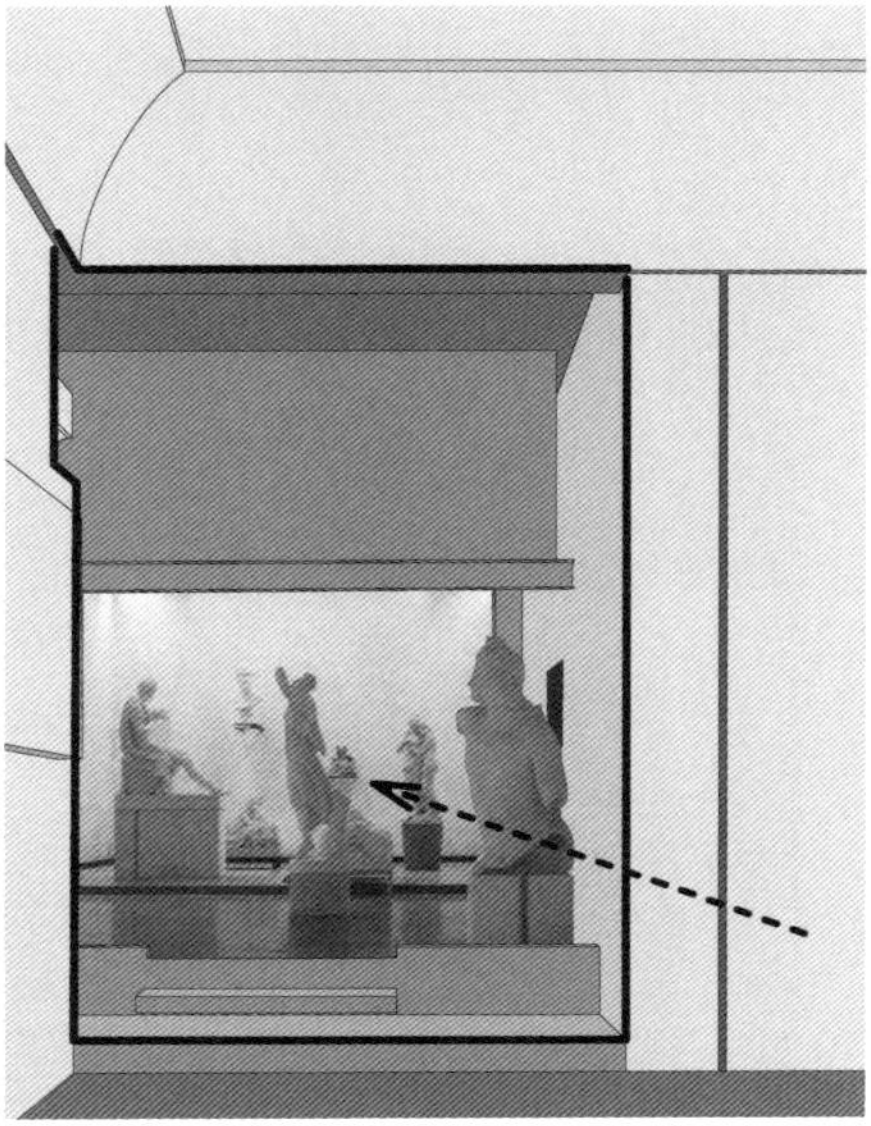

❺#1

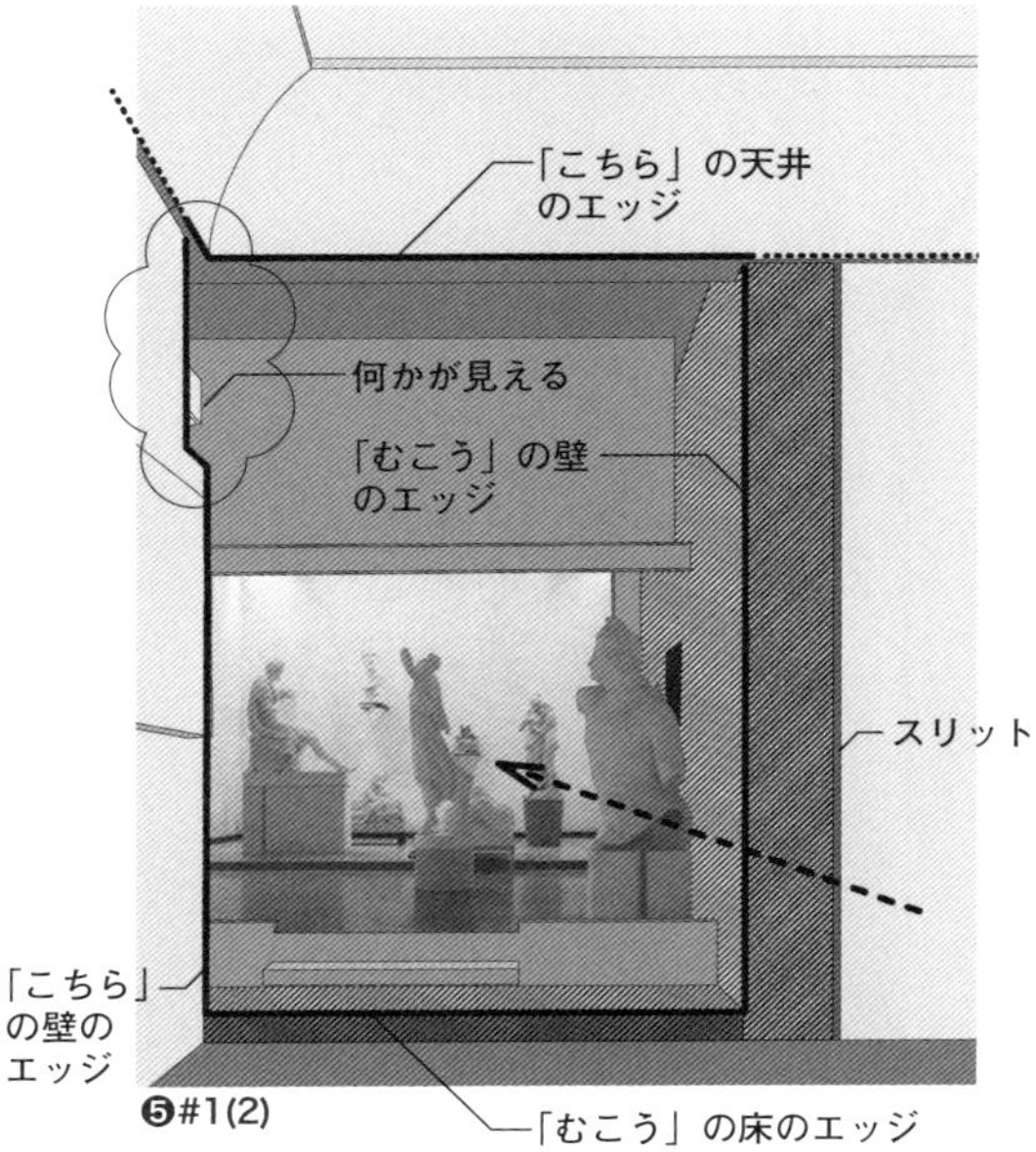

❺#1(2)

[3] どの「むこう」を捉えているか？(1)

❺の視点で、「むこう」に見える増築棟の展示室は、どのフレーミングの「むこう」と捉えられているだろうか？

まず第1には、左の❺#1に太線で示すように、床から天井まで大きく切り開かれた壁のエッジを想定することができるだろう。しかし、このフレーミングをよく見ると、下辺は、下の❺#1(2)に示すように、「むこう」の床材のエッジになっている。また、右側の壁にはスリットが入っているため、そこまでは「むこう」の壁が「こちら」に入り込んでいると解釈できる。つまり「むこう」の壁のエッジがフレーミングに用いられている。上辺は壁が完全になくなっており、折り上げ天井のエッジがフレーミングの一部となっている。以上のように、この❺#1に示すフレーミングは、通常のドア枠のように壁をくり抜いた開口ではなく、上下左右の四辺がすべて違う物でできた、**対比オブジェクトの近接（G1-b）**によるものだと言うことができる。

このように考えると、このフレーミングは実は、左辺のエッジのみが「こちら」のエントランスルームの壁のエッジということになる。そのエッジの上部には切り欠きがあり（❺#1(2)の雲形で囲った部分）、壁と天井が別物であることが、さりげなく、しかし、しっかりと示されている。

この壁上端の切り欠きによって、このフレーミングは**多面フレーミング（H2-a）**であるとも言える。また、そのすぐ「むこう」にわずかに見えるものが何かはわからないため、移動すると必然的に印象が変わる**遮蔽フレーミング（H1-a）**の変移も生じる。

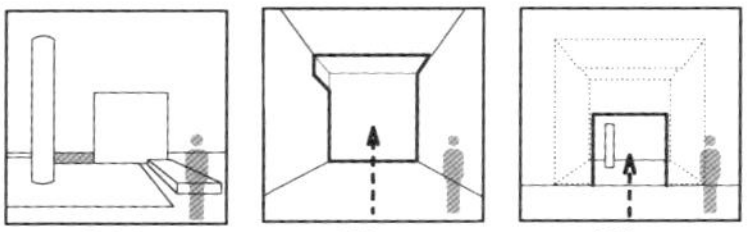

G1-b 対比オブジェクトの近接　H2-a 多面フレーミング　H1-a 遮蔽フレーミング

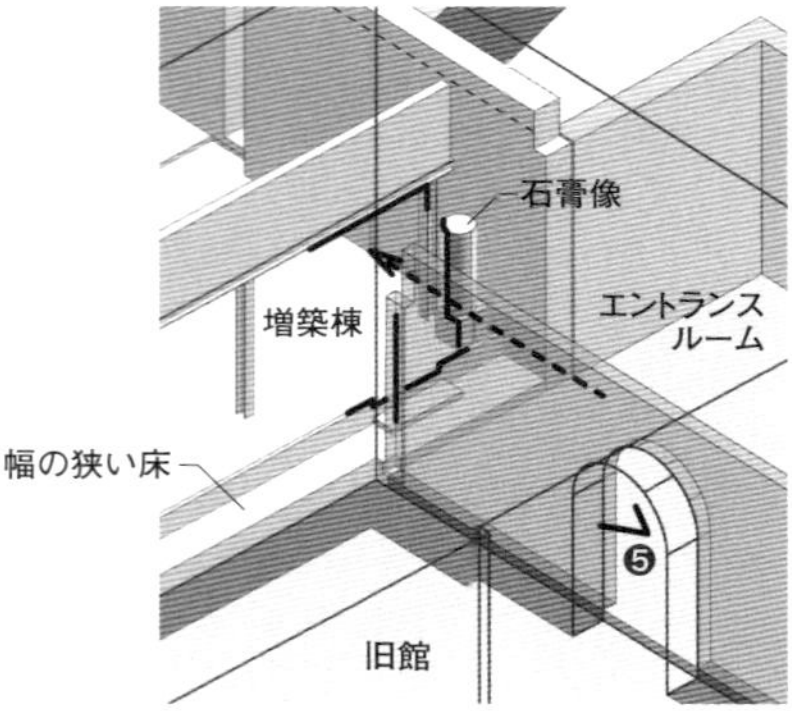

❺#2 立体図

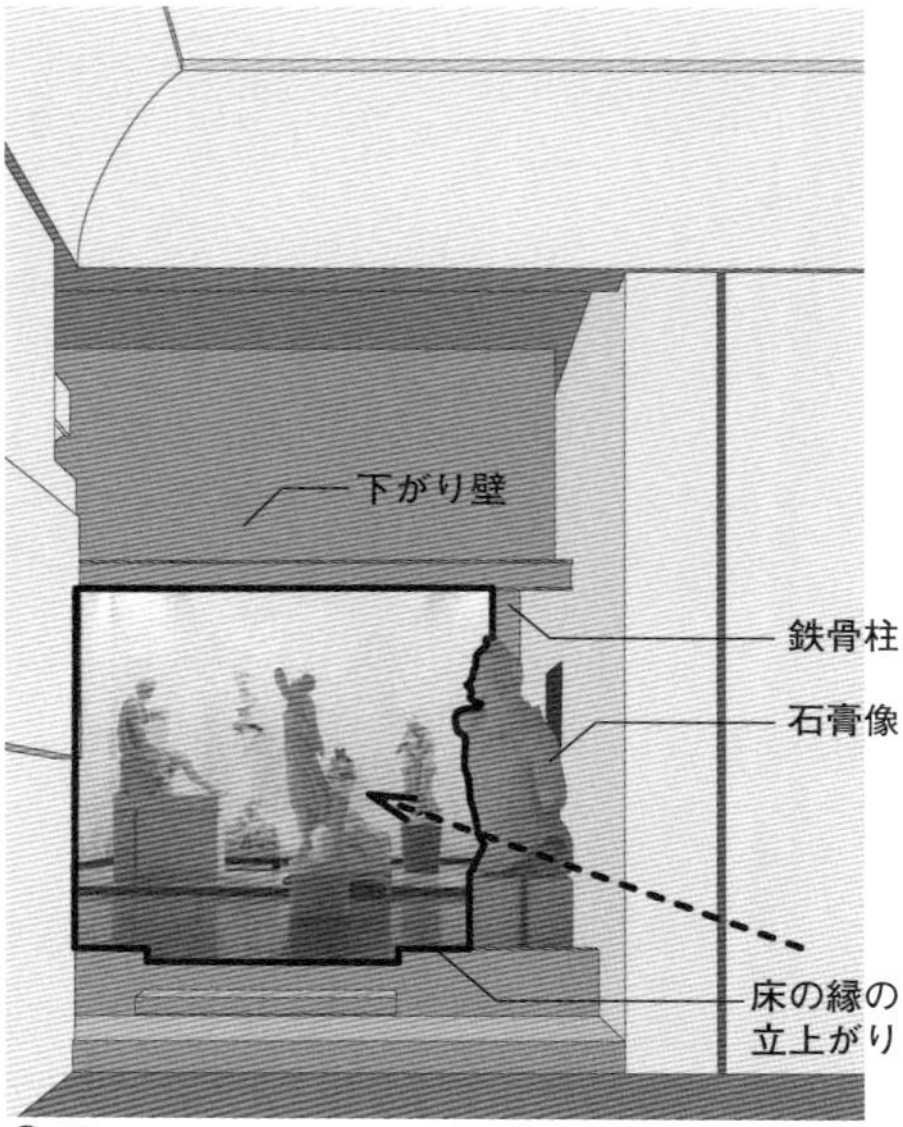

❺#2

[4] どの「むこう」を捉えているか？ (2)

❺#2は、**複合フレーミング（H2-c）**の例1（168ページ）で示したものであるが、石膏像を含めたバラバラの物のエッジによる**複合フレーミング（H2-c）**によって「むこう」を捉えることもできる。とくに床の縁の立上がり、石膏像、鉄骨柱のオーバーラップによって完全に閉じたフレーミングがつくられているが、3次元的には離れた物同士であるため、解釈者の移動によってすぐにほどけ、たとえば石膏像の〈放射空間（まわり）〉などに変移しやすい。

[5] どの「むこう」を捉えているか？ (3)

❺#3は、**#1**と**#2**の2種類のフレーミングのあいだに斜線を掛けたものである。このように厚みのある境界を、一気にフレーミングと捉えている可能性もある。これは、先に「むこう」を捉えた後、移動にともなって境界自体の〈包囲空間（なか）〉が浮かび上がってくる**ニッチフレーミング（H2-b）**の一種と言える。この境界部分の床は、旧館の外壁に沿って左手に続いているが、幅が狭くて人が立ち入りにくく、まるでヴェネツィアの水路のようである。

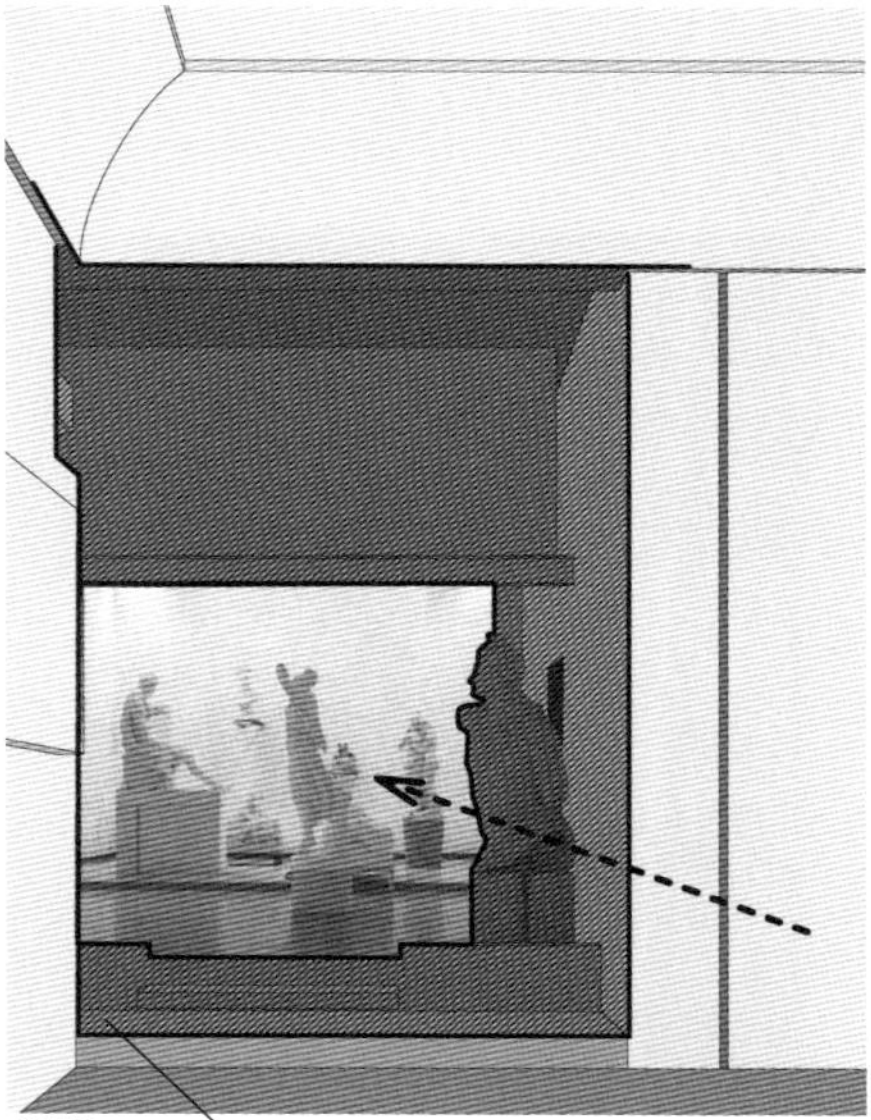

❺#3

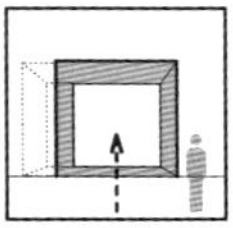
H2-b
ニッチ
フレーミング

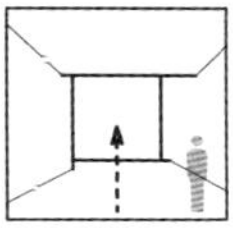
H2-c
複合
フレーミング

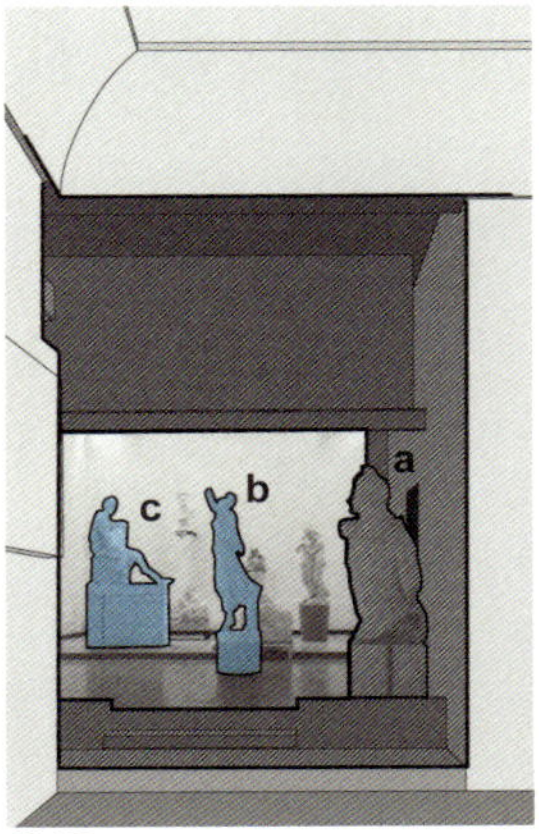

❺#3r

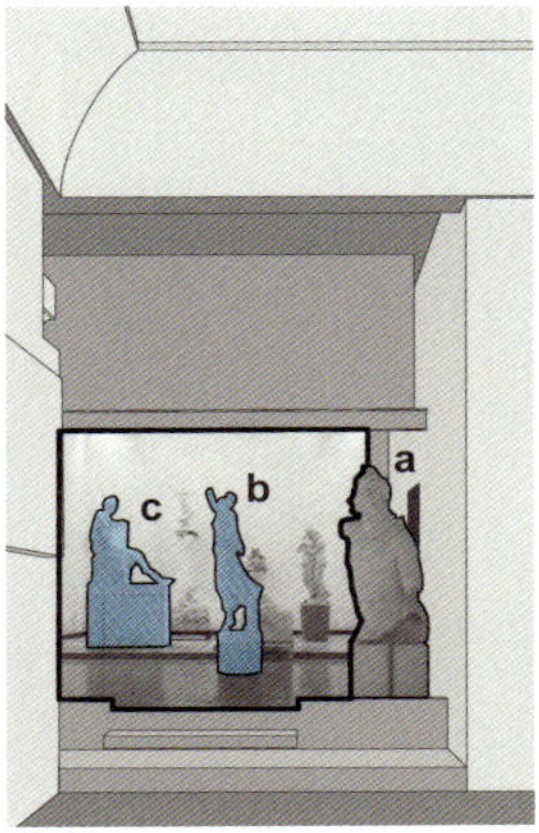

❺#2r

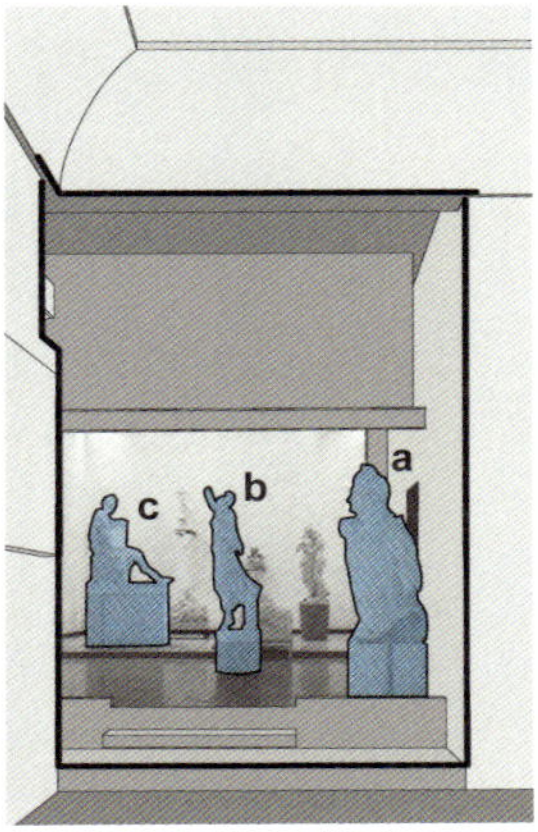

❺#1r

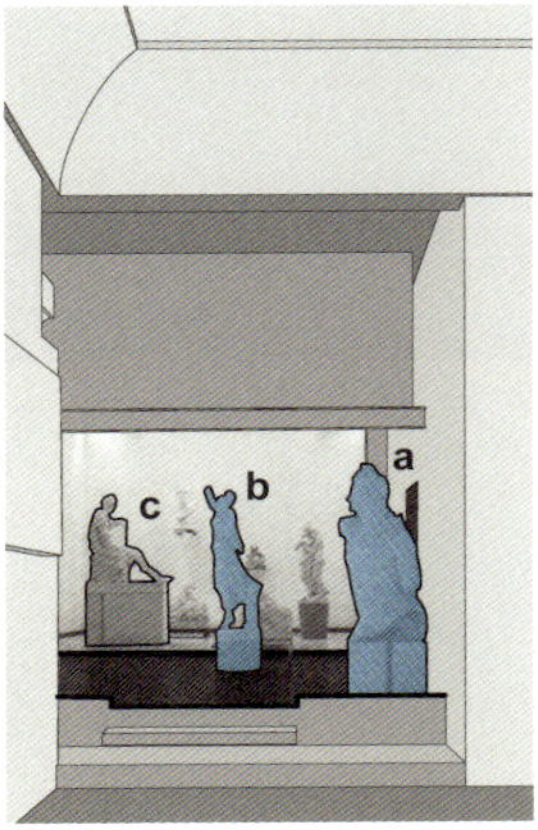

❺#4

[6] フレーミングと石膏像の関係

❺#1、**❺#2**、**❺#3**で示した3種類のフレーミングについて、石膏像に着目してもう一度考えたい。上の**❺#1r**、**❺#2r**、**❺#3r**は、すでに示した図の石膏像に色を付けたものである。この視点から見える石膏像**a**、**b**、**c**は、単体としてもグループとしても捉えられる**類似オブジェクトの離散**（G1-a）と言うことができるが、フレーミングとの関係によって、その変移が促進されると考えられる。**❺#1r**のフレーミングでは、**a**、**b**、**c**の石膏像はすべて「むこう」にあるのに対し、**❺#2r**では、**b**と**c**は「むこう」にあるが、**a**は「こちら」にある。この2つのフレーミングは**直列フレーミング**（G2-b）と言うこともできるが、**❺#3r**のように**ニッチフレーミング**（H2-b）として捉えたとすると、**b**と**c**は「むこう」にあるのに対し、**a**は「こちら」と「むこう」のあいだの境界に飲み込まれている。

❺#4は、フレーミングではなく床面に着目した場合に、**a**と**b**が同一床面にあるグループとして捉えられる可能性を示している。このように、どのフレーミング、または包囲面に着目するかによって、石膏像のグルーピングが変わる。別の言い方をすると、フレーミングや面との関係のなかで、**a**、**b**、**c**の石膏像は、グルーピングがずれて重なり合うセミラチス構造（第3章参照）を成すようになっている。

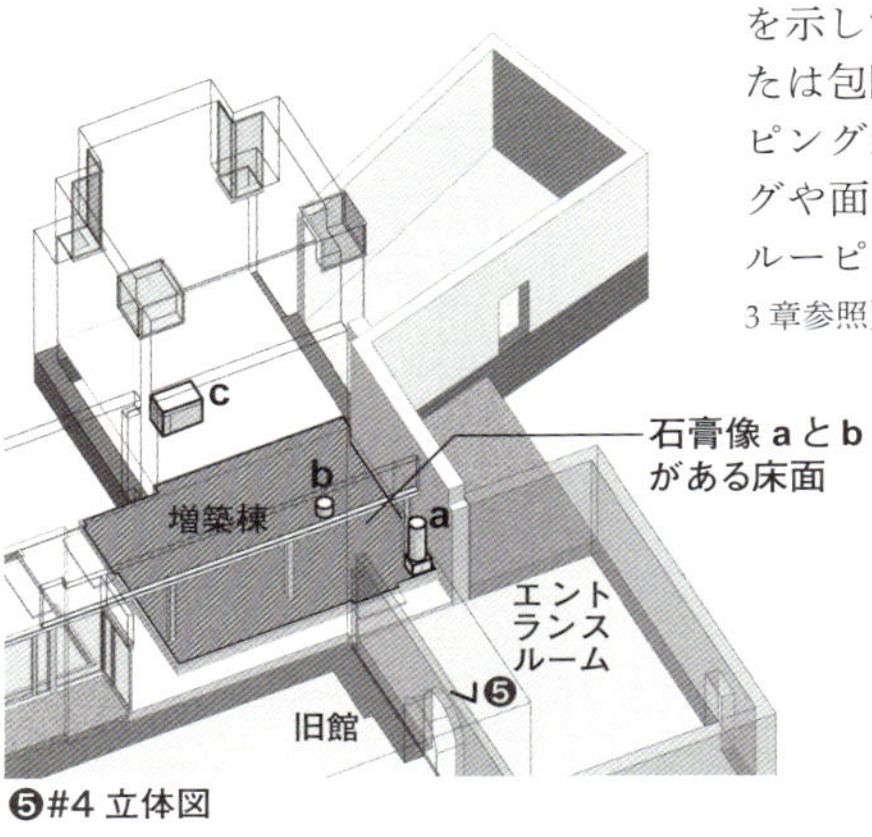

❺#4 立体図

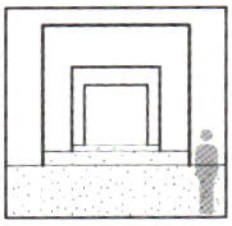
G2-b
直列
フレーミング

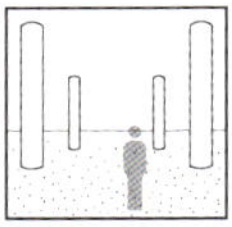
G1-a
類似オブジェクト
の離散

❻

[7] 増築棟に入る

❻は、エントランスルームから増築棟に入ったところ、つまり、前の視点❺から少し前に進んだところである。左手にも展示空間が続いているが、以下ではまず、右側の天井が高くなっているところについて、空間変移の観点から考えたい。

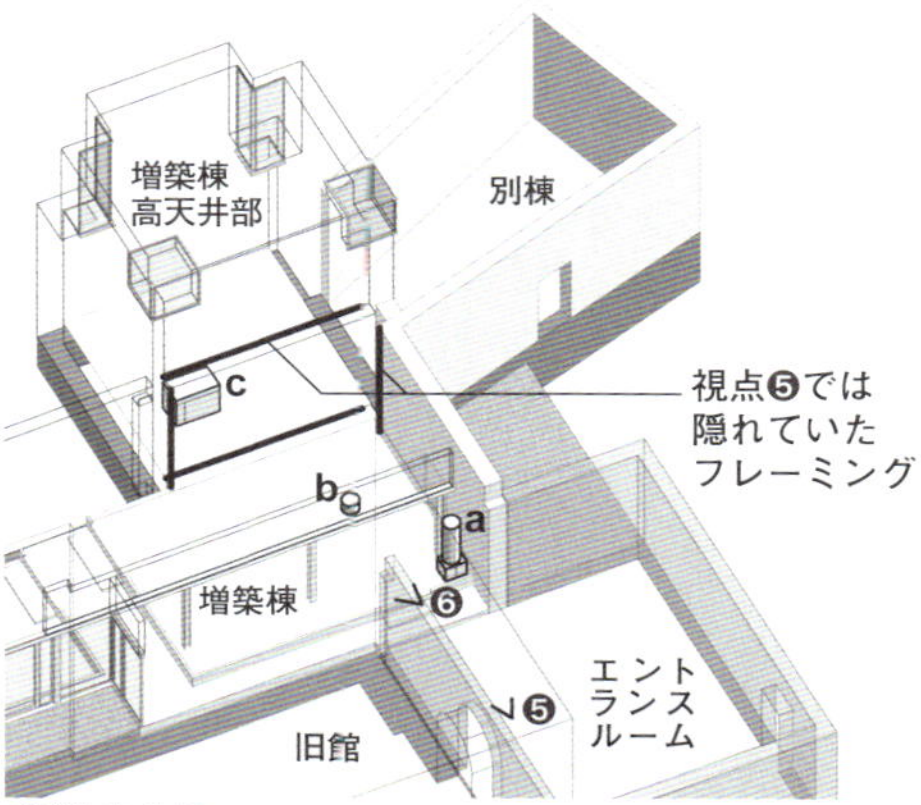

❻#1 立体図

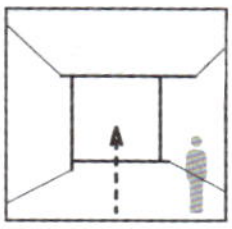

H2-c
複合
フレーミング

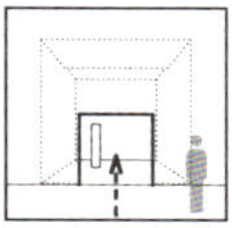

H1-a
遮蔽
フレーミング

G1-b
対比オブジェクト
の近接

❻#1

❻#2

❻#3

❻#4

[8] 増築棟の高天井部を見る

❻#1では、前の視点❺で見ていた石膏像のbとcを強調している。この2つの像は、❺では同じ「むこう」にあるものと捉えられた（❺#1r〜#3r）が、❻では印象が変わる。❺のときには隠れて見えなかった別のフレーミングが現れ、cの石膏像はさらに「むこう」になるからである（**H1-a 遮蔽フレーミング**）。この新たに現れたフレーミングは、上下左右にエッジを持つため明瞭に認識できるにもかかわらず、よく見ると、その床・壁・天井のエッジは端部がつながっておらず、バラバラのエッジによる**複合フレーミング**（**H2-c**）となっている。以下、詳しく見ていく。

❻#2に示すように、上と右のエッジには箱状のガラスがオーバーラップしており、上方と右方に空間があることが示唆されている（右方には別棟が見える隙間がある）。また、下には床のエッジをまたぐようにして低い位置に石膏像が置かれている。このようにエッジと絡めた物の配置は、エッジによって生じる境界とその横断（分離と連続）を共に意識させることにより、変移（別の空間）を浮かび上がらせる効果を高める。

❻#3は、cを囲う壁面を強調している。左端にスリット窓があることによって、高天井部分は独立した壁で囲われた〈包囲空間〉と捉えることができる（**対比オブジェクトの近接**（**G1-b**）と言える）。写真ではわかりにくいが、スリット窓の左右で壁の素材が変わっていることも、この効果を高める。

❻#4のように、床のエッジの端部が壁のエッジからわずかに離れていることによって、床面による独立した〈包囲空間〉も捉えられる。

❻#5は、以上のエッジや開口などのデザインを消した仮想図である。実際とほぼ同じ展示物、床面積であるにもかかわらず、空間の印象（変移しやすさ）が異なることを確認してほしい。

❻#5

❼

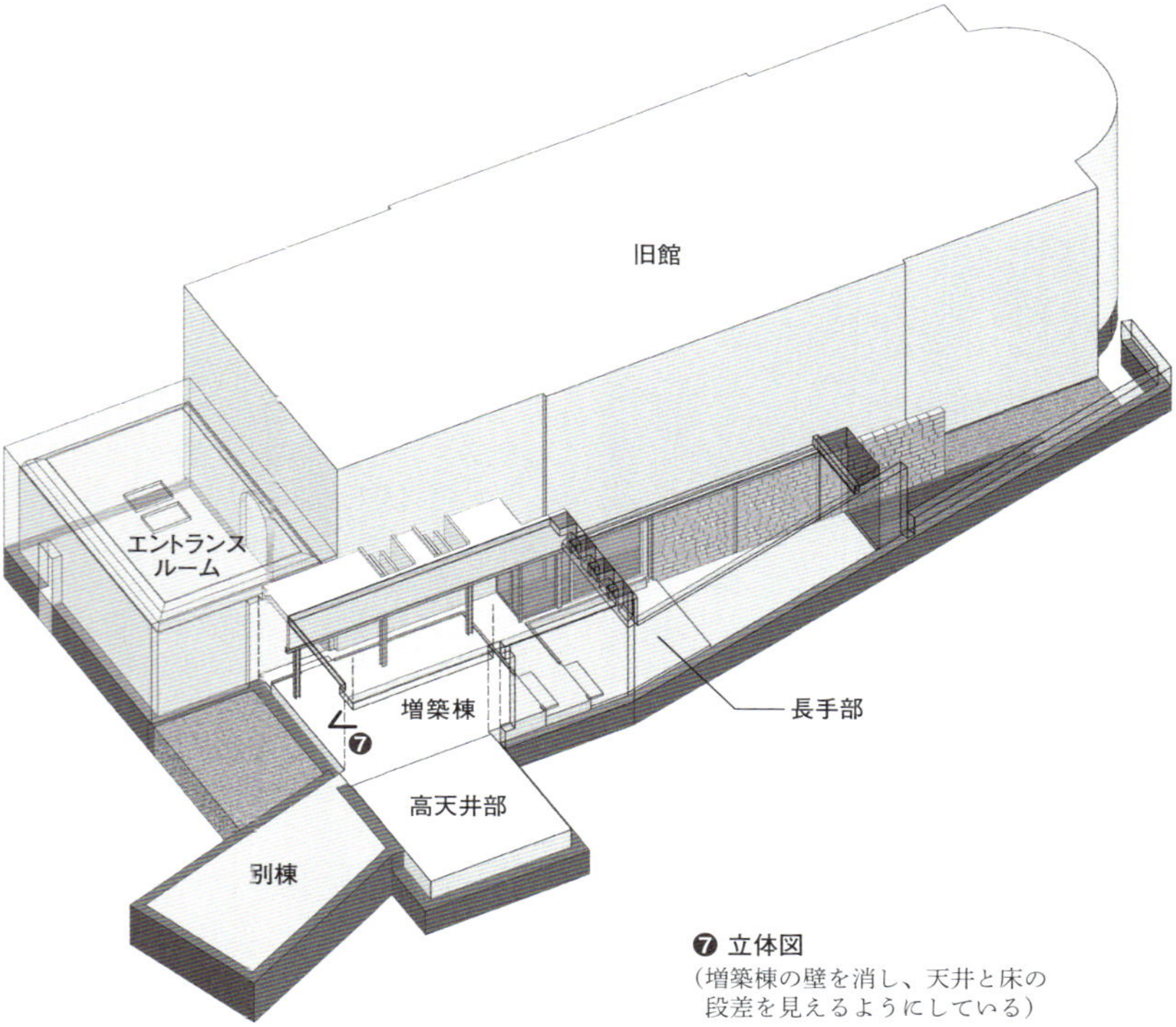

❼ 立体図
（増築棟の壁を消し、天井と床の
段差を見えるようにしている）

[9] 増築棟の長手部を見る

ここからは、右の写真❼をベースに、旧館に沿って細長く伸びる増築棟の長手部で主に捉えられる空間変移について見ていく。

増築棟は、高天井部も含めて５つの床レベルがあり、長手部の奥へ行くにしたがって下がっている（窓の先には池がある）。一方、天井も長手部の奥の方が下がっているが、段差の位置は床と合っておらず、段差の数も少ない。つまり、床面、天井面がそれぞれに示す〈包囲空間（なか）〉はズレており、解釈者が見る物に連動して曖昧に移り変わると考えることができる。

次ページからの説明では、この同じ写真をベースにした分析図を用いるが、そこで示唆されるものは、実際には解釈者が動き回るなかで見出される、あるいは感じられるものであることに、くれぐれも注意してほしい。

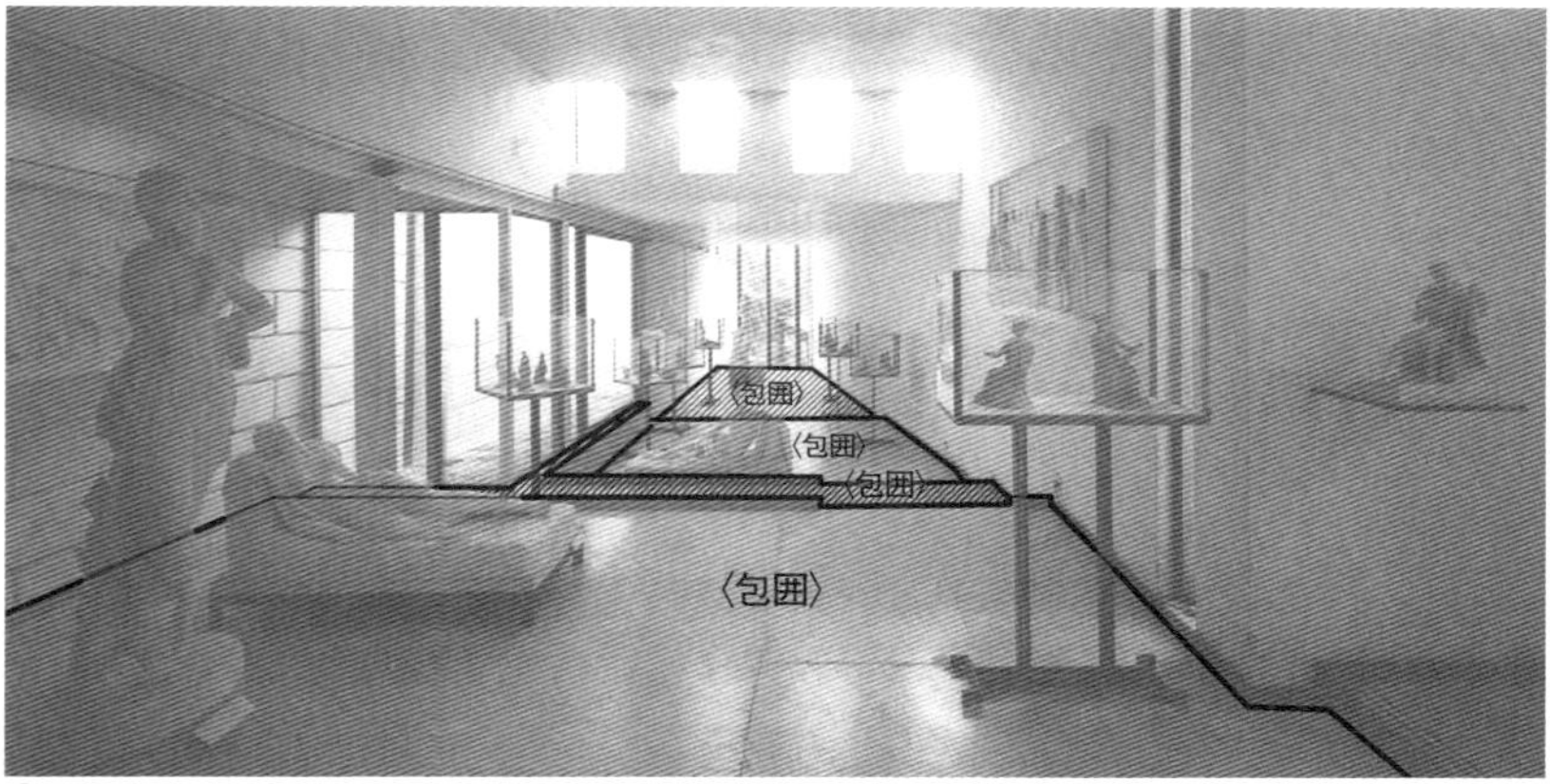

❼#1

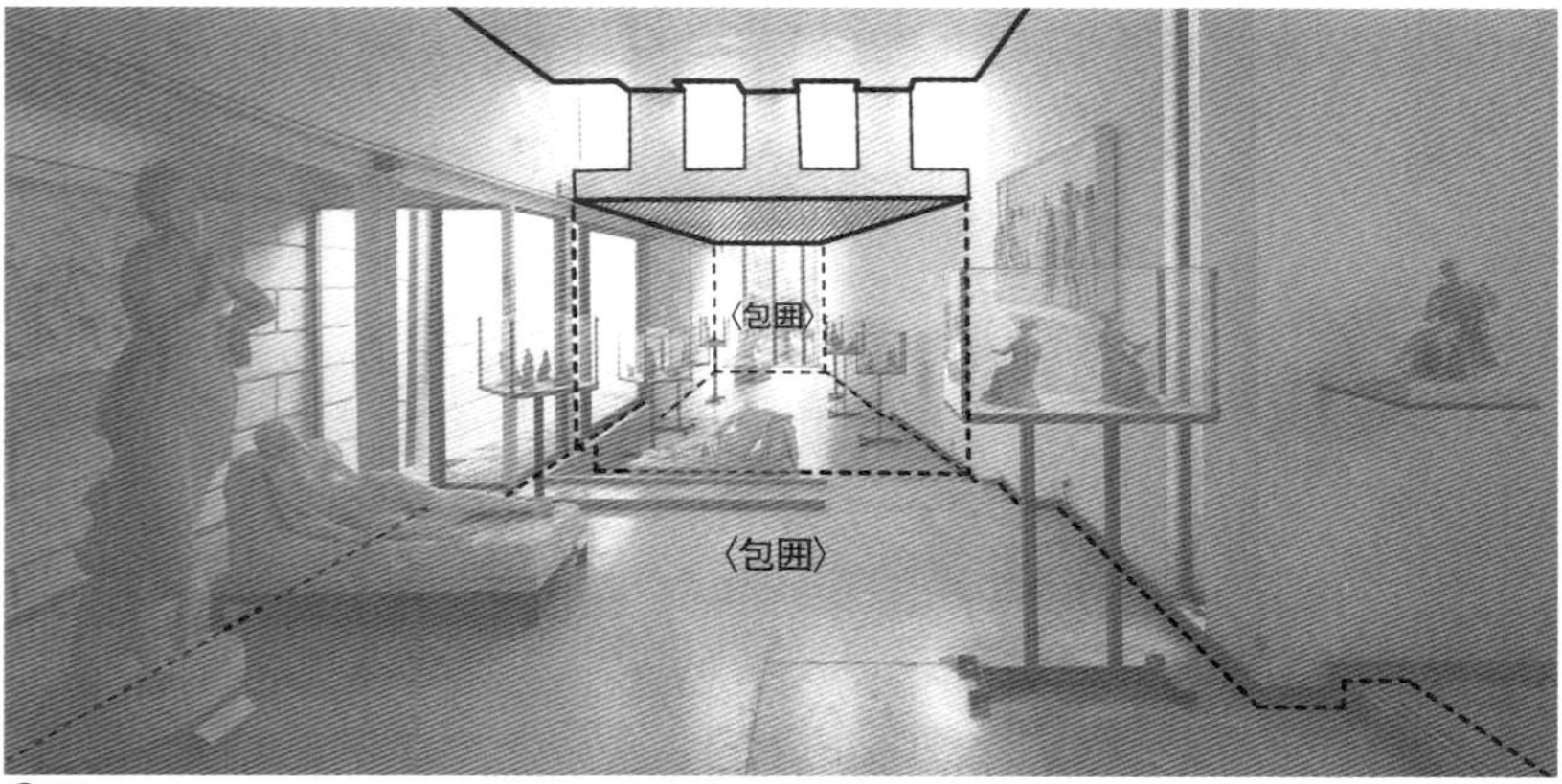

❼#2

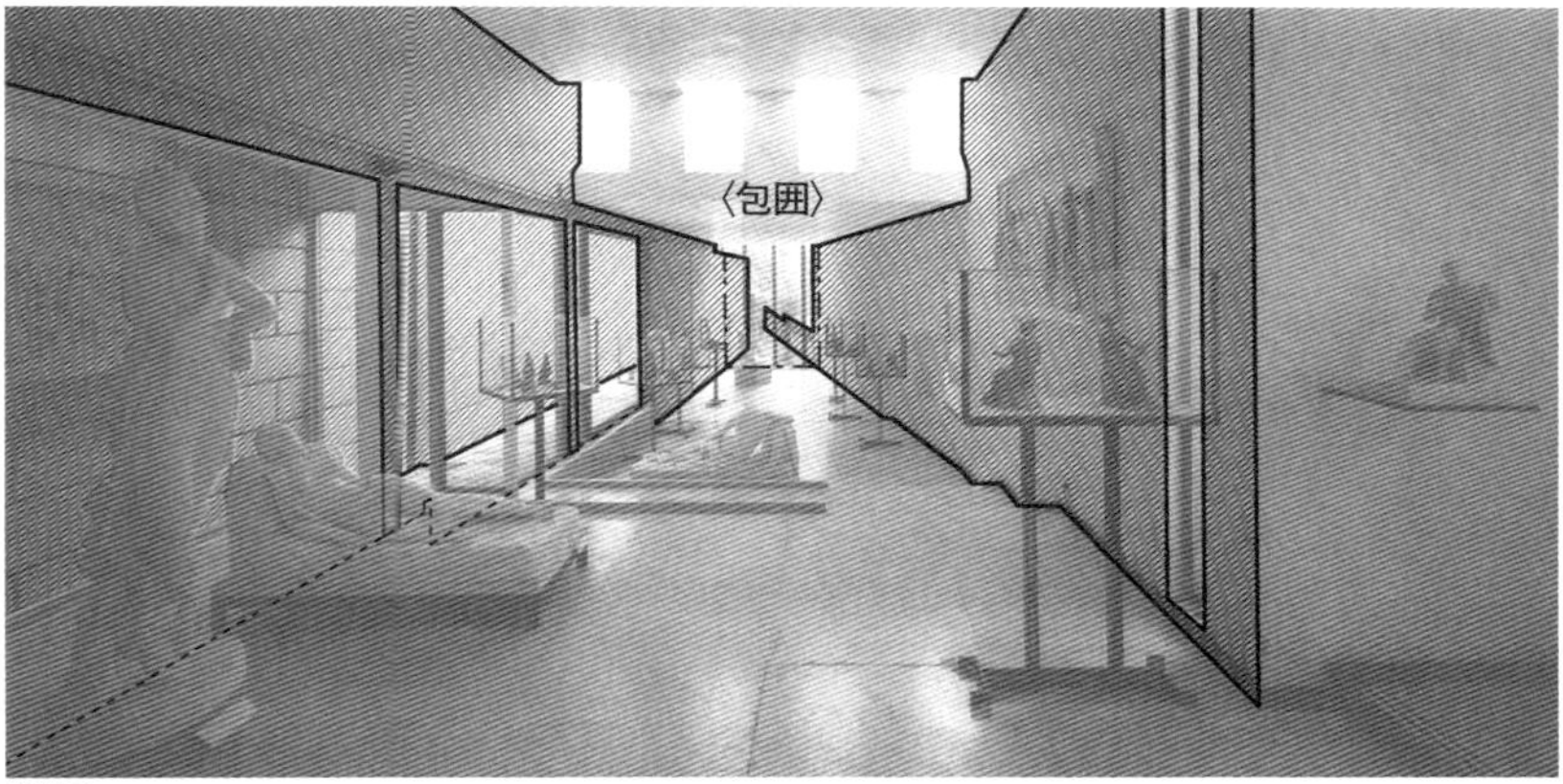

❼#3

[10] 床面による〈包囲〉

❼#1は、長手部の4つの床面がわかるように強調している。それぞれの面から、計4つの〈包囲空間(なか)〉を認識できる。

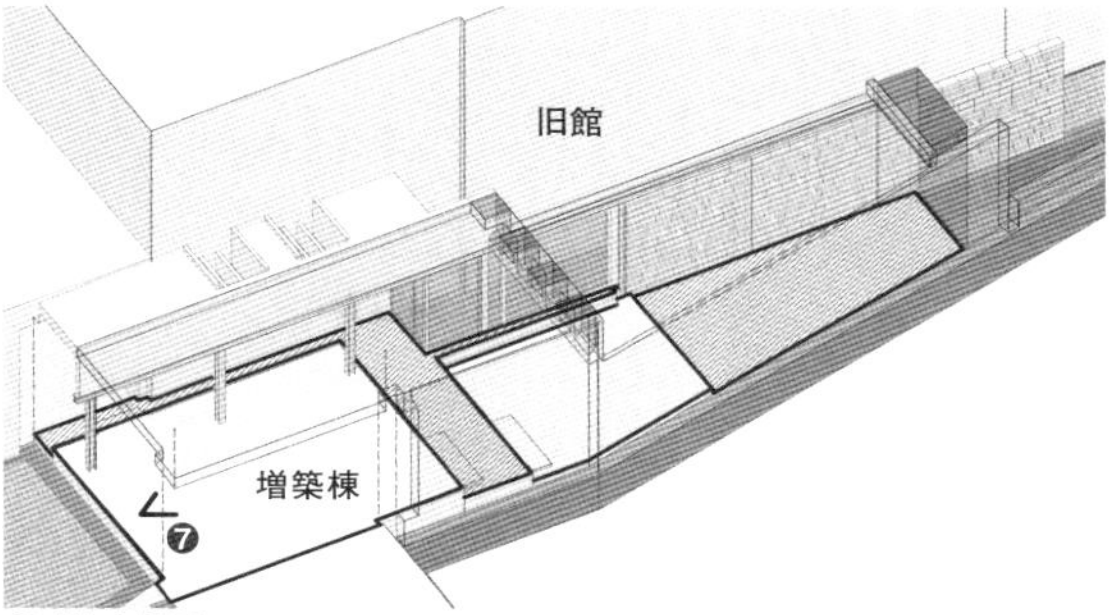

❼#1 立体図

[11] 天井面による〈包囲〉

❼#2は、天井面を見たときに示唆される〈包囲空間〉を強調している。手前と奥に、2つの〈包囲空間〉が捉えられる。

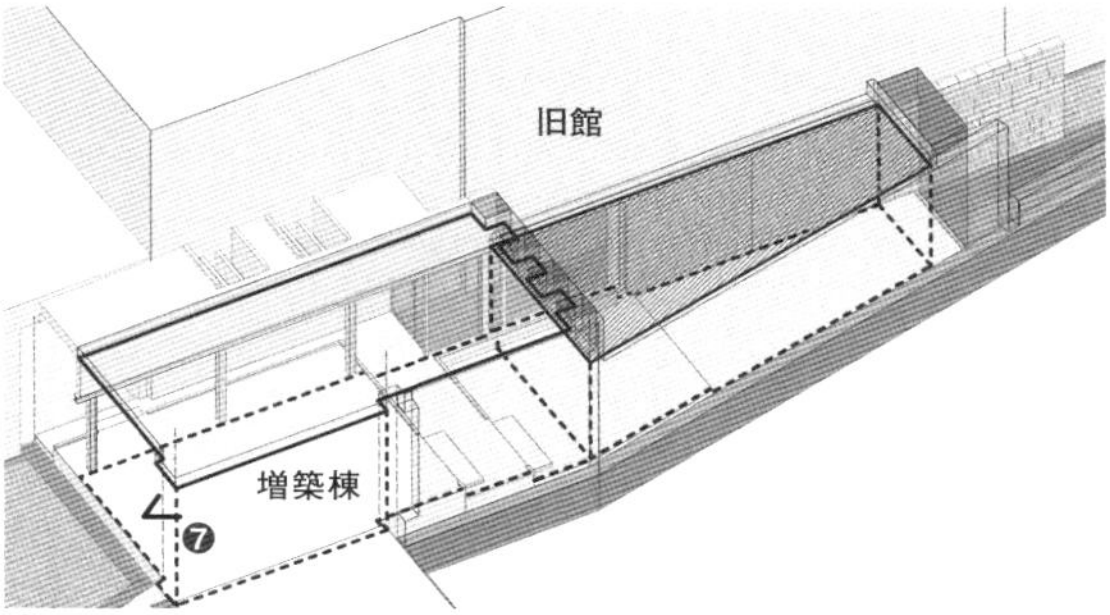

❼#2 立体図

[12] 壁面による〈包囲〉

❼#3は、長手部の壁面を強調している。旧館の外壁に平行するように2枚の壁があり、この視点からは、それらに挟まれた1つの細長い〈包囲空間〉が捉えられる。

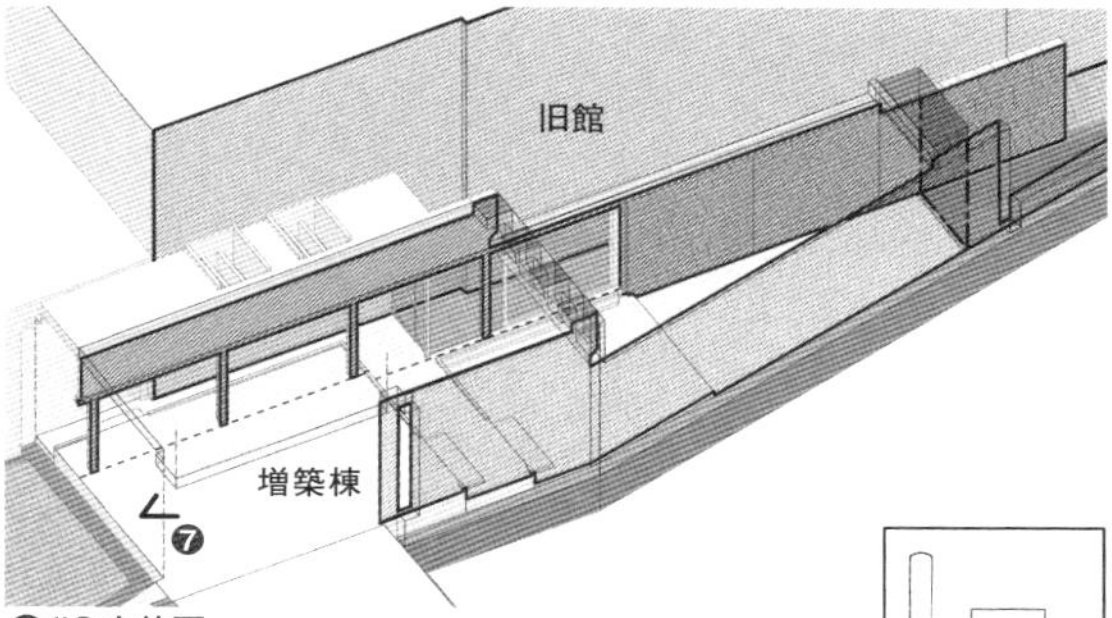

❼#3 立体図

以上のように、床・壁・天井を独立に捉えさせる手法は、**対比オブジェクトの近接（G1-b）**の一種と考えることができる（190-191ページの例5、例6参照）。

G1-b
対比オブジェクトの近接

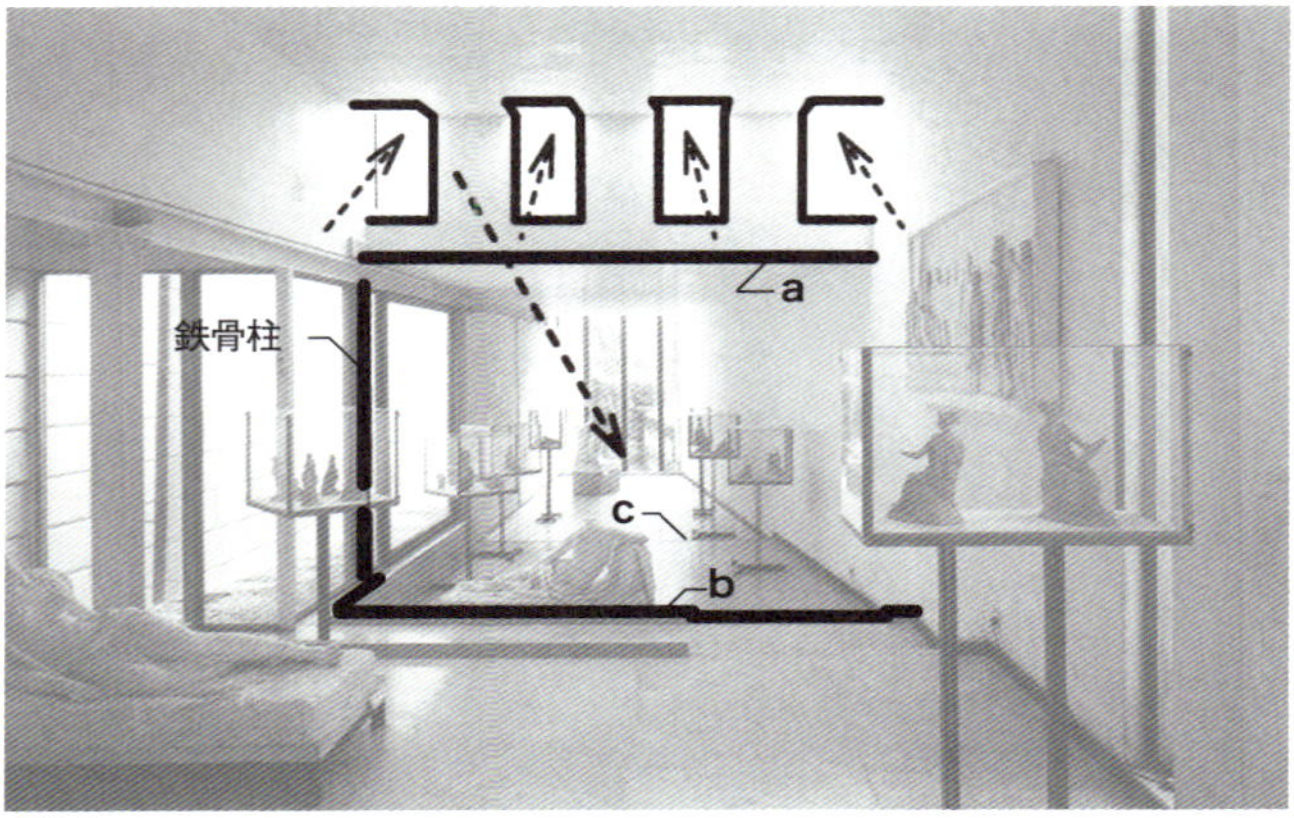

❼#4

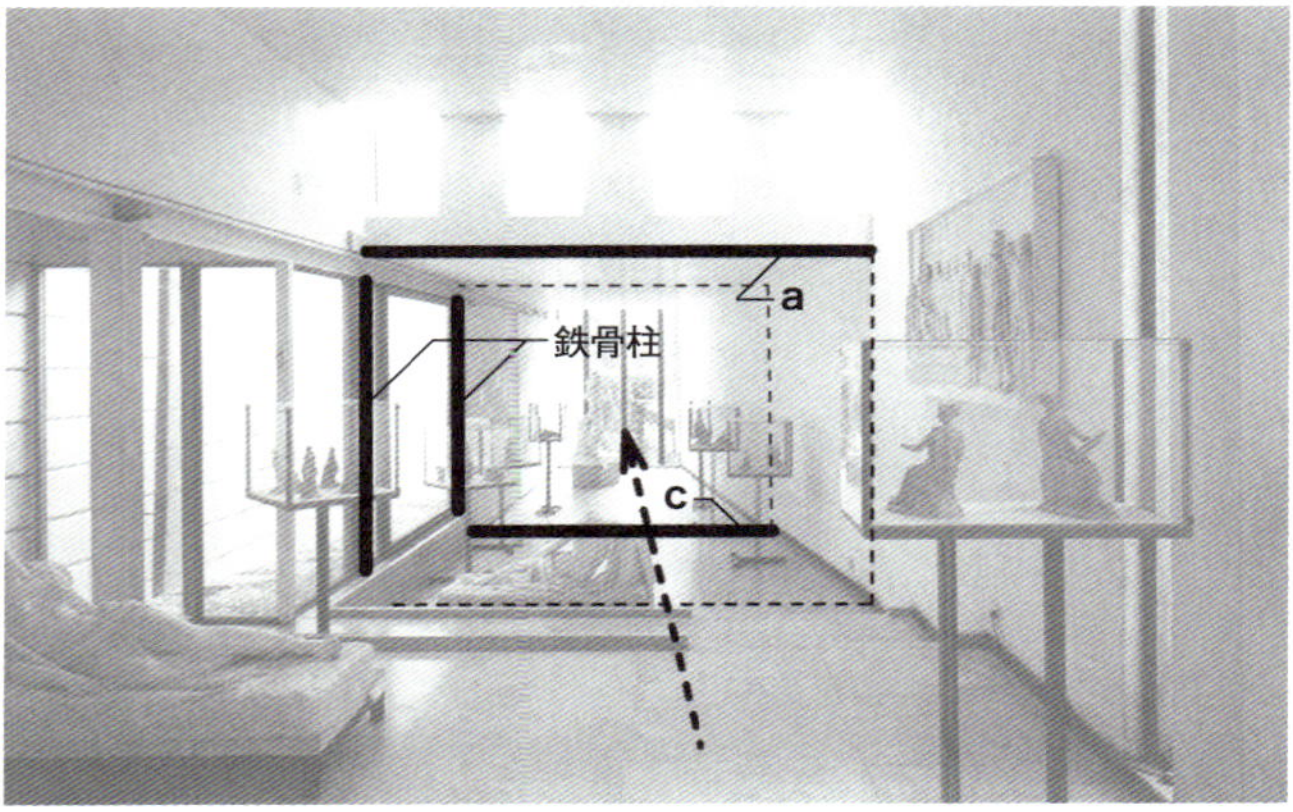

❼#5

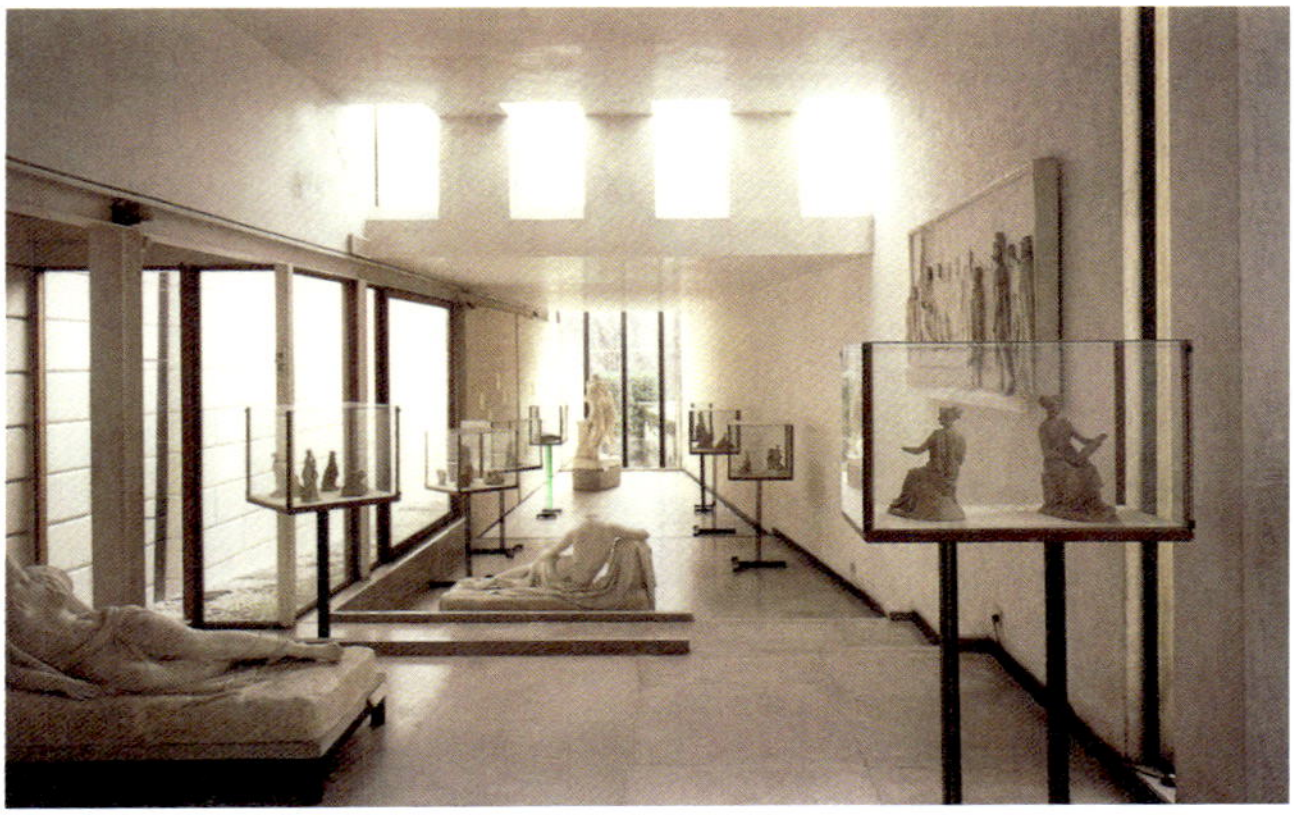
❼ 一部拡大

H1-c
非対称
フレーミング

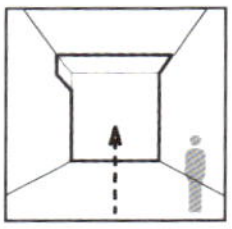
H2-a
多面
フレーミング

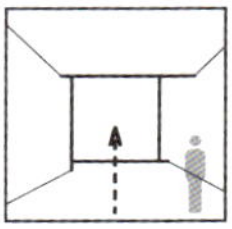
H2-c
複合
フレーミング

G2-a
並列
フレーミング

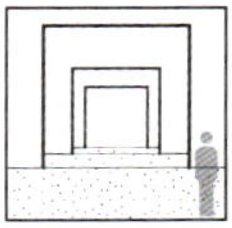
G2-b
直列
フレーミング

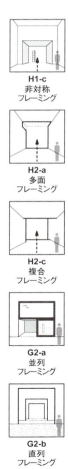

[13] 多面フレーミングの並列

床・壁・天井のバラバラのエッジが、**複合フレーミング**（H2-c）によって「むこう（開口空間）」を示す可能性を考える。**❼#4 立体図**に示すように、天井のエッジ**a**は、床のエッジ**b**と**c**の中間にある。まず**a**と**b**に着目すると、**a**のラインは鉄骨柱にそろい、**b**の床立上がりは端部でL字に折れていることから、これらが結びついて、斜め下方に向いた**多面フレーミング**（H2-a）となる。そのすぐ上には、壁と天井にまたがった**多面フレーミング**の小窓が4つ並んでおり、下のフレーミングと合わせて**多面フレーミングが並列**（G2-a）に口を開けていると言うことができる。

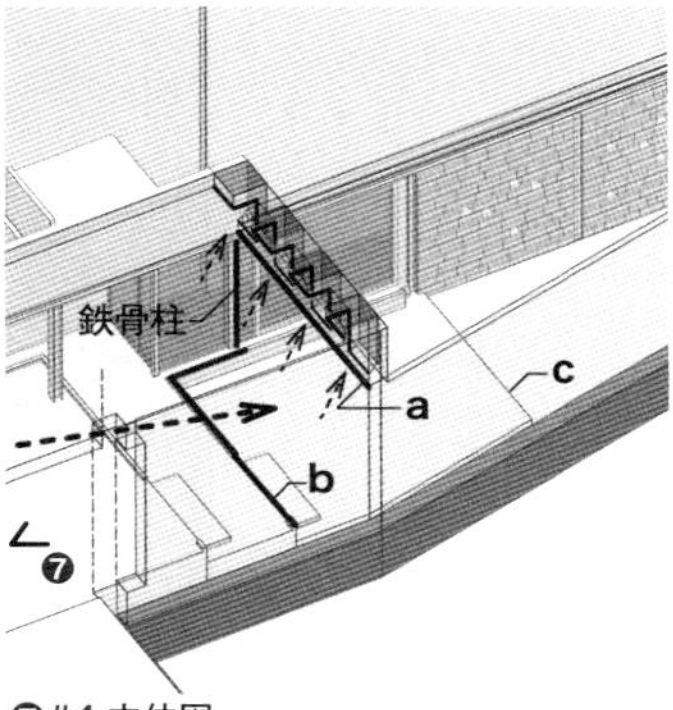

❼#4 立体図

[14] L字フレーミングの直列

今度は、天井のエッジ**a**と床のエッジ**c**の組み合わせを考える。**a**、**c**が、ともに鉄骨柱の位置にそろっていることに注意が向くと、両方の位置にL字形の2辺フレーミングがあると想定することができ、**直列フレーミング**（G2-b）としての変移が浮かび上がるかもしれない。

この［14］と前の［13］は、少し強引な解釈で、実際の経験でこの通りに意識することは難しいと思う。しかし、事実としてこのようになっている物の配置は、常に「むこう」を捉えようとする人間の能力を刺激し、空間を揺さぶっていると考えられる。

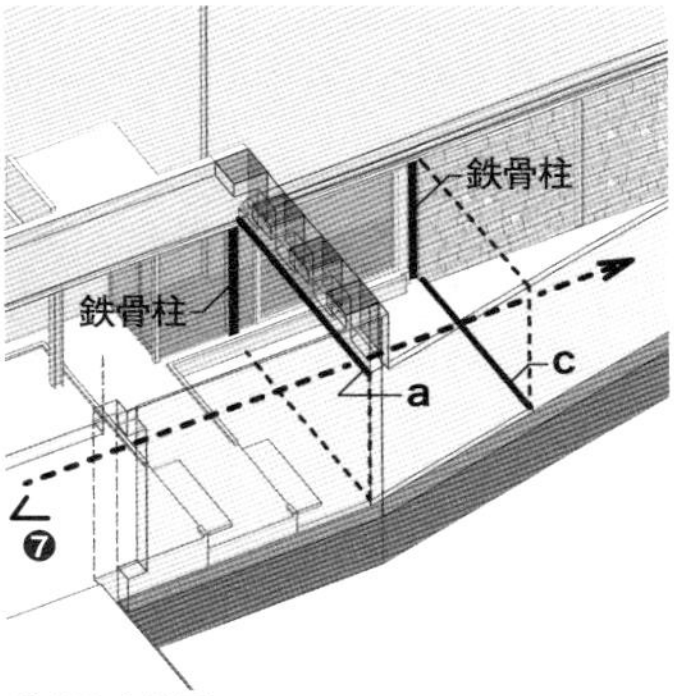

❼#5 立体図

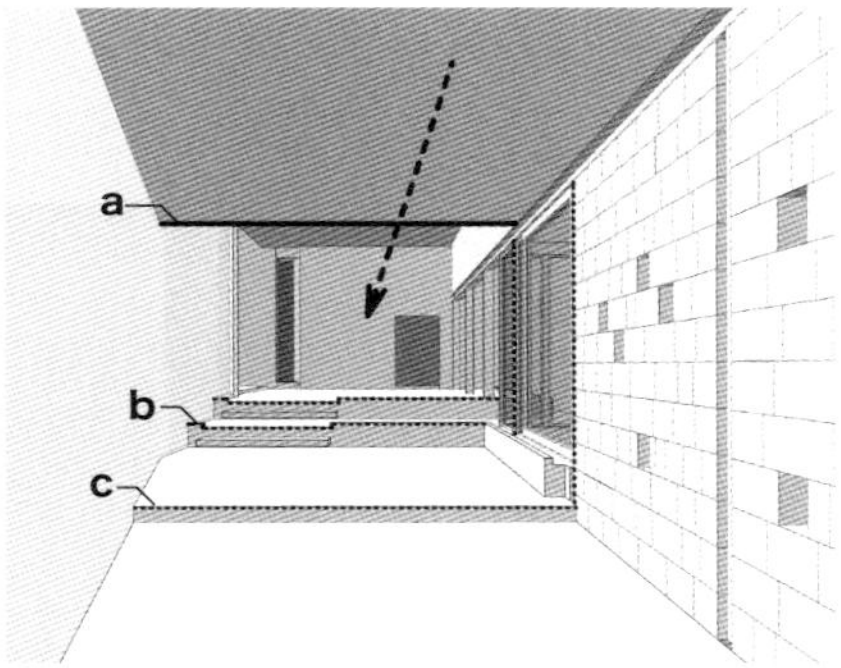

❽

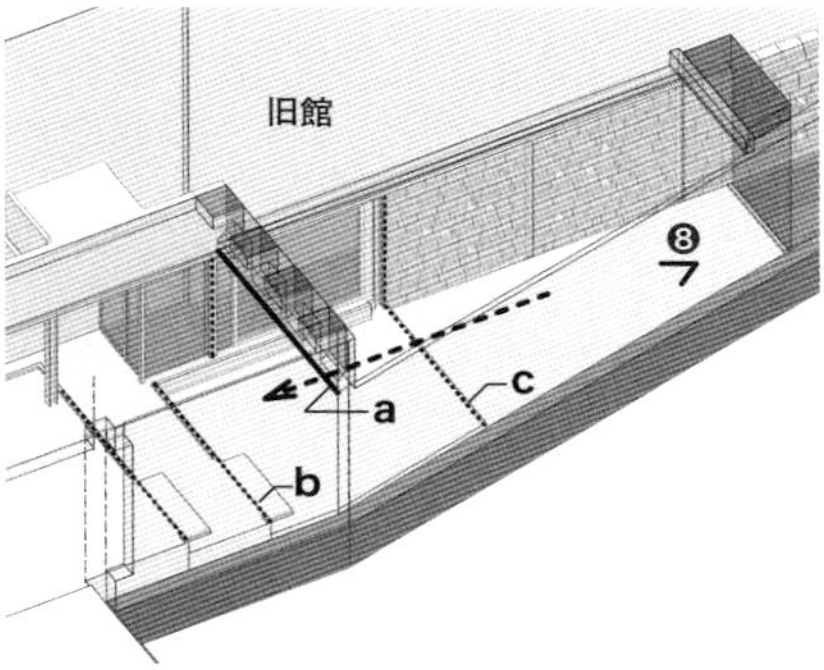

❽立体図

[15] 移動して振り返ると見えなくなるもの

❽は、長手部の奥から入口方向を振り返った様子を示した3Dグラフィックである。上で見た**a**、**b**、**c**の同じエッジが見えているものの、天井の下がり壁や、旧館とのあいだにある外部の広がりが見えなくなったことなどから、同じ場所であるにもかかわらず印象が大きく変わる。**非対称フレーミング**（H1-c）の一種である**洞穴的フレーミング**のパターンである。

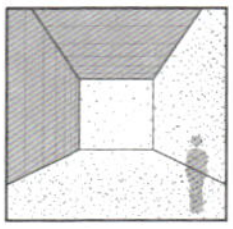

G4-a
類似属性の離散

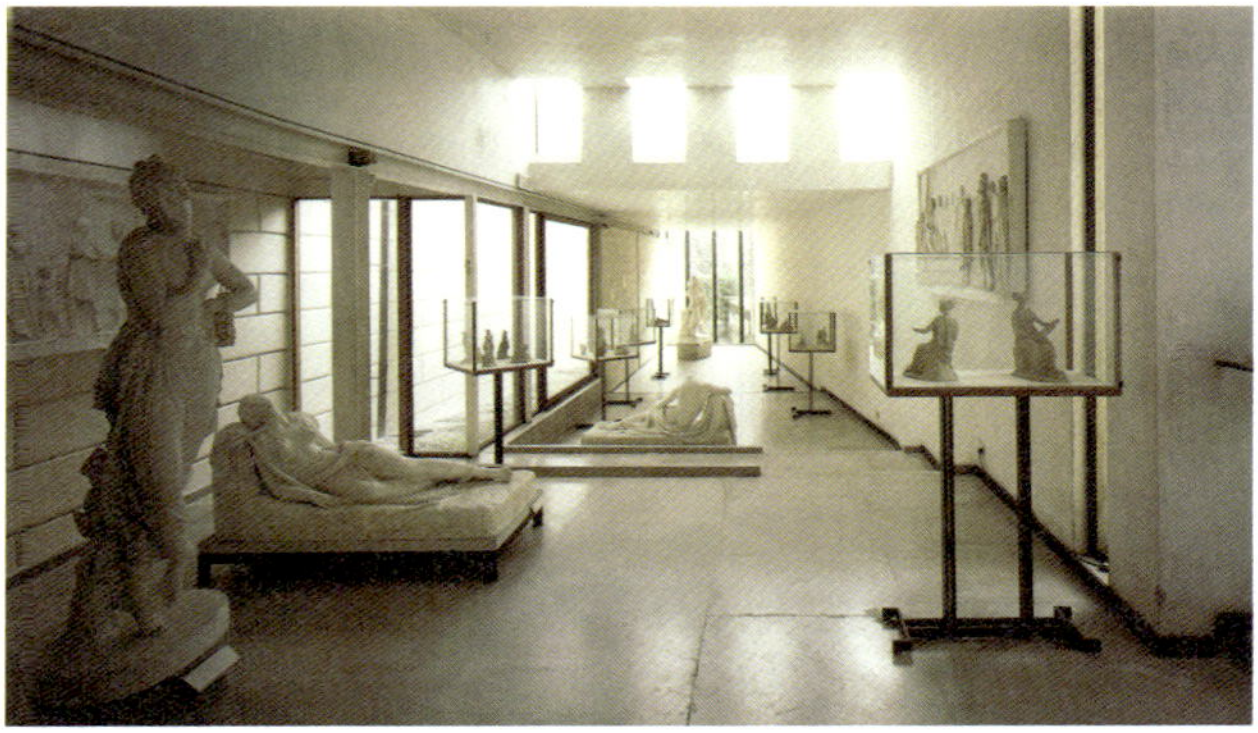

❼

ここからは、**属性の《群》**(G4)によって空間変移が促される可能性について考える。まずは、**類似属性の離散**(G4-a)に着目する。なお、内容の一部は、第2章のデザインパターンの説明で述べたこと(227ページ、例2)と重複する。

[16]「展示室に展示物がある」

❼#6は、展示物に斜線をかけて強調している。このように展示物に焦点を当て、それぞれの〈放射空間(まわり)〉を捉えること、いわば「展示室(建物)に展示物がある」と捉えることが常識的な空間認識だと言えるだろう。以下では、このような「常識」が《群》のデザインパターンによって揺さぶられる可能性について見ていく。

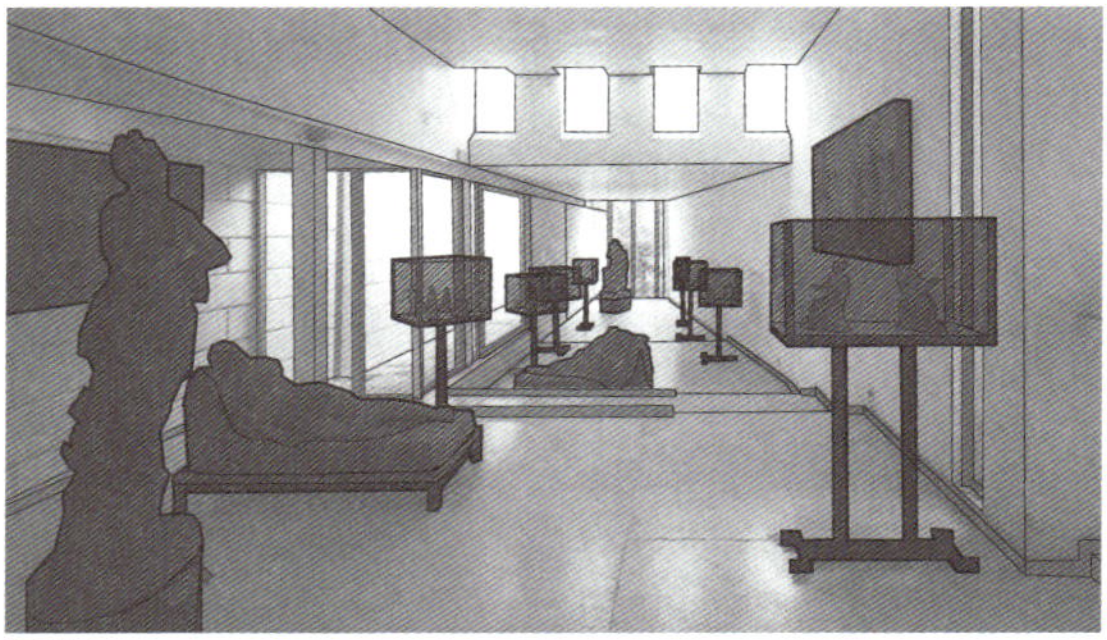

❼#6

展示物

[17] 色調による《群》

色調に注目すると、濃色・淡色・中間色の3つのグループが大まかに捉えられる。濃色は黒と褐色、淡色は白からクリーム色、中間色は灰色である(❼#7)。これら3つのグループは、どれも建物(天井、壁、床、巾木、サッシュなど)と展示物(石膏像、展示台、展示ケースなど)にまたがって存在する。つまり、色調の区分(境界)は、上の❼#6で示した「建物/展示物」の区分と交差している(セミラチスになっている)。

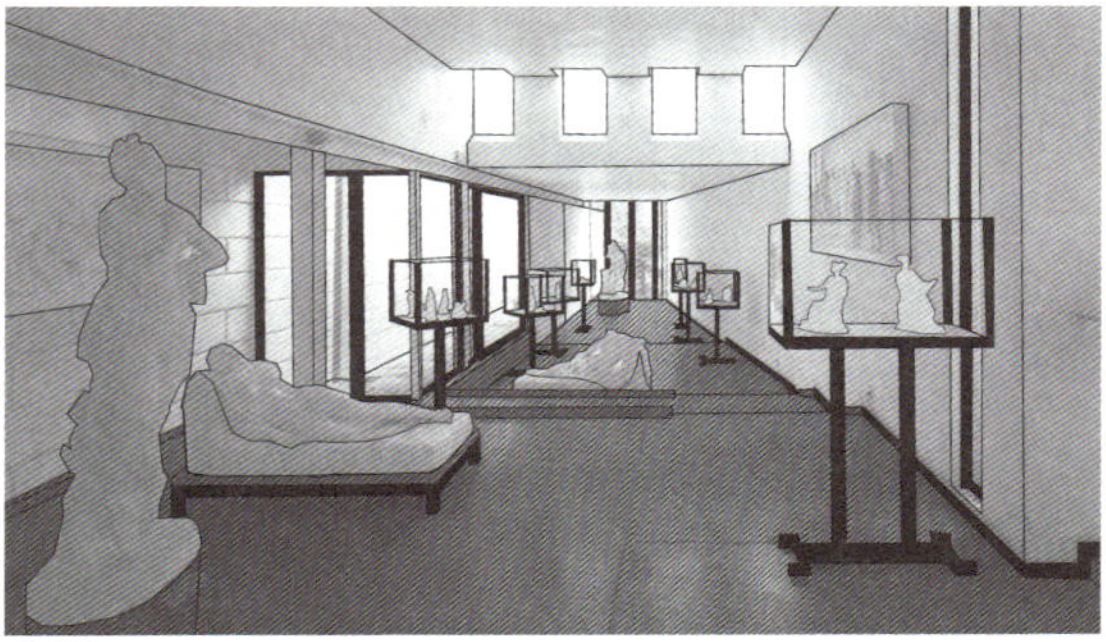

❼#7

淡色 (白 , クリーム色)　中間色 (灰色)　濃色 (黒 , 褐色)

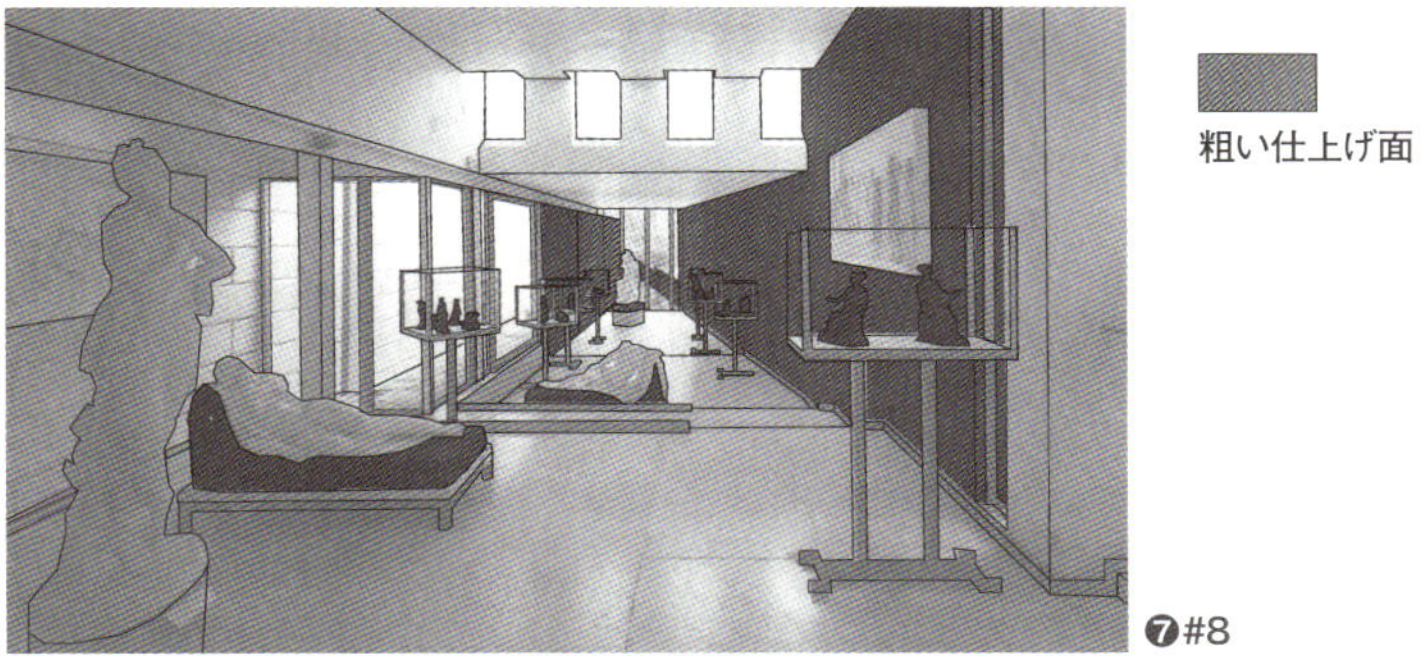

❼#8

[18] 表面仕上げによる《群》

ここにある物の表面の多くはツルツルとした平滑面であるが、一部にザラザラの粗い仕上げ面がある。❼#8は、その粗い面を強調している。ここにある石膏像は習作であるため、一部の表面が粗いままとなっており、それに似た表面仕上げが壁面に用いられると、粗い仕上げ面のグループが建物と展示物を横断して現れる。つまり「滑らかな面／粗い面」の区分は❼#6の「建物／展示物」の区分と交差している。

ここで注意したいことは、「滑らかな面／粗い面」の区分と言っても、それは明確に定められるものではないということである。たとえば「滑らかな面」のなかにはツヤの有り無しの差異があり、異なる区分も捉えられる。前の❼#7で示した色調のグループもそうであるが、多少の差異（階調）を含んだままグループを捉える能力が人間にはあり、それによる揺れ動きもスカルパはデザインに利用している（わざと曖昧にしているところがある）と思われる。

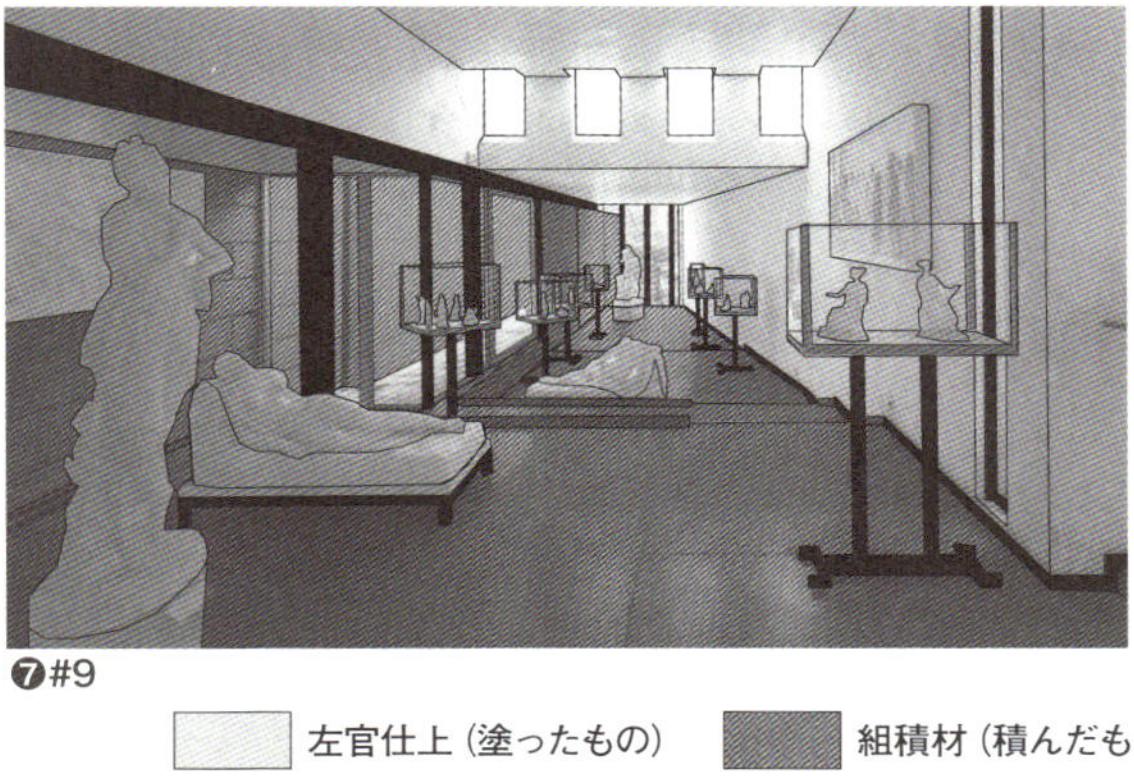

❼#9

❽

[19] 工法表現による《群》

建物の工法表現に着目すると、左官仕上（塗ったもの）、組積材（積んだもの）、架構材（組んだもの）という3つのグループに分けられる。ここでは、これらの3種類が展示台でも用いられているため、やはり、それぞれのグループが建物と展示物を横断して捉えられる。

たとえば❽（高天井部）では、左手の大きな座像の土台に石積みがある。これはよく見ると（写真では見えないが）、石の表面に仕上げ材が塗られており、石の継ぎ目は注意しなければ見えない（注意すると3段の石積みが見える）。また❼の左端に見える旧館外壁も石積みの表現であるが、実際には左官で作られたものだと知っていれば、別のグループと捉えられるかもしれない。このように左官と組積の曖昧な区分は、ヴェネツィアの街の特徴（234ページ、例3参照）を反復しているようにも思われる。

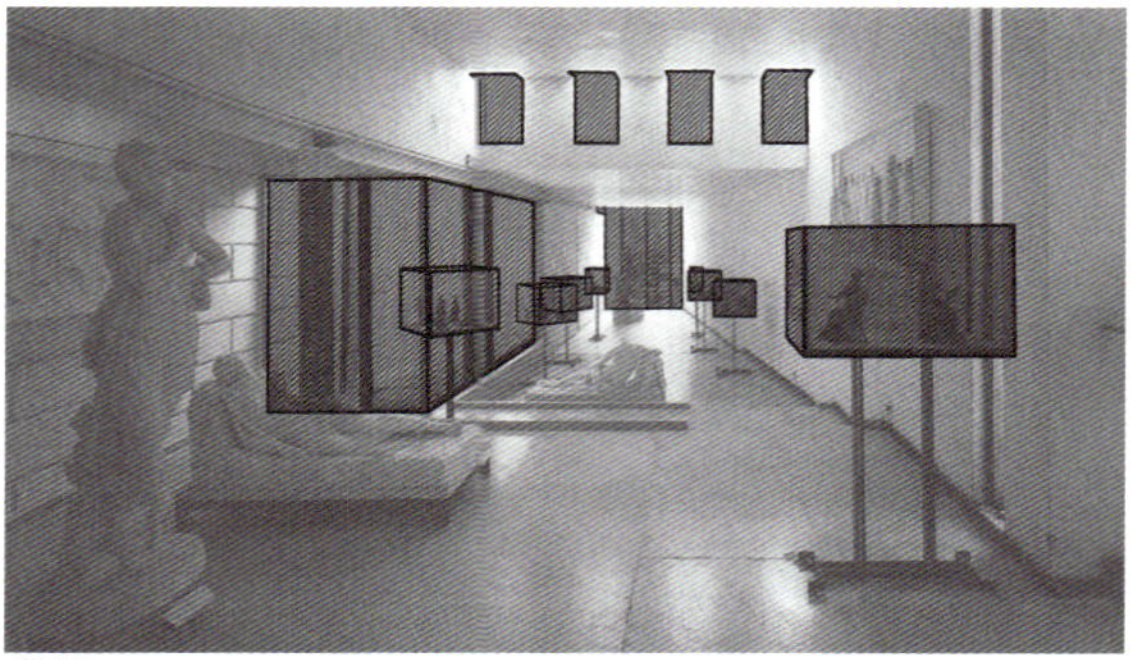

❼#9

❽

[20] 多面ガラスの《群》

類似属性の離散（G4-a）の最後の例として、やはり「建物／展示物」の区分を横断して用いられている多面（箱状）のガラスを指摘したい。建物に用いられている多面ガラスの窓は、その角が外に向いているか内に向いているかで効果は異なるが（これも曖昧なグループと言える）、とくに内側に角が向いた窓（❽の高天井部コーナーの窓など）は、外の景色を展示物のように取り込んでいると感じられ、展示ケースとのつながりが捉えられやすい。

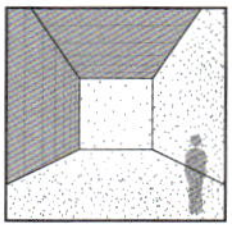

G4-a
類似属性の離散

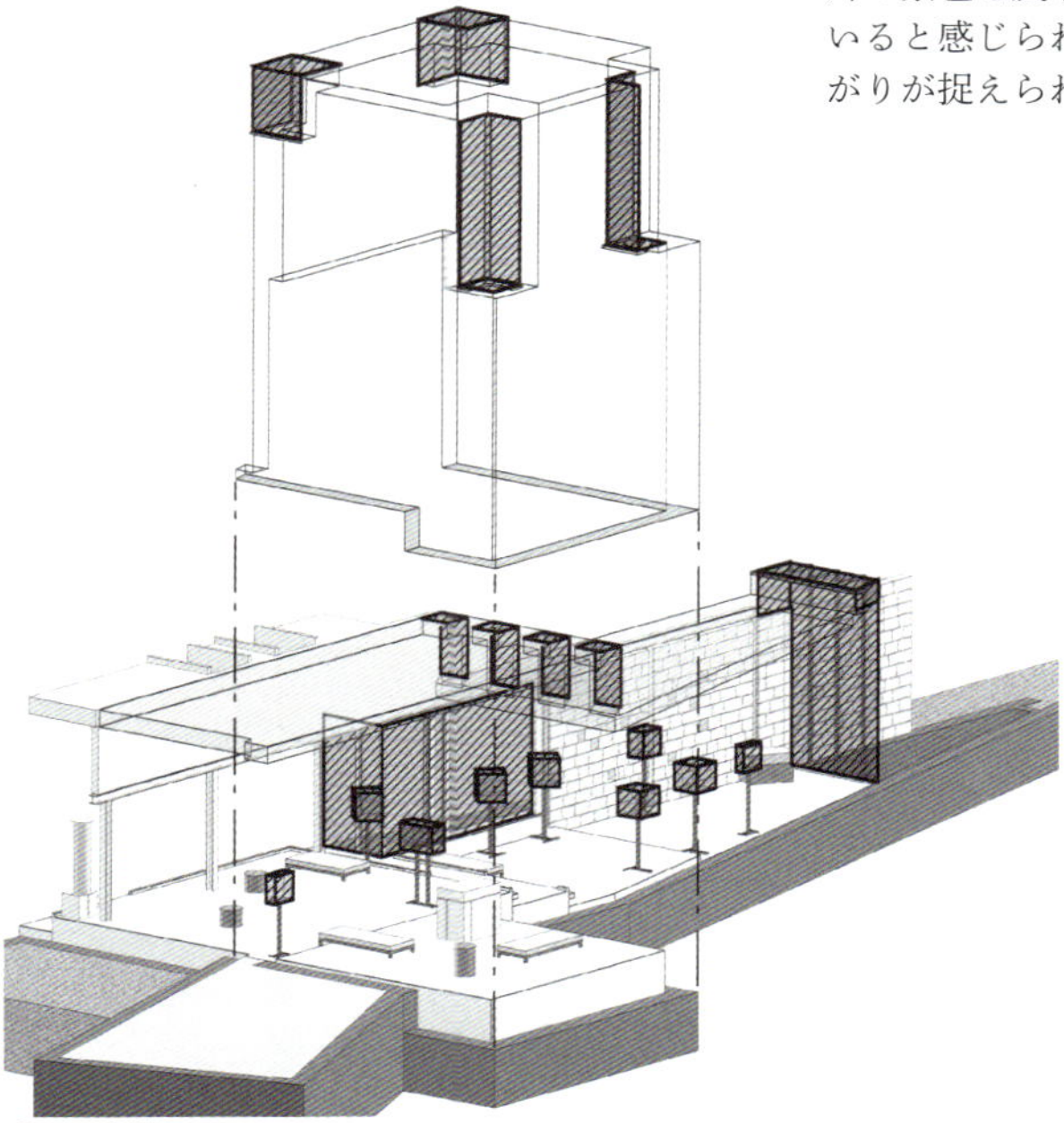

❼#9 立体図

❼#10

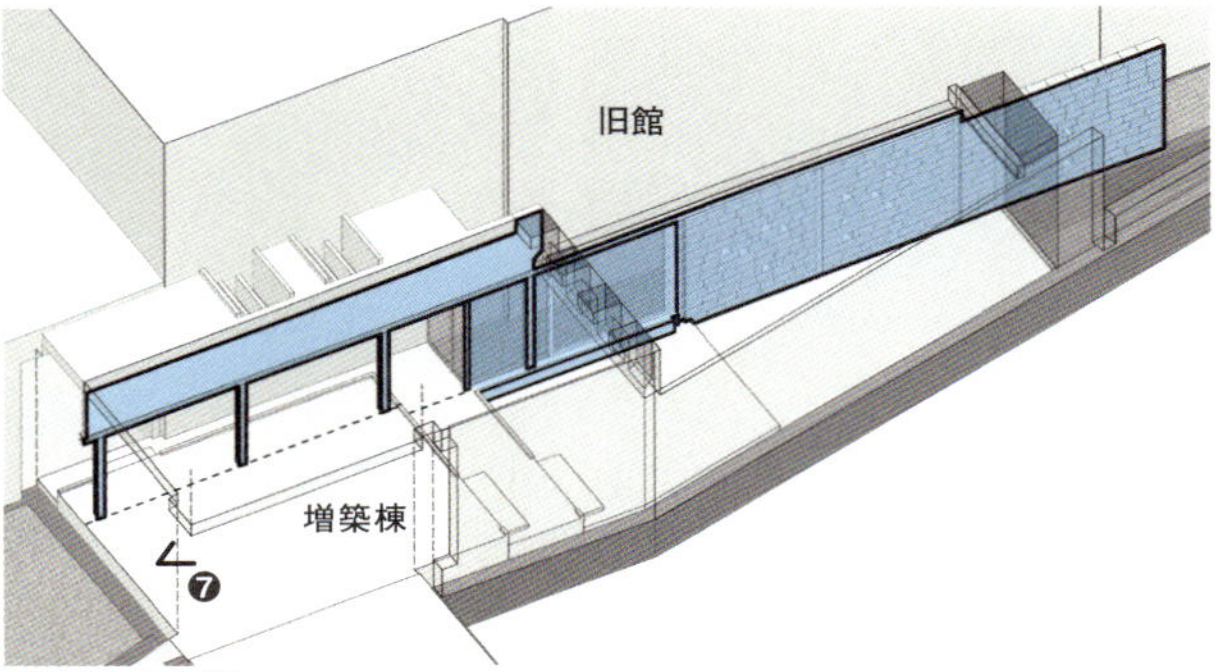

❼#10 立体図

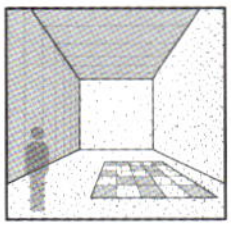

G4-b
対比属性の近接

[21] 離散している属性が集まっている壁

以上 [17] から [20] で指摘した各属性は、❼#10に色付けした直線上の壁のなかにすべて表現されている。つまり、濃色・淡色・中間色の色調、滑らかな表面と粗い表面、左官・組積・架構の工法表現、そして多面ガラス(の一面)のすべてがこの壁には含まれており、**対比属性の近接(G4-b)**と言うことができる。

以上、[9] から [21] にかけては、増築棟の長手部について、その包囲面(床・壁・天井)、フレーミング、属性の《群》などを見てきた。あらためて❼の写真を見たとき、自分が何を見て、どの空間を捉えているか、と考えてみてほしい。

❼

❶

ヴェネツィア・ビエンナーレ彫刻庭園

（ヴェネツィア、1952）

ヴェネツィア・ビエンナーレの中心施設であるセントラル・パビリオン（旧イタリア館、1894）の一部の屋根を撤去してつくられた中庭。来館者のための休憩スペースで、池や植栽枡といった自然を取り込む要素が方々に設けられている。二方向（平面図の上と右）にある出入口のあいだを特徴的な形の屋根がつないでおり、雨を避けて通り抜けることもできる。

背の高い既存の壁は、仕上材が剥がされ、構造材であるレンガが現わされている。壁のむこうには空しか見えないことも作用して、「囲われている」という印象が強く感じられる。そのなかにある屋根は、特徴的な形態と、壁から離された位置関係のために「オブジェクト」と捉えることができる。つまりここでは、「囲われた空間に巨大なオブジェクトがある」という空間認識がまず生じるだろう。以下では、この空間認識を起点として、それがどのように変移しうるかについて考えていく。

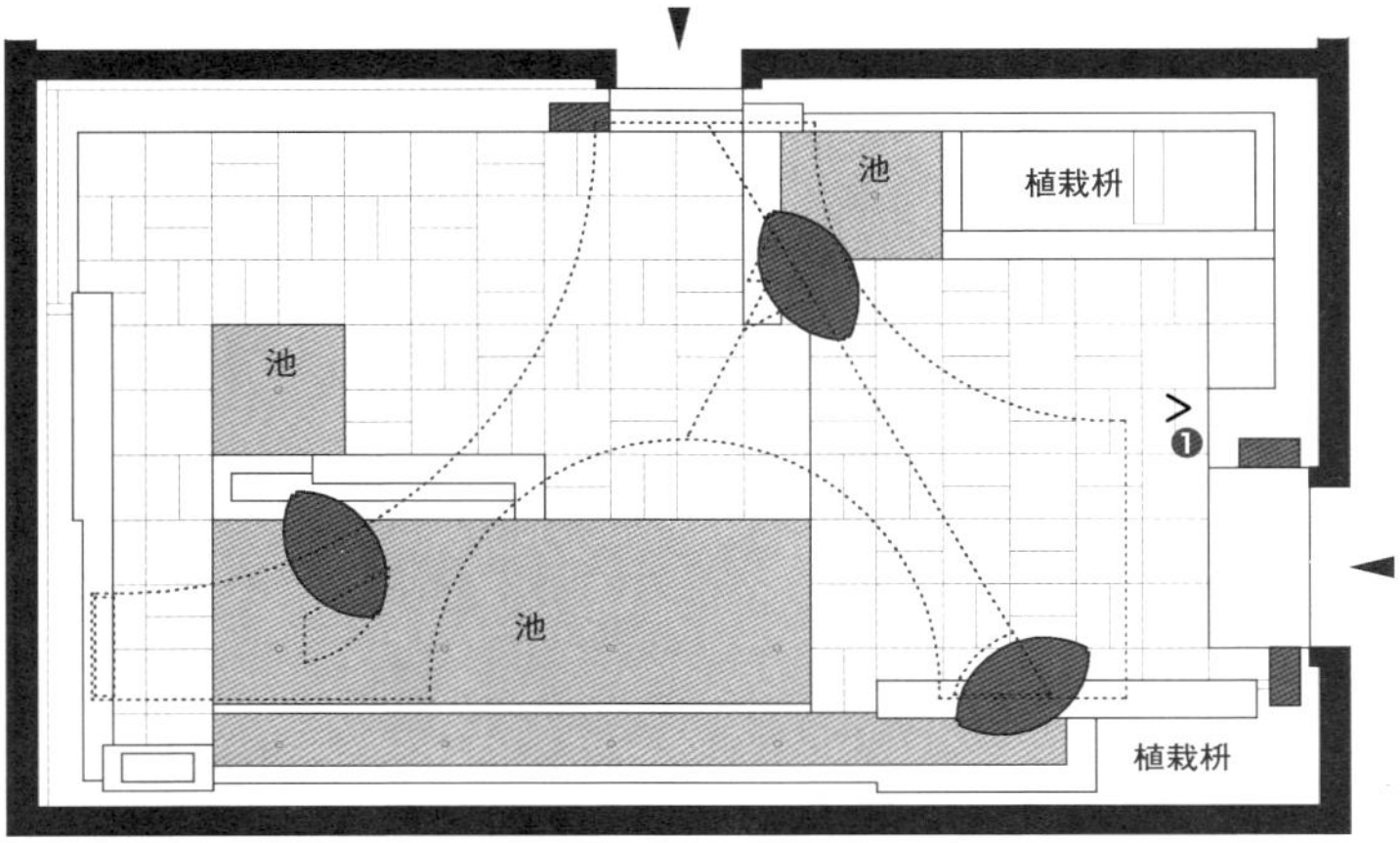

平面図

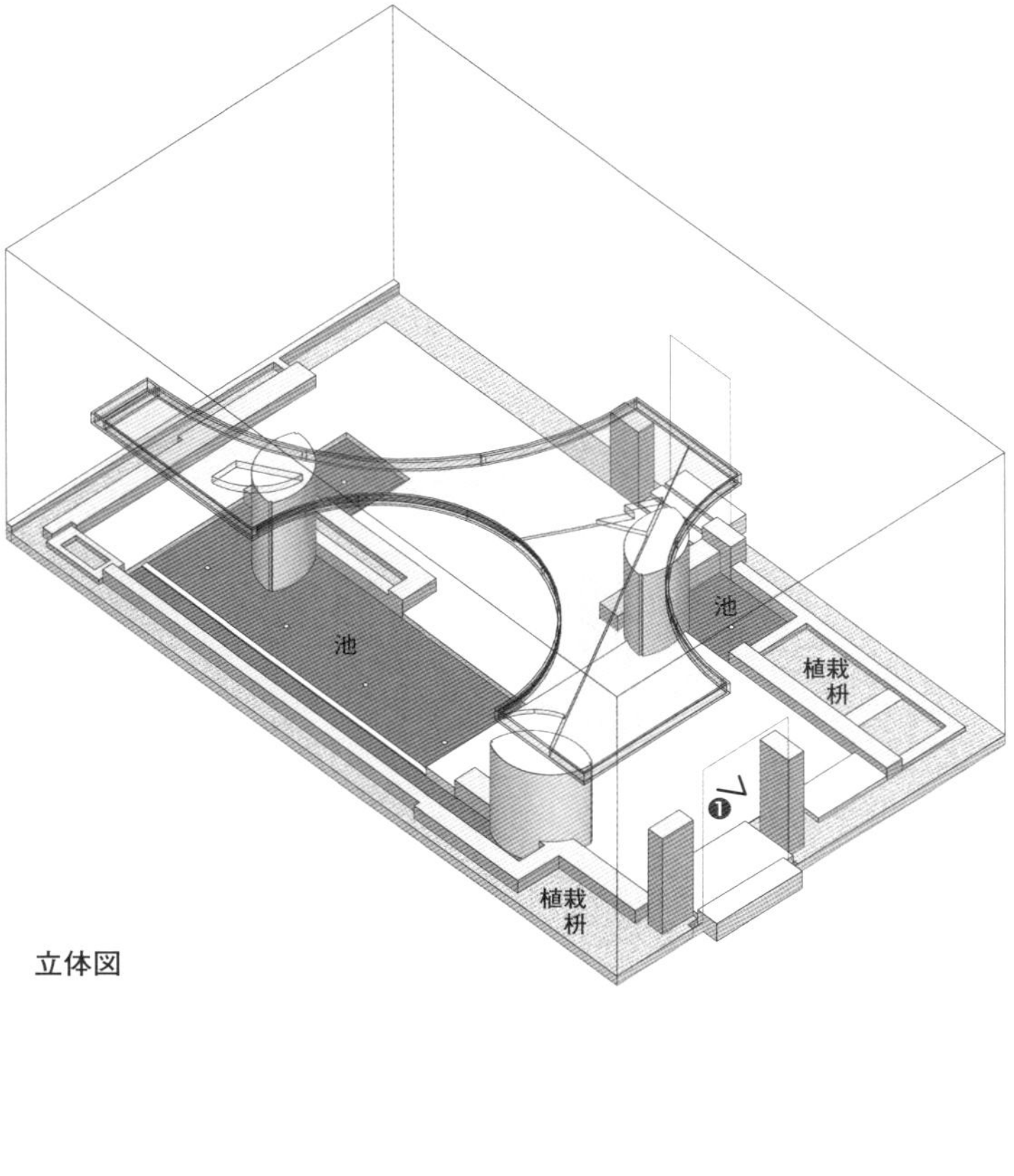

立体図

[1] 高い壁による強い〈包囲空間〉

中庭はまず、既存の高い壁による〈包囲空間（なか）〉と捉えることができる。「乗り越えられない」と感じさせるに十分な壁の高さ（7m程度）と、元は屋内だったことから「一つの部屋」と捉えられる平面形状（内法17m×10m程度）のため、強い包囲性が感じられる。

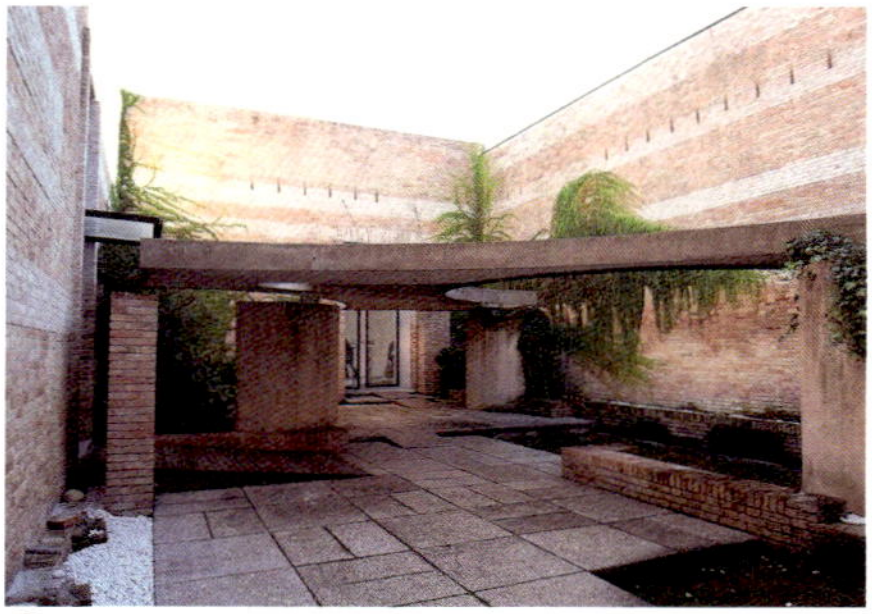

❷

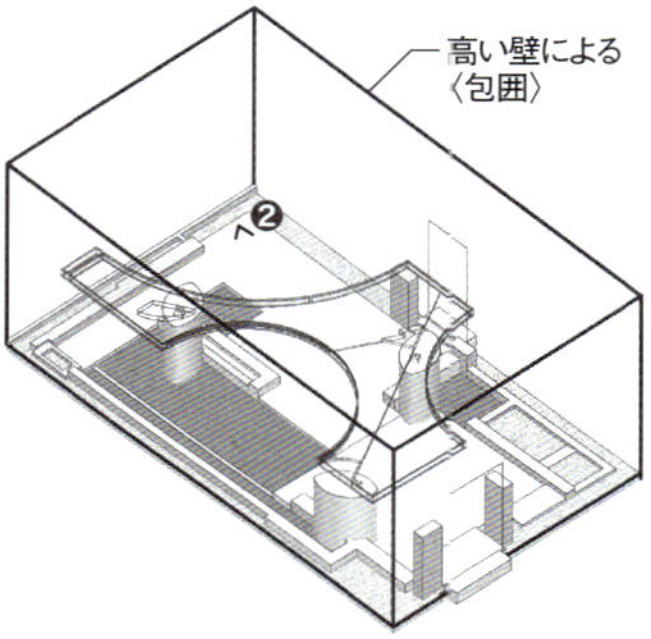

❷#1

[2] 屋根と柱の一体的オブジェクト

スカルパによってデザインされたユニークな形状の屋根と柱は、壁から離れて独立しているため、ひとつの巨大な「オブジェクト」と認識できる。すると、その「まわり」には〈放射空間〉が捉えられるが、ここでは高い壁がすぐ近くにあるため、もし壁がなければ広がるはずの〈放射空間〉が、壁で囲まれた〈包囲空間〉内に収まっている（例えて言えば、箱に入れられたケーキのようにちょうど収まっている）ように感じられるだろう。

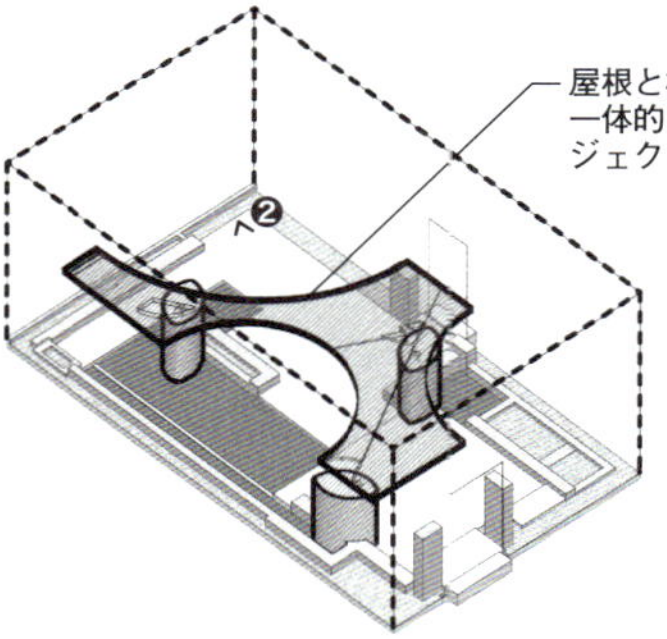

❷#2

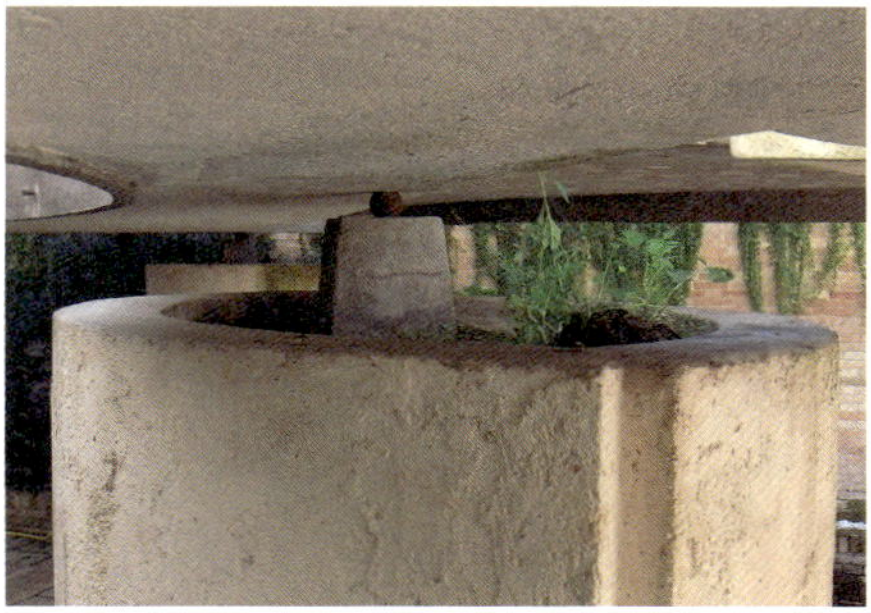
柱と屋根のあいだにある鉄球

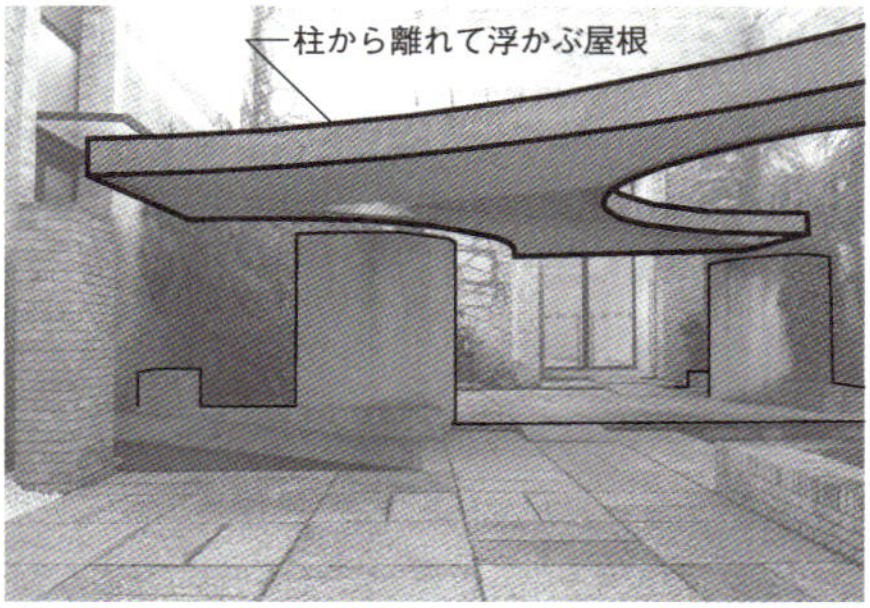

❸#

[3] 浮遊する屋根

前の [2] で、屋根と柱の一体的オブジェクトが捉えられると述べたが、柱と屋根のあいだが離れていることに意識が向くと、屋根は空中に浮遊する独立したオブジェクトとして、その「まわり」に〈放射空間〉が捉えられる（❸#）。対照的に、柱の下部は、床やレンガの植栽枡に食い込む形となっており、屋根の浮遊性を相対的に強調する。屋根は、柱の上部に設置された小さな鉄球によって支えられている。

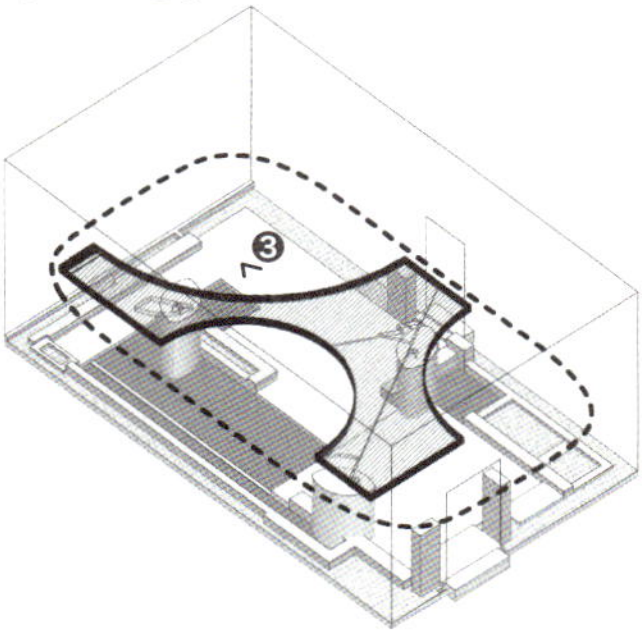

❹

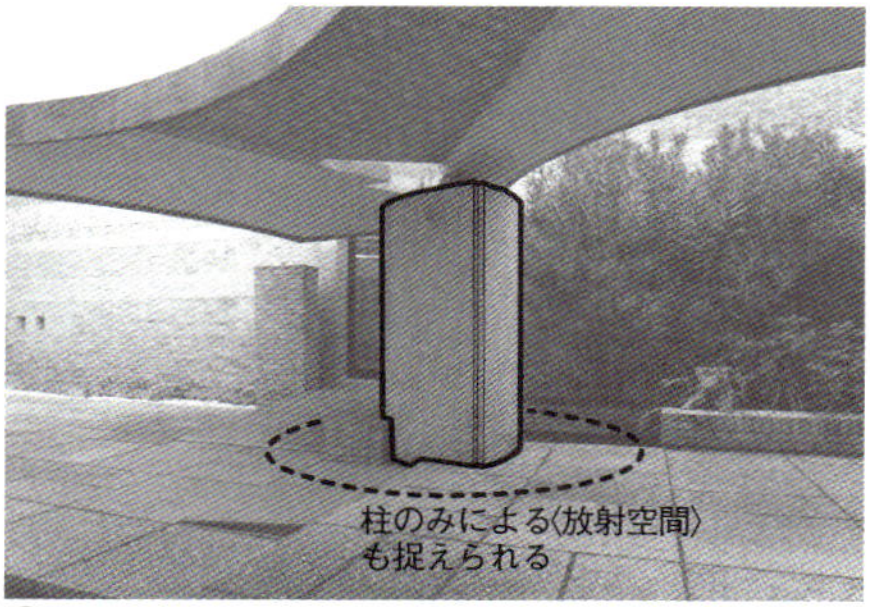

❹#

[4] 床とも屋根ともズレている柱

前の [3] で、柱は、上部では屋根と離れ、下部では床や植栽枡に食い込んでいると述べたが、その柱自体も、オブジェクトとして〈放射空間〉を捉えさせる。それは、対称性をもった独立性の高い形であることに加え、床や植栽枡への食い込み方が無造作に見える（位置や角度が床の線と揃えられていない）ことの効果が大きい。

以上 [1]〜[4] のように、屋根・柱・床は、見る位置や意識によって一体にもバラバラにも見え、**対比オブジェクトの近接（G1-b）**のパターンと言うことができる。柱の平面は、チケット売場とエントランスゲート（SW05）の屋根と同じ「アーモンド形」で、**類似属性の離散（G4-a）**も捉えられるかもしれない。

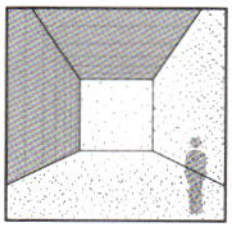
G4-a
類似属性の離散

G1-b
対比オブジェクトの近接

[5] 床面の〈包囲〉と天井面の〈包囲〉

床面は、壁と平行な直交座標（XY座標）に向きをそろえたコンクリート洗い出しパネル（約90cm単位）で構成されているのに対し、屋根面は、大きな長方形を3つの円弧で削り取ったような独特の形状をしており、それぞれの面が示す〈包囲空間〉は大きくズレている。つまり、それぞれの面によって示唆される「人が動く範囲」は大きく異なる。

❺

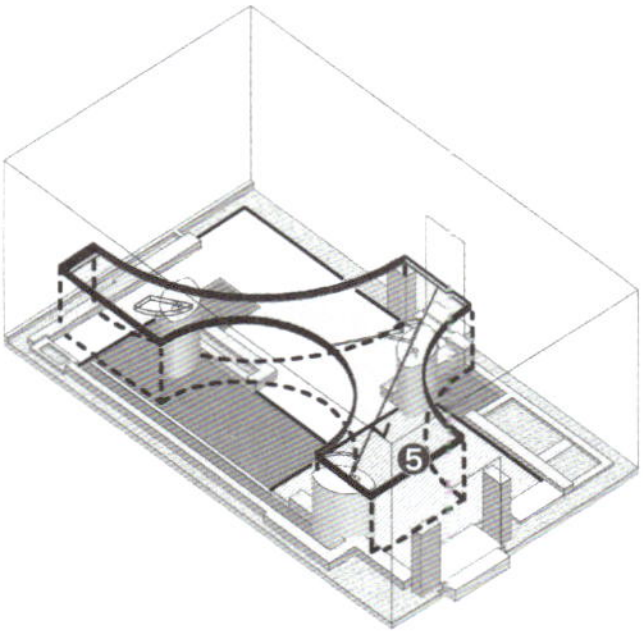

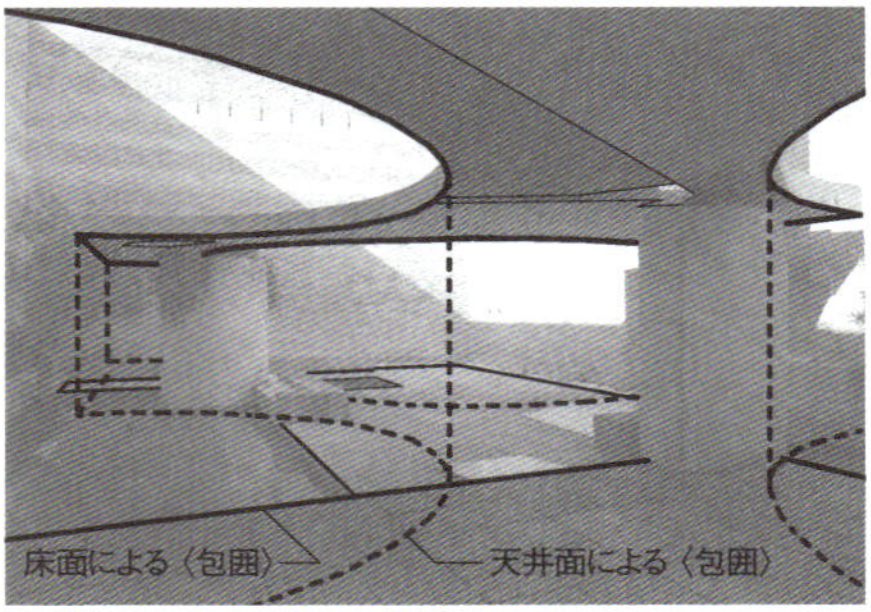

❺#

[6] 屋根と壁に挟まれた〈包囲空間〉

屋根の円弧は「囲い」を示唆する形であるため、❻#に示すように、屋根のない部分に〈包囲空間〉を捉えることができる（3か所）。これらの〈包囲空間〉は、屋根の円弧が壁に対面していることによって、それらに挟まれた空間として浮かび上がりやすくなっている。

以上の［5］と［6］も、**対比オブジェクトの近接（G1-b）**のパターンと言うことができる。

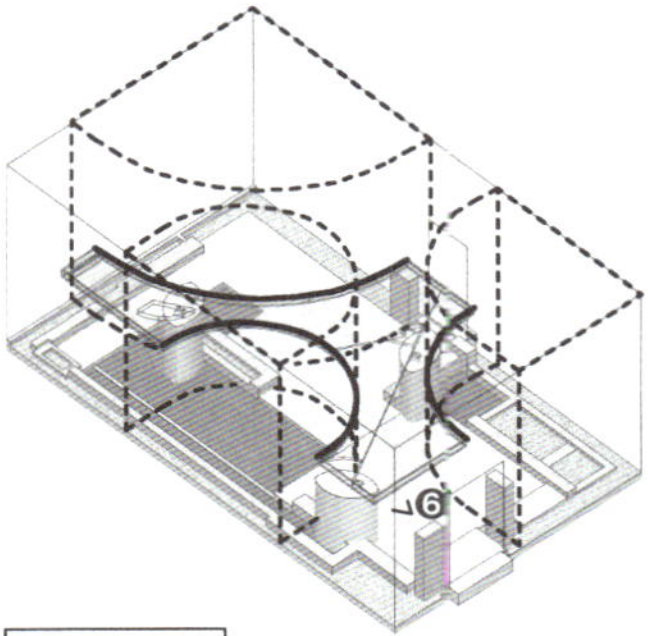

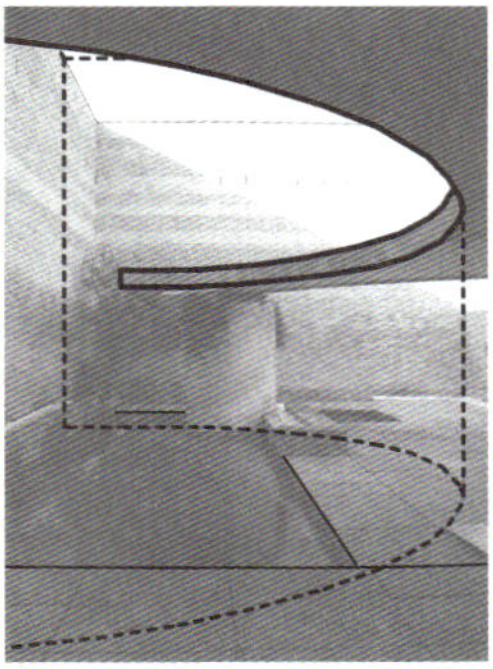

❻#

❻

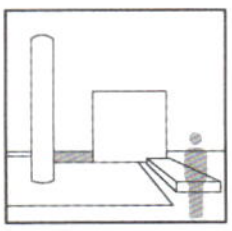

G1-b
対比オブジェクト
の近接

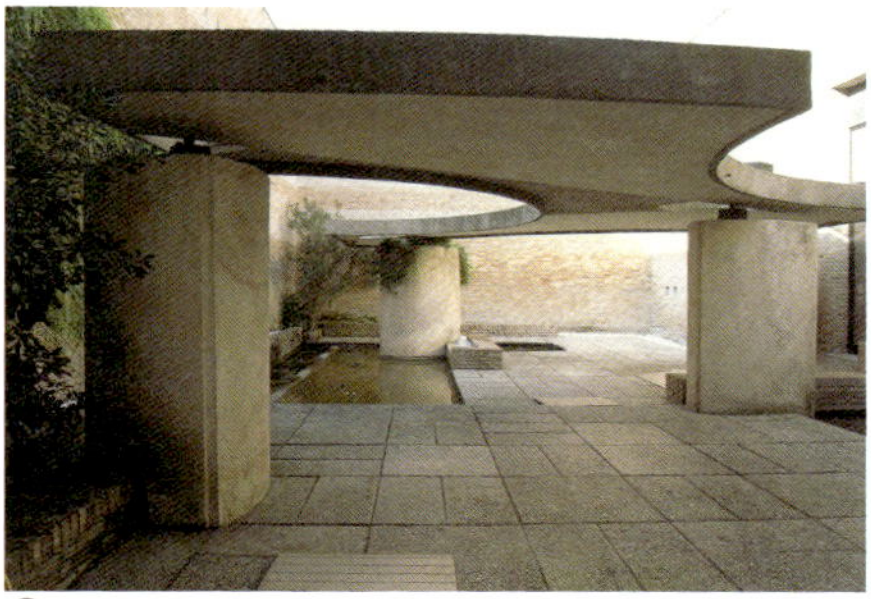

❼

[7] 柱の《群》

柱は、同じ形状と素材であることから、**類似オブジェクトの離散（G1-b）**となり、個々の「まわり」（**#1**）、3本の「なか」（**#2**）、挟まれた「むこう」（**#3**）が捉えられる。しかし、3本という数（4本ではない）や、扁平な形（円柱と異なり方向性が生じる）といった特徴から、これらの空間は、捉えられるけれども安定しにくく、変移しやすいと言うことができる。

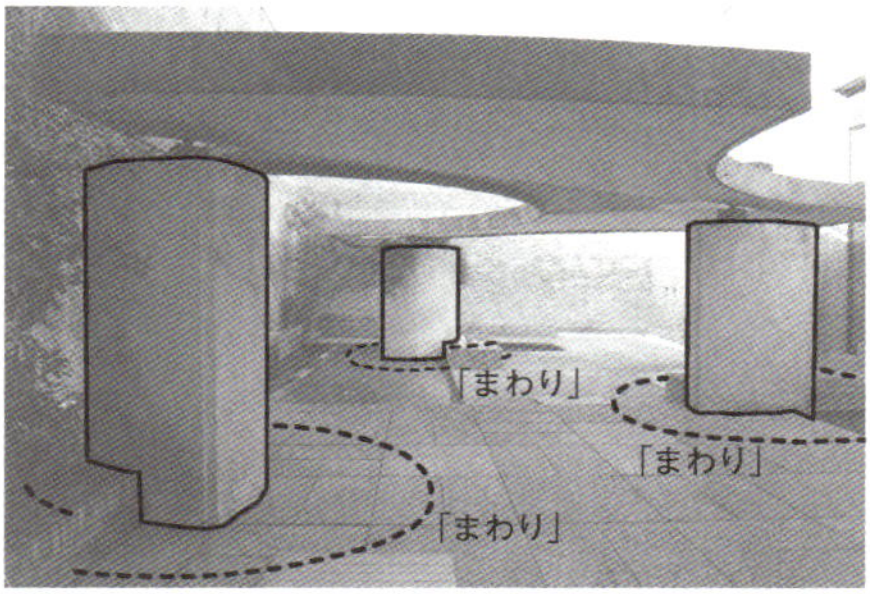

❼#1

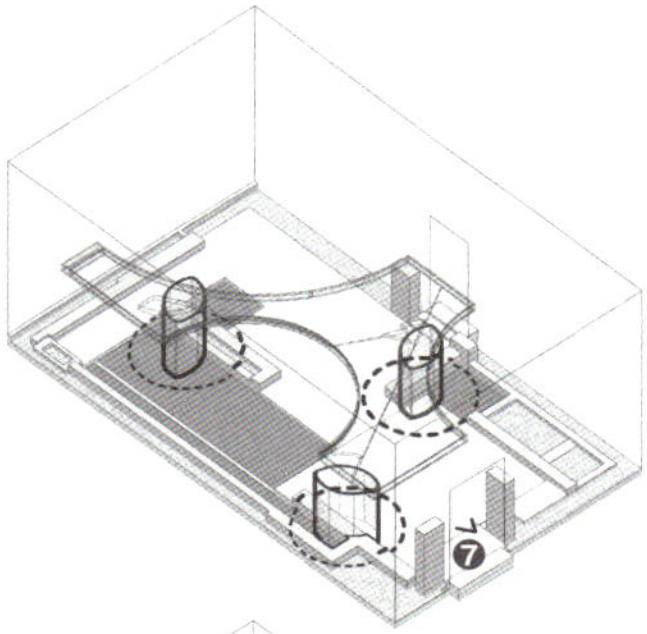

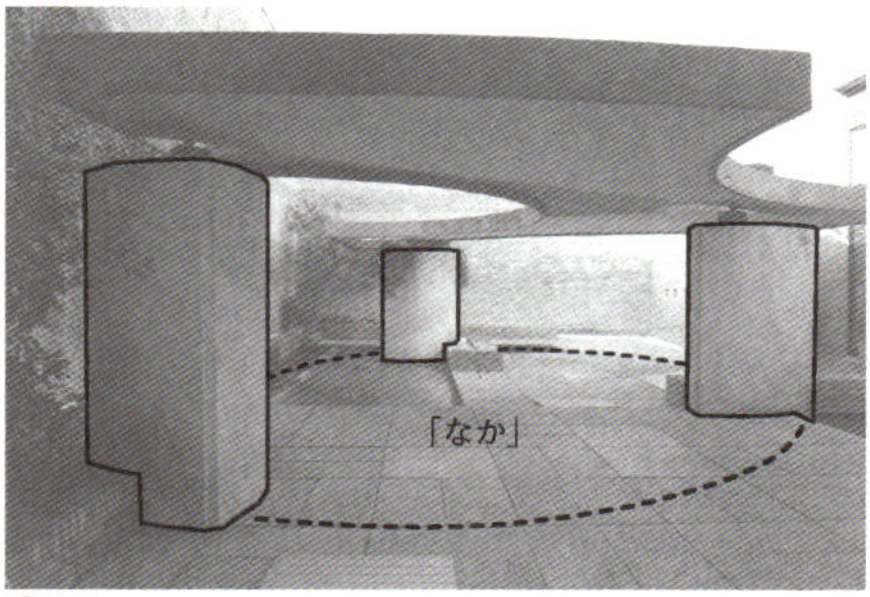

❼#2

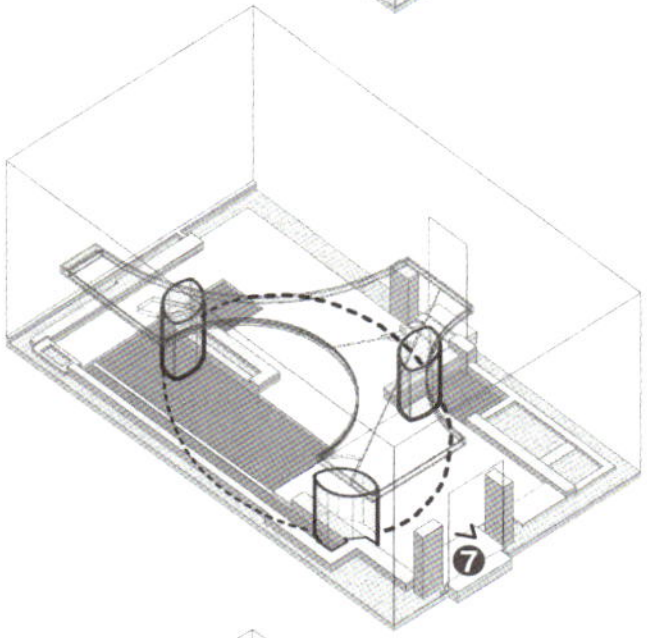

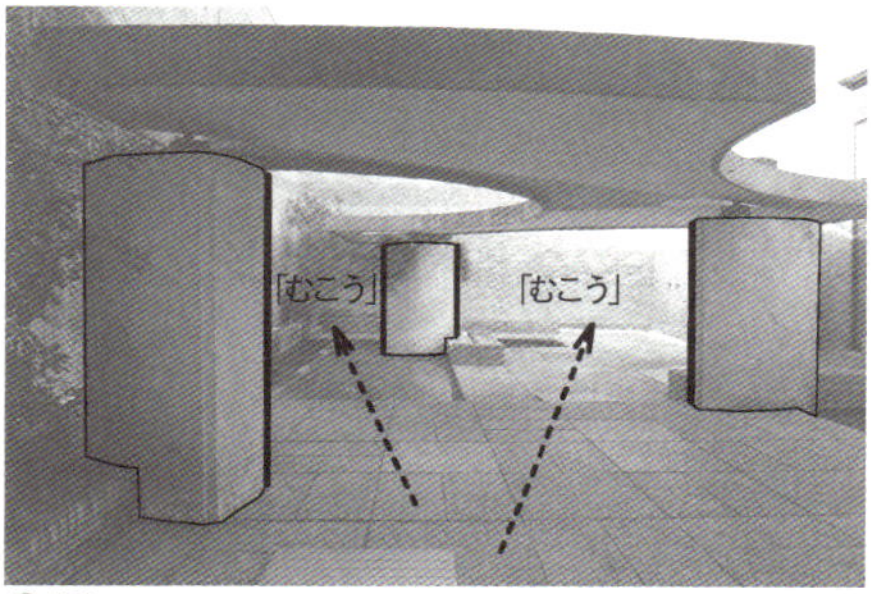

❼#3

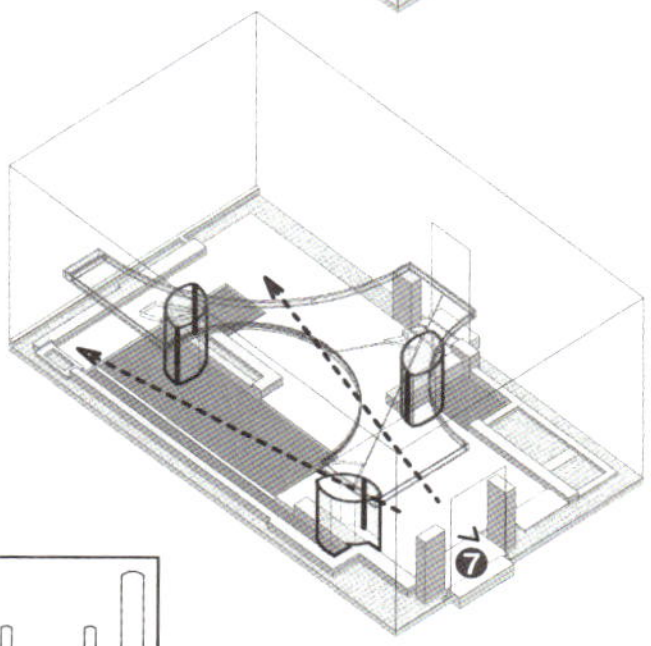

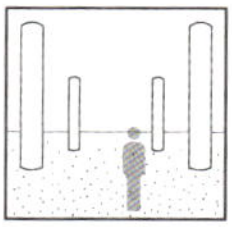

G1-a
類似オブジェクトの離散

[8]「柱＋池＋ベンチ＋トップライト」の《群》

前の［7］で、3本の柱は**類似オブジェクトの離散（G1-a）**になると述べたが、個々の柱を見ると、その向きや、床や屋根との絡み方はまちまちで、それぞれの場所に特色がある。しかしまた一方で、すべての柱は、足元では池とレンガの植栽枡ベンチに食い込み、上部にはトップライトが開けられている（柱の上部も植栽枡になっている）という共通性がある。つまり、この3か所は、「同じ」組み合わせを繰り返すことによって「異なる」場所を演出しており、この「同じであり、かつ異なる」という認識（感覚）が生まれることで変移が促進される。

これは、柱・池・ベンチ・トップライトという**対比オブジェクトの近接（G1-b）**によって生じた**類似オブジェクトの離散（G1-a）**と言うことができ、空間の複雑な揺れ動きが感じられる。

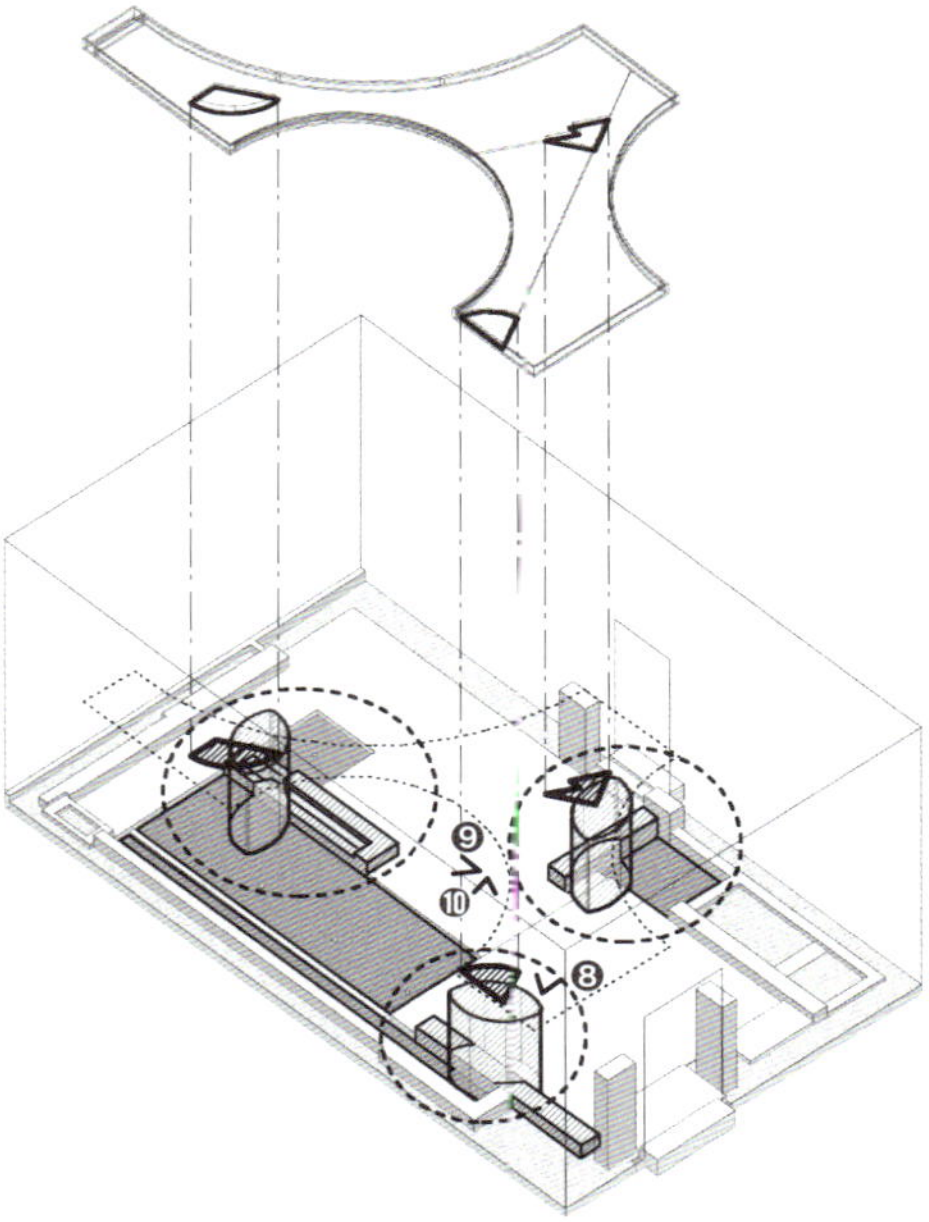

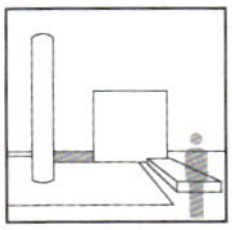

G1-b
対比オブジェクトの近接

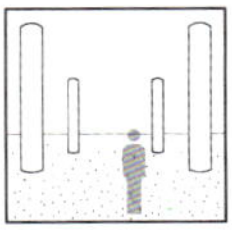

G1-a
類似オブジェクトの離散

❽

❾

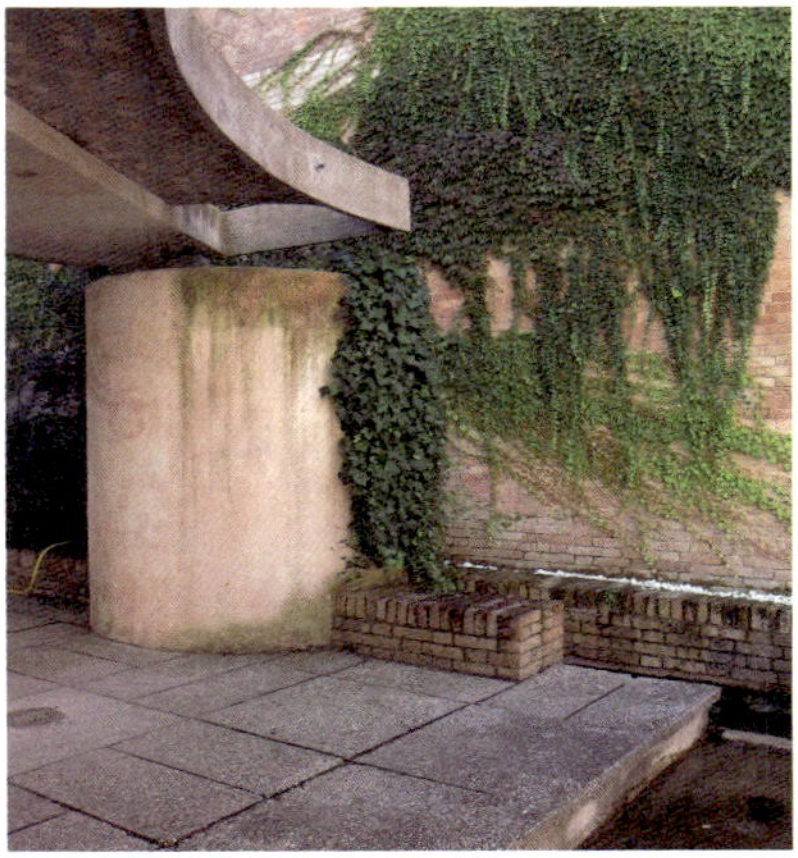

❿

[9]「屋根の円弧による〈包囲〉＋池＋ベンチ」の《群》

前の［8］では、3本の柱を中心にしたパターンを見たが、やはり3つある屋根の円弧部分の〈包囲空間〉（382ページの［6］）にも、同様の**対比オブジェクトの近接（G1-b）**のパターンを指摘することができる。下図に示すように、それぞれの〈包囲空間〉には、池と、植栽枡を利用したベンチが含まれており、3か所で「同じ」組み合わせが繰り返されている。

以上の［8］と［9］は、柱、池、ベンチ、屋根など、それぞれ独立に捉えられる物が、不意に組み合わさることによって異なる空間を浮かび上がらせる手法で、**対比オブジェクトの近接（G1-b）**の応用例と言うことができる。それぞれが3か所で繰り返されている（《群》をなしている）ことによって、その効果は浮かび上がりやすくなっている。

⓫

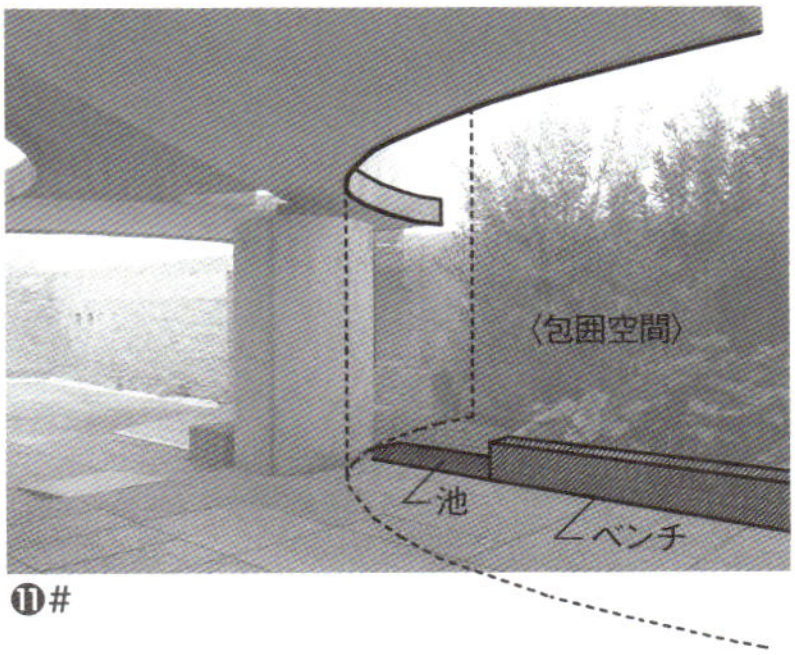

⓫#

⓬

⓬#

⓭

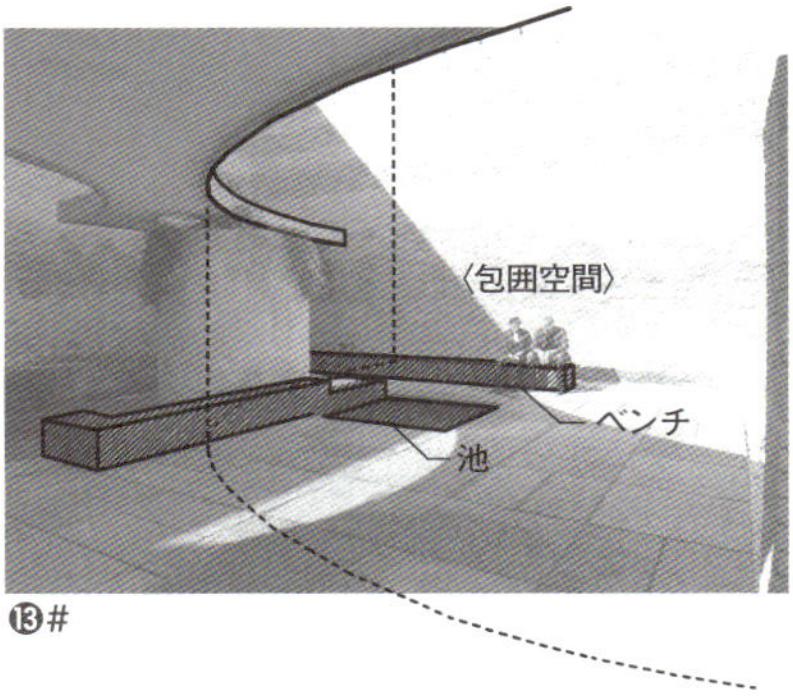

⓭#

［10］〈包囲空間〉と〈開口空間〉の並列

ここからは〈開口空間〉について考える。下の❶と❷は、入口付近のほぼ同じ視点から左右を見たものである。この視点から見える屋根の3つの円弧**a**、**b**、**c**が示す空間について考える。まず最も近くにある**c**は、円弧の形がよく見えるため、円弧と壁に挟まれた〈包囲空間（なか）〉が捉えられる。最も遠い**a**は、円弧の形が捉えにくい上、左右の端部が柱に隠れることで**複合フレーミング（H2-c）**となり、〈開口空間（むこう）〉が捉えられる。**a**と**c**の中間にある**b**は、**c**と同様に円弧の形が見えるため〈包囲空間〉が捉えられると同時に、その手前で円弧の端部が柱で隠れるため、**複合フレーミング（H2-c）**による〈開口空間〉も捉えやすい。つまり、「なか」と「むこう」のハイブリッドのような空間が見えている。

❶

❷

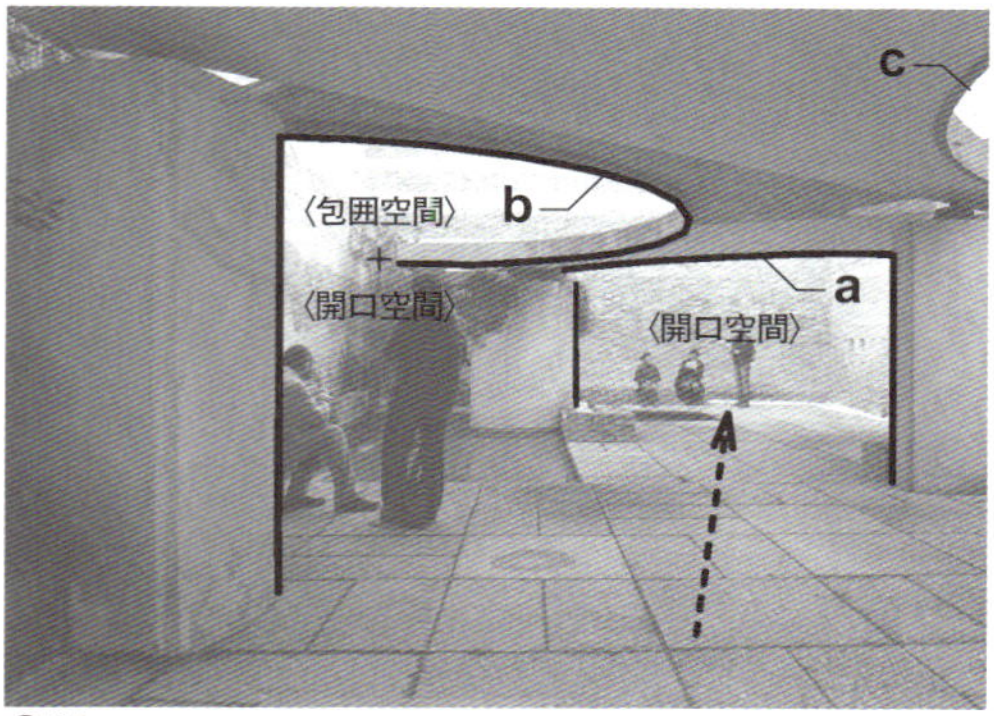

❶#1

❷#1

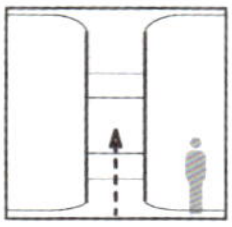

H2-d
ソフトエッジ
フレーミング

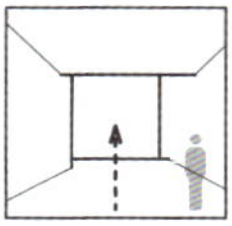

H2-c
複合
フレーミング

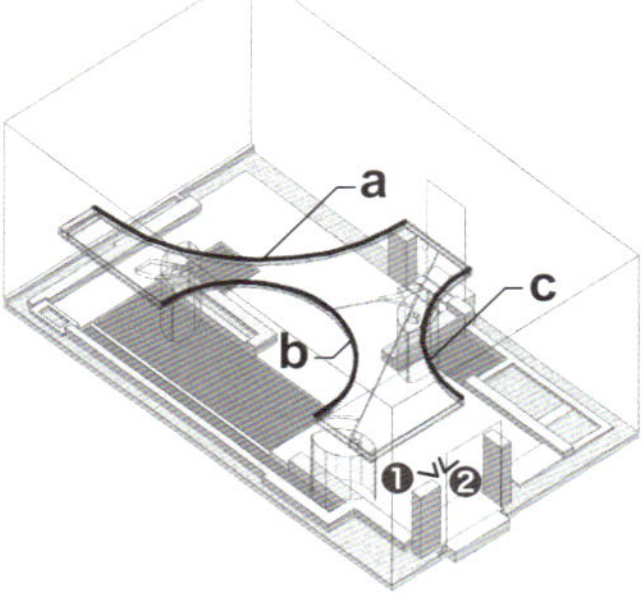

[11] ソフトエッジによる複合フレーミング

以下、❶の視点で捉えられる〈開口空間〉を少し詳しく見ていく。前の [10] で、bのところでは屋根と柱のエッジが**複合フレーミング（H2-c）**をなすと述べたが、その根拠として、柱の**ソフトエッジフレーミング（H2-d）**を挙げることができる。つまり、フレーミングに柱の曲面が用いられているため、解釈者の移動とともにエッジも移動し、フレーミングが崩れにくい。また、この柱が、そのむこうのベンチ（左の人が座っているところ）を一部遮蔽（オーバーラップ）することも、〈開口空間（むこう）〉が浮かび上がる効果を高めている。

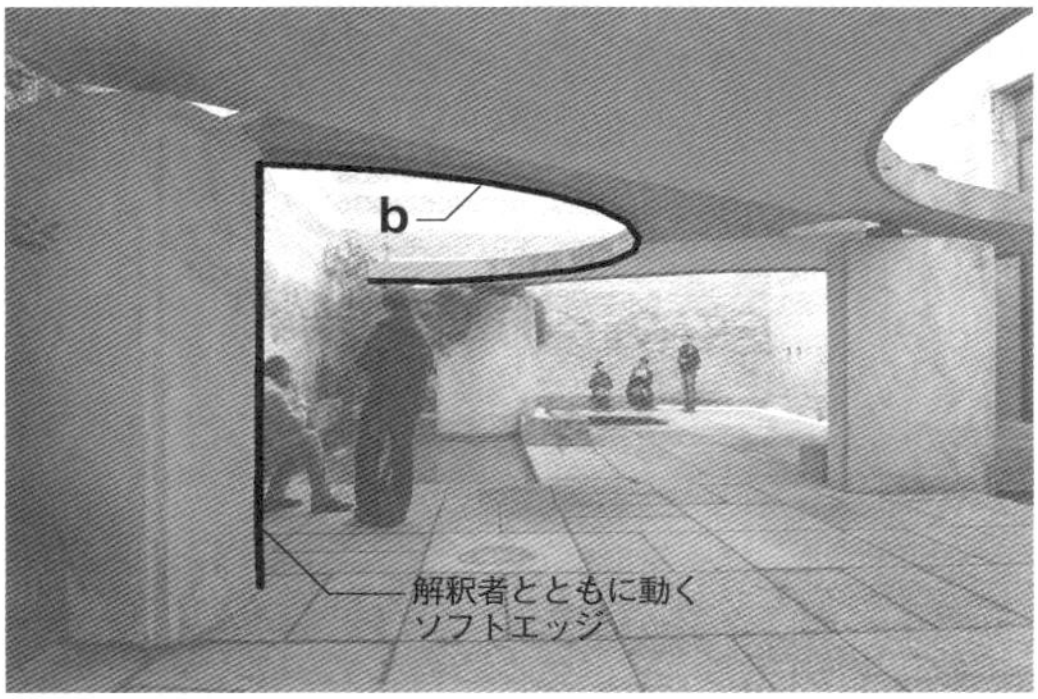

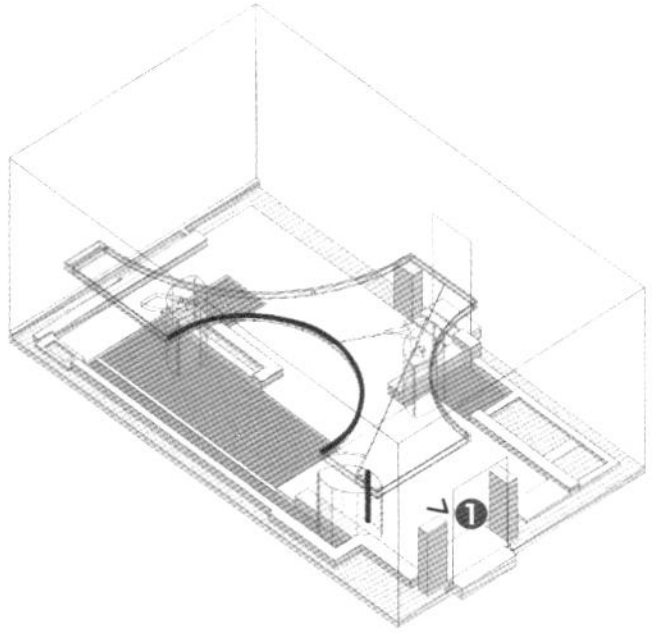

❶#2

[12] 柱と天井のエッジによる門型（3辺）フレーミング

柱による**複合フレーミング（H2-c）**に注意が向くと、下の**❶#3**のように、右側の柱と天井の段差を利用した門型のフレーミングが捉えられるかもしれない。形としては、こちらの方が上の**❶#2**より単純で捉えやすいようにも思われるが、もちろん、どちらが正解かということではなく、左の柱を共通項（媒介項）として両者の変移が捉えられる。なお、左の柱とは対照的に、右の柱では柱の角（ハードエッジ：解釈者の移動によっても動かないエッジ）がフレーミングに用いられている。

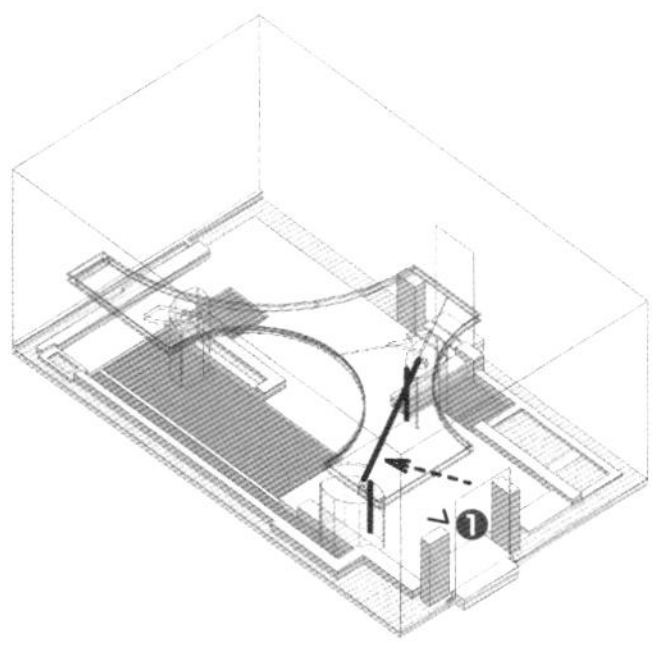

❶#3

［13］門型フレーミングの直列

前の［**12**］の門型（3辺）フレーミングが捉えられると、その奥の**a**のエッジを利用した門型フレーミングと合わせて、**直列フレーミング**（**G2-b**）を捉えることができる。この2つの〈開口空間（むこう）〉は、手前と奥にありながら、右辺は同じ柱のエッジを共有している（柱が4本ではなく3本であるため）。

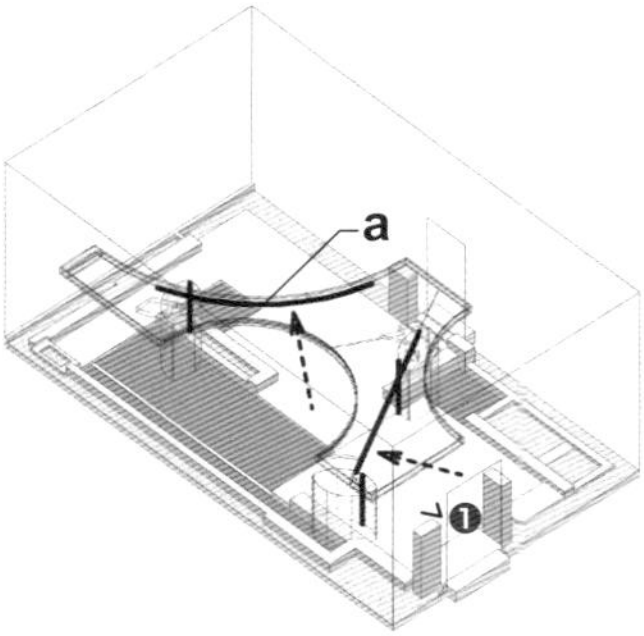

❶#4

［14］床・壁・天井のエッジの複合

床の段差も考慮すると、上の❶#4の2つの〈開口空間〉のあいだに、もうひとつ「むこう（開口空間）」を認識することができ、合わせて3つの〈開口空間〉による**直列フレーミング**（**G2-b**）と捉えることができる。これは、バラバラの物のエッジによる**複合フレーミング**（**H2-c**）でもあり、「の」の字形に一筆書きにつながったエッジは、「むこう」と「こちら」を分けると同時に連続させ、「むこう」が「こちら」に流れ込む、あるいは、「こちら」が「むこう」に引き込まれるようにも感じられる。

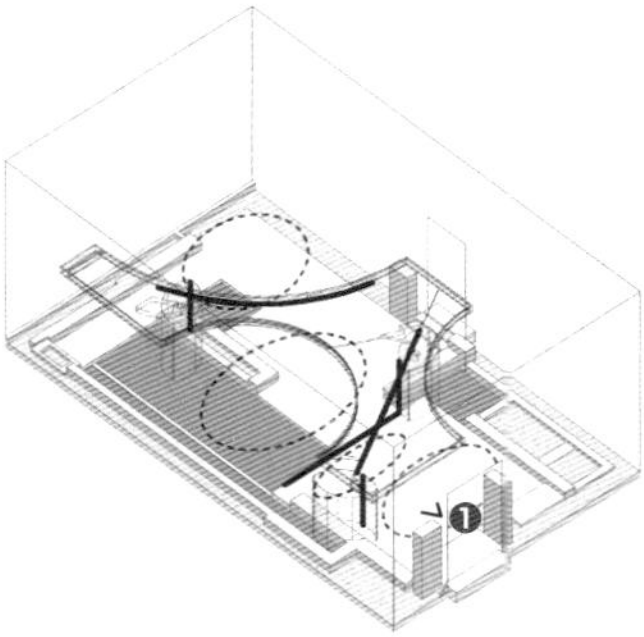

❶#5

G2-b
直列
フレーミング

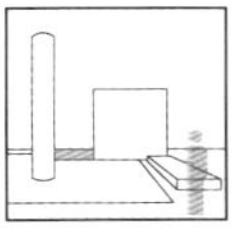

G1-b
対比オブジェクトの近接

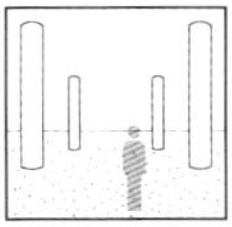

G1-a
類似オブジェクトの離散

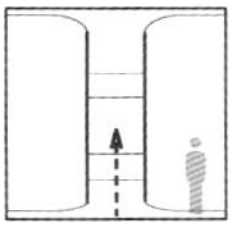

H2-d
ソフトエッジ
フレーミング

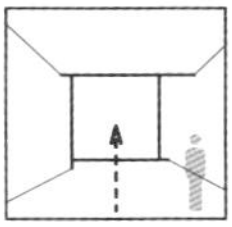

H2-c
複合
フレーミング

[15]〈開口空間〉と〈包囲空間〉の重なり

以上 [11] から [14] では、❶の視点で捉えられる〈開口空間（むこう）〉ついて述べてきたが、もちろん、この視点で捉えられるのはエッジによる〈開口空間〉だけではない。[6] や [9] で示した、屋根の円弧を利用した〈包囲空間（なか）〉や、[7] と [8] で示した3本の柱の〈放射空間（まわり）〉も当然捉えられる。このように、さまざまな空間が、別の物によって示されるのではなく、「同じ柱」や「同じ屋根」を媒介にして現れることによって、空間の切り替わりははっきりと認識されず、「いつのまにか何かが変わった」と感じるような滑らかな変移（異質感）が持続する。

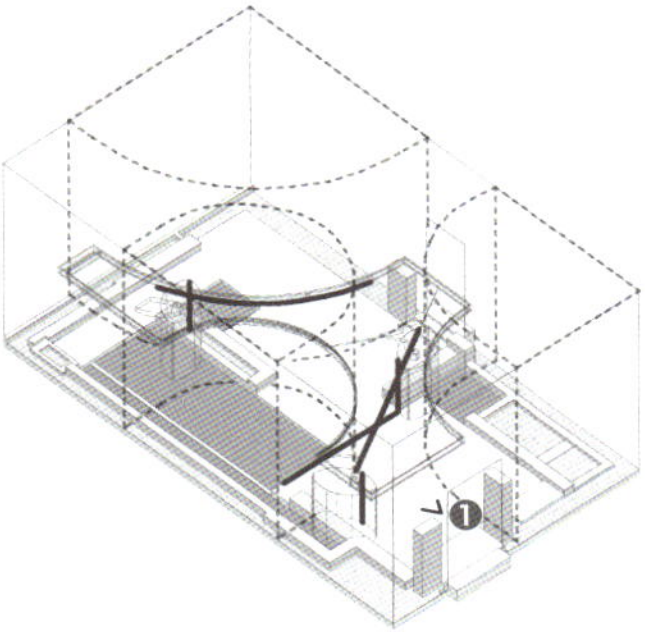

❶#6

❶

[16] 池による「通れない〈開口〉」と「入れない〈開口〉」

❸の柱の左右に見られる**並列フレーミング（G2-a）**に注目する（❸#）。どちらの「むこう（開口空間）」も同じ場所であるが、右側は手前に池があるため「通れない〈開口〉」、つまり**迂回フレーミング（H1-b）**であり、左右で差異を感じる。❹は、同じ柱を反対側から見たところであるが、左側は「むこう」に池があるため「入れない〈開口〉」である（❹#）。ここで「入れない〈開口〉」とは、「むこうに何かが動きうる範囲を捉えられるが、そこに解釈者自身は入れない空間」の意味である。この❹の柱の左側は、❸では「通れないが、入れる〈開口〉」であったところで、**非対称フレーミング（H1-c）**の違和感が浮かび上がる。

❹

❸

❹#

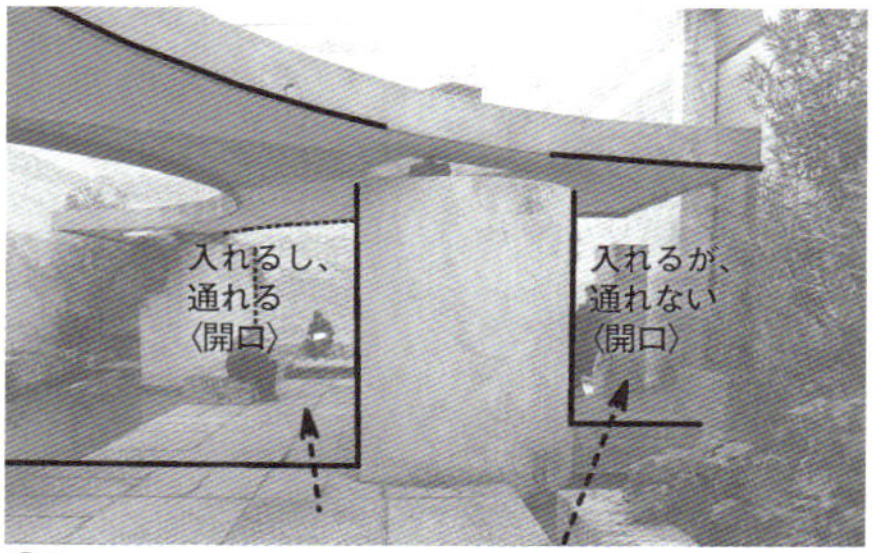

❸#

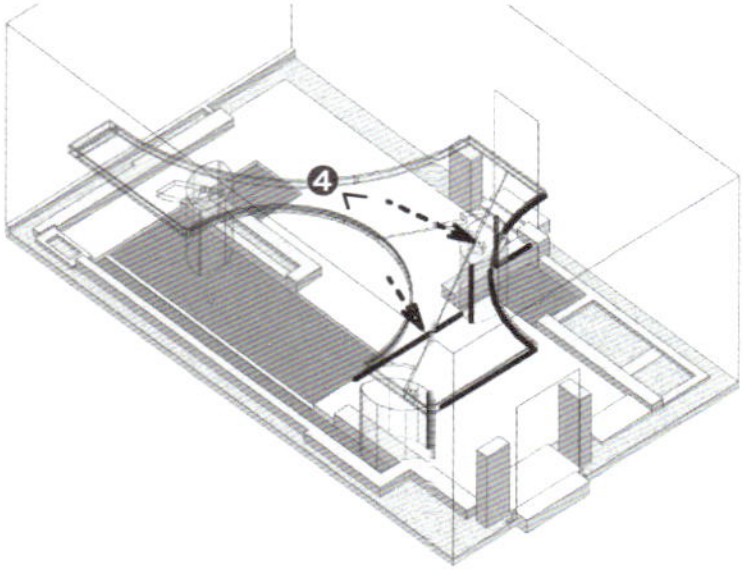

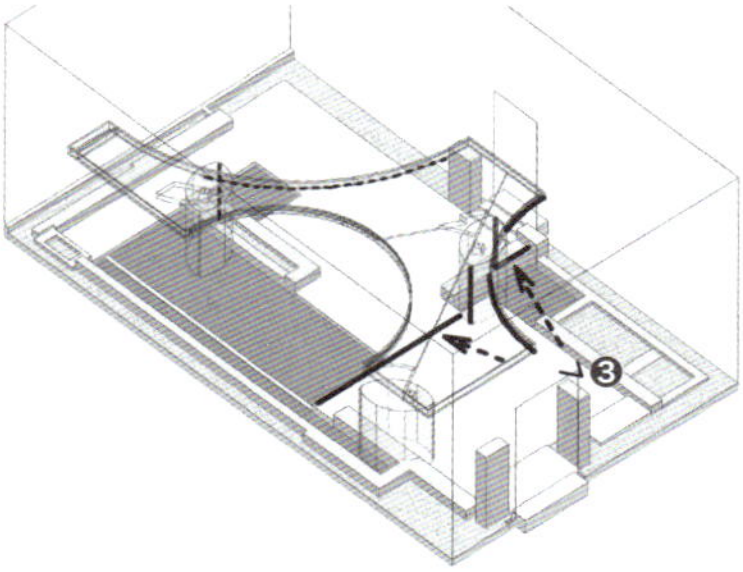

G2-a
並列
フレーミング

H1-c
非対称
フレーミング

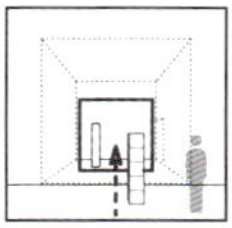

H1-b
迂回
フレーミング

[17] 上向きと下向きの「入れない〈開口〉」

前の [16] のような「入れない〈開口〉」に気がつくと、他の「入れない〈開口〉」にも意識が働く。❺#は、屋根のエッジを利用した上向きの「入れない〈開口〉」を示す。❻#、❼#のように、池の縁をフレーミングとした下向きの「入れない〈開口〉」もある。❼#に矢印で示す2つの池は、左側は「広くて浅い（水深5〜6cm程度）」のに対し、右側（壁側）は「細長くて深い（水深30〜40cm程度）」。ここはヴェネツィアであることから、右の深い水は中庭の外へつながっていることがイメージされると、同じ「入れない〈開口（むこう）〉」である池にも「こちら」との距離感の相異が生まれ、空間（何かが動きうる範囲の解釈）が変移する。これも**並列フレーミング（G2-a）**の一種と言うことができる。

❺

❺#

❻

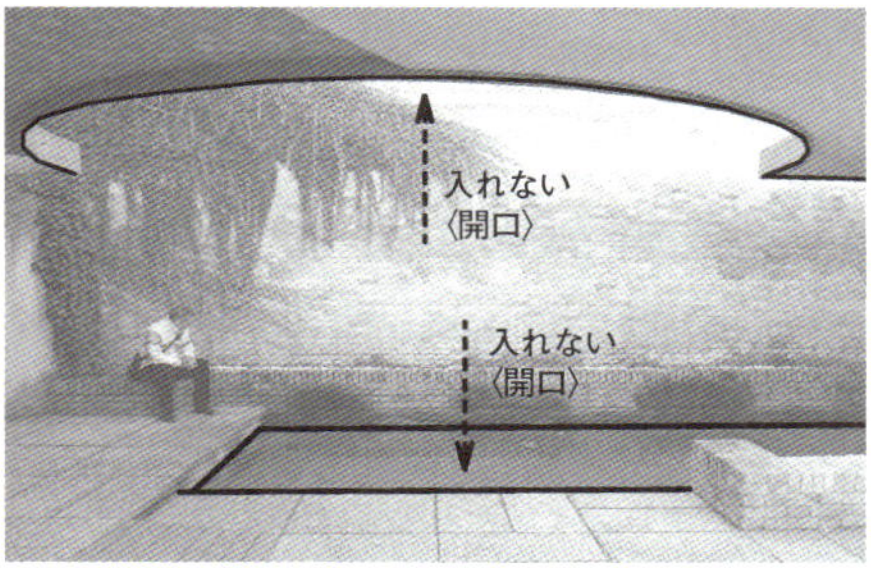

❻#

❼

❼#

［18］「大きい〈開口〉」と「小さい〈開口〉」の並置

［16］［17］で見たように、解釈者が、自らが動ける範囲として空間を探るなかで、「入れる／入れない〈開口〉」、「直接入れる／迂回して入れる〈開口〉」といった差異を感知（判断）し始めると、もっと単純に「大きい／小さい〈開口〉」という形式的な差異をもった**並列フレーミング**（G2-a）も捉えられるかもしれない。左ページの❽の視点では、右の**❽#1、#2、#3**に示すように、解釈者自身が入れる水平方向だけでなく、屋根のエッジで示される上方向、池の縁による下方向のいずれにも、「大きい〈開口〉」と「小さい〈開口〉」の**並列フレーミング**（G2-a）が見られる。

このように、さまざまなエッジを手がかりに〈開口空間（むこう）〉を捉えていくと、その先に見えてくるのは、解釈者自身ではない、または人間ではない何者かが動きうる範囲としての空間である。カルロ・スカルパの作品には、そのように、人間が動く空間を相対化するデザインがさまざまに散りばめられている。それは、本書で「空間デザインのテーマ」だと述べている「混成空間の表現」に他ならない。

しかし、この❽の視点で捉えられるのは、もちろん〈開口空間（むこう）〉だけではない。左の**❽#4**に示すように、屋根の円弧と壁による〈包囲空間（なか）〉や、植栽枡ベンチの〈放射空間（まわり）〉なども重なり合い、視線を動かすたびに次々と空間が変移する。このように、さまざまな空間を捉えるなかで、たとえば壁の「むこう」の空を見て、そこは「入れない〈開口〉」ではなく、後で自身が帰っていく壁の外だと感じれば、それは**迂回フレーミング**（H1-b）だとも言える。同様に、壁際にある細長い池の水も、「かつて見た水」や「これから見る水」を想起させる**迂回フレーミング**（H1-b）、あるいは**類似属性の離散**（G4-b）と考えることもできる。

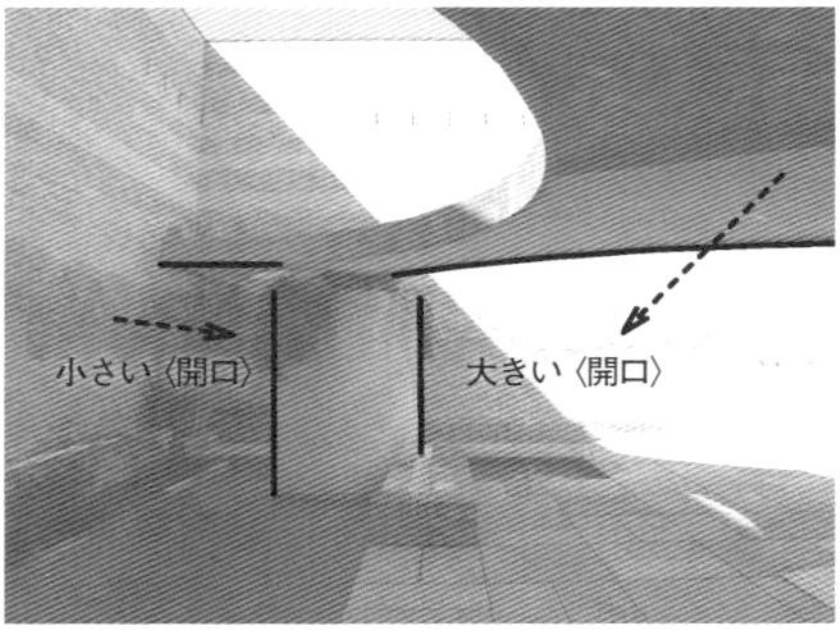

❽#1 水平方向

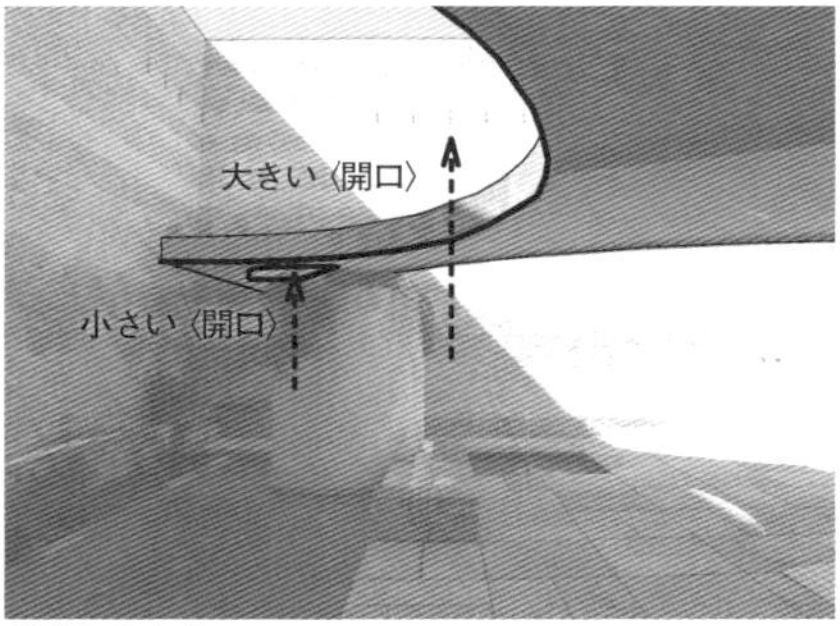

❽#2 上方向

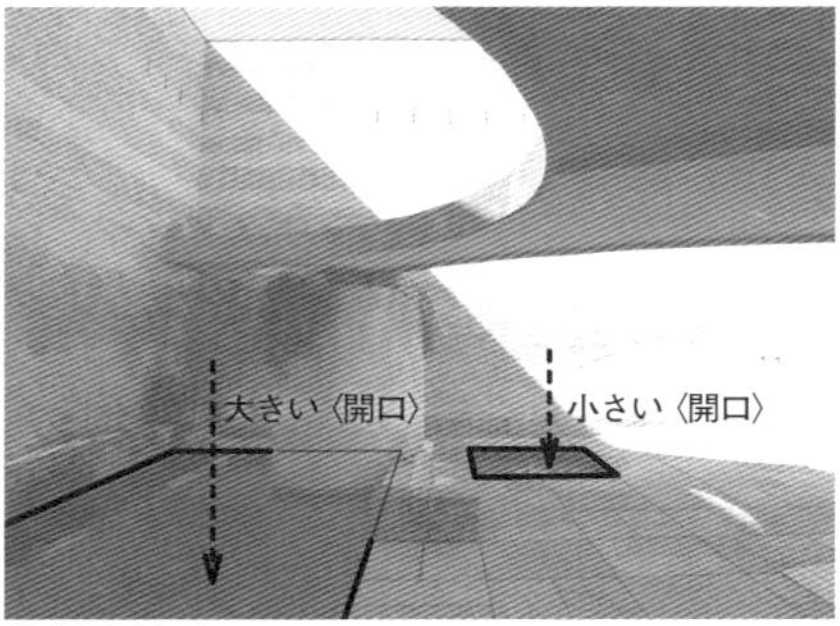

❽#3 下方向

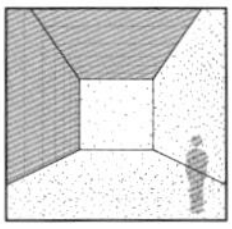
G4-a
類似属性の離散

G2-a
並列
フレーミング

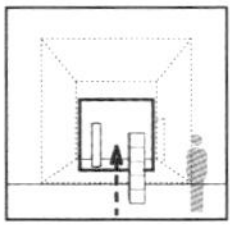
H1-b
迂回
フレーミング

❽

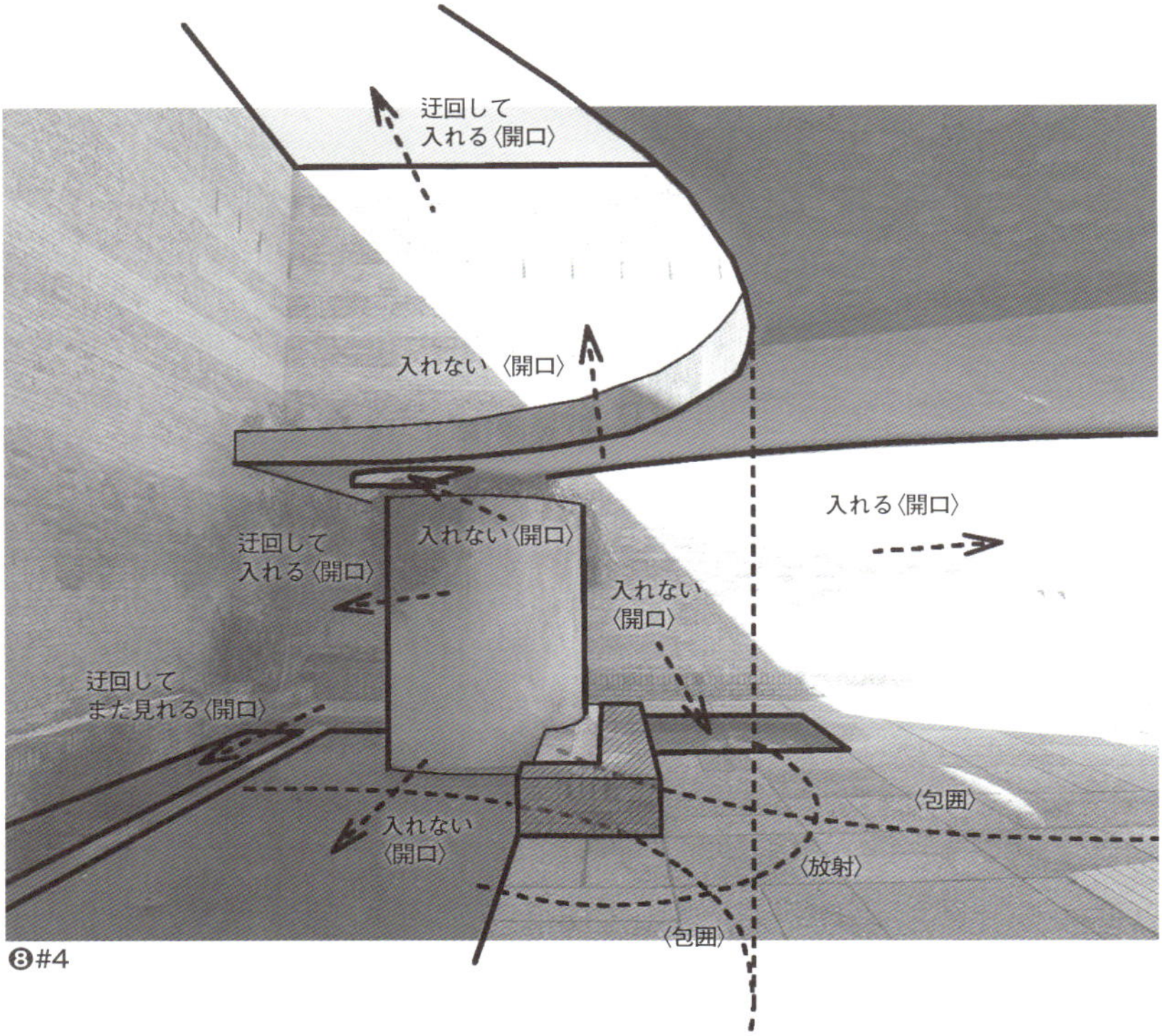
迂回して
入れる〈開口〉
入れない〈開口〉
入れる〈開口〉
迂回して
入れる〈開口〉
入れない〈開口〉
入れない
〈開口〉
迂回して
また見れる〈開口〉
〈包囲〉
入れない
〈開口〉
〈放射〉
〈包囲〉

❽#4

[19] オブジェクトの《群》と属性の《群》の連続

ここで、素材に代表される属性のデザインについて簡単にまとめる。属性は、基本的に《群》をなすことで認識され、空間変移に関わると考えられる。

❾#1は、レンガの植栽枡を利用したベンチと見なされる物を強調している。これまでに示した写真のなかでも、多くの人々がこれらをベンチと見なし、腰を掛けていた。ベンチは〈放射空間（まわり）〉を示して人を引き寄せるが、このベンチの《群》が、この後に示す属性の《群》に連続していく、すなわち変移していくことに注目したい。

❾#2は、レンガの植栽枡の《群》で、❾#1のベンチの《群》を含んでいる。説明としては「植栽枡の一部がベンチに利用されている」という言い方が正確だが、経験としては「ベンチだと思っていた物は、人が座れない池の反対側まで連続していた」と言うのが適当だと思われる。そう言いたいほど、この#1と#2は、一体でありながら、両方が捉えられる（変移する）。

❿#は、レンガ素材の《群》を示している。当然、ベンチと植栽枡の《群》を含んでいるが、周囲の壁も入るので範囲が一気に広がる。左の壁際に、壁と植栽枡を媒介する（連続させる）ような自立壁がある。

⓫#はレンガの色に着目したもので、範囲がさらに広がる。柱や屋根の下面などに、レンガに近い色の塗材が用いられている。

⓬#はレンガだけでなく、床面も含めたユニット材（部品）を「並べる（あるいは積む）」表現の部分を強調している。柱や屋根の「塗る」表現との対比が捉えられる一方で、屋根下面の🅐の部分は、レンガ色の骨材（石）がモルタルで塗り込められた表現となっており（⓮参照）、「並べられた物」と「塗られた物」は異なるものでありながら繋がってもいることが示唆されている。

⓭#は、円弧形状の部分を強調している。外周壁や床面に見られる直線との対比が捉えられる一方で、屋根自体が円弧と直線の組み合わせであるので、やはり分離されてはいない。屋根と柱は、複数の円弧の組み合わせである点でも共通している。屋根は3つの円弧の組み合わせ、柱は円柱でなく、2つの円弧を押し出した曲面が合わさった形であり、完全に閉じた円は無い。

どの《群》も、捉えられると同時に混ざり合い、空間を揺らし続ける。

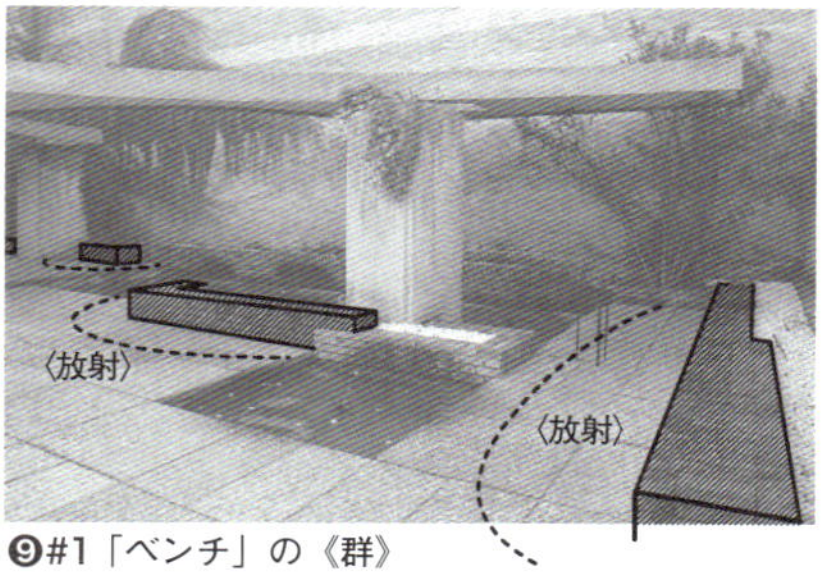

❾#1「ベンチ」の《群》

❾

❾#2 植栽枡 の《群》

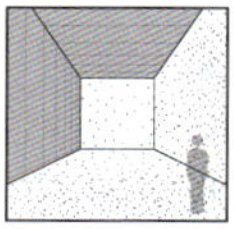
G4-a
類似属性の離散

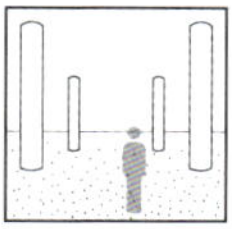
G1-a
類似オブジェクト
の離散

❿

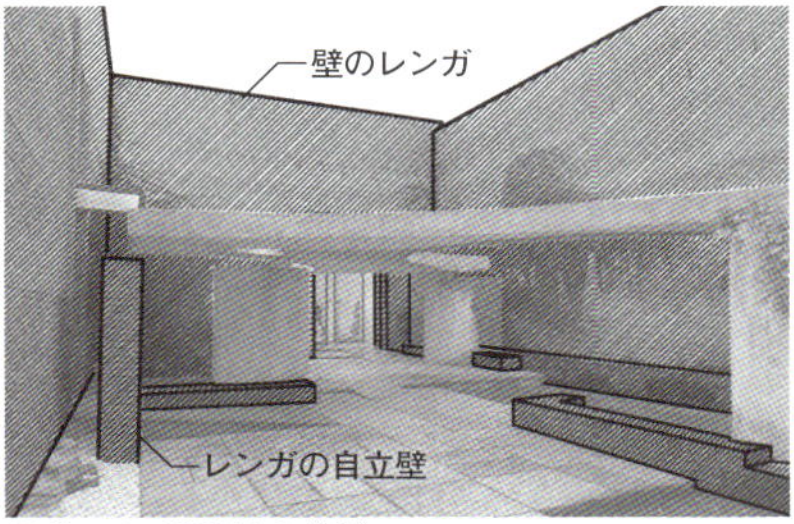

❿# レンガ素材の《群》

⓫

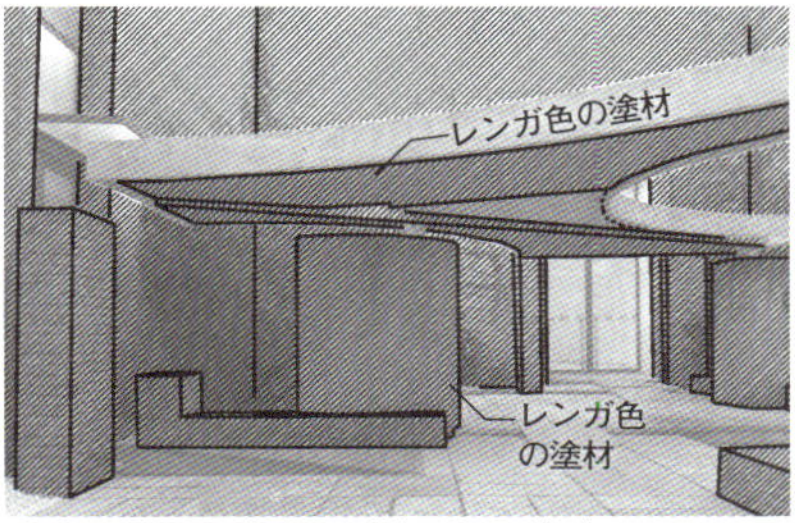

⓫# レンガ色（褐色〜薄橙色）の《群》

⓬

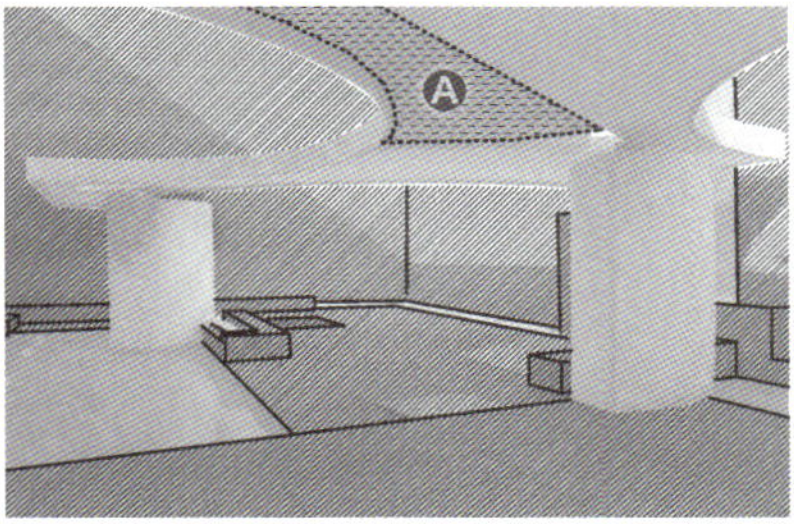

⓬# ユニット材の《群》

⓭

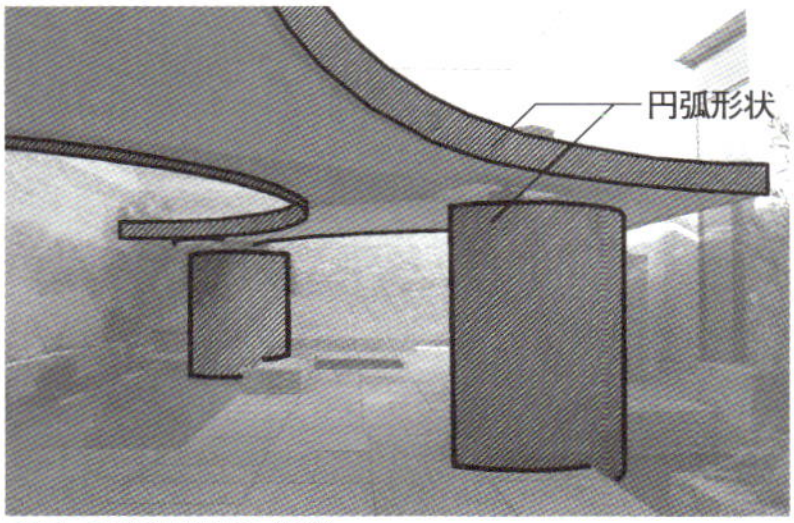

⓭# 円弧形状の《群》

⓮ レンガ色の骨材（石）が塗り込められた屋根下面

[20] 移動にともなう空間変移例

最後に、中庭の入口付近からスタートし、一番大きな池を迂回して奥まで行く、❶から❻までのシークエンスについて考える。下の❶の視点では、すでに見たように、いくつもの〈包囲空間〉、〈放射空間〉、そして〈開口空間〉を捉えることができるが、ここでは、「これから奥へ進んでいく」という解釈者の志向を踏まえて、❶#に矢印で示す「大きくて明るく、直接入れる〈開口〉」と、「小さくて薄暗く、直接入れない〈開口〉」の**並列フレーミング（G2-a）**に着目する。この２つの「むこう（開口空間）」を捉えた上で、そこを目指して進んでいくと、どのように空間が変移していくかを見ていく。

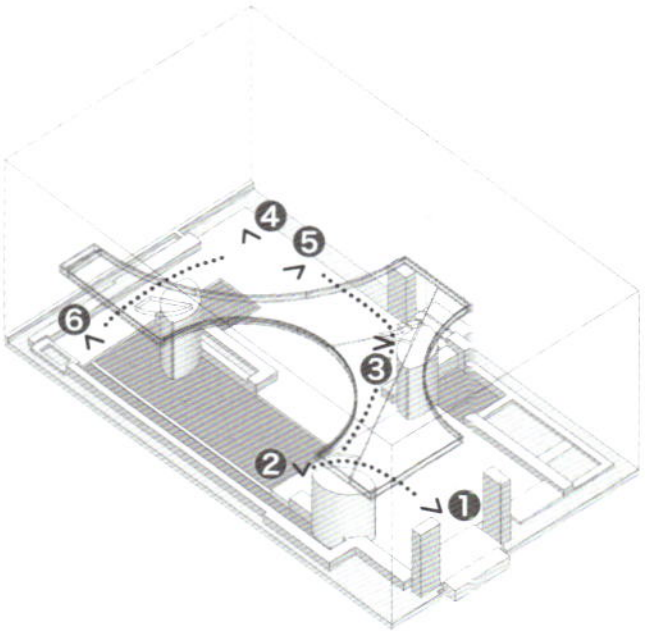

❶

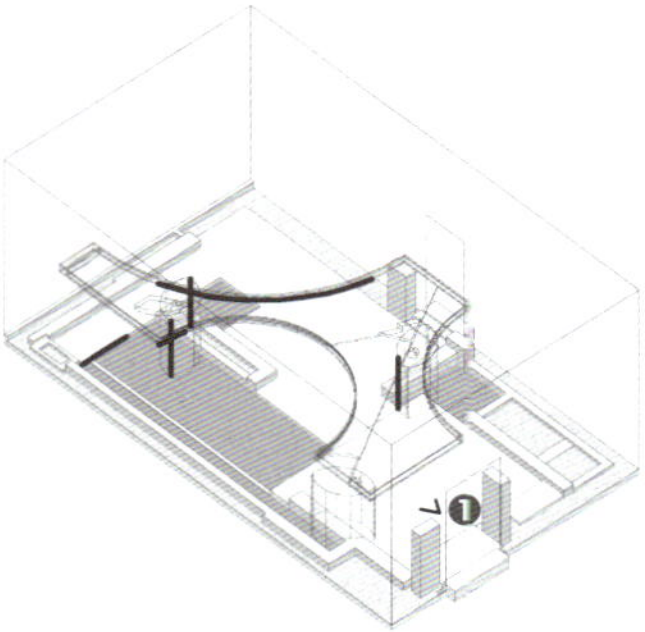

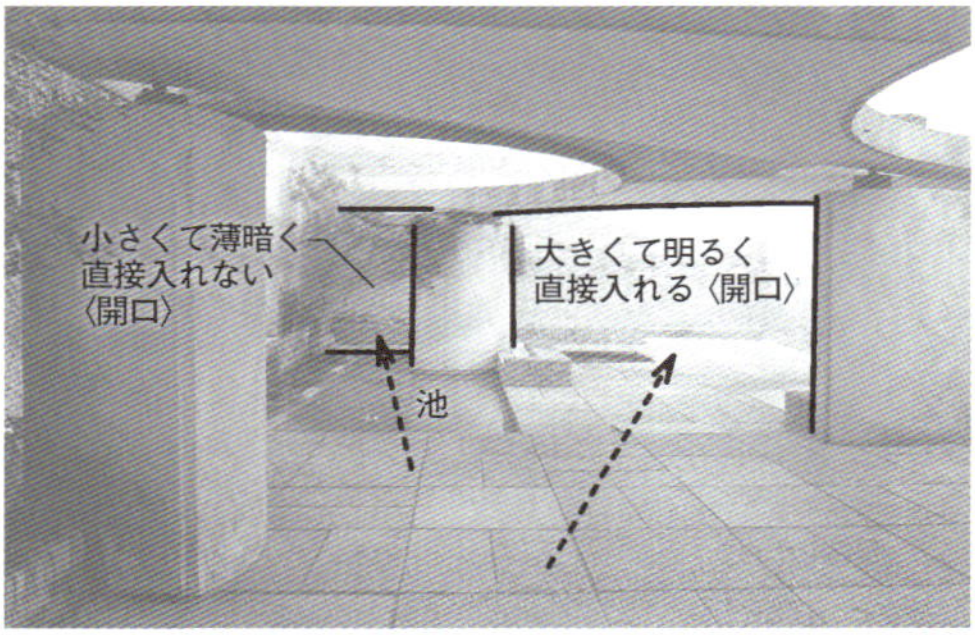

❶#

G2-a
並列
フレーミング

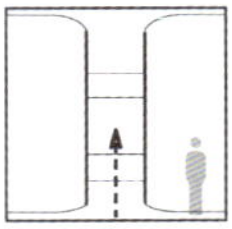
H2-d
ソフトエッジ
フレーミング

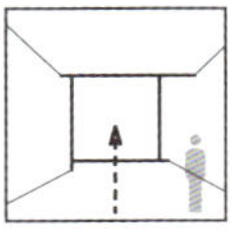
H2-c
複合
フレーミング

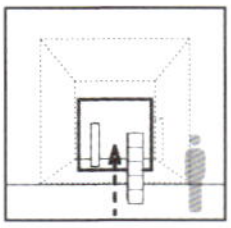
H1-b
迂回
フレーミング

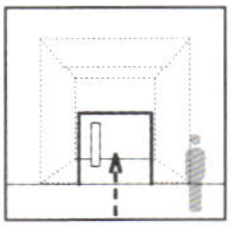
H1-a
遮蔽
フレーミング

❷

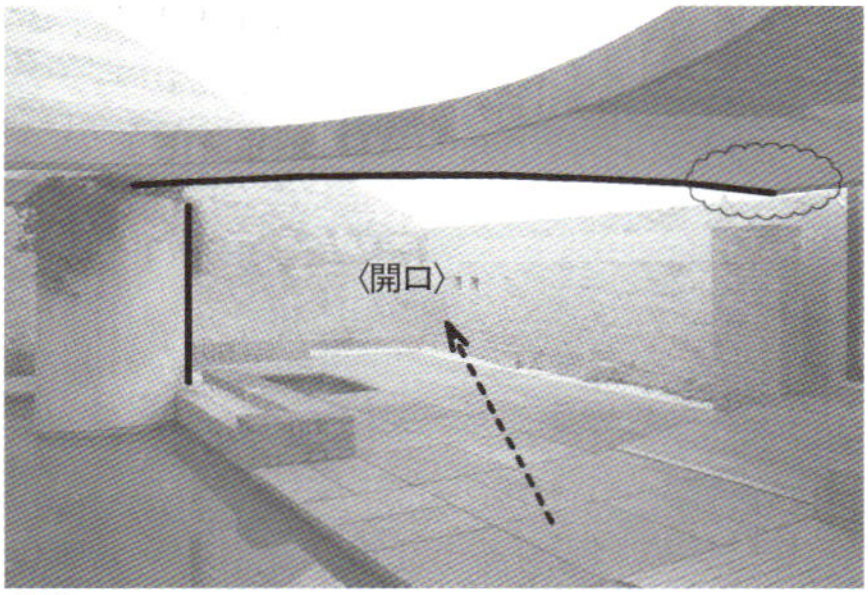

❷#

[21] フレーミングの解体と持続

前の [20] で示した「大きくて明るく、直接入れる〈開口〉」は、バラバラの屋根と柱のエッジによる**複合フレーミング**（**H2-c**）であったため、近づくとフレーミングが崩れ始める。❷の視点では、右側の柱と屋根は離れてしまったが（❷#雲形部）、左側の柱は**ソフトエッジフレーミング**（**H2-d**）となり、移動にともなって柱の見え方が変わってもフレーミングが維持されている。

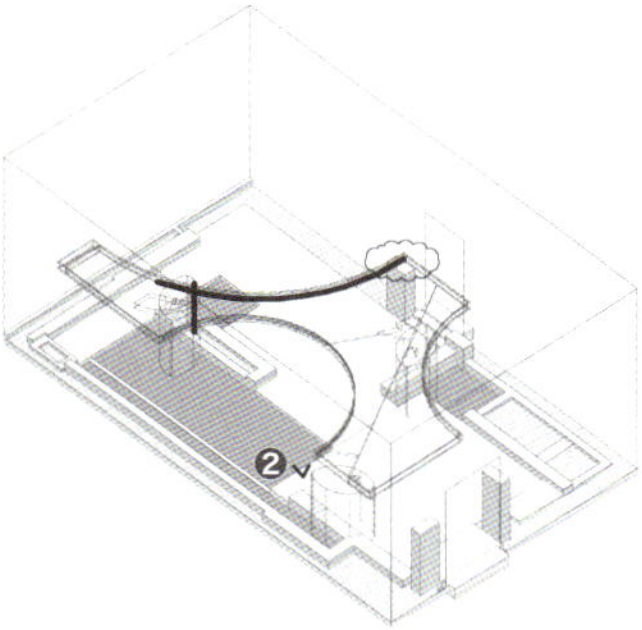

❸

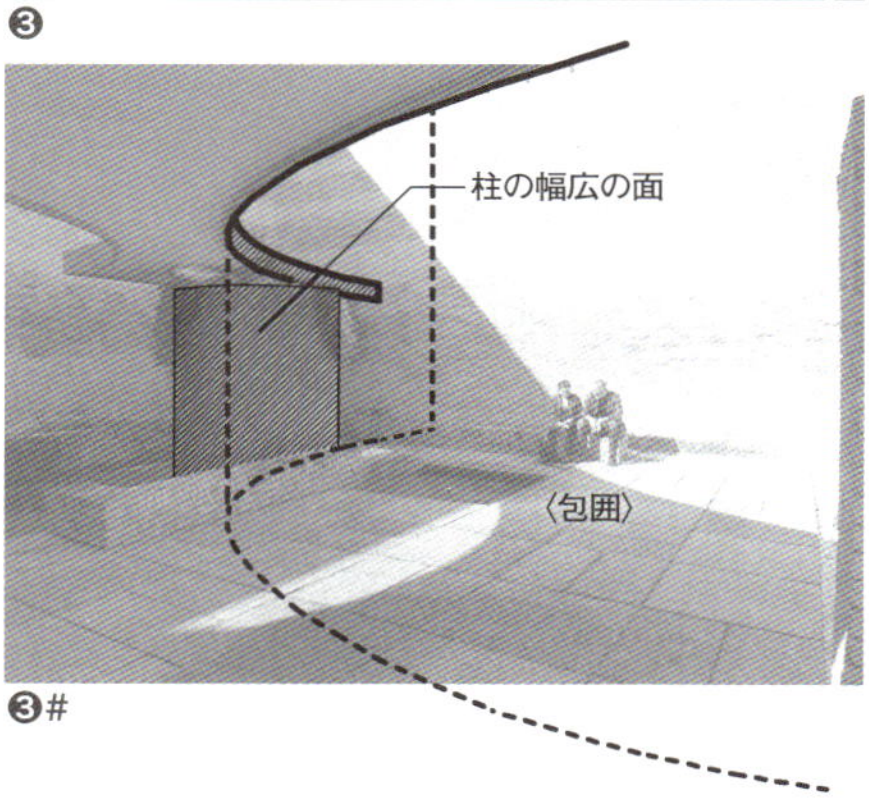

❸#

[22] 〈開口〉から〈包囲〉への変移

❸の視点まで進むと、左の柱に隠れていた屋根の端部と円弧の側面が見え始め、円弧と壁に囲まれた〈包囲空間〉が強く浮かび上がってくる。

また、この視点では、柱の幅広の面が正面になるため遮蔽率が高まり、はじめの❶の視点で見た「小さくて薄暗く、直接入れない〈開口〉」が一度見えなくなる。

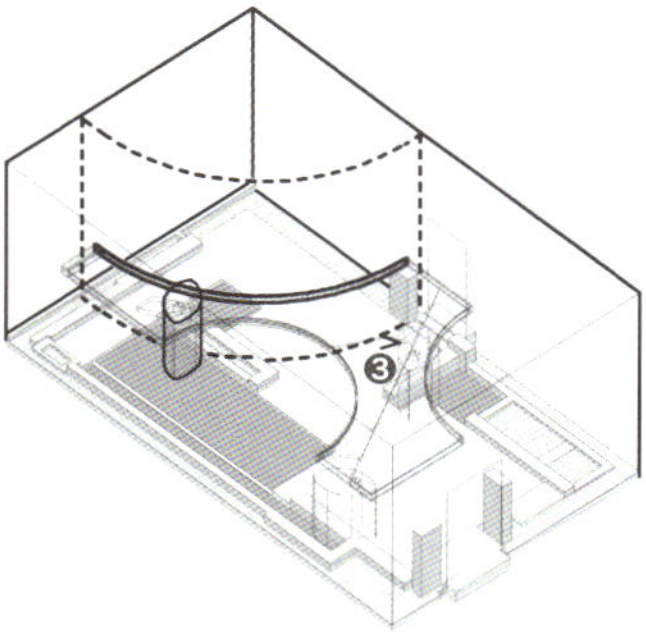

[23]「塀に囲まれたオブジェクト」

前の [22] で捉えられた「屋根と壁に囲まれた〈包囲空間〉」に入り、奥から見返すと、期待したほどその〈包囲〉を感じられない。それは、ここの円弧は半径が大きいために四方の壁がよく見えてしまい、屋根は壁による〈包囲空間〉のなかにあるオブジェクトと認識されてしまうからだろう。この❹と前の❸の印象の違いは、**非対称フレーミング（H1-c）**による変移と言うことができる。

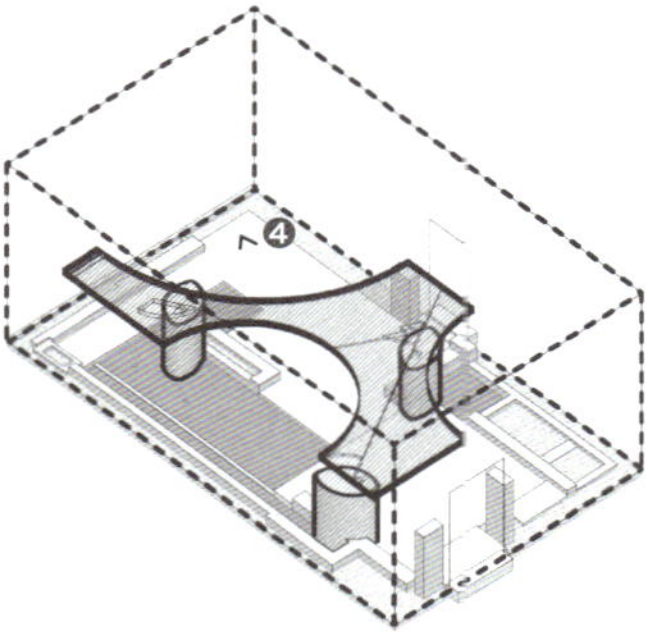

❹

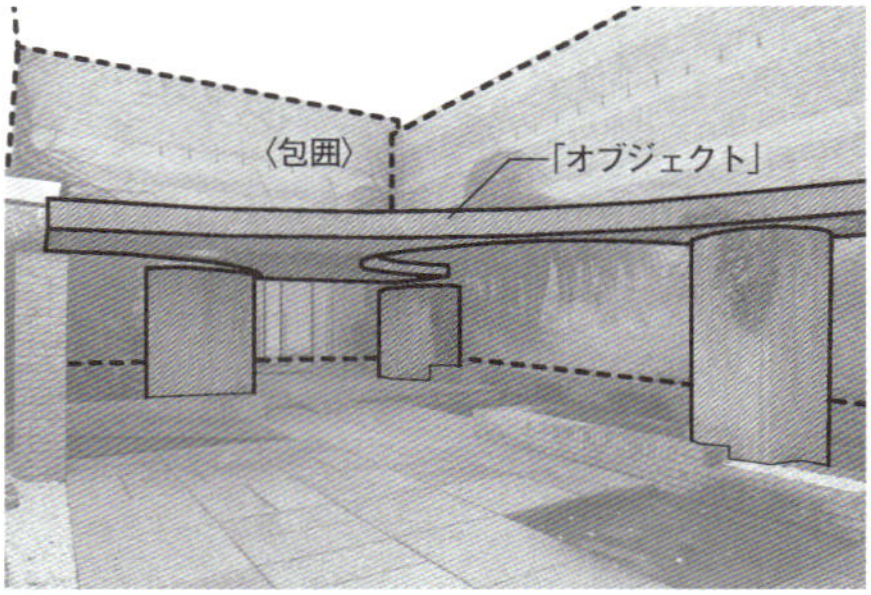

❹#

[24] 同じ場所を示す異なる〈開口〉

視線の向きを変えると、はじめに❶の視点で見た「小さくて薄暗く、直接入れない〈開口〉」と同じ場所が、「小さくて薄暗いが、直接入れる〈開口〉」として再び現れる。

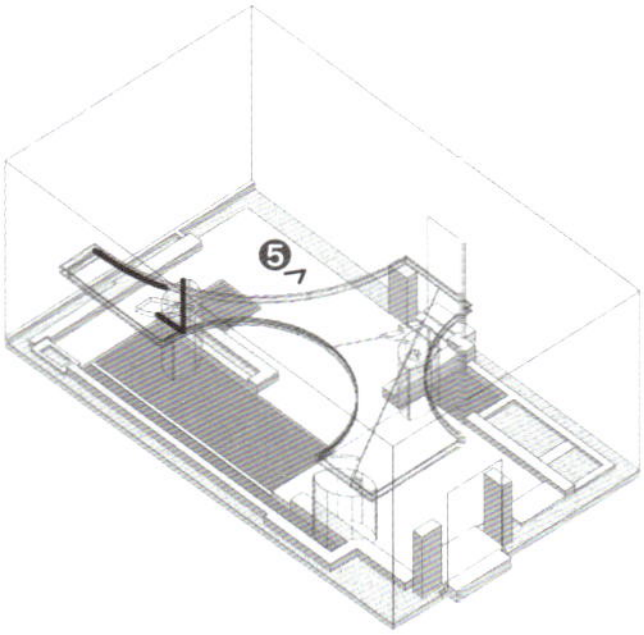

❺

❺#

❻

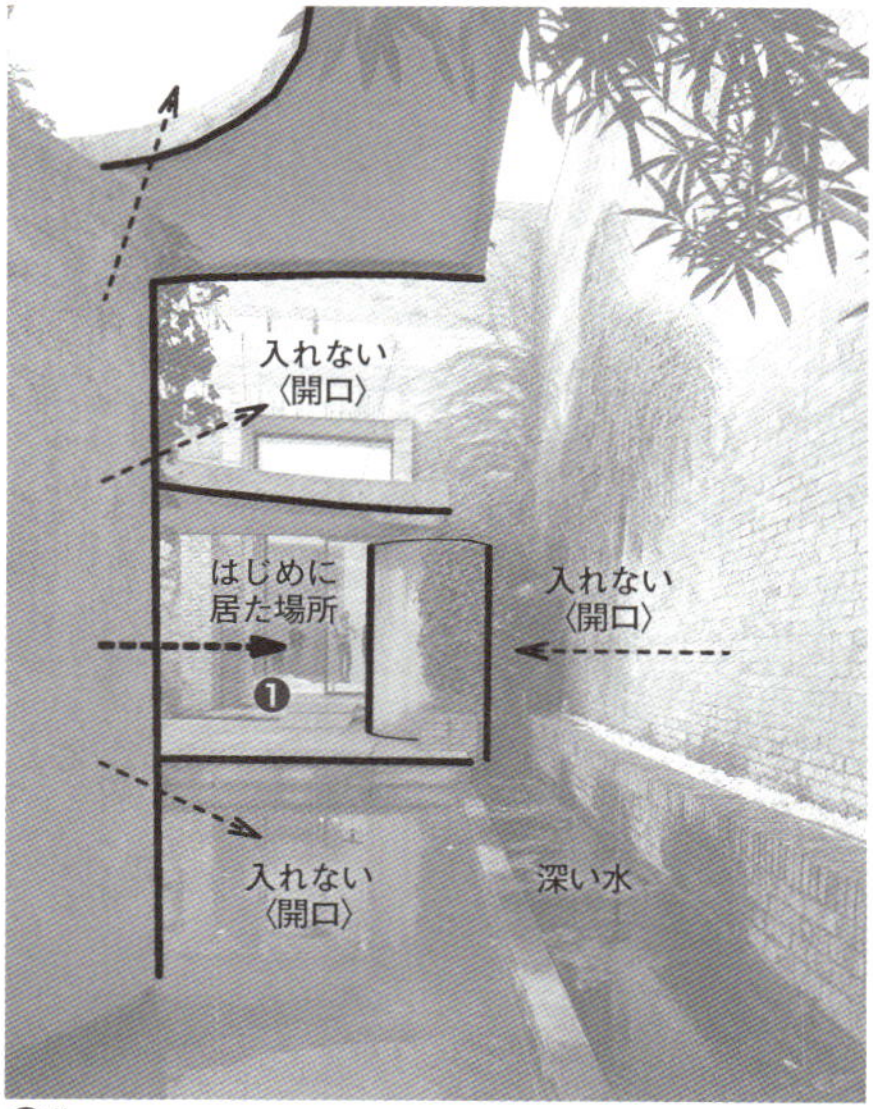

❻#

[25] はじめに居た場所の変移と相対化

❻に到着して振り返ると、解釈者自身がはじめに居た❶の場所が〈開口空間(むこう)〉として現れる。それは何も不思議なことではないが、このことによって「空間が変移した＝時間が経過した」という事実が明確になる。ここで注目したいのは、その事実を強調するかのように、❶の場所が「入れない〈開口〉」によって囲まれていることである（❻#）。❶の場所は、屋根と床によって上下をフレーミングされることで、その上部と手前（池）に「入れない〈開口〉」があるだけでなく、右側の柱の裏側に壁際の「深い水」が流れ込んでいるため、水平方向にも「入れない〈開口〉」と並置されている。

このように、「解釈者自身（人間）が居た空間」と「人間が入れない空間＝人間ではないものが動く空間」が《群》になっていることは、前にも述べたように（392ページ [18]）、「混成空間の表現」に他ならない。

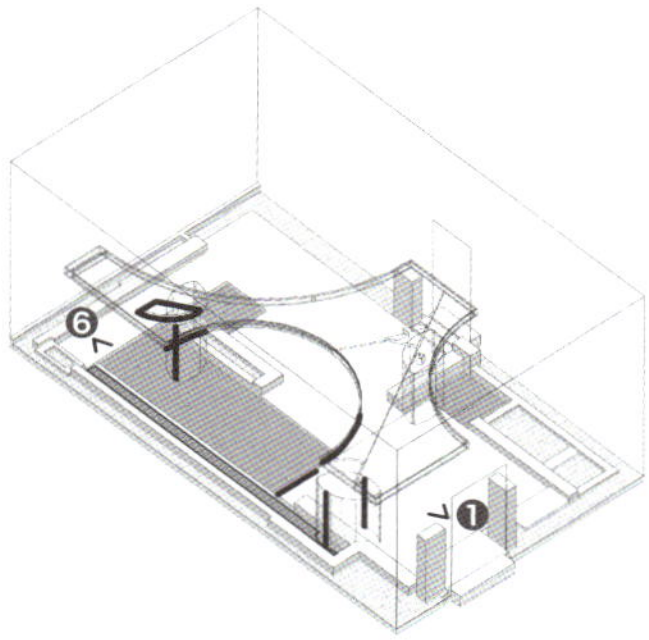

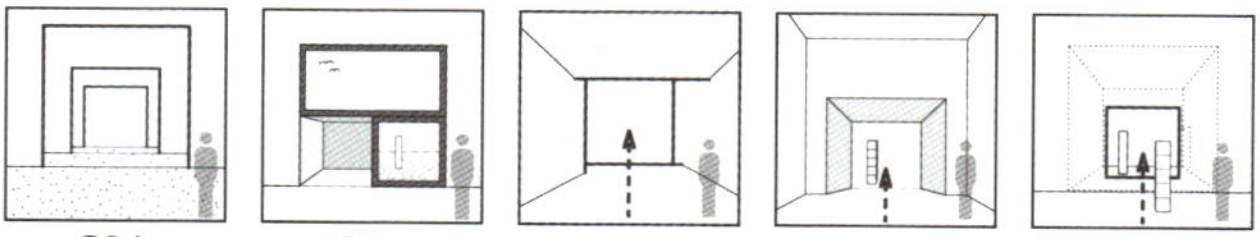

G2-b 直列 フレーミング

G2-a 並列 フレーミング

H2-c 複合 フレーミング

H1-c 非対称 フレーミング

H1-b 迂回 フレーミング

あとがき

この本ができた経緯と背景

この本は、私の学位論文[1]（東京大学、2013）と、「建築空間論」という講義（慶應義塾大学、2020〜）が元になっている。主に、第2章と第4章のスカルパ作品については論文から、第1章と第3章の空間と空間論の歴史についてが講義内容から組み立てられている。

私は、スカルパの建築作品に関する研究を、東京大学の岸田省吾教授の研究室で助手をしていた二〇〇五年から始めた。当時研究室にいた学生が卒業論文の題材としてスカルパ作品を選択し[2]、この学生と議論をしているうちに、どうも簡単には語りきれない問題が潜んでいると感じたことが始まりだった。実は同じ年に、イサム・ノグチの造形を題材にした学生と[3]、カンディーダ・ヘッファー（Candida Höfer）の写真について研究した学生がおり[4]、同時並行的に議論をしているうち、それらに共通性があるのではないかと感じたことが、より原理的に考えたいと思うきっかけとなった。

その後、講義をさせてもらう機会などを利用して研究を続け、二〇〇九年に一度「共存する境界――カルロ・スカルパの作品から見えてくるもの」という論考を発表したが[5]、実はこの論考では「空間」をキーワードとして用いなかった。それはなぜかと言うと、当時私は、建築で使われている「空間」の意味がよくわかっておらず、結局それは――第1章で述べたように――「形としての空間」か「均質空間」と捉えられるものだろうと考えていたからである。本格的に論文に取り組み始めた後も、本書で「空間」と言っているものをしばらくは「領域」と呼んでいたが、岸田教授から「それは空間のことではないのか？」と指摘されたのをきっかけにあらためて考え、「たしかに自分が気になっているものは空間だ」と思い直した経緯がある。

1　［文献4-01〈再掲〉］木内俊彦「カルロ・スカルパによる建築作品に見られる空間変移のデザインに関する研究」東京大学、二〇一三年、博士論文。

2　大野友資「カルロ・スカルパ作品研究――嵌合する境界」東京大学工学部建築学科卒業論文、二〇〇六年。

3　筒井慧「イサム・ノグチの造形における要素と構成」東京大学工学部建築学科卒業論文、二〇〇六年。

4　山際妙「カンディーダ・ヘッファーの写真作品空間に関する研究――遠近法的閾と星座的閾」東京大学大学院工学系研究科建築学専攻修士論文、二〇〇六年。

5　［文献5-01］木内俊彦「共存する境界――カルロ・スカルパの作品から見えてくるもの」『建築の「かたち」と「デザイン」』岸田省吾編、鹿島出版会、二〇〇九年、八七―九八頁。

このように、この本の元になっている考えの多くは、岸田研究室における教授との対話、学生たちとの議論（先に挙げた学生に限らず）のなかで練り上げられた。第3章ではル・コルビュジエの建築についても触れたが、これもやはり、修士論文を書いていた学生との議論のなかで構想したことである。[6] とはいえ、そのような議論をこの本でまとめた責任が私一人にあることは言うまでもない。

この本を書くなかで気づいた、もうひとつの背景を記しておきたい。私は卒業論文執筆時には東京理科大学の伊藤裕久教授の研究室に所属していた。伊藤研究室は日本建築史（専門は都市史）の研究室で、私は町家の研究をおこなっていたが、そのときに伊藤教授から示唆されたことが本書の議論につながっている。それは、第3章の最後に書いた「多層性（重ねモチーフ）」に関することである。本書では、西洋建築における「多層性」のデザインが16世紀のマニエリスムの頃から現れ始めた、と述べた。この「多層性」に関しては、第1章の「空間デザインのテーマ」の節で触れたように、日本の伝統建築においても、やはり中近世に類似した志向（重層的空間のデザイン）が現れてきたと考えることができる。このような西洋と日本における類似した現象について、はっきりしたことを述べるには実証と考察が不十分であるが、私がこのように考えるに至った背景に伊藤教授の影響があったことを記しておきたい。このことについては別のところでもう少し詳しく言及しているので、興味のある方は参照してほしい。[7]

スカルパに関する学位論文（2013）を書いたあとの出来事から本書が受けている影響についても触れておきたい。ひとつは、本書の「はじめに」でも述べた、槇文彦、磯崎新、原広司の三氏を招いたシンポジウムである。[8] この企画に参加したことから受けている多くの示唆については、とくに第3章を読んでもらえるとわかると思う。

6　松本准平「ル・コルビュジエの建築的プロムナード経験論――映画の経験と比較して」東京大学大学院工学系研究科建築学専攻修士論文、二〇一〇年。

7　［文献5-02］木内俊彦「なぜ「空間分節の多層化」に価値があるのか」『建築・都市空間の分節把握――建築史特論a（連続講義）2022を素材として』伊藤裕久研究室最終講義「建築・都市空間の分節把握」刊行委員会編、二〇二四年、一一三－一三三頁。

もうひとつ、本書が多大な影響を受けているものとして、二〇一五年から二〇二三年にかけて携わったオンライン講座の企画がある。オンライン講座「現代日本建築の四相（Four Facets of Contemporary Japanese Architecture）」シリーズは、戦後日本を代表する建築家たちによる映像講義で、東京大学の隈研吾が総括、小渕祐介がインタビュアーを担当し、私は一部の撮影とすべての編集に関わった。シリーズには「理論（Theory）」、「技術（Technology）」、「都市（City）」、「人間（Humans）」という四つの相（側面）に着目した四講座があり、すべて合わせると、22名（21組）の建築家による計29回の講義がおこなわれている。[9]

このオンライン講座は「空間」が特別にテーマになっているわけではない。建築家たちは、各相について考慮しながらも、独自のテーマを軸に建築デザインについて語っている。そのテーマは、建築と都市、あるいは自然との関係、地方の活性化、素材を生かす技術、住まい方の問題など、多種多様である。私はそれらを編集しながら、建築の課題の広さを痛感する一方で、それらの課題に対して「どのような空間を用いるのか？」という問題意識で見たとき、本書の空間変移の考え方を応用できる可能性があると感じた。

ここでは、このオンライン講座から、とくに本書が影響を受けているものを紹介したい。まず第一に、シリーズのなかで戦後日本の「第二世代」と呼ばれている一九二〇年代から三〇年代生まれの建築家たちの講義である。この世代は、私が思うに、日本の敗戦を自らの経験として記憶しているため、「建築とは何か」、「建築に何ができるのか」といったように建築を根本的に問う姿勢が強く、「空間」についても高い問題意識をもって思考した世代である。このシリーズでは、槇文彦（1928-2024）、磯崎新（1931–2022）、原広司（1936–）、香山壽夫（1937-）の話を聴くことができる。

もうひとつ、本書がとくに影響を受けているものとして、アトリエ・ワン（塚本由晴、貝島桃代）の講義を紹介したい。この講義の後半では、空間に関する白熱した議論が展開されている。議論の始まりは、塚本が上の世代の建築空間論を批判的に捉えたことであった。二〇世紀後半から急速に進んだ都市化においては、建築家

8　シンポジウム「これからの建築理論　槇文彦×磯崎新×原広司」東京大学建築学専攻Advanced Design Studies（T_ADS）主催、二〇一三年一二月一日。
このシンポジウムとその後のインタビューは、本書の「はじめに」でも挙げた次の本で読むことができる。［文献0-01（再掲）］東京大学建築学専攻Advanced Design Studies（T_ADS）編『T_ADS TEXTS 01 これからの建築理論』東京大学出版会、二〇一四年。

9　大規模公開オンライン講座（MOOC）プロバイダーであるedXから配信されている。以下の東京大学ページに講座のリンクがある。https://www.edx.org/school/utokyox サイトは英語であるが、講義は日本語（英語字幕）でおこなわれている。設問に答えると単位認定される有料コースもあるが、視聴のみであれば無料登録で可能。

がデザインするしないにかかわらず、都市に大量の空間が生み出された。それに対して建築家たちは、「もっと良い空間がある」と主張する建築空間論を数多く発表したけれども、依然として都市ではジャンク・スペース（雑ぱくな空間）が生産されつづけ、その一方で、農村や漁村では過疎化が進んでいる。このような現状認識の上で塚本は、いま考えるべきなのは「空間」ではなく「メンバーシップ」の問題ではないか、と述べる。

　メンバーシップを問題にするとは、ある建物や場所について考えるとき、「そこに入れるのは誰か」、「誰がどのようにそれを使えるのか」といったように、そこに関わる人を問題にするということである。このような問題意識は、アトリエ・ワンが提唱する「ふるまい学（behaviorology）」につながっている。「ふるまい学」では、建物や場所に関わる人だけでなく、そこを出入りする物やエネルギー、社会とつながるプログラム、歴史背景としてのタイポロジー、さらには建物自体も含めて、すべて「ふるまうもの（動くもの）」と捉えられ、それらの「ふるまい」を全体として問題にしようとする。

　ここで興味深いのは、塚本自身が、かつて空間の構成学を学び、空間を論じていたという事実である。『建築構成学』において塚本は、「建築の材の構成、内部空間の構成、半外部空間の構成、外形の構成、外部空間の構成、さらにその延長としての都市空間の構成にも、それぞれ独自の単位となるまとまりと配列の仕方がある」と述べている。[10] すなわち、建築の「空間」が、「材」や「外形」と同じように「配列」されるものと考えられており、本書で述べた「形としての空間（俯瞰的空間）」が研究対象となっていることがわかる。

　これに対して「ふるまい学」では、そのような「形としての空間」ではなく、そこでふるまうもの（動くもの）について考えるべきだと言われる。本書の言葉で言い直すと、建築空間は、その形（A：建築物の条件）だけでなく、ふるまい者（B）が問われるべきだ、ということだと私は思っている。つまり、塚本は、建築空間論からふるまい学へ移行するべきだと述べたけれども、私は、それは建築空間論の更新に他ならないと考えている。これが、本書において、建築空間を定義する三要素のひとつを「ふるまい者（B）」と呼んでいる理由である。

10　［文献5-03］坂本一成、塚本由晴、岩岡竜夫、小川次郎、中井邦夫、足立真、寺井美紀子、美濃部幸郎、安森亮雄『建築構成学——建築デザインの方法』実教出版株式会社、二〇一二年、一五頁。

オンライン講座「現代日本建築の四相（Four Facets of Contemporary Japanese Architecture）」シリーズ全講義（建築家／インタビュー実施建物／タイトル）

コースサイト（edX の東京大学ページ） https://www.edx.org/school/utokyox
案内サイト（東京大学 T—ADS　各講義の紹介映像有り） https://t-ads.org/mooc

第一相：理論Theory（2016）

1-1. 隈研吾・小渕祐介（イントロダクション）／代々木体育館／ Revisiting Kenzo Tange, Yoyogi 1st Gymnasium (1964)
1-2. 磯崎新／群馬県立近代美術館／ In Search of a Space – Arata Isozaki, The Museum of Modern Art, Gunma (1974)
1-3. 香山壽夫／彩の国さいたま芸術劇場／ Learning from Style – Hisao Kohyama, Sainokuni Saitama Arts Theater (1994)
1-4. 藤森照信／ラ コリーナ近江八幡／ New Primitivism – Terunobu Fujimori, La Collina Omihachiman (2014)
1-5. 大野秀敏／はあと保育園／ Connecting the Dots – Hidetoshi Ohno, Heart Nursery School (2014)
1-6. 隈研吾／浅草文化観光センター／ Architect without Architecture – Kengo Kuma, Asakusa Culture Tourist Information Center (2012)
1-7. 妹島和世／犬島「家プロジェクト」／ Too Large As Architecture Too Small As City – Kazuyo Sejima, Inujima “Art House Project” (2010-)
1-8. 隈研吾・小渕祐介（レビュー）／ Review – 1st Facet: Theory

第二相：技術 Technology（2018）

2-1. 安藤忠雄／大淀のアトリエ Ⅱ／ Architecture Lives Inside People – Tadao Ando, Atelier in Oyodo II (1991)
2-2. 難波和彦／箱の家 112 ／ Advancing Systemic Spaces – Kazuhiko Namba, BOXHOUSE 112 (2006)
2-3. 坂茂／ラ・セーヌ・ミュジカル／ What Do You Want, Wood? – Shigeru Ban, La Seine Musicale (2017)
2-4. 隈研吾／梼原 木橋ミュージアム／ Why I Went to Countryside? – Kengo Kuma, Yusuhara Wooden Bridge Museum (2010)
2-5. 千葉学／工学院大学125周年総合教育棟／ Design by Reinterpretation – Manabu Chiba, KOGAKUIN UNIVERSITY 125TH MEMORIAL EDUCATION CENTER (2012)
2-6. 小渕裕介／ DFL Pavilion TOCA ／ In Praise of Errors – Yusuke Obuchi, DFL Pavilion (2015)
2-7. 隈研吾・小渕祐介（レビュー）／ Review – 2nd Facet: Technology

第三相：都市 City（2021）

3-1. 槇文彦／代官山ヒルサイドテラス／ Architectures in Unconditional Love – Fumihiko Maki, Hillside Terrace (1969-1992)
3-2. 長谷川逸子／新潟市民芸術文化会館／ Architecture for the People – Itsuko Hasegawa, Niigata City Performing Arts Center (1998)
3-3. 山本理顕／埼玉県立大学／ Transparency: Literal & Behavioral – Riken Yamamoto, Saitama Prefectural University (1999)
3-4. 隈研吾／アオーレ長岡／ Worldly Architecture – Kengo Kuma, Nagaoka City Hall Aore (2012)
3-5. 青木淳／杉並区大宮前体育館／ Towards an Architecture of Emancipation – Jun Aoki, Omiyamae Gymnasium (2014)
3-6. アトリエ・ワン（塚本由晴、貝島桃代）／恋する豚研究所、ハウス・アトリエワン／ architecture After Architecture – Atelier Bow-Wow, Koisuru-Buta Laboratory (2012)
3-7. 隈研吾・小渕祐介（レビュー）／ Review – 3rd Facet: City

第四相：人間 Humans（2023）

4-1. 原広司／原邸、アトリエ・ファイ／ Architecture is Fiction – Hiroshi Hara, Hara House (1974)
4-2. 伊東豊雄／今治市伊東豊雄建築ミュージアム／ Constructing From Subconscious Images – Toyo Ito, Toyo Ito Museum of Architecture, Imabari (2011)
4-3. 石山修武／幻庵／ Towards an Architecture of Interiority – Osamu Ishiyama, Gen An (1975)
4-4. 隈研吾／ V&A Dundee ／ Living Room of the City – Kengo Kuma, V&A Dundee (2018)
4-5. 篠原聡子／ SHARE yaraicho ／ A House for Living Together – Satoko Shinohara, SHARE yaraicho (2012)
4-6. 藤本壮介／白井屋ホテル／ Respect the World – Sou Fujimoto, SHIROIYA HOTEL (2020)
4-7. 隈研吾・小渕祐介（レビュー）／国立競技場／ Review – Kengo Kuma & Yusuke Obuchi, Japan National Stadium (2019)

なお、アトリエ・ワンの講義では、最終的に、構成的な空間論とメンバーシップ（ふるまい）を問うことは両方必要である、という結論に至っている。そのような結論に至る過程もエキサイティングであるので、ぜひ実際の映像で確認してみてほしい。

ありえる批判と足りない議論

ここまで述べたような経緯から、この本ができるまでには、私がスカルパに関する学位論文を提出してから十年、このテーマについて考え始めてから二十年近い時間がかかってしまった。その間、さまざまな人（主に建築学の教授や学生）に話を聞いてもらった経験から、ありえる批判と足りていない議論について簡単に述べておきたい。

――「新しい内容ではない」

まず第一に、「この本で述べられていることは新しい内容ではない」という批判が考えられる。その通りだと思う。第3章の「先行理論との関連」で述べたように、本書の元になる考えは、すでに多くの論者によって示されており、私はそれを言い直しただけだと思っている。強いて言えば、これまでバラバラに言われていたことを集め、図式として整理し、具体的な建築空間や都市空間の説明に使ってみせたことで、建築の専門ではない人とも空間概念を共有できる可能性を示したことに本書の意義はあると思っている。

オンライン講座の経験から言っても、本書で述べている空間の仕組みは、活躍中の建築家たちにとってはほとんどあたりまえのことだと思う。もっと言えば、わざわざ言う必要のないことである。建築家は普段、空間の仕組みについては語らない。建築家は通常、自身の提案が、機能的、経済的、社会的にいかに優れているかを語る。つまり、いかに役に立つかを語ることによって、クライアントや市民を納得させ、建築を実現させる。

建築家にとって「空間」は、語るべきものではなく、感じさせるべきものである。「空間」という道具について語ることは、はっきり言えばネタバレである。だから中途半端に語れば「奥義」などと揶揄される。

このような「空間」に対する態度は、建築家として仕事をしていく上でまったく正当だと思う。私が問題だと思うのは、このような態度が、教育にも及んでいると思うことである。私は以前、ある大学でこの本の内容の一部を講義したとき、一緒に聞いていた教授から「なつかしいな」と言われたことがある。それは、「こういう話を昔はよくしたけれど、もう時代遅れだ」という意味である。別のデザイン系の研究会で発表したときは、少し下の世代の研究者から「何の役に立つんですか?」と聞かれ、言葉を失った。空間について語ることは、というか、建築デザインを機能性、経済性、社会性以外の言葉で語ることは、恣意的であり、むしろ有害だとすら思われていた。

本書の第3章で述べたように、一九七〇年代から八〇年代には、教育現場においても「空間」が盛んに議論されていただろう。私は九〇年代に建築教育を受けたので、その影響がかろうじて残っていた(消え始めていた)世代だと思う。しかし、現代では教えられないし、ほとんど議論もされない。「空間」は「わかっている」、「なつかしい」と思う建築家や教授たちは、それを学んだ方たち、あるいは少なくともその議論に触れた方たちだろう。自分が学んだ「あたりまえのこと」は、自動的に後世に伝わると思われているのだろうか?

私がこのような問題を強く意識したのは、大学で設計製図の講評会に参加したとき、とくに採点集計を担当したときである。講評会にはさまざまな専門の教授が参加するので、さまざまな観点——たとえば機能性、構造や材料の合理性、環境や歴史への配慮など——からコメントがなされるが、最終的に高い評価を受ける学生作品は教授間で一致することが多かった。つまり、そのような作品は、講評会で教授が指摘したコメントを反映しているとは限らず(コメントはバラバラなので)、別の基準で評価されていた可能性がある。私は数多くの講評会に参加した経験から、その別の基準とは、作品の経験を想像したときに起こる変化の予感、つまり「経験してみたい」と思わせる何かであり、その原理は本書で述べている空間変移だと思う。[11]

以上のことは私の個人的意見に過ぎないが、もし少しでも納得感を持った学生やデザイナーの方がいたら、本書で述べている空間の仕組みを参考にしてもらえたらと思う。ただし、それについて教授陣やクライアントに説明する必要はない。良さそうだと思ったら、道具として使ってもらえればいいものである。

――「読むための理論であって、つくるための理論ではない」

「この本で言われていることは、空間を読むための理論であって、つくるための理論ではない」という批判も考えられる。これについても私はその通りだと思う。空間概念を理解したからと言って、空間をうまくデザインできるとは限らない。それは、料理の「おいしさ」がわかっても、おいしい料理をつくれるわけではないことと同じだろう。美術や音楽、あるいはスポーツについても同様のことが言える。

しかし一方で、そもそも料理の「おいしさ」がわからなくて、おいしい料理をつくることができるだろうか。もちろん「おいしさ」がわかることは、それを言語化できることと同じではないが、優れた料理人は「おいしさ」をある程度分析的に、解像度高く把握しているのではないだろうか。

方法論的に言うなら、「読む（味わう）」理論を「つくる」ことに反映させるには、「自分がつくったもの（図面や模型など）を読む」ことを繰り返すことが有効だとは言えるだろう。

――「多層性があればいいのか？」

第3章の最後で、現代建築の空間デザインを駆動しているのは「重ねモチーフ＝多層性」だろうと述べた。ならば、現代では空間に多層性があれば十分かと問われると、単純にそうとは言えない。「重ねモチーフ＝多層性」は、すでに五〇〇年ほどの歴史があることに加え、とくに二〇世紀後半以降に集中的に追求されたと考

11　設計製図の授業は、中間や最終に行われる講評会のほかに、教員と学生が一対一で行う「エスキス」と呼ばれる普段の授業がある。講義や講評会では扱われにくくなった空間デザインに関することは、現代では主にこのエスキスを通して学生に伝わっていると想像される。

えられるので、[12]単にそれを表現するだけで新鮮さを感じさせることは難しい。

この先、空間概念自体の更新があるかどうか、たとえば第四のモチーフがあるかどうかはわからないが、現段階では、「多層性」自体ではなく、「何の、どのような多層性か」がデザインの焦点になるとは言えるだろう。つまり、空間概念はあくまで「道具」であり、それを使ってさまざまな課題（時代によって変わる課題）にどう応えるかがデザイナーには求められる。その意味でも、先ほど紹介したオンライン講座で、戦後日本の建築がどのような課題に取り組んできたかを確認することは参考になると思う。

12　第3章でも挙げたものであるが、左の文献では「層状の構成秩序」をもつ建築は「今日の建築の最大の特色といえるほどになってきている」（二一〇頁）と言われ、とくに20世紀後半の実例が多く挙げられている。［文献3-47（再掲）］小林克弘編著『建築構成の手法——比例・幾何学・対称・分節・深層と表層・層構成』彰国社、二〇〇〇年。

――視覚以外の感覚が捉える空間

この本で足りていない議論は山ほどあると思うが、二点だけ述べたい。ひとつは、本書で論じた空間は、基本的に視覚で捉えられるものに限られているということである。空間を、人間（生命体）が環境を把握する能力と考えれば、それは聴覚や嗅覚、さらに触覚や味覚にも関わるはずである。建築では視覚情報の割合が圧倒的だとしても、それ以外では、とくに聴覚の影響は無視できないだろう。聴覚は、見えない「むこう」を動くものの情報（音）も感知するので、それが捉える空間は視覚とは異なる。また、バロック期以降にもっとも「多層性」が追求されたのは、実は音楽においてだとも考えられ、それが空間デザインに及ぼしている影響もあるかもしれない。

――西洋と日本以外の建築空間

もうひとつ、この本の不足点として、建築空間の考察対象が西洋と日本に限られていることがある。これは、現時点での私の限界であるので、今後の課題としたい。また、もしどなたか考察してくださる方がいると嬉しい。

——技術との距離感

最後に、本文で何度か述べた「機械空間」に関連して少し補足をしたい。「機械空間」とは、「機械（C）が解釈する、機械（B）が動くための空間」のことで、それが支配的になったときには「人間は機械が解釈した空間を再解釈する存在となるだろう」と述べた（72ページ）。「機械空間」は、言うまでもなく人工知能技術とも関係しており、国際的競争が激化するなかで、その進行が簡単に止まることはないだろう。

このように、技術が人間の空間に及ぼす影響を考える上で、画家のデイヴィッド・ホックニーが『秘密の知識』[13]で述べていることは示唆に富んでいる。本書の第3章で、ルネサンスとバロックの建築や絵画の違いを「触覚的（彫塑的）」から「視覚的（絵画的）」への表現形式の変化として示したヴェルフリンの理論を紹介した。私は、この「視覚的」形式こそが、建築における「重ねモチーフ（多層性）」を生み出したものであり、建築の空間概念に大きな変化をもたらしたと考えているが、ホックニーは、この変化には技術が関係していると指摘する。その技術とは、映像技術である。

映像技術と言っても、もちろん19世紀に現れた写真技術や映画技術のことではない。写真や映画は、映像を記録することが可能になった技術であり、人類はそれ以前から映像を見ていた。すなわち、鏡やレンズなどの光学機器によって平面に映し出された世界を見ていた。

ホックニーは、膨大な量の絵画を分析した結果として、絵画に映像技術の影響が現れ始めたのは15世紀前半だと仮説を立て、それから写真（映像を化学薬品で定着する技術）が発明されるまでの約四〇〇年のあいだ、「画家のだれもがレンズを使ったと主張するのではなく、程度も結果もさまざまながら、［……］歴史全体を見れば、画家は一貫して光学的な映像を手本にしてきた」[14]と述べている。

このことは、ヴェルフリンが指摘した「視覚的」形式への変化は、映像技術によって引き起こされたものである可能性を示唆している。ホックニーの本では、ヴェルフリンが「触覚的」表現の代表として挙げていたデ

13 ［文献5-04］デイヴィッド・ホックニー『秘密の知識——巨匠も用いた知られざる技術の解明〈普及版〉』木下哲夫訳、青幻舎、二〇一〇年。

14 ホックニー［文献5-04］一八四頁。

ユーラーの絵画が、わずか一年ほどのあいだで「視覚的」表現に変化した実例も挙げられている。[15]

本書では、「触覚的」形式から「視覚的」形式への変化は、人間が周囲の環境にあるものを「それは何か？」と問う態度から「それはどのように見えているか？」と問う態度への切り替わりを反映しているだろう、と述べてきた。この観点から言うと、人間は、環境がどのように見えているかを技術によって理解した、ということになる。

ここで言いたいことは、「だから技術は素晴らしい」ということではない。たしかに、現代まで連綿とつづく映像技術――鏡、レンズ、写真、映画、テレビ、コンピュータ、スマートフォン、そして人工知能――は、それ以前には見えなかった世界を次々と人間に見せている。その世界は、もはや無限のようにも思われる。しかしそれでも、技術が見せているのは、世界の一側面にすぎない。

本書の言い方で言わせてもらうと、おそらく人間（C）は、技術（A）によっても、その「まわり」と「なか」と「むこう」に、何か（B）が動きうる範囲＝空間を捉えることができる。それは映像技術に限らず、建設技術や情報技術など、あらゆる技術に言えると思う。ここで言いたいことは、だから、技術（A）が見せる「なか」だけを見るな、ということである。空間（何かが動きうる範囲）は、その「なか」だけでなく、その「まわり」や「むこう」にも存在する。《穴》や《群》で、それらをつないだり、揺さぶることもできる。

私は、建築が、そのような人間の空間能力を自覚させる装置、あるいは、一人一人が独自の混成空間を見出す装置として、働きつづけてくれることを祈っている。

謝辞

オンライン講座「現代日本建築の四相」シリーズに参加いただいた建築家の方々には、建物の説明にとどまらず、その背景や世界観にも踏み込んだ貴重なお話を披露していただき、心より御礼申し上げたい。

15 ホックニー［文献5-04］一四〇頁。

本書の元になった学位論文の作成時には、大変お忙しいなかご指導いただいた岸田省吾先生、大野秀敏先生、加藤道夫先生、千葉学先生、そして北河原温先生に、この場を借りて改めて御礼申し上げたい。

ヴェネツィアを拠点にスカルパ作品の調査をおこなった際には、ヴェネツィア建築大学のフランチェスコ・ダル・コ教授に助力と助言をいただいた。私がスカルパとル・コルビュジエの建築には共通性があるのではないかと尋ねたところ、スカルパはビザンチンだが、ル・コルビュジエはプリミティブだ、と言われたことが印象に残っている。ビザンチンとプリミティブの共通性を考えるとしたら、やはり空間が問題になるということではないかと思う。実際の調査にあたっては、とくに住宅作品に住まわれている方々に大変なご協力をいただいた。Eメール、電話、置き手紙、アポ無し訪問など、あの手この手でお願いをさせていただいたが、どなたも快く受け入れてくださり、スカルパ作品に住んでいることを誇りにされている様子に深く感銘した。

東京理科大学では、伊藤裕久先生に大学院での講義の機会をいただいたほか、宇野求先生にはリノベーションをテーマとする四年生の設計製図を担当させていただき、そこで講義の機会もいただいた。その設計製図では、リノベーションのほかに、都市防災、二拠点居住、ロボットとの共生といった現代的テーマを考えさせるスタジオがあり、やはり、さまざまな課題に対処する建築の道具としての空間デザインが問われていたと思う。

慶應義塾大学の岸本達也先生には、「建築空間論」の講義を担当するという貴重な機会をいただいた。この本の半分は、そのなかで整理されたものである。共同で授業を担当した松田達先生には、一緒に学生と議論する機会を含めて、多くの刺激をいただいた。

この慶應義塾大学での授業をはじめ、主に東京大学、東京理科大学、そして武蔵野美術大学で私の話を聞いてくれた学生、感想を聞かせてくれた学生の皆さんにも感謝したい。私の実感として、理論の多くは、聞いてくれる学生を想定しながら練り上げられている。

T—ADSで同僚だった野澤俊太郎さんとは、普段の業務と関係のないそれぞれの研究を発表し合う個人的研究会を二〇一九年に計四回おこない、それらをどう世に問うていけばいいか、意見を出し合った。専門が異なるにもかかわらず、毎回率直かつ肯定的な意見を言ってくれたことに感謝したい。そこで考えたことが、後の講義とこの本につながった。

みすず書房の小川純子さんが、私がウェブサイトに公開していたスカルパに関する論文を見つけて連絡をくれたのは、二〇二〇年の三月だった。そのときは、ちょうど「建築空間論」の講義が始まる直前で、私がスカルパに関する理論を一般的な建築空間論に拡げようとしていたときだったので、本書が書き上がるまでに長い時間待っていただくことになってしまった。柔軟にご対応いただいたことに心から感謝申し上げたい。ブックデザイナーの松本孝一さんには、多数の写真と図が入り混じる面倒な紙面構成を丁寧にデザインしていただき、格段に読みやすくしていただいた。ありがとうございました。

妻の恵美子は、東京理科大学で伊藤裕久研究室に共に入る前からのパートナーで、スカルパに関する私の最初の論考（2009）の初稿を読んで、「何を言っているのか全然わからない」と言ったことから、私は読者の立場に立った作文を心がけるようになった。苦しい状況に追い込まれても、とにかくこの本を完成させるべきだと背中を押し続けてくれた彼女にこの本を捧げたい。

二〇二四年一二月

文献リスト（1）本書内で参照したもの

はじめに

0-01 東京大学建築学専攻Advanced Design Studies (T—ADS) 編『T_ADS TEXTS 01 これからの建築理論』東京大学出版会、2014 年。
0-02 井上充夫『建築美論の歩み』鹿島出版会、1991 年。

第 1 章　建築空間とは何か

1-01 岸田省吾『建築意匠論』丸善出版、2012 年。
1-02 東京大学建築学専攻Advanced Design Studies (T—ADS) 編『T_ADS TEXTS 02 もがく建築家、理論を考える』東京大学出版会、2017 年。
1-03 松村秀一『ひらかれる建築――「民主化」の作法』ちくま新書、2016 年。
1-04 エイドリアン・フォーティー『言葉と建築――語彙体系としてのモダニズム』坂牛卓・邉見浩久監訳、鹿島出版会、2006 年。
1-05 原広司「空間の把握と計画」『新建築学体系 23　建築計画』新建築学体系編集委員会編、彰国社、1982 年。
1-06 藤岡洋保・佐藤由美「建築雑誌に示された日本の建築界への「空間」という概念の導入と定着」『日本建築学会計画系論文報告集』第 447 号、1993 年。
1-07 エドワード・レルフ『場所の現象学――没場所性を越えて』高野岳彦ほか訳、ちくま学芸文庫、1999 年。
1-08 イーフー・トゥアン『空間の経験――身体から都市へ』山本浩訳、ちくま学芸文庫、1993 年。
1-09 クリスチャン・ノルベルグ=シュルツ『ゲニウス・ロキ――建築の現象学をめざして』加藤邦男・田崎祐生訳、住まいの図書館出版局、1994 年。
1-10 鈴木博之「地霊（ゲニウス・ロキ）とは」『建築雑誌』1347 号、1993 年、18-21 頁。
1-11 土居義岳『言葉と建築――建築批評の史的地平と諸概念』建築技術、1997 年。
1-12 ロバート・ヴェンチューリ『建築の多様性と対立性』伊藤公文訳、鹿島出版会、1982 年。
1-13 チャールズ・ジェンクス『a+u 1978 年 10 月臨時増刊　ポスト・モダニズムの建築言語』竹山実訳、エー・アンド・ユー、1978 年。
1-14 原広司『空間〈機能から様相へ〉』岩波現代文庫、2007 年。
1-15 アトリエ・ワン『アトリエ・ワン　コモナリティーズ――ふるまいの生産』LIXIL 出版、2014 年。
1-16 香山壽夫『建築意匠講義　増補新装版』東京大学出版会、2024 年。
1-17 高階秀爾『芸術空間の系譜』鹿島出版会、1967 年。
1-18 ブルーノ・ゼーヴィ『空間としての建築（上）』栗田勇訳、鹿島出版会、1977 年。
1-19 パウル・フランクル『建築史の基礎概念――ルネサンスから新古典主義まで』香山壽夫監訳、鹿島出版会、2005 年。
1-20 上松佑二『建築空間論――その美学的考察〔新装版〕』早稲田大学出版部、1997 年。
1-21 オットー・フリードリッヒ・ボルノウ『人間と空間』大塚惠一ほか訳、せりか書房、1978 年。
1-22 Liam Young (ed.). *Machine Landscapes: Architectures of the Post-Anthropocene (Architectural Design,* Volume 89, Issue1). 2019.
1-23 岡田弘太郎編「Welcome to Machine Landscapes 人間なしの建築」『WIRED』日本版 VOL. 33、2019 年、12-23 頁。
1-24 井上充夫『日本建築の空間』鹿島出版会、1969 年。
1-25 青木淳・後藤治・田中禎彦・西和夫・西沢大良監修『新建築 2005 年 11 月臨時増刊 日本の建築空間』新建築社、2005 年。
1-26 太田博太郎『床の間――日本住宅の象徴』岩波新書、1978 年。
1-27 神代雄一郎『間（ま）・日本建築の意匠』鹿島出版会、1999 年。
1-28 Harry Francis Mallgrave『近代建築理論全史 1673-1968』加藤耕一監訳、丸善出版、2016 年。
1-29 コルネリス・ファン・デ・フェン『建築の空間』佐々木宏訳、丸善株式会社、1981 年。
1-30 平尾和洋・末包伸吾編著『テキスト建築意匠』学芸出版社、2006 年。
1-31 L. モホリ＝ナギ『ザ　ニュー　ヴィジョン――ある芸術家の要約』大森忠行訳、ダヴィッド社、1967 年。
1-32 カミロ・ジッテ『広場の造形』大石敏雄訳、鹿島出版会、1983 年。

第 2 章　建築空間の仕組み

2-01 マックス・ヤンマー『空間の概念』高橋毅・大槻義彦訳、講談社、1980 年。

第 3 章　先行理論との関連

3-01 S. Giedion『空間・時間・建築（新版 復刻版）』太田實訳、丸善株式会社、2009 年。
3-02 ジークフリート・ギーディオン『建築、その変遷――古代ローマの建築空間をめぐって』前川道郎・玉腰芳夫訳、みすず書房、1978 年。
3-03 アウグスト・シュマルゾー「建築的創造の本質――ライプツィヒ大学教授就任講演 1893 年 11 月 8 日　於：ライプツィヒ大学講堂」『芸術学の基礎概念――古代から中世への過渡期に即した批判的論究ならびに体系的連関における叙述』井面信行訳、中央公論美術出版、2003 年、349-367 頁。
3-04 アウグスト・シュマルゾー『芸術学の基礎概念――古代から中世への過渡期に即した批判的論究ならびに体系的連関における叙述』井面信行訳、中央公論美術出版、2003 年。
3-05 アードルフ・フォン・ヒルデブラント『造形芸術における形の問題』加藤哲弘訳、中央公論美術出版、1993 年。
3-06 J. J. ギブソン『生態学的視覚論――ヒトの知覚世界を探る』古崎敬・古崎愛子・辻敬一郎・村瀬旻訳、サイエンス社、1985 年。

3-07　ハインリヒ・ヴェルフリン『美術史の基礎概念——近世美術における様式発展の問題』海津忠雄訳、慶應義塾大学出版会、2000 年。
3-08　コーリン・ロウ「透明性——虚と実」『コーリン・ロウ建築論選集　マニエリスムと近代建築』伊東豊雄・松永安光訳、彰国社、1981 年、203-230 頁。
3-09　コーリン・ロウ「理想的ヴィラの数学」『コーリン・ロウ建築論選集　マニエリスムと近代建築』伊東豊雄・松永安光訳、彰国社、1981 年、1-31 頁。
3-10　コーリン・ロウ「マニエリスムと近代建築」『コーリン・ロウ建築論選集　マニエリスムと近代建築』伊東豊雄・松永安光訳、彰国社、1981 年、33-71 頁。
3-11　富永讓『ル・コルビュジエ　建築の詩——12 の住宅の空間構成』鹿島出版会、2003 年。
3-12　中村研一『サヴォワ邸／ル・コルビュジエ』東京書籍株式会社、2008 年。
3-13　ル・コルビュジエ、F. ド・ピエールフウ『人間の家』西澤信彌訳、鹿島出版会、1977 年。
3-14　加藤道夫『ル・コルビュジエ——建築図が語る空間と時間』丸善出版、2011 年。
3-15　*Le Corbusier: Il viaggio in Toscana (1907).* Cataloghi Marsilio, 1987.
3-16　*Perspecta 4: the Yale Architectural Journal. Ed.* Marshall Meyers, 1957.
3-17　前田忠直『ルイス・カーン研究——建築へのオデュッセイア』鹿島出版会、1994 年。
3-18　クリスチャン・ノルベルグ＝シュルツ『実存・空間・建築』加藤邦男訳、鹿島出版会、1973 年。
3-19　ケヴィン・リンチ『都市のイメージ（新装版）』丹下健三・富田玲子訳、岩波書店、2007 年。
3-20　原広司『空間〈機能から様相へ〉』岩波書店、1987 年。
3-21　原広司『集落の教え 100』彰国社、1998 年。
3-22　原広司「空間の文法——連載第一回「予定」」『GA JAPAN』24 号、A.D.A. EDITA Tokyo、1997 年、116-117 頁。
3-23　原広司「空間の文法——「領域・境界（1）—基本概念」」『GA JAPAN』25 号、A.D.A. EDITA Tokyo、1997 年、40-47 頁。
3-24　原広司「空間の文法——「領域・境界（2）」」『GA JAPAN』26 号、A.D.A. EDITA Tokyo、1997 年、80-87 頁。
3-25　原広司「空間の文法——「場（1）—基本概念」」『GA JAPAN』27 号、A.D.A. EDITA Tokyo、1997 年、134-149 頁。
3-26　原広司「空間の文法——「場（2）」」『GA JAPAN』29 号、A.D.A. EDITA Tokyo、1997 年、94-99 頁。
3-27　原広司「空間の文法——「場所・近傍」」『GA JAPAN』30 号、A.D.A. EDITA Tokyo、1998 年、96-101 頁。
3-28　原広司「空間の文法——「記号場」」『GA JAPAN』31 号、A.D.A. EDITA Tokyo、1998 年、162-167 頁。
3-29　原広司「《空間の文法》レフェレンス——京都駅と宮城県図書館の〈場〉と〈記号場〉」『GA JAPAN』32 号、A.D.A. EDITA Tokyo、1998 年、126-131 頁。
3-30　原広司「空間の文法——「横断（1）」」『GA JAPAN』35 号、A.D.A. EDITA Tokyo、1998 年、120-125 頁。
3-31　原広司「空間の文法——「横断（2）」」『GA JAPAN』38 号、A.D.A. EDITA Tokyo、1999 年、116-121 頁。
3-32　原広司「空間の文法——「記号場の一般定義にむけて」Continuum と Individuum」『GA JAPAN』39 号、A.D.A. EDITA Tokyo、1999 年、85-89 頁。
3-33　原広司「空間の文法——「パラディグマとシンタグマ」Paradigma と Syntagma」『GA JAPAN』41 号、A.D.A. EDITA Tokyo、1999 年、137-141 頁。
3-34　原広司「空間の文法——「様相（1）—様相の概念について」」『GA JAPAN』43 号、A.D.A. EDITA Tokyo、2000 年、134-139 頁。
3-35　原広司「空間の文法——「［様相］Ⅱ」」『GA JAPAN』45 号、A.D.A. EDITA Tokyo、2000 年、156-160 頁。
3-36　原広司「空間の文法——「様相Ⅲ—可能様相の誘起」」『GA JAPAN』47 号、A.D.A. EDITA Tokyo、2000 年、120-123 頁。
3-37　松田達「様相論　空間に曖昧さや時間的変化を取り入れ、建築に複雑さを取り戻す試み」『建築思想図鑑』松田達・横手義洋・林要次・川勝真一編、学芸出版社、2023 年、200-203 頁。
3-38　槇文彦「集合体とアーバン・デザイン」『記憶の形象——都市と建築の間で』筑摩書房、1992 年、304-327 頁。
3-39　栗田勇監修『現代日本建築家全集 19 菊竹清訓・槇文彦』三一書房、1971 年。
3-40　Fumihiko Maki. *Investigations in Collective Form*. St. Louis: The School of Architecture, Washington University, 1964.
3-41　大高正人・槇文彦「群造形へ」『メタボリズム 1960』川添登編、美術出版社、1960 年、52-69 頁。
3-42　槇文彦「群造形との四十五年」『漂うモダニズム』左右社、2013 年、109-120 頁。
3-43　槇文彦「奥の思想」槇文彦・若月幸敏・大野秀敏・高谷時彦『見えがくれする都市』鹿島出版会、1980 年、197-230 頁。
3-44　クリストファー・アレグザンダー「都市はツリーではない」『形の合成に関するノート／都市はツリーではない』稲葉武司・押野見邦英訳、鹿島出版会、2013 年、215-244 頁。
3-45　香山壽夫「ルイス・カーンの建築の形態分析——ペンシルベニア大学リチャーズ医学研究棟とブリンモア女子大学エルドマンホール」『新建築学体系 6　建築造形論』彰国社、1985 年、305-335 頁。
3-46　香山壽夫『建築形態の構造——ヘンリー・H・リチャードソンとアメリカ近代建築』東京大学出版会、1988 年。
3-47　小林克弘編著『建築構成の手法——比例・幾何学・対称・分節・深層と表層・層構成』彰国社、2000 年。

第４章　カルロ・スカルパの建築の経験

4-01　木内俊彦「カルロ・スカルパによる建築作品に見られる空間変移のデザインに関する研究」東京大学、2013年、博士論文。

あとがき

5-01　木内俊彦「共存する境界――カルロ・スカルパの作品から見えてくるもの」『建築の「かたち」と「デザイン」』岸田省吾編、鹿島出版会、2009年、87-98頁。

5-02　木内俊彦「なぜ「空間分節の多層化」に価値があるのか」『建築・都市空間の分節把握――建築史特論 a（連続講義）2022を素材として』 伊藤裕久研究室最終講義「建築・都市空間の分節把握」刊行委員会編、2024年、113-133頁。

5-03　坂本一成・塚本由晴・岩岡竜夫・小川次郎・中井邦夫・足立真・寺井美紀子・美濃部幸郎・安森亮雄『建築構成学――建築デザインの方法』実教出版株式会社、2012年。

5-04　デイヴィッド・ホックニー『秘密の知識――巨匠も用いた知られざる技術の解明〈普及版〉』木下哲夫訳、青幻舎、2010年。

文献リスト（2）カルロ・スカルパ関連

筆者が学位論文（2013）を執筆した際に参照した主な文献のなかで、一般に読みやすいと思われるものを挙げる。スカルパ関連の書籍（主に写真集）は、その後も数多く出版されているので、興味のある方は調べてほしい。

『SD1977年6月号　特集＝現代イタリアの名匠：カルロ・スカルパ』鹿島出版会、1977年。

『a+u 1985年10月増刊号　カルロ・スカルパ』エー・アンド・ユー、1985年。

マルチャノ, A.F.『カルロ・スカルパ』 濱口オサミ訳、鹿島出版会、1989年。

『カルロ・スカルパ　宇宙を夢みた庭　ブジナーロ邸のためのプロジェクト』ワタリウム美術館編、オン・サンディーズ、1993年。

斉藤裕『CARLO SCARPA　建築の詩人カルロ・スカルパ』 TOTO出版、1997年。

「ヴェローナのカルロ・スカルパ」『a+u 2011年9月号』エー・アンド・ユー、2011。

Carlo Scarpa The complete works. Eds. Francesco Dal Co & Giuseppe Mazzariol. New York: Rizzoli International Publications, 1985.

Sergio Los. *Carlo Scarpa.* Taschen, 1993.

Sergio Los. *Carlo Scarpa an architectural guide.* Arsenale Editrice, 1995.

Carlo Scarpa. Architecture Atlas. Eds. Guido Beltramini & Italo Zannier. Venezia: Marsilio, 2006.

図版リスト

リストに記載のない写真は著者（木内）による。

撮影者・提供者

Antonio Martinelli 361 ❹ , 366 ❻（出典：『a+u 1985 年 10 月臨時増刊号 カルロ・スカルパ』エー・アンド・ユー、1985）

F.L.C./ ADAGP, Paris & JASPAR, Tokyo 274 左（出典：Kenneth Frampton, "Notes sur la réception critique de le Corbusier en Grande-Bretagne, 1946-1972," *Les cahiers de la recherche architecturale et urbaine,* no. 24/25, 2009), 280（出典：加藤道夫『ル・コルビュジエ 建築図が語る空間と時間』丸善出版、2011）

Gianantonio Battistella ©CISA A. Palladio 159 ❶

Klaus Frahm 159 ❷, 215 ❷, 357（出典：Sergio Los, *Carlo Scarpa,* Taschen, 2002）

Richard Bryant/Arcaid Images 140 ❸

Stefan Buzas ©CISA A. Palladio 140 ❶, 362 ❺ (3)

新建築社写真部 82 右上, 右中, 87 上, 93 上
（出典：青木淳・後藤治・田中禎彦・西和夫・西沢大良監修『新建築 2005 年 11 月臨時増刊 日本の建築空間』新建築社、2005）

富永譲＋フォルムシステム設計研究所 283 下 , 285 下
（出典：富永譲『ル・コルビュジェ 建築の詩 12 の住宅の空間構成』鹿島出版会、2003）

日本建築学会 81 左上, 左中, 左下, 82 左上, 左中, 左下, 85 右下, 89 上
（出典：日本建築学会編『日本建築史図集 新訂第三版』彰国社、2011）

ひらくと株式会社 93 下 , 113 右下

三井寺（園城寺） 85 上 , 87 下

Creative Commons

663highland 81 右中（Todaiji in Nara, Japan, 2006, CC BY-SA 3.0 Deed, 改変), 91（円通寺 , 2010, CC BY-SA 3.0 Deed, 改変), 113 右上（法隆寺五重塔 , 2010, CC BY-SA 3.0 Deed, 改変）

Balou46 342（Steinkreis von Stonehenge, 2016, CC BY-SA 4.0 Deed, 改変）

CCP2017 89 下（二の丸御殿［車寄と遠侍］, 2017, CC BY-SA 4.0 Deed, 改変）

Daniel Fafard 113 左上 , 251 上（Pyramide de Khéphren, 2008, Public Domain）

Fg2 (assumed) 81 右下（Hokkedô at Todaiji Nara Japan, 2005, Public Domain）

Reinhold Möller (Ermell) 340 上（Main altar in the Basilica Vierzehnheiligen, 2017, CC BY-SA 4.0 Deed, 改変）

Saigen Jiro 84（京都御所 紫宸殿, 2017, Public Domain）

Sailko 344 上（Rietveld Schröder House, 2016, CC BY 3.0 Deed, 改変）

syvwlch 194（Climbing Fushimi Inari, 2008, CC BY 2.0 Deed, 改変）

Tak1701d 82 右下（大崎八幡宮, 2013, CC BY-SA 3.0 Deed, 改変）

z tanuki 81 右上（Horyu-ji temple, 法隆寺, 2013, CC BY 3.0 Deed, 改変）

出典

Carlo Scarpa a Possagno — Disegni per l'ampliamento della Gipsoteca Canoviana (1957), Photo by Giovanni Porcellato, Fondazione Canova, 2001. 140 ❷, 168 ❶, 215 ❶, 227 ❶ ❷, 362 ❺ (2), 368 ❼, 372 ❼, 374 ❼, 375 ❽, 376 ❽, 377 ❼

J. J. ギブソン『生態学的視覚論 ヒトの知覚世界を探る』古崎敬・古崎愛子・辻敬一郎・村瀬旻訳、サイエンス社、1985 年。 263

井上充夫『日本建築の空間』鹿島出版会、1969 年。 83, 85 左下

クリストファー・アレグザンダー『形の合成に関するノート／都市はツリーではない』稲葉武司・押野見邦英訳、鹿島出版会、2013 年。 335

坂本一成・塚本由晴・岩岡竜夫・小川次郎・中井邦夫・足立真・寺井美紀子・美濃部幸郎・安森亮雄『建築構成学―― 建築デザインの方法』実教出版株式会社、2012 年。 67

千賀四郎編『茶道聚錦 7 座敷と露地（一）』小学館、1984 年。 90

槇文彦『記憶の形象 都市と建築との間で』筑摩書房、1992 年。 323, 325 上

著者略歴

（きうち・としひこ）

1973年千葉県生まれ．dsdsA（持続空間建築研究所）代表．専門は建築論，建築設計．東京理科大学工学部建築学科卒業，東京大学大学院工学系研究科建築学専攻修士課程修了．博士（工学）．横河設計工房，東京大学助教・主任研究員等を経て現職．主な担当プロジェクトに，東京大学工学部2号館，東京大学学生支援センター等．書籍 T_ADS TEXTSシリーズ，オンライン講座 Four Facets of Contemporary Japanese Architecture（現代日本建築の四相）シリーズ等の編集・制作も担当．日本建築学会 建築論・建築意匠小委員会委員．一級建築士．

木内俊彦
物と経験のあいだ
カルロ・スカルパの建築空間から

2024年12月16日　第1刷発行

発行所　株式会社 みすず書房
〒113-0033 東京都文京区本郷2丁目20-7
電話 03-3814-0131（営業）03-3815-9181（編集）
www.msz.co.jp

ブックデザイン　松本孝一
印刷所　加藤文明社
製本所　松岳社

ISBN 978-4-622-09680-1
［ものとけいけんのあいだ］